望
MOUNTAIN

登自己的山

All This Wild Hope

Women
on the Margins
Three Seventeenth-
Century Lives

边缘女人

[加拿大] 娜塔莉·泽蒙·戴维斯 著

李玮璐 译

Natalie Zemon
Davis

十七世纪的三则人生故事

GUANGXI NORMAL UNIVERSITY PRESS
广西师范大学出版社
·桂林·

图书在版编目(CIP)数据

边缘女人：十七世纪的三则人生故事 / (加) 娜塔
莉·泽蒙·戴维斯著；李玮璐译. —— 桂林：广西师范
大学出版社，2023.11
书名原文：Women on the Margins: Three
Seventeenth-Century Lives
ISBN 978-7-5598-6409-3

Ⅰ.①边… Ⅱ.①娜… ②李… Ⅲ.①女性 – 文化研
究 – 欧洲 – 17世纪 Ⅳ.①G15

中国国家版本馆CIP数据核字(2023)第188053号

WOMEN ON THE MARGINS: Three Seventeenth-Century Lives
by Natalie Zemon Davis Copyright © 1995 by the President and
Fellows of Harvard College
Published by arrangement with Harvard University Press
through Bardon-Chinese Media Agency
ALL RIGHTS RESERVED

著作权合同登记号桂图登字：20-2023-192号

BIANYUAN NVREN: SHI QI SHIJI DE SAN ZE RENSHENG GUSHI
边缘女人：十七世纪的三则人生故事

作　　者：[加拿大] 娜塔莉·泽蒙·戴维斯
译　　者：李玮璐
责任编辑：谭宇墨凡
装帧设计：汐和 at compus studio
内文制作：燕　红

广西师范大学出版社出版发行

广西桂林市五里店路9号　邮政编码：541004
网址：www.bbtpress.com

出 版 人：黄轩庄
全国新华书店经销
发行热线：010-64284815
北京鑫益晖印刷有限公司
开本：860mm×1092mm　1/32
印张：14.75　　字数：280千
2023年11月第1版　2023年11月第1次印刷
定价：108.00元

如发现印装质量问题，影响阅读，请与出版社发行部门联系调换。

缅怀

罗莎莉·科利

（Rosalie Colie，1924—1972）

米歇尔·德·塞尔托

（Michel de Certeau，1925—1986）

目 录

序 幕

地点：思想界

时间：1994 年 10 月，希伯来历 5755 年赫舍汪月

人物：四位年逾耳顺的女人。其中三位站在一份破旧手稿边，时而彼此交谈，时而独自沉思。第四位在暗处聆听了一会儿。

玛丽：我读过了。我挺受冒犯的。想想看，她竟把我装进这样一本书里，跟如此不敬神的女人放在一块儿。

格莉克尔·巴斯·犹大·莱布：瞧你这话说的。上帝啊，愿歌颂他，赞美他的名，上帝常在我心中，我的言语也永远赞美他。我写的东西，你一个字也读不懂。

玛丽：如果当初吾主希望我学习意第绪语，那我就会去学。我不就学了休伦语吗？我可是读到了她写的，在金钱方面你是怎么锱铢必较的。你们这些犹太人就跟那些胡格诺派

一样铁石心肠。感谢我心爱的净配，他将我召唤至野蛮人的土地，远离欧洲。

　　格莉克尔·巴斯·犹大·莱布：我读到你如何在儿子尚未自立时，就抛弃了他。无论经历何种困苦忧患，我从不会弃孩子不顾。我可不要出现在一本描写了你这类母亲的书里。还有，为什么她非得把我跟这些外邦人（non-Jews）[*]放一起？

　　玛利亚·西比拉·梅里安：我在这儿太不自在了。这些女人都不是自然爱好者。她们忽视上帝造的渺小生灵，无视其美妙之处。她们从不阅读我读的那类书，也从不跟我会与之交谈的那类人说话。这真不是我待的地方。

　　玛丽：听听这位心高气傲女士说的话！不过，这位女人甚至开始怀疑敬重的降凡圣言[†]，对她又有什么好期待的呢？想想看，我们可是背靠着背、紧贴在同样的纸页上哩。不过，要是这位作者将那些试图传播普世天国的人士跟我摆放在一起，我倒也不太介意。

　　格莉克尔·巴斯·犹大·莱布：假若这位作者书写我及

---

[*] 在格莉克尔自己说话以及犹太人说话的语境中，"non-Jews"作"外邦人"。其他第三视角情况作"非犹太人"。页下注如无特别说明皆为译者注。

[†] Incarnation：基督教里面的概念，新教一般译成"道成肉身"，天主教一般译成"圣言成了血肉"，有时也有"道成肉身"的译法。此处是天主教徒对新教徒的常见看法。因新教徒并不崇拜天主教徒崇拜的圣母。天主教认为，耶稣基督是通过处子玛利亚的子宫，成为肉体，降生在世上。这里是身为天主教徒的玛丽对新教徒梅里安的"偏见"。

我的故事，只为了给她的犹太子孙阅读，我也不介意。*

　　玛利亚·西比拉·梅里安：我不反对跟犹太人和天主教徒待在同一本书里。实际上，我很高兴地发现，在我离世后出版的那版苏里南昆虫的书里，学识渊博的（犹太人）†所罗门·佩雷斯就为它做了一首诗。但是，我不属于一本围绕"女人"的书。我应该跟自然研究者和画家，跟昆虫植物学者待在一起。

　　娜塔莉·泽蒙·戴维斯（自暗处，向前走出）：我是这本书的作者。让我来说明。

　　其他三个女人：您可得好好解释。

　　NZD（即娜塔莉·泽蒙·戴维斯）：格莉克尔，在您的回忆录中，您除了讲述犹太人的故事，还讲述了非犹太人的故事。梅里安女士，您混合了蝴蝶研究与其他昆虫的研究。我将你们放在一起，也是想研习你们的异同之处。在我的时代，有时候人们认为过去的女人们彼此相似，尤其是如果她们生活在同一片地区。我想通过你们如何谈论自己，以及你们所做的事情来展示你们之间的相似与差别。你们与所处世界中的男人的区别在哪，相似又在哪……

　　玛利亚·西比拉·梅里安：最好保密。

　　NZD：我想要展示你们每个人如何书写自己与你们世界之外人群的关系。

---

*　娜塔莉·泽蒙·戴维斯本人即是犹太家庭出身。

†　所罗门·佩雷斯（Salomon Perez）是犹太人，后面有进一步说明。

格莉克尔·巴斯·犹大·莱布：最好保密。

NZD：我之所以选择你们，是因为你们都是城市女性，生活在法兰西王国或者日耳曼诸侯国，都出身商贩或工匠家庭——也就是平民阶层。

格莉克尔·巴斯·犹大·莱布：您非常清楚，在犹太民族中，无论家族多么显赫，我们从不论平民贵族。

NZD：我想要囊括进一位犹太教徒、一位天主教徒、一位新教徒，这样我便能看到不同宗教在女人的人生中产生了什么不同影响，为你们开启了什么样的门，又关上了什么样的门，允许你们选择什么样的言语行为。

玛丽：选择？选择宗教意味着成为修女——

玛利亚·西比拉·梅里安：——或者加入忏悔团体——

玛丽：但是，敬拜天主是关乎真理与绝对义务之事。

格莉克尔·巴斯·犹大·莱布：我们都有罪，因此我必须同意这位天主教徒刚才说的。

NZD：玛丽嬷嬷，您的乌尔苏拉修会的《年鉴》里充满了女性抗争。我想弄清楚你三位女人是否曾在性别等级下挣扎。

其他三个女人（愤慨地）：性别等级？什么是性别等级？

NZD：梅里安女士，想想您去苏里南观察昆虫时发生的事吧。如果您是男人，那么某位权贵就会替您垫付旅资。可是您却必须自个儿借钱去做这件事。

玛利亚·西比拉·梅里安：是的，而且我分文不差还清了。

NZD：格莉克尔，您称丈夫哈伊姆·本·约瑟夫（Haim

ben Joseph）为"指导者"，他则称您为"我的孩子"。

格莉克尔·巴斯·犹大·莱布：他叫我"格莉克克"或"小格莉克克"。像我们这样相爱的夫妻，还有什么别的称呼配得上呢？

NZD：为什么您总是称儿子为"拉比"，却从未给予女儿任何特别称谓？

格莉克尔·巴斯·犹大·莱布：这是逾越节家宴中调皮的女儿才会问的问题。

NZD：但我可没仅仅将你们三位描述成长期受苦的人。我还展示了在你们所处的位置，女性能够达成的最好状态。我提出了疑问，当位处边缘时，你们获得的有利条件是什么。

格莉克尔·巴斯·犹大·莱布：所谓边缘，就是我在意第绪语书中阅读那些批注的地方。

玛丽：在我所读的基督教著作中。

玛利亚·西比拉·梅里安：河流边缘处，恰是青蛙逗留之地。

NZD：在边缘处，你们都**有所收获**。你们都富于冒险精神。你们每个人都尝试做某些前人未曾做过的。我想知道，在 17 世纪，对欧洲人和非欧洲人来说，冒险的起源和代价是什么。

玛丽：天主并非召唤我去"冒险"。

玛利亚·西比拉·梅里安：在我听来，历史学家戴维斯，**您倒像是想要冒险**。

NZD（思忖片刻）：是的，追随你们三位到如此众多而不同的地方，可真是一次冒险。我想写下你们对人间乐园的希望，对重塑世界的期盼——因为我也曾有过这些愿望。至少，你们所有人都必须承认，你们很喜欢描述自己的世界。格莉克尔和玛丽，你们如此热爱写作！还有玛利亚·西比拉，你是多么喜爱观察与绘画！

　　其他三个女人：好吧……也许吧，也许吧……

　　NZD：再给我一次机会吧。请再读一遍。

与上帝争辩

格莉克尔[*]·巴斯·犹大·莱布（格莉克尔，犹大·莱布之女）

在 17 世纪的最后十年——犹太历的 5451 年——汉堡的一位犹太女商人给她的众多子女写下了一个故事。故事讲了一只鸟爸爸与他的三只雏鸟在海边一起生活。有一天，狂风暴雨突降，惊涛骇浪冲向沙滩。鸟爸爸说，"如果我们不赶紧逃到另一边，就会没命的"，于是，他用爪子抓起第一只雏鸟，开始横越大海。行至半途，鸟爸爸对孩子说："瞧你给我惹了多大麻烦！现在我甚至为你冒着生命风险。等我老了，你会为我做这些事吗？你会赡养我吗？"这只小鸟答道："亲爱的父亲呀，请带我飞过这片海吧。等您老了，您想要我做什么，我就做什么。"听完这番话，鸟爸爸便将这只小

---

[*] 格莉克尔（Glikl）的名字有其他拼法：Glückel 或 Gluckel，但戴维斯后文有注释说明其拼写的依据。英语讲座中多数也念成格莉克尔。意第绪语里有部分圆唇音脱落的现象。此处依其拼写，译为非圆唇音。

雏鸟丢进海里，说道："就该这样对待你这种骗子。"

鸟爸爸飞了回去，抓起第二只雏鸟，在半途中对它说了同样一番话。那只小鸟保证会为他做牛做马。再一次，鸟爸爸将他的幼鸟丢进海里，说："你也是骗子。"当鸟爸爸带着第三只雏鸟飞越那片海域时，他又问了同样的问题。这只小鸟回答："父亲，亲爱的父亲，您说得很对，您因为我既有麻烦又受苦。如果有机会，我应当尽职尽责报答您；但我不敢保证一定能做到。不过，我可以保证：当有一天我也有自己的小孩时，您曾经如何待我，我便会如何待他们。"

听到这话，鸟爸爸说："你说得好，也很聪明。我会让你活下去，带你飞过这片海。"[1]

这只鸟是李尔王的反面，格莉克尔写作这个鸟的故事，并非想要立刻向子女传达其中意图。在她写下这个故事时，其十二个健在的孩子中的一些还很年幼——这些孩子从两岁到二十八岁不等——她并不打算让他们立马就阅读或聆听她写的故事。更确切地说，这个关于鸟的故事只是一部意第绪语自传中的开篇故事之一，而这部自传结构严谨，她将在未来年岁里逐渐写完，并会在去世后传给孩子。暂时在这一刻，也就是当她还在努力梳理生活中的喜怒哀乐之时，与其说她是在向孩子诉说，毋宁说她是在向自己诉说。最后的成书独特出众，其中的故事与作者自己人生的悲欢离合交织在一起。它不仅是一个与阿什肯纳兹（Ashkenaz）犹太人及17世纪欧洲社会文化史有关的富矿；它还是一部有着独特文学结构、能带来宗教共鸣的自传。

近代早期，灵修是如何在自传的创作过程中展开的？在这方面，米歇尔·德·塞尔托＊为我们提供了不少指引。灵修探索往往通过对话来实现。例如伯多禄·法伯尔，他是与依纳爵·罗耀拉†同时代的耶稣会士，四十岁出头时，他通过寻找天主圣宠的神迹，以及记录下自己在欧洲各处教堂的祈祷与默想，回顾了自己的人生。在他的《回忆录》中，对话在"我"（代表他的自我）与"你"（代表他的灵魂）之间展开，他的自我一再恳求他那不情愿的灵魂去接受天主的爱。加尔默罗会修女亚维拉的德兰‡则在她的《生命之书》（*Libro de la vida*）中创作了两段对话。一段对话发生在神魂超拔的自我与写作时候的自我之间——其中，神魂超拔的自我如此热爱天主直至出神；写作时候的自我则通过井然有序的书写，让生活稳步前进。另一段对话发生在饱学男士与女性读者之间——其中，那些饱学男士会指导她书写这本书，并加以品评；而女性读者则以特别的爱来理解这本书。不过，乌尔苏拉修会的修院院长让娜·爱葛妮丝§的自传则没有对话，根据

＊ 米歇尔·德·塞尔托（Michel de Certeau，1925—1986）：法国当代著名思想家、哲学家，著有《历史书写》等。

† 依纳爵·罗耀拉（Ignatius Loyola，1491—1556），耶稣会的创始人。伯多禄·法伯尔（Pierre Favre,1506—1546）也是耶稣会创始人之一，作品有《回忆录》。

‡ 圣女大德兰（Carmelite Teresa of Avila 或 St. Teresa of Avila，1515—1582）是天主教世界里著名的圣女，也有译作"圣女特蕾莎""大德兰修女"等，出生在西班牙小城亚维拉（Avila）。区别于小德兰，以及近代著名的加尔各答的特蕾莎修女。其著作《生命之书》，也有译成《圣女大德兰自传》的。

§ 让娜·爱葛妮丝（Jeanne des Anges，1605—1665），原名 Jeanne de Belcier，Jeanne des Anges 是其宗教名。她的事迹是在卢丹城的魔鬼附身事件，米歇尔·德·塞尔托就此事件写过著作。

塞尔托的说法，正是这一点限制了其灵性的提升。当她描述
自己经历的魔鬼附身及疗愈过程时，她戴着重重面具，研究
如何取悦周围的一切：她的乌尔苏拉姊妹们、她的恶魔、她
的耶稣会士驱魔人，以及指示她写下这本书的乌尔苏拉修会
的权威人士。在她的叙述中，缺少内在的"我"和"你"（也
就是"je"和"tu"），只有主体的"我"和客体的"我"。[2]

　　塞尔托所议这三位人物的自传，也都缺少"讲故事"的
部分——这些天主教徒叙述的只是他们的异象异梦，而非传
统故事——不过，塞尔托在他的《日常生活实践》（*Practice
of Everyday Life*）里的确分析了故事的力量。这类故事采用"很
久以前"的说辞，开辟出独特的叙事空间。它们也是一种简
单有效的手法，可用于立论和反驳，还能"通过用出乎意料
的方式处理它"……"来充分利用某一时机"。讲故事的人
可以走进其他人回忆过去的思路，并且，只消通过在一个熟
悉的描述中引入意外的细节，就能改变其思路。一切都取决
于讲述者的技巧，取决于讲述者如何从"传说或者日常对话
的共同宝库"中挑选故事，并将之演绎出来。[3]

　　在本章中，我想探索一个女人的自传的主题结构——
在 19 世纪末以来的出版物中，这个女人通常被称作"格吕
克尔·冯·哈默尔恩"（Glückel von Hameln 或 Gluckel of
Hameln）。我想探索那些她认为值得书写、赞美或抱怨的生
活事件，以及她的故事讲述中出人意料之处。我们将聆听她
的对白、环绕她生活的内心冲突，以及她如何描述种种事件
为何如此发生在自己及他人身上。我们还将看到，在这位女

人的独白中，基督徒扮演了怎样的角色。这个女人对自己的宗教信仰是如此虔诚，而这个宗教信仰，在许多年前，就连亚维拉的德兰的祖父和父亲都放弃了 *。她所处的世界里，基督徒认为犹太人应该退居边缘，应该住在隔都里，或者应该彻底被驱逐出去，那么她是如何定位自己及所属族群的呢？在 17 世纪的欧洲，犹太女人可以接触到哪些文化资源——能为她所用，能借助其所提供的种种记录而找到她自己声音的资源？[4]

＊　＊　＊

不过，首先，关于格莉克尔的一些实际情况，要从她的名字开始说起。1896 年，她的那部意第绪语回忆录首次出版，其中，编辑给她选定的称呼是"格吕克尔·冯·哈默尔恩"（Glückel von Hameln），这个名字在德语中听上去很不错 †，姓氏则由代表高贵身份的"冯"（von）引出哈默尔恩镇（Hameln），也就是她的丈夫哈伊姆的出生地。但是，"格莉克尔"（Glikl）才是她所处的意第绪语口音环境里和 17 世纪书面名字中的拼法；[5] 而假若一个女人以犹太人的方式签名，那么她的名字并非同丈夫而是同她的父亲联系在一起。（在17 世纪的法国，情况亦然。女子的姓氏取自父亲，婚姻状况

---

* 圣女大德兰的祖父原信仰犹太教。中世纪时，在西班牙和葡萄牙境内，许多犹太教教徒被迫放弃原先的信仰，改宗基督教。

† Glück 在德语中是美好幸运的意思。

由公证人添加的"某某之妻"或"某某之遗孀"表示。在 17
世纪末的日耳曼地区，基督徒女人婚后从夫姓的情况逐渐增
多，在某些情况下会加上她们的娘家姓氏，例如"娘家姓氏
梅里安"。）

因此，格莉克尔的女儿们用希伯来字母签名时作"Esther
bas reb Haim"或"Miriam bas reb Haim"（意为"以斯帖，
尊敬的哈伊姆先生 *之女"，"米里亚姆，尊敬的哈伊姆先生
之女"），有时她们还会加上"西格尔"（Segal）来强调她们
的父亲是利未人后裔 †。如果在非希伯来文本中签名，犹太女
人则会加上父亲在基督徒记录员或犹太人收税员处登记的一
个姓氏：格莉克尔的已婚女儿们在法国基督公证人处的签名
为"戈尔德施密特"（Goldschmidt），如本书插图所示；而
格莉克尔在日耳曼地区的儿子们则有时签"哈默尔恩"，有
时签"戈尔德施密特"。[6] 与此同时，犹太文上还会通过女人
的丈夫来标明其婚姻状况，例如，在哈伊姆·哈默尔恩过世
后，格莉克尔在犹太人社区的纳税册中就被登记为"Almone
Glikl"，即"寡妇格莉克尔"（但并非"寡妇格莉克尔·哈默
尔恩"）。格莉克尔本人在法国去世时，公民记录将她登记为
"格莉克尔，塞尔夫·莱维（Cerf Levy）之遗孀"（莱维是她
的第二任丈夫），但是，犹太人的纪念册则采用更传统的方式

---

* reb 是犹太人的尊称，相当于"先生"，与姓名连用，区别于"拉比"（Rabbi）。
  此处作者将 reb 对应英语中的 teacher，但因中文里老师的含义范围较窄，这里
  还是译为"先生"。

† 利未人在以色列十二支派中是负责协助祭司的，西格尔是利未人常用的姓名。

记录她，跟记录犹太男人的方式一样，即采用她父亲的名字，"深切怀念已故的格莉克尔，来自汉堡的犹大·约瑟夫之女"。[7]

17世纪和18世纪初，相较于基督名，犹太名的使用频率明显下滑，但并非人们不愿使用这些名字。因此，我将采用格莉克尔自己最有可能使用的犹太名来称呼她：格莉克尔·巴斯·犹大·莱布，意即犹大·莱布之女格莉克尔。父亲去世后，在他的数个名字中，格莉克尔选择了犹大·莱布来命名自己的新生儿。[8]

1646年末或者1647年，格莉克尔出生在汉堡，是父亲犹大·约瑟夫（也被称作莱布）的六个孩子之一。莱布是商人，在当地的德系犹太人社区*中颇有声望；格莉克尔的母亲，内森·梅尔里希之女贝拉，也是商人，来自汉堡附近的阿尔托纳。[9]17世纪中叶，汉堡汉萨自由市是一个繁荣的国际大都市港口，人口超过六万，是一个商业中心，还是一个与西班牙和俄国、伦敦，以及新世界都有贸易往来的金融市场。[10]犹太人也为其蓬勃发展颇有贡献。1612年，汉堡参议院与葡系犹太人†小社团（或"塞法迪犹太人"，格莉克

---

* 大致上来说（不是完全对等），德系犹太人即阿什肯纳兹犹太人，葡系犹太人即塞法迪犹太人。

† 通常情况下，我们说西葡犹太人的西葡是放在一起说的，也就是塞法迪犹太人／伊比利亚半岛犹太人。赛法迪犹太人的范围稍微大于西班牙葡萄牙犹太人。赛法迪的意思就是西班牙。但书里面的 Portuguese Jews 是专门指汉堡的葡萄牙犹太人社区。汉堡的葡萄牙犹太人在17世纪初开始繁荣，是由葡萄牙人马拉诺（秘密犹太人）移居来的。他们自觉尊贵，不太瞧得起德国犹太人。参见 https://en.wikipedia.org/wiki/Portuguese_Jewish_community_in_Hamburg。

尔通常这样称呼他们）——这个团体中的许多人都是富裕的
国际银行家或商人——签署了一项协议。该协议允许他们以
外国人的身份或"受保护的犹太人"的身份在该城市居住及
做买卖；作为交换，他们必须上缴年金。[11] 到了 17 世纪 60
年代，这个团体有约六百人，他们尝试着将非正式的祷告所
变成犹太会堂。1667 年，瑞典克里斯蒂娜女王*到访汉堡时，
她与随行人员就在犹太人银行家亚伯拉罕·特谢拉（Abraham
Teixeira）与艾萨克·特谢拉（Isaac Teixeira）的精美别墅中
住了一个多月，别墅距离圣米迦勒教堂不远。[12]

　　并非所有汉堡居民都欢迎这些发展。路德教会的神职人
员恼怒于参议院对犹太人采取的宽容政策。"他们在犹太会
堂里大声喧哗，还有哭喊声……他们实行自己的安息日，而
不是我们的……他们雇佣基督徒做仆役……他们的拉比争论
不休，从不敬畏我们的救世主耶稣。"[13] 尽管在 1674 年，塞
法迪犹太人被勒令关闭他们的犹太会堂，但参议院为了维持
经济繁荣，还是竭尽所能将大银行家留在这座城市。葡系犹
太人的数量开始逐渐减少，随后到了 1697 年，参议院要求
他们缴纳高额费用，并削减其特殊待遇，在这种情况下，特
谢拉家族及其他一些人离开汉堡前往阿姆斯特丹。

　　这样一来，德系犹太人社区转变为汉堡的犹太人生活中
心——参议院称这些人为 hochdeutsche Juden（德系犹太
人）。[14] 早在 17 世纪三四十年代，几十个德系犹太人家庭（其

---

* 彼时克里斯蒂娜已禅让退位，但这里还是作"女王"。

中包括格莉克尔的父亲家）就已慢慢渗进这座城市，他们未经官方许可进入城里，做黄金珠宝生意、放贷、经营小商品手工作坊，并通过向政府缴纳非正式税款来维持其不稳定的社会地位。塞法迪犹太人大部分居住在老城里，而阿什肯纳兹犹太人则聚居在西边的新城，距离米勒门不远。[15]

这个位置对德系犹太人来说十分便利，因为它不仅代表了快速撤离的可能性，而且缩短了向西延伸几英里抵达阿尔托纳市镇的步程。在阿尔托纳，在荷尔斯泰因－索恩堡伯爵们（counts of Holstein-Schauenburg）及（1640 年以后）丹麦国王的宽容之下，犹太人享有官方"受保护"的地位。1650 年，由于路德教会的神职人员及议员不停抱怨的挑唆，汉堡参议院将德系犹太人驱逐出境，当时，德系犹太人前往的正是阿尔托纳。

接下来的几年，德系犹太人又溜进汉堡做生意，在通过米勒门时，他们必须勇敢抵抗士兵和水手的袭击，如果没有支付护送费，还要冒着被捕的风险。1657 年瑞典人入侵阿尔托纳之后，汉堡参议院再次允许犹太人居住在汉堡，尽管在城墙内他们不能以任何方式进行宗教活动，以免冒犯基督徒。为了去犹太会堂，为了埋葬死者，德系犹太人就只得去阿尔托纳，而他们的社区组织——犹太社团——也设在阿尔托纳。[16]

17 世纪的最后十年，德系犹太人的人口和繁荣程度都迅速倍增。即使他们依然会在汉堡的雇工中间引起猜忌和暴力，依然会激起基督教神学家的愤怒（例如，他们在安息日点灯的公然"迷信"——这灯需要持续点上二十四小时，以遵循耶和华的指令），但他们现在有了参议院以外的支持者：一些人将德系犹太人视作潜在的基督教皈依者，或者将其视作重要的经济贡献者。1697 年，政府提供给德系犹太人一份契约，可以使他们的身份正常化，还以此换取了一笔甚至高于曾向葡系犹太人收取的费用，当时的德系犹太人同意支付。最终，在 1710 年，他们获得允许，可以在汉堡拥有一个自己的犹太社团。[17]

就这样，格莉克尔的童年时期，也就是 17 世纪 50 年代，是在犹太人自汉堡与阿尔托纳之间不稳定的搬迁中度过的。她回忆说，瑞典人入侵之后，她的父亲是第一个获得许可重回汉堡定居的德系犹太人，但作为一名"帕尔纳斯"（parnas，意为犹太社团里的长老），不管何时，只要在汉堡举行非法宗教仪式的风险过大，他就必须折回阿尔托纳，去处理社团事宜及祷告。[18]

格莉克尔的少女时代很短暂。未满十二岁时，她就同哈伊姆订婚，哈伊姆只比她年长几岁，是商人约瑟夫·本·巴鲁克·丹尼尔·塞缪尔·哈－莱维（或西格尔）的儿子，约瑟夫也被称作约瑟夫·戈尔德施密特或约瑟夫·哈默尔恩，来自哈默尔恩小镇。[19] 两年后，格莉克尔就与哈伊姆完婚。格莉克尔如此早婚，与汉堡及西欧其他地方的基督徒女人对比鲜明，后者很少会在十八岁前立下婚誓。但格莉克尔这种情况在中东欧较富裕的犹太人中算不上罕见。[20] 不提其他好处，早婚确保犹太人的婚姻遵循父母之命，也有助于履行繁衍子孙后代的责任（*mitzvot*，意为诫命与善行）。而且，父母还会给年轻人提供信用关系担保与流动资金支撑，而非仅仅提供土地财产或给一个手工商铺。这种情况下还有什么等待的必要呢？此外，按照犹太风俗 *kest*，或者说是寄宿制，婚姻契约中规定新婚夫妇可在婚姻的整个早期阶段获得父母的庇护。

这对夫妇先是在哈伊姆位于哈默尔恩的大家庭中住了一年，又在格莉克尔位于汉堡的大家庭中住了一年，之后，他们带着两名仆人定居在一处租来的房子——这是犹太人被允许拥有的全部——房子位于新城的阿什肯纳兹犹太人聚集区，距易北河不远。[21] 接下来的三十年，他们将十四个孩子带到世上，除了一个在襁褓中夭折，一个殁于三岁，另外六男六女都活到了适婚年龄，除一人外，也都生育了自己的孩子。[22] 在 17 世纪的欧洲，有三分之一到一半的出生人口在十岁之前就早夭了，所以，即便在这种母亲亲自哺乳孩子的小康家庭，这也是了不起的记录。[23]

在此期间，哈伊姆会做黄金、白银、珍珠、珠宝和货币的生意，在许多地方分销，包括从莫斯科和但泽到哥本哈根的区间、阿姆斯特丹和伦敦。他定期参加莱比锡和法兰克福的商品贸易集市，同时还经常另外雇用德系犹太人作为代理或合作伙伴前往其他地区。格莉克尔参与了所有商业决策（"他跟我讨论所有事情，从不向其他任何人寻求建议"）、草拟合伙合同、帮助记账及处理本地放贷。这对夫妇在很年轻时就出来闯荡了，格莉克尔说是"白手起家"，不过最终，他们在汉堡和其他地方都能够凭信用大额贷款。哈伊姆成了汉堡的阿什肯纳兹犹太社区最富裕的人之一。[24]

之后，1689 年 1 月的某个夜里，哈伊姆在前往汉堡非犹太区商谈途中，跌落在一块尖石上。几天后，他溘然长逝，只留下寡妇格莉克尔和家中八个正在成长、等待嫁娶的孩子。在接下来的几年，格莉克尔继续实施犹太人的策略，让一些子女在离家近的地方结婚，让另一些到远方城市嫁娶。哈伊姆去世前，他们的两个儿子已在汉堡结婚，一个女儿嫁到了汉诺威，大女儿西坡拉则在阿姆斯特丹。格莉克尔牵线搭桥，将以斯帖安排在梅斯（Metz），将其他孩子安置在柏林、哥本哈根、班贝格（Bamberg）和拜尔斯多夫（Baiersdorf），只有女儿弗洛伊德琛在汉堡居住了一段时间。[25]

为何采取这种策略？这部分是因为一个实际情况：即使人们可以利用犹太律法中允许堂表亲结婚的规定（其实哈伊姆和格莉克尔对一个女儿也是这么操办的），但若只在一个地区，也没有足够多门当户对的阿什肯纳兹犹太人能作为结婚对象来考虑。更重要的是，亲戚广泛分布在各个地方还能带来经济好处和安全保障。没人知道命运之轮何时转向：1674 年及 1697 年，将德系犹太人驱逐出汉堡的呼声曾再度高涨，尽管这些杂音遭到了参议院及其他经济领域开明人士的回击；1670 年，犹太人获得允许进入柏林居住，但在1669 年至 1670 年间，犹太人被逐出维也纳，将近十年后才能返回。格莉克尔的儿子摩西要娶萨姆森·拜尔斯多夫的女儿，萨姆森是拜罗伊特藩侯庇护下的"宫廷犹太人"，但由于拜罗伊特藩侯的一名新顾问试图排挤掉萨姆森，这对新人的婚礼被推迟了一年。[26] 格莉克尔评价萨姆森的敌人是"另一个哈曼"，这里的"哈曼"指的是《以斯帖记》（Book of Esther）中那个威胁要杀死犹太人的邪恶谋臣。

至于家族生意，哈伊姆认为没有必要指定遗嘱执行人或监护人——弥留之际的他在病榻上说："我妻子知晓一切。"[27]——寡妇格莉克尔亲自担起了责任。在首批有盈利的拍卖用于还清亡夫的债务之后，她熬过了债权人对她自己和儿子莫迪凯的施压。最后，她生意昌荣，信誉尤佳，她甚至能够在汉堡交易所里（从犹太人或是基督徒处）迅速筹到两万帝国塔勒（reichstaler）的钞票——虽然金额远不如大银行家的，但仍然相当可观。[28] 她在汉堡开了家生产袜子的商铺，热销远近；她从市镇上的每个犹太人那里购买珍珠，将它们分类，再按大小卖给合适的买家；她从荷兰省进口商品，放在自己的商店中，与本地商品一起贩售；她参加不伦瑞克（Braunschweig）、莱比锡及其他市镇的贸易集市；她在欧洲各地放贷，也承兑汇票。与哈伊姆不同，格莉克尔在家庭外没有搭档或代理：较大的儿子之一，内森或莫迪凯，会陪她去贸易集市（良家妇女不宜独身出行）；[29] 同时，某个儿子可能会被派往某地，比如法兰克福，以她的名义出售商品。她甚至比哈伊姆还强，从不错过任何一个生意机会。即使出行是为了协商婚约或婚礼事宜，她也都带来了盈利：在以斯帖的婚礼后，格莉克尔在阿姆斯特丹售出了昂贵的宝石；在拜罗伊特的一场订婚仪式后，她就正好去参加瑙姆堡

(Naumburg）的贸易集市；孩子们的嫁妆或彩礼都放贷出去收利，直到必须支付时才会收回。

格莉克尔是女商人，这很罕见吗？在德系犹太人中，女人工作并不令人意外。格莉克尔的外婆玛蒂·巴斯·雅各布（Mattie bas Jacob）与格莉克尔的母亲贝拉都是楷模（格莉克尔曾在她的《回忆录》*中有过描写，将她们作为下一代的榜样）。玛蒂在1638年的瘟疫中成了寡妇，还遭到洗劫（她丈夫装着珠宝金链的袋子被邻人偷走了），她在阿尔托纳从小额放贷和抵押开始重整旗鼓。当这还不足以养活她自己和最小的女儿贝拉时，她俩开始用金银线做蕾丝织物。汉堡的生意人对她们的织物非常满意，贝拉甚至还招募了女学徒，教给她们这一技能。[30] 除了玛蒂，格莉克尔还描写了其他精明能干的妇人，其中就有以斯帖·舒尔霍夫，"一位虔诚的、品德高尚的女人……常常参加贸易集市"，还有柏林的巴鲁克的遗孀，"稳妥操持着生意"，寡居的格莉克尔把女儿亨德乐嫁给了这位寡妇的儿子。在其他许多家庭中，也都可以看到犹太寡妇继续经营亡夫留下的生意。[31]

女性基督徒也进行小额放贷，并从事金线纺织和长袜制作。[32] 格莉克尔与日耳曼地区基督徒女人的不同之处，在于她的交易及信贷业务的范围。格莉克尔可不是"宫廷犹太人"：以斯帖·舒尔霍夫的丈夫是犹大·柏林，别名乔斯特·利布曼，以斯帖·舒尔霍夫抛头露面与丈夫一同工作，向普鲁士宫廷

---

* 我将英译本、意第绪语版本和德语版本，都统一翻译为《回忆录》。

提供珠宝，并在丈夫死后继续操持这一生意；然而，总的来说，为王公贵族筹集贷款及给他们的军队调配粮草，这些事还是由男人掌控。[33] 但是，格莉克尔所从事的业务使得她进入了范围更广的商业领域，并涉及很可观的资金。她会亲自在汉堡交易所经手这些金钱。（也许，她在交易所时会有一名同伴；沃尔姆斯的犹太社团就曾建议，女性在没有别的犹太人陪同的情况下不要前往交易场所。）[34]

日耳曼地区的女性基督徒通常待在城内，在零售业中扮演主要角色。即使她们在汉堡开展信贷业务，似乎也很少亲自去交易所；至少，在 17 世纪汉堡的绘画传统中，几乎没有表现她们在交易所里的画面。[35]17 世纪末，汉堡的一些基督徒寡妇确实也会照料亡夫的生意，直到她们的儿子长大到可以接管为止；但是，那些基督徒寡妇，如果所继承生意的范围有哈伊姆的那么广，则往往会将管理权交给男性亲属或经纪人，而她们自己则致力于更适合富裕家庭女性所从事的家庭事务或宗教活动。对于德系犹太人来说，女性在市集之间奔波并不会减损声誉，尤其是如果她还能与格莉克尔赚得一样多。若真有什么影响，那就是这种奔波招来了更多的求婚者。

十多年的时间里，格莉克尔拒绝了所有提亲，然后在 1699 年（这时她五十多岁），她终于接受了鳏夫希尔施·莱维（Hirsch Levy）的求婚。希尔施·莱维是一名富裕的金融家，也是梅斯的犹太人领袖，梅斯位于法兰西王国的边境。第二年，为了避免向汉堡政府缴纳离开犹太社团所需的高额离境费，她选择保密婚约，然后才卖掉所有库存，还清所有债务。

阿尔托纳社团的犹太同胞意识到发生了什么，给她估算了一笔离境税，但她没有缴纳。[36]格莉克尔跟最后一个尚未成家的孩子米里亚姆永远地离开了她的出生地。

* * *

1700年，格莉克尔抵达摩泽尔（Moselle）河畔的城市梅斯。当时梅斯城中只有约两万两千人，比起汉堡，其经济和宗教影响力都更为有限。作为边疆城市，梅斯设有驻军，它还是法兰西王室行政机构的一个据点，有自己的高等法院（*parlement*）及铸币厂。城中人民忙着给路易十四的军队供给军需、生产手工制品、对从梅斯周围地区收缴的粮食进行再分配。汉堡的路德教会允许（虽然并非总是很乐意）部分天主教徒、犹太人及荷兰加尔文主义信徒在城里居住，而信奉天主教的梅斯正因《南特敕令》（Edict of Nantes）*被废除而备受影响。大约三千名新教徒——包括银行家、律师、金匠、药材商、书商及他们的家人——离开了这座城市，而不愿改宗天主教的弥撒。[37]

但是犹太人依然留在那里。他们获得允许可在城中生活，并能公开举行宗教仪式。比起汉堡，梅斯居民中的犹太人占

---

* 亨利四世于1598年签署颁布，承认法国境内胡格诺教徒的信仰自由及公民权利。1685年，路易十四废除该敕令。

比更大。16 世纪 60 年代，即在亨利二世 * 从神圣罗马帝国手中夺取了梅斯，并在这里建起第一个王室行政机构的十年之后，一些德系犹太人家庭就获得批准居住在该城市，并可以从事放贷活动。在那之后不久，希尔施·莱维的祖先就迁居梅斯。1657 年，路易十四驾临梅斯，"在华丽的排场中"参观了犹太会堂，到那时候为止，自亨利三世起的每一代法兰西君王都肯定了日益壮大的犹太社团的特权。1699 年，正当格莉克尔与希尔施·莱维（在梅斯的法语界，希尔施·莱维也被那些公证员和官员称作塞尔夫·莱维，塞尔夫在法语中是"鹿"的意思）商量婚约的时候，大约一千二百名德系犹太人，也就是相当于梅斯除守军之外的百分之五的居民，挤入了摩泽尔河岸的圣费罗伊区。[38]

犹太人的特权与存在自然也引起了质疑。如果某个犹太人胆敢建房子而不仅是租房子，官员们会紧张地记录在案。如果犹太商人进了某些货物，威胁到那些绸缎商和服装商的经商权，那些商人就会抱怨。1701 年，犹太青年约瑟夫·卡昂在向屠夫们收债时去向不明，在此案的审讯中，他的妻子指控两名基督徒屠夫抢劫谋害了他，而屠夫们则斥责犹太社群"迫害两个无辜的基督徒家庭"。[39]

当犹太人本身被控暴力犯罪时，情况就更糟了。1669 年，一些天主教农夫控告一个名叫拉斐尔·莱维（他跟希尔施·莱

---

* 指法兰西亨利二世（Henri II, 1519—1559）。亨利二世即位后，从 1551 年起继续与查理五世作战。法兰西在德意志境内先后夺取了洛林的三座城市梅斯、图尔和凡尔登（它们共同构成了"三主教区"）。

维没有亲戚关系）的犹太男人犯有谋杀罪。虽然孩子的尸体在离他迷路地点不远的森林里被发现，而且部分被动物啃咬过，但是根据梅斯高等法院的判决，拉斐尔·莱维还是被处以火刑。随后又有其他拘捕接连发生，公众舆论水涨船高，呼吁驱逐犹太人，直到后来路易十四介入并强行制止。在格莉克尔的时代，梅斯的犹太人仍在提别月（Tevet）第二十五日禁食，这是无辜殉道者拉斐尔·莱维被烧死的受难日。在格莉克尔的女儿以斯帖与女婿摩西·施瓦贝（Moses Schwabe）的家族中，他们肯定能回忆起那些举步维艰的岁月：在拉斐尔·莱维受审的日子里，摩西的祖父迈耶也曾受到指控，称他在某个基督受难日时，在家中重演基督受难的过程。格莉克尔居住在梅斯的那些年岁中，又再次有人指控摩西的祖父进行活人祭仪，尽管最后他没有遭到起诉。* [40]

1699 年，王室任命的督办官马克·安托万·杜尔哥（Marc Antoine Turgot）提出了犹太人很有用处的观点：他们为这座城市，尤其是为边防军队提供急需的粮草马匹。他们组成了"一个共和群体，一个中立民族"；由于他们与其他犹太同伴保持的联系，他们能够在出行时轻松上阵、节省花销、获取准确的价格信息以及跨境运输商品。[41] 在 1698 年的严重饥荒时期，塞尔夫·莱维和亚伯拉罕·施瓦贝（他是格莉

---

* 亵渎圣体（host desecration，指偷窃和反复戳刺圣饼，以模仿耶稣受难）。血迹诽谤（Blood libel，指犹太人会谋杀基督徒的小孩，用他们的血来进行宗教仪式）。这些都是当时基督徒经常针对犹太人的诽谤。

克尔的女儿以斯帖的公公）就给梅斯带来了六千袋日耳曼的粮食，虽然这笔交易赔了钱，但赢得了王室及市政当局的好感。除此之外，这些犹太人还是银行家，向官员和领主提供大额贷款，向屠夫和农民提供小额贷款；他们还是贸易商，交易黄金、珠宝、货币（包括非法的降低了纯度的货币）和二手商品。[42] 虽然，在犹太女人中间，似乎再没有别人像格莉克尔一样在商贸合同中出现（也许，与她们所对应的基督徒妇女一样，某些最富有家庭的妻子从大宗的商贸中退出了），但是梅斯的许多犹太主妇都会向农民家庭及基督徒提供小额款贷。[43]

格莉克尔带着她那"直率简单的日耳曼方式"，进入了这个银行家家族的圈子、住进了希尔施／塞尔夫·莱维的豪宅。[44] 她花了一些时间来适应众多的仆人和一个从不跟女主人商量就做决定的女厨子。希尔施的七个孩子对他们生母的记忆仍很鲜活——他在与格莉克尔婚礼的前一年才安葬了前妻——这些孩子让格莉克尔知道，他们更喜欢生母的奢华而非继母的简朴。但是格莉克尔开始对他们的生活产生兴趣（其中至少三人已成婚），尤其是，她还关注着住在附近的以斯帖与摩西一家，这两人在十年后终于幸福地拥有了躲过早夭的孩子。格莉克尔经常与以斯帖的婆婆，也就是富有又颇具影响力的贾切特·巴斯·埃里亚斯 [Jachet bas Elias，法语名是阿加特（Agathe）] 聊天。十年前，在她们就孩子的婚姻进行协商时，两人曾用意第绪语在往来书信中争论不休。[45]

然后，仅过了一年半，希尔施·莱维就破产了。格莉克尔说他在庞大的生意中非常诚实、值得信赖，但债主们毁了他。犹太社团认为莱维的事务中存在某些"混乱"，但将这场失败归咎于以高利贷借钱给他的基督徒的贪婪。整个 1702 年，公证人都在忙着起草合约，根据这些合约，犹太人和基督徒债主合并了对希尔施的索赔，最后他们达成和解，债主收回了大约一半欠款。[46]

格莉克尔和希尔施再也无法富裕自足地生活，他们必须依靠孩子。也许格莉克尔拾起了一些生意，因为在梅斯，众所周知她"非常擅长宝石生意"。[47] 至少她的女儿米里亚姆能够在犹太人商业圈中结成美满的婚姻。[48] 希尔施则屈身向儿子塞缪尔提供商业建议，他力劝塞缪尔满足于梅斯的家产以及阿尔萨斯拉比的地位，不要过多染指法国境外的洛林公爵 * 的铸币厂。塞缪尔不予理会，希尔施的不祥预感后来得到验证：路易十四担心有人为牟利而在法兰西内外倒卖货币，他还受到梅斯的其他犹太竞争者的挑唆，禁止塞缪尔·莱维和他的伙伴重新进入法兰西王国，除非他们与洛林的铸币厂决裂。[49]

塞缪尔·希尔施留在了洛林，1712 年，他的父亲在极度沮丧中去世，格莉克尔的嫁妆只剩下不到三分之一。格莉克尔将近七十岁时，她终于搬进了女儿以斯帖和女婿摩西·施瓦贝（或摩西·克鲁姆巴赫，格莉克尔用他的意第绪名字称

---

* 洛林公国（959—1766），位于德法之间的公国。

呼他）的家里。她住在那里，见证女儿米里亚姆生下儿子哈伊姆（这个名字再次出现了）、外孙埃里亚斯婚姻美满，也见证了继子塞缪尔在洛林的吕内维尔（Lunéville）建造了一座"宫殿"。1724 年，希伯来历 5485 年的新年伊始，格莉克尔去世，终年七十八岁。[50]

* * *

第一任丈夫哈伊姆去世后，格莉克尔就开始"悲伤地"书写自己的人生，"以帮助我排遣无数不眠之夜中涌现的哀愁"。[51] 书写回忆录对她而言是不是奇怪的举动？从我们的角度来看，似乎是挺奇怪的，因为她的自传是我们所知历史上最早的犹太女人的自传。但是格莉克尔不曾描述自己在做一件奇怪或新颖的事。而且，事实上，最近的学术研究表明，近代早期的犹太人撰写的自传（无论是完整的还是片断的）比以前想象的要更多。在意大利，博学的拉比威尼斯的莱昂·莫代纳（Leon Modena of Venice）和医师亚伯拉罕·本·哈纳尼亚·亚盖勒（Abraham ben Hananiah Yagel）都用希伯来语留下了自己的故事；在阿尔萨斯，商人兼老师的阿舍·哈勒维（Asher Halevi）写下了《回想集》（*Book of Remembrances*）；在布拉格，一个名叫萨穆埃尔·本·加沙克·陶斯克（Samuel ben Jishaq Tausk）的人用意第绪语写了本《记录》（*Scroll*），也被称作《萨穆埃尔记录》（*Megillat Samuel*），其中记载了 1704 年他与布拉格其他犹太人遭受的苦难。到了 18 世纪，阿尔托纳的社会环境也有了其他自传诞生的土壤。[52]

跟许多基督徒的自传一样，犹太人书写的生命史往往以家族兴趣为结构框架，会记录过去几代人的一些事情，详细介绍当代人的生活，以便孩子知道自己来自哪里，并被指导应如何生活。威尼斯的莱昂·莫代纳用希伯来语所著的《一生》（*Life*）就是写给他的"儿子……及他们的后代，也写给（他的）学生，那些学生也被他唤作儿子"。格莉克尔在手稿中曾多次直呼"亲爱的孩子们"与"心爱的孩子们"："我亲爱的孩子们，我写作这本书，是为了将来你们的子孙来到这世上，如果他们对自己的家族还一无所知，我这里便简要记录下他们的亲人是谁。"自传的一份副本由她的儿子，拜尔斯多夫的拉比摩西·哈默尔恩抄写并流传下来。[53]

不过，基督徒自传与犹太人自传之间存在一些饶有趣味的差异，这些差异可以帮助我们理解格莉克尔在体裁上的混合——她将回忆录与虚构的故事融合在一起。基督徒的生命史通常是从账簿和 / 或从出生、婚姻和死亡记录中衍生出来的，这些记录写在时祷书、《圣经》、宗教日历或其他祷告文本上。在汉堡，与格莉克尔同时代的男性基督徒便使用基督教日历记录家庭新闻、圣餐日期和商业活动，这些宗教日历在印刷时就留下若干空行，以方便在空白处书写。[54]

犹太商人当然也持有账簿和旅行账目。记录使用的都是希伯来语文字，这种书写方式肯定促使人们形成了一种意识，即犹太人可以在一个受保护的空间中传递家族及私人秘密。[55]

不过，犹太人的生命史尤其受到历史悠久的"道德遗嘱"*的滋养，它将道德教训与个人智慧传给下一代，并附有葬礼及处置遗产的指示。这些文字具有一定的传阅量和名气。格莉克尔在她的自传原稿中就谈到了她妹妹的婆婆的遗嘱："虔诚的佩赛尔（Pessele），在这世界上，除了我们尊敬的女族长——撒拉、利百加、拉结和利亚——她无与伦比。阅读她写下的遗嘱，多叫人惊叹呀，愿她安息。这里我不便写下，但是不管谁想要读它，仍可以在她孩子那里找到；他们一定不会扔掉。"她还详细援引了学识渊博的拉比亚伯拉罕·哈勒维·霍洛维茨（Abraham Halevi Horowitz）留给孩子的"道德遗嘱"，其文本曾于 1615 年在布拉格出版。[56]

即使自传取代了"道德遗嘱"，道德说教的冲动仍很强烈：人们可以将生命本身树立成典范；人们可以在其中增添宗教诗歌和悲叹，就像阿舍·哈勒维在他的希伯来语回忆录中所做的一样；人们还可以讲故事，就像格莉克尔一样。

犹太人和基督徒的自传都有一种忏悔色彩，但在这两种传统中，忏悔的作用却大相径庭。对于基督徒，其主要模式仍是奥古斯丁式的忏悔，并且带有明确的皈依。我们从安娜·玛利亚·范舒尔曼（Anna Maria van Schurman）的拉丁语自传《善途》（*Eukleria*）中便可以读出这点，这部自传于 1673 年在阿尔托纳出版，读者甚广。《善途》讲述了

---

* ethical will 又有译成遗愿嘱咐，可追溯至《旧约》里的《创世记》49，雅各给孩子们的祝福；《申命记》33，摩西给以色列的祝福。这是犹太人的传统。

舒尔曼如何放弃世俗名声，放弃她从出生地乌得勒支开始做的语言学和世俗文学的学问，以及她如何与拉巴迪派教徒（Labadists）一起致力于谦卑虔诚的生活；那个时候，拉巴迪派才刚刚开始在阿尔托纳设立据点。（这些基督徒经常同犹太人兑换钱币；格莉克尔与安娜·玛利亚·范舒尔曼很可能就曾在街头偶遇。）[57] 该模式的另一个例子是《生命》（Leben），作者约翰娜·埃琳娜·冯·默劳·彼得森（Johanna Eleonora von Merlau Petersen）是虔信派教徒，声称从上帝那里获得过异象，她在七十五岁时，也就是 1719 年，出版了这本书，（她几乎恰好跟格莉克尔生活在同一时期）。书中不单描述了其皈依经历，还书写了一系列的考验，那些她在上帝的帮助下通过的考验：从她幼年在法兰克福丧母开始，到 1680 年与虔信派传教士结婚。随后，她的自传内容开始延伸，描绘了多年来上帝给她的启示，包括她在 1664 年的异梦里见到了犹太人和异教徒在未来的皈依。[58]

17 世纪犹太人的忏悔性自传模式并非私人的生命轨迹，而是关于神特选子民的历史，个体生命会重演并重组《托拉》（Torah）的情节、他们违背上帝戒律、遭受流亡苦痛。[59] 当一个马拉诺（Marrano），或者说秘密犹太人，讲述自己公开重返犹太教的经历时，他的讲述更多超出了其个人的皈依，而变成了整个犹太人流亡之延伸或者缩影。[60] 在其他一些犹太人身上，苦难经历常常会触发写作自传的冲动：罗塞姆的约泽尔（Josel of Rosheim），他的日记就讲述了 16 世纪上半叶他的家人及其他犹太人遭受的残酷对待，以及他在日耳曼地区不同城市作为救助者的经历；亚伯拉罕·本·哈纳尼亚·亚盖勒的《异象谷》（*Valley of Vision*）描写了他父亲的去世以及他自己在曼托瓦（Mantua）因债务遭受的不公监禁。[61] 不过，"遭受苦难"与"违背上帝戒律"相关。在亚伯拉罕·哈勒维·霍洛维茨的遗嘱中，在劝诫后人全身心服侍上帝的文字中间，他还写下这样的字句："这一天，我记起自己犯下的罪"；"我曾醉得稀里糊涂的"。在莱昂·莫代纳的自传中，赌博之罪由始至终都会出现，跟随到来的是悲惨的死亡和绝望，此举削弱了他对《托拉》的侍奉，也展现了人是如此的意志薄弱。[62]

就像我们将看到的那样，格莉克尔的自传也符合这一普遍的犹太框架，但又因她的性别和认知而具有新颖特质。拉比莱昂精通希伯来语、拉丁语、意大利语和犹太—意大利语，他有机会接触犹太学识的整个范畴，他还可以参加属于男人的宗教活动：他能够在犹太会堂祈祷，能够讲课，能够传道；他严格依据——或至少大部分依据——犹太律法，即《哈拉哈》*来生活；他出版的书籍、评论、翻译和诗歌的清单在他的回忆录中占据了整整两页。[63] 在汉堡及阿尔托纳的德系犹太人团体中，也同样有学识渊博的男人：商人摩西·本·莱布（Moses ben Leib）——其子娶了格莉克尔之女弗洛伊德琛，

---

* 《哈拉哈》指《塔木德》（《密西拿》和《革马拉》）中涉及律法部分的内容。"哈拉哈"（Halakhah）一词在希伯来语中含"行走"之义，使用该词显然寓意要犹太人按法之道行走人生之路，对犹太人的行为进行规范。参见徐新《犹太文化史》，北京大学出版社，2006。

他曾与当时最伟大的《塔木德》学者之一共同学习；在当时的汉堡参议院禁止研读《塔木德》之后，他（跟当时汉堡其他的犹太人一样）完全无视这个禁令，继续研习《塔木德》。[64] 在那个世纪的最后十年之前，备受尊敬的泽维·希尔施·阿什肯纳兹（Zevi Hirsch Ashkenazi）也都一直在阿尔托纳讲授拉比教义，他还曾受到欧洲其他犹太团体的邀请，对一些问题进行裁断，例如一个（犹太传说中的）有生命的泥人可否组成"明耶"（minyan）——也就是服侍上帝所需的法定的男性教徒人数。（泽维·希尔施的回答是"不能"。）[65]

格莉克尔尊重这种学识，她还将两个"学业优秀"的儿子送到波兰和法兰克福的塔木德学校。[66] 但是她自己的学养却是另一种，具有最典型的阿什肯纳兹犹太女商人拘泥于书本的特征。她曾就读于"和读学校"（Cheder），也就是犹太儿童宗教学校："我父亲让小孩们都接受教育，男孩女孩都学到了神圣事务及世俗事务。"[67] 随后几年，她阅读了许多意第绪语图书——意第绪语也就是被她称作"Taytsh"的语言，一些同时代的犹太人也称它为"阿什肯纳兹犹太人的语言"。[68] 这类作品，通常用希伯来语字符书写，包含多种体裁。[69] 其中有道德规范和指导手册，如摩西·本·亨诺赫·阿尔特舒勒（Moses Ben Henoch Altschuler）的《火镜明鉴》（*Brantshpigl*, 1596）*，还有以撒·本·伊莱亚库姆（Isaac

---

* 该书作者敦促读者深究自己的灵魂之镜，并改过自新。作者称，他的镜子不是一面劣质镜子，而是一面能够凸显斑点和缺陷的取火镜。这里译为"火镜明鉴"以符合中文习惯。

ben Eliakum)的《善心》(*Lev Tov*，布拉格，1620)。出版之后，这两本书都曾大量重印，格莉克尔也将它们推荐给孩子。还有一个同类型的道德小册子是女人写的——17 世纪早期，利百加·巴斯·梅尔·提克蒂纳(Rebecca bas Meir Tiktiner)逝世后出版的《利百加的乳母》(Meineket Rivkah)[*]；甚至连基督教希伯来学者也知道这本书。[70]

　　有些意第绪语图书书写女人的信仰义务和家庭义务，例如《魅力女性之书》(*Ayn Schoyn Fraun Buchlayn*，克拉科夫，1577 年；巴塞尔，1602 年)。还有些意第绪语图书书写女人的祈祷词，例如拉比伊兹蒙斯(Izmuns)的《奉献》(*Korbonets*，克拉科夫，1577 年)，这是对希伯来语节日祈祷词的释义书；尤其是还有更私密的《女人祈祷词》(*tkhines*)，我们将在后文讨论。《希伯来圣经》[†]也被翻译成散文和诗歌的形式，还有非常流行的《女人圣经》(*Tse'enah u-re'enah*)，由雅各布·本·艾萨克·阿什肯纳兹(Jacob ben Isaac Ashkenazi)于 17 世纪之交编写，间或带有圣经故事的木刻插图。《摩西五经》《先知书》和犹太会堂中终年诵读的其他经卷的每一

---

[*] 这个标题有两层含义。利百加既指作者名，也指《圣经》中《创世记》里的人物名。这是那个时代很常见的"双关"。

[†] 这里我加上了"希伯来"三个字，以区别于通常说的"圣经"(包含旧约新约)，更明确一点。犹太人的希伯来圣经大致相当于圣经旧约部分，但编排顺序不一样。在基督宗教中，由于宗派的差别，信仰的不同，所理解的希伯来语圣经的含义也是不尽相同的。在基督新教中，希伯来语圣经指的是 39 卷的旧约，等同于犹太教的 24 卷的塔纳赫。但在天主教中，希伯来语圣经指的则是 46 卷的旧约。在东正教中，希伯来语圣经指的就是 50 卷的旧约。

部分，都会结合《塔木德》中的评注、米德拉什（midrash）[*]
和中世纪文献被加以讨论。[71] 还有意第绪语的谚语书，例如
《小小火镜明鉴》（*Der kleyn Brantshpigl*），印于1698年的汉堡；
许多的寓言和故事集子，例如不晚于1602年出版的《故事集》
（*Mayse Bukh*，如插图所示）。此外还有关于犹太人受迫害的
历史记载和新闻。甚至，就连1669年梅斯发生的那桩指控
犹太人犯谋杀罪的事件，也是"用意第绪语记录，以便每个
人都能读懂它"。三十年后，当格莉克尔搬到摩泽尔河畔的
那座市镇时，就已经可以买到这个故事的手抄本了。[72]

　　除了语言文字方面的共性，这些意第绪语作品还有一个
共通点，就是假定读者乃无学问之普通民众，尤其是女性。
雅各布自称"所有虔诚女性的作家"，他在《女人圣经》的
标题页上赞美："锡安的众女子啊，你们出去观看。"这本书
后来也被视作"女人的《托拉》"。摩西·本·亨诺赫则表示，
他用意第绪语写作的《火镜明鉴》，是"写给女人的，以及
那些像女人一样，在学习方面颇为吃力的男人"。[73] 并且，
这些书都以特殊字体印刷，不同于《希伯来圣经》的方形字体，
也不同于用于希伯来语注释的半草书字体。这种字体被称为
"Vayber Taytsh"（"女人意第绪语"），基于的是草书希伯来

---

* 或译作"米德拉西"或"密德拉西"，是犹太教对律法和伦理进行通俗阐述的
  宗教文献，为犹太法师知识的研究与犹太圣经的诠释。"米德拉什"是希伯来
  文的音译，意思是解释、阐释，即"圣经注释"。雏形在公元2世纪时已出现，
  全部在公元6至10世纪成书。犹太拉比们通过"米德拉什"将不同的观念引
  入犹太教。

语手写体。格莉克尔这样的女人会被教授这种字体，以便日后用于书写商业合同、结婚协议及书信。这种意第绪语书面字体类似于法语里面的"文明字体"，基于的是法语的手写体，流行于16世纪中叶，用于印刷本地方言写成的故事集和教育性小册子。在法国，"文明字体"被认为是"平民的"，供广泛的平民读者阅读使用；而在犹太文化中，希伯来语被视为男性语言，因此，这种用于书写意第绪语的字体是专为女性创造的。尽管许多男人也用意第绪语阅读和写作，但是习惯当中还是认为他们在使用女人的语言。[74]

格莉克尔是否读得懂希伯来语——那种"圣语"（*Loshn-koydesh*）？她的意第绪语文本混杂了希伯来语单词，就像意第绪语本身一样：例如，在那个鸟的故事中，她用的"麻烦""生命力"和"骗子"这几个词都来自希伯来语语源。她的表达方式也颇使一些专家吃惊，因为当中充满了有希伯来语特点的韵律。她是在布道场合听到这些单词的吗？在那里，出自《圣经》和圣贤的希伯来引语里都夹杂着意第绪语，"以便妇女、儿童及其他不通希伯来语的人听讲和学习"。[75]

她在生意之外日益获得更多闲暇，可能提高了书写那种语言的水平。当她还在汉堡时，就曾有人将亚伯拉罕·霍洛维茨用希伯来语写的"道德遗嘱"《遗产》（*Yesh Nochalin*）"用意第绪语念给她听"。也许她的朗读者是她和哈伊姆雇来指导年幼孩子的"尊师"，或是哈伊姆去世后她为好学的儿子约瑟夫请的特别家教。[76] 后来，在梅斯，她也会每天去犹太

会堂里的女座区（ezrat nashim）*中坐一会儿。她还有机会
与学识渊博的继子拉比塞缪尔及其妻子交谈，他们都精通希
伯来语和阿拉姆语，有能力抄写《塔木德》论述。格莉克尔
还可以跟继女亨德乐和亲家母贾切特·巴斯·埃里亚斯两家
资助的学生交流。格莉克尔在梅斯的时候，说她将"一个重
要的故事"写了下来（oysgishryben），"从圣语转写至意第绪
语"。如果"写"对她来说指的是翻译，那么她在人生的最
后二十年就确实有了知识上的飞跃。[77]

　　不过，这里的"写"，也可能仅指"抄写"，查瓦·特尼
斯基（Chava Turniansky）收集了令人信服的证据，表明格
莉克尔对希伯来语著作的了解，仅是通过口头的方式或通过
大量意第绪语出版物得来的。[78]不论她的资料取材何处，格
莉克尔确实引用了许多经卷及《塔木德》片段。尽管没有人
会称许她"对《摩西五经》和《塔木德》非常了解"（这是
莱昂·莫代纳对他的菲奥雷塔姑妈所做的评价），也不会发
现她精通《塔木德》（就像 16 世纪的利百加·巴斯·梅尔·提
克蒂纳那样）——但是，梅斯的讣告确实将格莉克尔描述为
一个在某些行为和道德方面"学识渊博"（melumedet）的女人。
这是很稀罕的赞誉，因为在我查阅的数百个讣告中，梅斯的
犹太女人通常因其虔诚、正直或善良被社群悼念，而只有极
少数是因为"有智慧"或"致力于学习"或"每天阅读整部《诗
篇》及评注"。[79]

---

* 也有译为"妇女庭"的，但这个说法不是特别通用。

　　除了她熟悉的意第绪语，以及可能艰难读懂的一些希伯来语文本，格莉克尔很有可能还读了一些用哥特字体印刷的高地德语出版物。在这一点上，她无法满足我们 20 世纪的好奇心，因为跟她那个时代的犹太人一样，当她使用 "Taytsh" 一词的时候，既指她的母语，也指德语（采用德语独立发音，书写也是不同的字母）。[80]［对比之下，同时代的基督徒则会强调两者之间的差别。克里斯托夫·黑尔维希（Christoph Helwig）在将意第绪语的《故事集》翻译成德语时，就曾抱怨："他们的德语就不是德语，难以理解。"约翰·克里斯托夫·瓦根塞尔（Johann Christoph Wagenseil）在 1699 年他那本关于意第绪语的书中，对读者说："你会看到犹太德语和真正德语之间的差别，也就是犹太德语跟我们的德语之间的差别。"］[81]

　　至少有两类证据证明格莉克尔识得部分德语。首先，她在谈到查理大帝时形容他"是一位威武的皇帝，就像人们在所有的意第绪语/德语书（*Taytsche bukher*）中所能读到的一样"。[82]接着，她继续讲述查理大帝与君士坦丁堡伊琳娜女皇的故事，但这个故事并非中世纪文献里犹太人写的传说的一部分（犹太人写的传说中主要讲的是查理大帝与犹太人的关系）。[83]甚至，她还仔细描述了一段轶事，而这段轶事的内容最早是 9 世纪初用希腊语写成的，之后很快就进入了拉丁文手稿中；16 世纪末 17 世纪初，通过一位耶稣会士、一位道明会士及其他学者的翻译，它首次被印成多个拉丁文版本；然后，在 17 世纪，这个故事进入了日耳曼民族神圣罗马帝国的"世界历史",在纽伦堡和汉堡之类的城镇刊行。[84] 因此,很有可能格莉克尔所称的"意第绪语书"指的就是德语书,她正是在某本通俗历史书上读到了伊琳娜女皇的故事,那本历史书可能购于汉堡的某个书摊,或者是哈伊姆在莱比锡的贸易集市上买下的。在她有关这段内容的意第绪语叙述中,并不包含希伯来语单词。[85]

其次,她的经济活动和四处旅行让她能接触到使用德语的人群。哈伊姆去世前,她在汉堡就与犹太人和外邦人都有生意往来;哈伊姆过世后,她还去了莱比锡贸易集市及其他地方做生意。跟外邦人打交道,那就至少意味着需要用德语谈判、草拟文件和签订合同。格莉克尔与犹太人和外邦人都曾进行商谈,交流新闻消息。如果说,她的自传记录了许多同犹太男女的谈话时刻,那么它同样也使我们可以一窥她与哈伊姆在旅途中与外邦人的聊天。他们经陆路从弗里斯兰省维特蒙德回汉堡,有一个年轻"有为"的、为布迪茨将军服务的下士在马车上护送同行,在整个旅途中也与他们闲谈。行至半途,他们在距汉诺威市镇约八英里的一处乡村旅馆歇脚:

> 到了晚上,我们围坐在火炉旁,旅馆老板及其他农民也都坐在火炉边上,抽着烟。我们一直在谈天说地。接着,一位农民被缠着聊一聊汉诺威公爵,他便说道:"我的主人已派遣一万两千名士兵到荷兰省。"我的丈夫——愿义人的纪念被称赞——听到我们位于汉诺威的领地上

时，非常高兴，因为吕讷堡的公爵们会维护他们领土的洁净，甚至不允许任何士兵伤害一只小鸡。[86]

相较于这类闲谈，再迈出的小小进步则可能是阅读自 17 世纪初以来汉堡新闻界发行的报纸。格莉克尔（还有哈伊姆，当时他还在世）会从商人的报告和信件中获取有关沙俄贸易及英语市场的信息。每周两次，《通讯报》（*Relations-Courier*）还会带来欧洲及其他地区的最新消息，内容涉及战事、好望角发现的失踪船只、英格兰的政治动乱、瑞典舰队的动静等。[87] 就算格莉克尔在自传中没有提及这类阅读，她也确实曾对孩子说，人们发现"列国的智慧人"（这是针对外邦人的标准措辞）在诸如吝啬和慈善的道德主题上，能够进行"非常优美"的描写。她添加的套话——"皆因我们罪孽深重"（也就是说，外邦人写下的是我们可能写过的内容）——增加了如下事实的可能性：她所谈论的是阅读过的德语内容。[88]

那个时候，法语正在融入汉堡贵族阶层的礼貌及寒暄用语，在汉堡的犹太社区，法语也不算罕见。格莉克尔的父亲在他的第一段婚姻里就有一个"饱谙法语"的继女。家族传说讲述了这位继女如何挽救犹大·莱布；那天，犹大·莱布的债务人密谋算计他，说的就是法语，这个继女让他免遭欺骗。格莉克尔认得若干法语单词，只是在 1700 年，在她到达路易十四统治下的梅斯，并发现自己无法与某些犹太人群相互致意时，她才后悔自己之前对法语的忽视。想必她在晚年学到了更多的法语，但总的来说，她的文化修养深深扎根于意第绪语，以及不完善的希伯来语和德语。[89]

宽泛意义上来讲，格莉克尔的文化修养，类似于同时代那些在汉堡受过最好教育的路德教派女信徒。17世纪的汉堡，还没有诞生像语言学家安娜·玛利亚·范舒尔曼或希腊语专家安妮·达茜尔（Anne Dacier）那样学识渊博的女人；出没文艺沙龙及精通文学的女性，要等到18世纪的启蒙运动才会出现。格莉克尔同时代的那些显贵家庭的基督徒女人，她们获得文化滋养的主要途径是宗教及道德读物，以及德语写的实用手册。诚然，她们直接阅读马丁·路德翻译的《圣经》译本，而不是通过《女人圣经》作为中间媒介来理解《圣经》。不过，她们对故事集和新闻报道也都很感兴趣，甚至据称在1695年的汉堡，基督教界的父亲和丈夫们曾一度禁止妻女阅读报纸，认为这会煽起鲁莽的好奇、促使她们夸夸其谈。[90]

但这些男人并不禁止妻女参加汉堡的业余音乐爱好者活动，也不禁止她们出席观看汉堡歌剧院的演出。1678年起，汉堡歌剧院便开始在一座永久剧院上演剧目，吸引远近的作曲家和剧作家。一些犹太女人也有此类雅兴：犹大·莱布的那位会说法语的继女就会演奏键盘乐器，还有相当数量的犹太女人前往歌剧院，这甚至激怒了阿尔托纳／汉堡的犹太社区，导致他们一再开出禁令。尽管在克莱沃（Cleve）参加一个女儿的婚礼时，格莉克尔非常喜欢其中的舞蹈表演和鼓声，但是，她精神世界的中心并非音乐和歌曲，而是口述故事和书面文字。[91]

　　格莉克尔并没有说明自己在何时进行阅读。在格莉克尔的描述中，无论丈夫哈伊姆多么忙于在镇上奔波以交易黄金，他从未错过当天的《托拉》研习。[92] 这样的惯例是《哈拉哈》对男人的要求：男人独自祈祷和去会堂集体祈祷都有固定时间，根据每一天的活动和教历来安排。

　　女人则被要求遵守所有犹太节日和犹太饮食教规集（kashruth）中的饮食禁忌，但她们不必每日在固定时刻进行律法学习和祈祷。犹太律法仅规定了三项特别针对女人的不可变更的职责：月经期间避免与丈夫同房，月经结束后洗净；烘烤面包时，将一小团面团取出，祈福燃烧，以纪念古老的庙宇什一税；在周五及节日前夕的日落时点燃安息日蜡烛。在其他方面，妇女个人的宗教行为表现"不受时间限制"，可以在她方便的时间地点进行。她可以在安息日召集贫苦的学者来用晚餐，或在某个家人患病的时候，或者在其他任何时间。女人还可以在每个安息日送食物给贫穷的犹太人，就像希尔施·莱维的前妻及其女儿亨德乐一样，或根据她的意愿间歇性捐赠。她可以决定永远不吃基督徒烤的面包，或每个星期一和星期四禁食，也可以决定遵守其他规定来生活。[94] 她还可以绣一条捆扎《托拉》的包巾，用作儿子的割礼布。多年后，当儿子初次被邀请进入犹太会堂时，包巾便能作为《托拉》卷轴的奉献礼。（插图中有两条这样的包巾。）日程安排允许时，她也可以为男士的祈祷披巾制作边穗，制作点亮犹太会堂的蜡烛。[95]

　　对格莉克尔的虔诚行为尤为重要的是意第绪语的《女人

祈祷词》，这是一本指导女性个人宗教奉献行动和诵读的小册子，基于的是犹太教节日规律，以及女性自身的生活、身体和家庭事务的节律，贯穿出生、怀孕、旅行和死亡。[96]

也许格莉克尔的阅读行为就像那本《女人祈祷词》本身一样，不必"受时间限制"。也许她在孀居的不眠之夜开始了更规律的阅读。无论如何，正如我们听到她对孩子所言，正是丧偶时，她开始了书写自传。我们将要看到，她的创作方式，不仅容许她编织出一部充满各种轶事的丰富生活史，还使她最终在心里消解了老幼代与代之间的紧张关系。更进一步来说，私人叙事和故事讲述的结合，帮助她同绝望悲伤的道德意义相抗争，帮助她表达出一个独立的宗教声音，这个声音不同于拉比的声音，也不同于"女人意第绪语"。

* * *

格莉克尔将她的生命叙事安排在七卷本中，就好像是每个人类个体生命上限的七十年。[97]她很早就宣布这一计划，并在三十年间持之以恒地书写这份手稿——这强有力地证明了她在写作愿景上的严肃性。前四卷，以及第五卷的开篇部分，大致是在1689年哈伊姆去世后的服丧期那几个月或者几年中连续不断写下的。第五卷剩下的部分，则大约在17世纪90年代有了初稿，不过到格莉克尔再婚后才最终完成。[98]第六卷写于1702年或之后不久，当时她在梅斯，刚刚遭受希尔施·莱维破产的打击。第七卷创作于1715年，这是她第二段孀居期里颇具意义的一年，其中最后一个篇章写于 1719 年。[99]

我们没有格莉克尔的原始手稿，只能根据自传的内在证据，推测出她修改润色手稿的做法。这些内在证据，来自她的儿子摩西复写的抄本，以及带有删改的另一份家族抄本，现在这份抄本已遗失，但在 1896 年曾被编辑使用过。我们会发现，修改前后的描写并不一致。格莉克尔的一个儿子是在初稿完成之后去世的，改稿过程中，她在这个儿子的名字后面加了一句追思的话；但是，虽然她的母亲贝拉在自传最终完稿前就已去世，初稿里母亲名字后的套话"愿她长寿"在修改稿中却未被修改。[100] 在记叙 17 世纪 60 年代哈伊姆与一个商业伙伴争执的情节中，她在修改稿里插进了一段评论，说三十年后那个合作伙伴在柏林非常亲切地接待了她，以此来缓和这场争执；但是，另一个做了两次承诺（却又言而无信）的麻烦合伙人的事情就从来没有详细记述过。她写初稿时"忘了"按照准确时间顺序排列的那些情节，在传给孩子们的版本中依旧保持着原来的顺序；日期的矛盾（例如，她的出生日期、她再婚时的年龄）也都一直没有解决。[101]

但是，无论在初稿中，还是在修改稿中，她都在重要的内容编排上花了大量的精力——也就是说，无论在书面上还是心理上的内容编排："适逢其会地"讲故事与奇闻。[102] 在第一卷的道德故事和宗教戒令的那部分内容之后，这部自传便基于生命周期里的各个事件而铺陈开来，基督徒女人的自传通常遵循这一体例。[103] 第二卷从格莉克尔的出生开始，到她的第一个儿子的诞生及割礼结束；在这中间，她讲述了自己和哈伊姆家族的历史。第五卷从哈伊姆逝世开始写起，描写第一段十年孀居生活，其中也包括孩子们的冒险经历。她给每一卷都赋以一种情绪，也在每一卷中寻求上帝的回应。第四卷以不祥的迹象收尾，预告了丈夫的离世："每天早晨都有新的悲伤，我将在第五卷中写下，不幸的是，这一卷将会是哀悼锡安之书，将是苦难之书……上帝既折磨我们，也愉悦我们。愿他怜悯我的孤儿。阿门，阿门。"第七卷讲述了第二任丈夫希尔施·莱维的破产经过，及之后发生的事情，这一卷是这么开始的："现在，我将在上帝的帮助下开始写作第七卷，这会是悲喜交加的一卷。追随人类的本性，这就是世界的运作方式……愿上帝允许我的子女不再悲伤，待我年迈之时，盼我老有所乐，子孙昌旺。"[104]

格莉克尔的喜怒哀乐都紧紧围绕着生命也围绕着财富荣誉。与生育、嫁娶和儿孙绕膝这些欢快时光对立的，则是不合时宜的死亡。最先死亡的是她的第三个孩子，玛蒂。玛蒂三岁的时候夭折。"再没有一个比她更漂亮、更聪明的孩子了。不仅我们爱她，每个看到她、听到她说话的人都很喜欢她……我们心痛万分。我和丈夫都为她痛心哀悼。"她告别的最后一个孩子是赞维尔，他是在1702年二十岁出头时去世的，当时他的妻子正怀着他们的首胎："上帝怜悯哪，一个年轻的义人就这样埋在土中了！……我心痛万分，只有上帝知道哪，愿赞美他。亲爱的儿子，多么美好的岁月。再如何悲伤都不为过。"[105]

　　但是，还有一个更大的悲痛——超过了所有这些过早的死亡之上的悲痛，笼罩着整本自传：三十年的相濡以沫后，哈伊姆去世了，格莉克尔当时只有四十三岁，哈伊姆只比她大一点儿。当格莉克尔在自传里描述他们离开父母，组建最初的小家庭时，这一悲痛便预示在其中："如果之后上帝没有给我们致命一击，没有那么快取下我头上的华冠。那么我认为在这世上，没有哪一对夫妇会比我们更相爱、更幸运。"当她叙述八十多岁去世的公婆时，哀痛也萦绕其中："如果上帝也能让我和丈夫一起相伴到老，那该多好。"[106]"失去了这样的丈夫，"在描写了丈夫的去世后，格莉克尔接着写道，"他曾如此珍视我……。"丈夫给她留下了足够多的财富，但对于她的"无边寂寞"无济于事。"当我的丈夫——愿义人的纪念被称赞——还活着时，我们偶尔也会有烦恼。［但是］我这个爱人朋友会减轻我的所有烦恼，安慰我，让我如释重负……而现在，谁能安慰我呀？"带着一丝苦楚，她称丈夫是先走的那个幸运儿："他有幸带着财富和荣誉离开了这个罪恶的世界，不曾遭受儿女的考验。但是我被孤零零留下来了，和已婚与未婚的子女一起沉浸于痛苦、悲伤和叹息中……我这辈子都不会忘记他。他深深烙印在我心里。"[107]

　　格莉克尔主要采用塔勒来衡量财富，塔勒是一种日耳曼货币，多用于度量价值：给子女陪嫁或彩礼的塔勒数目；父亲、未来姻亲，或前商业伙伴身价的塔勒数目。"我的姐姐亨德乐——愿她安息——得到了一千八百塔勒作为嫁妆，这在当时是一笔大数目，在那时的汉堡，还没人能拿到这么多。在所有阿什肯纳兹人当中，这都是很重要的比拼，所有人都对如此大额的嫁妆感到惊讶。"在格莉克尔父亲的时代，那些阿尔托纳和汉堡的犹太男人，也都用塔勒来衡量财富等级（哈伊姆·菲斯特，一万塔勒；格莉克尔的父亲，八千塔勒；其他人，六千塔勒；另一些人，约三千塔勒；另一些人，仅五百塔勒）；克莱沃的埃里亚斯·贡培兹［(Elias Gompertz)，他的儿子娶了格莉克尔的大女儿］"非常有钱，身价十万塔勒，甚至更多"；格莉克尔在梅斯的外孙及其新娘，把新婚礼物和嫁妆算在一起，有"大约三万塔勒。愿上帝赐他们好运和祝福。"[108]

有时候，住所富丽堂皇的程度，也会是格莉克尔用以衡量财富的标志（埃利亚斯·贡培兹先生的房子"真像国王的宫殿，布置得像是统治者的豪宅"），但最始终如一的还是金钱，她是商人，对金钱有着绝佳记忆力。那个时候，犹太人通常都是租房而非买房，也不被允许拥有大量地产；并且，在汉堡，像格莉克尔这样的家庭，销售的大多数商品都可以放在小囊、小包、麻布袋里随身携带。那么，比起金钱，还有什么东西更适合用来衡量一个犹太人的财富呢？还有，若要在欧洲的德国犹太社区之间迅速传播有关婚姻市场和信用的消息，有什么方法会比一个金钱总额更简单呢？

确切地说，财富不具备生命那样的绝对价值。在格莉克尔看来，一个宁死而不皈依基督教的犹太人，就践行了"尊你的名为圣"；但是，犹太人追求的不是天主教灵修英雄们所追求的殉难。[110] 说到财富，格莉克尔也有所保留："家财万贯……生如过客，除了享受什么也不做，谁知道这一定是件好事？"甚至在自传的第一卷中，格莉克尔就提出了这个质疑，并且，就像我们将要看到的那样，她反复思考这个问题，几乎就像她谈论塔勒一样频繁。尽管她在谈及她那位死于三十九岁的舅舅时充满崇拜，"如果他还活着，他原本会变得非常富有。在他的手中，原谅我这么措辞，粪便都变成了金子"，[112] 但她仍然不喜欢那些从不知足的富人。有句俗话可以描写他们："人心难满，欲壑难填。"在她看来，在她父亲的时代，人们都安分知足。她希望孩子们牢记约伯的告诫："我赤身出于母胎，也必赤身归回。"[113]

最一般形式的荣誉都伴随着财富：格莉克尔妹妹的公婆，摩多尔·里兹（Model Ries）和他的妻子佩塞尔，"在丰富尊荣（*oysher un koved*）中于柏林去世"；"我的母亲在丰富尊荣中，嫁出了她的女儿们"。"随着哈伊姆离世，我的丰富尊荣也离开了"，格莉克尔在丈夫过世的悲痛思绪中这样写道，但她之后又重获这二者。[114] 荣誉也是单独附在人身上的品质，它通过在不同圈子中享有的尊敬（*Aestimatio*）来衡量。对于犹太人而言，荣誉尤其与一个人在商业上的诚实和正直相关。哈伊姆希望跟诚实正直者（*erlikher, redlikher*）合作。跟基督徒商人一样，格莉克尔除了担心因各种损失而生意失败，还会担心因名誉蒙羞而失败。[115]

荣誉还体现为在餐桌旁受到欢迎的程度，以及得到的殷勤款待，正如犹太新年节日期间，格莉克尔和哈伊姆曾受到埃姆登（Emden）一位亲戚的热情款待："举世无双的荣誉。"

格莉克尔的母亲贝拉在汉堡嫁掉了她的最后一个女儿，那时她已守寡，于是"犹太团体里的所有领袖都参加了婚礼；他们全都是为了贝拉的荣誉而来"。格莉克尔前往菲尔特（Furth），商谈小儿子摩西的婚约："我无法形容在那里受到的尊敬（koved）。所有社区里有头有脸的男人和他们的妻子都到我们的旅馆来，硬拉着我们到家里去。"[116]对于男人来说，尊荣还在于能被选为犹太社团的官员和犹太人面向基督教当局的代表。一位学识渊博的拉比会受到不同社团的热烈邀请。同样地，死亡也能体现尊重：格莉克尔的外祖母玛蒂"带着许多尊荣"（mit grusin koved）下葬。[117]

格莉克尔如此关心荣誉，与此对比鲜明的是，17 世纪许多基督徒著作中描绘的犹太人都名誉不佳，基督徒想象中的犹太人也鲜有荣誉感。莎士比亚笔下的夏洛克对他的债务人安东尼奥只有一种强烈的受伤的感觉："他羞辱我，害得我亏了几十万，嘲笑我的损失，讥讽我的盈利，嘲弄我的民族，妨碍我的买卖，离间我的友好，挑拨我的仇人。"*[118]格莉克尔对犹太人的评价则是他们具备更良善的往来关系，她非常确信犹太人的荣誉品质，以至于当她讲到"荣誉"一词时，几乎总是使用希伯来语词源的 koved，而非德语词源的 er［来自德语里的 Ehre（荣誉）］；甚至在少数情况下，在她描绘的角色都是外邦人时，她也使用这个词。正是这样，在她讲述的克洛伊索斯和梭伦的故事中，国王问哲学家自己是否幸福，

---

*　参考梁实秋译本。

因为他位处如此的"丰富尊荣"（*oysher un koved*）之中。梭伦回答说，国王只有去世后才能盖棺定论是否幸福，就像最近逝世的一名雅典市民一样——在财富之中、带着丰富尊荣死去。[119]

如果说，格莉克尔的用词暗示了犹太人与外邦人的感受确有相似之处，那么，她永远也没有忘记她的民族与"世界各族"之间的失衡关系。（与"异邦人"和"未受割礼的人"一样，"世界各族"也是她对异教徒的称呼之一；她从未使用"基督徒"一词，这样也就不用将"基督"纳入她的文字。）[120]她在解释自己的喜乐悲伤时，异教徒的重要性也与犹太人不尽相同。当然，如果能获得基督徒的尊重，那么就既开心，也能获得收入。她自己的生意，以及哈伊姆的生意，不都是同时依赖犹太人和外邦人的信任吗？格莉克尔谈到阿尔托纳过去一位女商人时说："荷尔斯泰因家族的贵族女士们都非常亲近她"；汉堡的埃利亚斯·巴林（Elias Ballin），他的女儿嫁给了格莉克尔的儿子内森，格莉克尔形容其为"尊贵之士（*erlikher man*），受到了犹太人和外邦人的一致好评"。[121]如果有人能像希尔施·莱维的儿子塞缪尔一样，成为洛林公爵铸币厂的管理人，那么至少在此期间，他会很高兴处在他那位殿下的"庇护"之下。[122]

格莉克尔描述过一个场合，当时基督徒给她和她的家人带来了荣誉：西坡拉·巴斯·哈伊姆与埃利亚斯先生的儿子在克莱沃举行的婚礼。拿骚的莫里斯亲王及他的朝臣，以及当时还很年轻的勃兰登堡亲王腓特烈一世都出席了婚礼。新娘看起来美丽绝伦；腓特烈一世很喜欢当时只有五岁的莫迪凯，格莉克尔和哈伊姆精心打扮了这孩子。朝臣们对埃利亚斯先生提供的美味佳肴、美酒和蒙面舞者赞不绝口。"百年来，从没有哪个犹太人享有如此荣誉"——格莉克尔在这里使用了"荣誉"（koved）一词。[123]

但是，这就是整本自传中唯一的一个基督徒给犹太人带来荣誉的例子了。17 世纪的犹太人不能奢望这层关系。犹太人也永远不能把基督教协会和王公贵族的保护视作理所当然，即使拥有汉堡参议院的庇护——当德系犹太人在私家宅院里举行宗教仪式时，他们选择"睁一眼，闭一眼"。[124] 格莉克尔指出过特别糟糕的情况（例如，黑尔姆斯特是"一个大学城，因此是一个糟糕的地方"——指对犹太人糟糕）；也指出过特别好的情况（上帝嘉奖丹麦国王，因为"他是一个仁慈、公正而虔诚的君主，在他的统治下，犹太人过得很好"）。[125] 但是，她不断回到的边界领域，依然是那些反犹太人的世界。

我们可以在三个事件中看清这一点，这三个事件都围绕着犹太人与基督徒之间血迹斑斑的来往，格莉克尔用这每一件事来展示犹太人该如何在流亡的束缚下生活。结婚十年后，也就是在格莉克尔和哈伊姆二十多岁时，他们年轻的生意经纪人莫迪凯在从汉诺威到希尔德斯海姆（Hildesheim）的路上被杀害了，这条路很短且通常安全。格莉克尔描述这是一个外邦强盗所为，他当时想抢钱喝一杯。当莫迪凯大笑时，强盗说："你个犹太畜生，想那么久作甚？给还是不给？"然后就射向了他的脑袋。她和哈伊姆知道后深感不安：他们一直将莫迪凯当作家庭成员及值得信赖的商业伙伴。[126]

不过，格莉克尔也告知我们，莫迪凯立即死亡，没有目击者，从未找到凶手。也就是说，她描写的这个反犹主义强盗的场景，源于她的想象。如果一个犹太人死于光天化日下的暴力行径，除了外邦人，还有谁能被指责呢？[127]

几年后则有一起犹太小偷事件。两名汉堡犹太商人从他们在挪威的主人那里偷走了钻石，被追捕时，他们将这些钻石扔进海里，最后在酷刑下认罪。一名犹太人为了逃避绞刑，改信了基督教，从而倍增了他的邪恶行径。另一名犹太人来自格莉克尔熟识的家庭，他坚定不移，为自己的罪行赎罪。在这种情况下，犹太人必须"圣洁上帝的名"。在这个例子里，人们看到了过度贪财会导致什么。格莉克尔将这个犹太小偷的故事放在第四卷的开头，这一卷以家族生意作为主题。在坚定的犹太人被绞死的故事之后，她转向从希勒尔长老（Hillel the Elder）及其他犹太贤哲那里获取的思考，即限制财富的必要性和捐献的重要性。[128]

第三个事件被安排在第五卷中叙述，这是一个大故事（*groyse mayse*），写了两个失踪的犹太货币兑换商，人们发现他们被汉堡一个有头有脸家庭的基督徒杀害。[129] 这个故事的女主角是某个叫利百加的人，一个安息日晚上，她无法入睡，看到嫌犯带着妻子和一个大箱子离开汉堡，于是她从各种线索和谣言中确定了凶手。(在这里，格莉克尔在一个故事中套了另一个故事，将利百加与西班牙国王进行了类比。西班牙国王被上帝唤醒，撞见一些密谋者将一具孩童尸体遗留在一个犹太人的庭院里，从而阻止了一场错误的宗教谋杀指控。)[130] 利百加的丈夫劝她不要在汉堡挑起麻烦，汉堡的"犹太人一声都不敢吭"，但利百加不听丈夫劝告，上告当局，诱使凶手的女仆供认并告诉她某一具尸体埋于何处。同时，利百加还鼓励她的犹太同胞不要畏惧合理控告可能导致的后果。这时候，成千上万的工匠和水手聚集起来，如果尸体没有在那个基督徒屋里挖出来的话，他们就准备攻击犹太人。最终，两具尸体均被发现，凶手伏罪，并在民众威胁犹太人的不满声中被处决了。"那天，以色列子民生死攸关，因为许多恶念向他们挑起……但是，上帝对我们有罪的人类的极大怜悯，证明了'他们在仇敌之地，我却不厌弃他们(《利未记》26：44)'……犹太人全身而退。"[131]

就像莫迪凯遇害的故事一样，格莉克尔也用这个犹太货币兑换商遇害的故事提醒后人，犹太人长期受到的生命威胁。利百加的经历还表明，人们无须对无辜者遭殃逆来顺受。更具弦外之音的是这个故事在书中的位置。利百加谴责汉堡凶手的事件发生在 1687 年；格莉克尔是在第五卷中写下这个故事的，当时距哈伊姆在 1689 年去世后不久，格莉克尔说这个故事发生在"大约那个时候"。[132] 寡妇格莉克尔当时正受到不具名的犹太人和基督徒的威胁，她在不遗余力地维护她的"孤儿"，正是在这个时候，她获知了利百加为犹太人不懈申冤的故事。格莉克尔和利百加，都是令人尊重的母亲，犹如《圣经》中备受尊敬的女族长：撒拉、利百加、拉结和利亚。

在格莉克尔的自传中，可以用"边缘"一词来概括对基督徒的描写：基督徒处在以犹太人为中心的边缘，用他们的体制机构和世俗控制手段来包围犹太人。犹太人确实与基督徒有跨越边界的互动，有些暴力有些友善。[133] 犹太人与基督徒既有外交上的关系——由希尔施·莱维等对外发言人（shtadlan）来维系；也有契约关系——格莉克尔借贷给基督徒所收获的荣誉与她借贷给犹太人的一样重要；犹太人还会支付工资给基督徒，例如格莉克尔雇用的"安息日女人"（shabes-froy），也就是在安息日那天听她差遣的女人。[135]

在第二卷中，格莉克尔构想了犹太人跟外邦人之间更亲密的往来，她用一个约伯式的故事来说明为什么应该相信上帝。这是一个在多个世界传统中都能找到的故事（《普拉西塔斯》或《永不发誓的男人》）的犹太版本。故事讲了一个虔诚的塔木德学者因债务问题而无辜入狱。这期间，他的妻子在岸边洗衣时被一个船长欺骗掳走。[136] 这个塔木德学者获释后，带着两个儿子登上开往东印度的船只，希望能找回妻子。但他遭遇了海难，独自被冲到了一个到处都是"野蛮人"（vilde leyt）的小岛上。塔木德学者被当地人的公主救下，免于被吃掉。公主和他一起住在山洞里，还给他生了一个"野蛮儿子"。他对所失去的一切感到绝望，想到了自杀："如果随着时间流逝，这些头脑简单的野蛮人想要吃他的肉，碾他的骨，那可怎么办？那样他就无法葬在那些美好的犹太人中间了。"

这时，一个声音阻止了他的自我了断，引导他去找到一处宝藏，再劝告他逃往一艘正在驶近小岛、开往安条克的船只。当他登上这艘船时，他的野蛮人妻子叫他带上自己，"但他嘲笑说，'我跟野生动物有什么关系吗？我已经有比你更好的妻子了'"。"当这个野蛮人妻子听到塔木德学者说将不再回到她身边时，她无比愤怒。她拽住那个野蛮小男孩的双脚，拖过来，撕成两半，将一半扔进船里，又吞食了另一半。明智的塔木德学者扬帆而去。"

这位塔木德学者带着他的宝藏，定居在了一个新岛上，并被选为当地人的公爵。最终，塔木德学者还与失散已久的妻儿团聚，当时妻儿乘坐的船只恰好停靠在他那座小岛的岸边，他通过解答谜语的方法确定了他们的身份。事情是这样的，那个船长有两个妻子，一个妻子是家庭主妇，带着孩子来到岸上；还有一个妻子就是那个被掳走的犹太女人，"非常细心聪明"，负责管理船上事务。但是，船长从未与塔木德学者的妻子同床。因为她告诉船长，只有当某个男人能够解答出她的前夫教给她的一个谜语——等同于她的前夫，她才会同之共寝。如果非要强逼她，她宁愿自杀（这是另一个自杀威胁！）。因为，"农夫可不能骑着国王的马匹"。[137]

由于那个船长没有触碰犹太人的妻子，所以塔木德学者饶恕了他的性命，只是没收了他的财富作为惩罚。一些听说了这桩奇事的水手便改信了犹太教，随后犹太社群（kehilah）就在公爵的岛上繁荣昌盛起来。

格莉克尔在这个传统的《永不发誓的男人》故事中添加了许多母题，例如野蛮人公主插曲、谜语测试和犹太公爵的领地。[138] 野蛮人公主插曲的灵感，可能来自欧洲人的游记，其中欧洲人与非欧洲人之间命途多舛的爱情是一个重要的主题。17世纪初，从法国前往加勒比海的探险者让·莫凯特(Jean Mocquet)，就在那里听说了一个英格兰海上引航员的类似故事。在加勒比海沉船事故中，一名引航员被一个印第安女子救下，两三年中，他们在北部的土地上漫行，该女子一直照顾他，并给他生下一个孩子。待到引航员碰见英格兰渔船时，他出于羞耻而拒绝带上同伴，"因为她是野蛮人"。于是，这位被抛弃的印第安女人就将孩子撕成了两半，将其中一半向他丢了过去，自己"悲伤地"带走了另一半。格莉克尔很可能听说过或读到过这个故事，1688年，在距离汉堡不远的小镇吕讷堡，莫凯特的故事就在那里出版了带插图的德语译本。[139]

格莉克尔可能还从犹太旅行文学中编织出了这个野蛮人插曲的一部分。有一个9世纪的伊利达（Eldad）的故事，他遇到海难后，落入了埃塞俄比亚的食人族手中。[140] 还有一个故事讲了一个遇上船难的犹太人被女魔鬼救下，他们结了婚，后来，当他选择要返回他的原配和孩子身边时，这个女魔鬼就用一个吻杀死了他。[141]（格莉克尔笔下的塔木德学者幸运多了。）格莉克尔写的犹太人当上公爵的灵感则可能来自一个马拉诺，约瑟夫·纳西（Joseph Nasi）。约瑟夫·纳西受到奥斯曼帝国苏丹的青睐，他在 1566 年至 1579 年间成了纳克索斯公爵——而纳克索斯正是前往安条克的必经之路，安条克也就是那位塔木德学者第二次登上的那条船的目的地。最后，1712 年，在格莉克尔的家人中，也有了一位长途跋涉的探险者——她的女婿莫迪凯·汉布格尔（Mordecai Hamburger，也被称为老摩西·马库斯）；他乘船驶往印度，在本地治里（Pondicherry）和马德拉斯（Madras）做钻石生意。这是在她写完第二卷（其中写了那个虔诚的塔木德学者的故事）之后的第二十二年发生的。或许，是莫迪凯的旅程为她后来的增改提供了灵感？ [142]

无论她故事的来源为何，格莉克尔所增加的情节，都增强了犹太人与外邦人跨越边界的交流，而这些亲密来往却导向了坏结局。在"野蛮人"海岸的那个历险中，犹太人被等同于"文明人"。格莉克尔还曾在第二卷中回忆起她和母亲是如何在一个漆黑的夜晚搞混了彼此的婴孩的（当时她俩都在哺乳自己的新生儿），她们吓坏了，差点变成一桩需要所罗门王判决的事情。但是，那个野蛮人公主却把她的儿子撕成两半。[在那个时代，一方面，犹太人是苏里南的那些糖厂的新增持有者之一，[143] 也是非洲人和印第安人奴隶的新主人；而另一方面，基督教旅行文学则提出了犹太人习俗与新世界"野蛮人"之间的相似性，并且，基督教神学家声称，梅纳什·本·以色列（Menasseh ben Israel）他自己就部分认同，印第安人是古以色列失踪十支派*的后裔。] [144] 格莉克尔将那个有学识的犹太人和他那优雅智慧的妻子，与愚蠢的基督徒船长和他那只适合做家务的妻子相对比。在这个故事中，基督徒不仅位于犹太人世界的边缘，还落后于犹太人。最终的和解是基督徒皈依了犹太教，并在明智的塔木德学者公爵和他充满欢乐的家庭统治下生活，这是一次倒置的幻想，这是犹太人痛苦大流散的圆满结局。

* * *

格莉克尔的自传中确实描绘了基督徒，但是她并没有专门描述基督徒与犹太人迥异的宗教习俗与信仰。相反，对位于其边缘或管辖范围内的犹太人的所作所为，与她同时代的基督徒则有很多话要说。1644年，汉堡牧师约翰·穆勒(Johann Müller) 出版了他的《犹太教及犹太人》(*Judaismus oder Jüdenthumb*)，这本书厚达一千五百页，写的是犹太人的信仰、宗教举止及日常生活，意在展现犹太人之"冥顽不灵"，以及让犹太人皈依基督教之必要。正是出于这个目的，在那个世纪的最后几十年中，就在格莉克尔所在的汉堡，希伯来语学者埃斯德拉斯·埃德扎迪 (Esdras Edzardi) 就曾在拉比研习中进行过基督教宣道。[145] 与此同时，在法兰克福，虔信派

---

* 犹大和便雅悯支派合为南方的犹大王国，而北方的十个支派合为以色列王国。公元前721年，北方十派被亚述古国征服后便消失了，这就是所谓的失踪的以色列十支派。犹大与便雅悯成为仅存的两个支派，被认为是今天犹太人的祖先。

牧师约翰·雅各布·舒特（Johann Jacob Schudt）也正在为他的《犹太奇闻逸事录》（*Jüdische Merckwürdigkeiten*）收集资料。1718年，这本厚厚的书最终出版，其中就包含了格莉克尔的女儿弗洛伊德琛及女婿莫迪凯·汉布格尔在伦敦的故事：1706年，伦敦阿什肯纳兹犹太社区的拉比签署了一个破产商人的离婚文书，莫迪凯质疑此决定；接着莫迪凯被逐出教会；他的妻子被剥夺了在犹太会堂中命名其新生女儿的权利。于是莫迪凯就自己另建起了犹太会堂。这个故事总体上来说是站在莫迪凯的立场，但其目的是表明这些德系犹太人的随心所欲，仿佛是因为缺乏基督徒地方治安官的管理。[146]

在舒特的第一卷"奇闻逸事"中，有一件是有关汉堡/阿尔托纳的犹太人为了应付传统的宗教禁令而使用的一种变通方法。这个禁令指的是在安息日的时候，犹太人不能超过自己住所范围搬运东西到别的地方，哪怕是一本祈祷书或祈祷披巾。实际上，犹太律法还禁止在安息日步行超过城镇一定距离；如果安息日之前刚好是佳日，也禁止烹制为安息日预备的食物。于是，犹太人就有一套行动与目标，使得自己可以绕开这些禁令。在《塔木德》及之后的书中，它被称为移入纹（eruv）*。"移入纹"在希伯来语中意为"混合"。人们在自己的房屋和犹太会堂之间建立起线和"门"；面包被带到犹太会堂和祷告室，然后放在同一个庭院的邻居家中，

---

* eruv通常意译成安息日可走的路程、融合边界、特许区、隐形围墙。但2017年《密释纳：第2部节期》，将其译作"移入纹"，虽然这个译名现在并不通用，但它既有音译又有意译的意味，因此我选择采用"移入纹"。

例如，在某个安息日必须提水的地方。如果佳日后连着安息日，人们就会拿出一些面包和预备的食物放在一旁，这样一来，烹食就可以延续至被禁止的时刻。*

这些都是象征性手段，使得犹太社团能够将被禁止的公共空间（许多人共有的空间，*Reshut-Ha-rabbim*）与私人空间（个人权限下的空间，*Reshut-Ha'yahid*）混合在一起，将平日活动与节日活动混合在一起。在汉堡/阿尔托纳这样的地区，大部分这种空间都由一扇门重新界定，作为私人空间封上，这也就允许犹太人在安息日的时候，在原本属于基督徒的地界，携带东西穿过这个空间。† 例如，犹太团体曾记录了支付给一个门诺派教徒（Mennonite）酿酒商的款项，该酿酒商的地界被一个"移入纹"穿过。在时间和空间方面，移入纹所提供的豁免，使得一个犹太人能够穿越一个依旧还是以犹太人为中心的混合世界。[147]

"移入纹"带来了思想和感觉上的变化，它允许格莉克

---

* 这种情况指的是特殊安息日的情况：星期五是佳日，后面连着安息日。原本安息日之前的星期五是可以为安息日做饭的（安息日当天不能做饭）。但是，佳日做的饭只能当天吃完，不能延续到次日。于是，如果安息日之前是佳日，就产生了混乱。解决方法是：拉比规定这时候就需要 eruv tavshilin，在佳日头一天（星期三或星期四，取决于佳日天数）准备这个 eruv tavshilin。这个 eruv tavshilin 通常是一些熟食，然后就可以继续烹饪至星期五。混合指的是：佳日当天必须吃掉的食物加上为安息日准备的食物。

† 安息日的时候，在公共空间，犹太人不允许携带东西，在私人空间，犹太人可以携带东西。因此，为了生活便利，会有这种象征性的方法，将公共空间象征性"变作"私人空间。现代社会里也有这种东西，在有犹太人居住的许多大城市，可以看到城市上方的"线"，就是规划出了一个可以携带东西的象征性的私人空间，维护这类 eruv 价格不菲。

尔及她的混合文化将犹太人放在叙事中心，甚至于，在流散世界中，她还能说出"我的小窝"和"在我们亲爱的汉堡这里"这样的措辞。[148] 基督教世界为犹太人世界创造出了条条框框，偶尔，基督徒也直截了当地介入犹太人的生活，例如给一场婚礼上带来荣誉，又如谋害某位家庭成员。在她的七卷书卷中，基督徒通常出现在犹太人生活的外围。但是她哀悼最多的家庭成员的死亡，与基督徒－犹太人的边界关系并不大；这些死亡是一个人身上可能发生的疾病、流行病或意外事故的结果，并且，她通常会在犹太宗教框架的内部进行解释。她的文本最关注的不和谐问题，也与她的犹太人同胞有关，无论自传开头的父亲与阿尔托纳犹太团体其他领袖的争斗，还是结尾处梅斯犹太会堂的互殴。

数世纪以来，这种本地纷争的新闻一直以手抄本形式在欧洲的犹太社区间流传，同时，不同派别总在寻找这个或那个拉比的意见或"回应"。等到印刷机一出现，这些报告就通常以希伯来语出版。它们一般由博闻强识者编写，但每个人都可以参与讨论。格莉克尔的自传里就遍布着这样的"犹太新闻"，她给出她女人角度的评价："在我父亲的时代，犹太团体动辄争吵，整个世界也都如此，每人都属不同派系。"后来，大多数犹太会堂的官员过世了。[149]

她本人曾卷入其中的纷争，事关婚姻谈判（关于嫁妆数额的大小，乃至准配偶是否般配的争论——之后这个争论圆满解决，变成了一场和谐的婚礼）以及商业往来。当维也纳的一个宫廷犹太人塞穆埃尔·奥本海默（Samuel

Oppenheimer）遭受监禁、暂时拖欠格莉克尔的儿子内森许多债务时，她指责的不是帝国政府里的密谋者，而是奥本海默一家："他们赔上所有性命都不能偿还我们，他们害得我们受苦受累、惊恐焦虑。"[150]

在格莉克尔看来，犹太人活在一个这样的世界：他们可能会忽然家道中落，也许通过上帝的帮助，又能重整旗鼓。基督徒带来的生意上的麻烦在她意料之中，于是，只有某类特殊情况才会激发起她的叙述冲动，例如路易十四针对洛林的犹太人铸币者的禁令。犹太人带来的麻烦则给了她一些最佳故事。正是这样，她详细讲述了犹大·柏林如何通过伙伴关系，从她丈夫那里扣留了一千五百塔勒，后来，尽管他们对这位年轻人掏心挖肺，当哈伊姆礼貌地撤销合同时，犹大·柏林却拒绝归还商品。在他们各自的犹太社团之间，派系斗争十分激烈，格莉克尔不得不承认，哈伊姆拒绝妥协的做法无济于事。这桩纠纷几乎快要上诉到外邦人法院了（这样的话，那就会是令人震惊的犹太人不团结的现象），但最终，一个犹太法院驳回了哈伊姆的诉求，这让犹大很高兴。至少，哈伊姆在其他交易中弥补回了损失——"敬爱的上帝看到了我们的清白"，格莉克尔如此评论——而犹大和哈伊姆最终也和解了。[151] 她用了更多的篇幅表达对其他虚伪的合伙人和经纪人的愤慨。她其中一个评价是："我全家真正的希律王"（大概因为在《塔木德》中，希律王一世被安上破坏犹太机构和杀害犹太领袖的恶名）。[152] 在谈及另一名合伙人时，格莉克尔评价："一个自鸣得意、肥胖、油腻、傲慢自大、邪恶的男人。"[153]

　　格莉克尔曾损失惨重，她形容自己"极度沮丧"："我们还是年轻人啊……家里还有那么多孩子要养活。"[154]如果这种情形就是"极度沮丧"，那么，在她守寡后，儿子莱布给她带来的悲伤则无可比拟。莱布当时在柏林结了婚，经营一家大店铺，他经验不足但脾气友善，他纵容助手和亲家掳走了钱财（至少格莉克尔是这么说的）。他笨拙地讨价还价、向波兰人借贷，这些都赔了钱，最后负债累累，甚至快要被捕了。他的兄弟们，还有（尤其是）格莉克尔，一直都在倾囊相助。但这件事花了格莉克尔很多钱，使她虚亏，"仿佛死亡般的颤抖和焦虑"，痛苦流泪。最终，她在汉堡帮助莱布重启事业，让莱布替她本人做生意，在她的监察下，莱布又再次收获良好信誉。几年后，二十七岁的莱布去世，尽管他已经给母亲带来了很多苦难，但格莉克尔还是说，他的死去是沉重的打击。她回忆起大卫和押沙龙的故事，完全原谅了莱布。不仅如此，"莱布是世界上最优秀的人，努力学习，对穷人的苦难怀有一颗犹太人的心肠"。[155]

* * *

　　显然，在莱布身上，格莉克尔还有更在乎的东西，远超金钱，这就把我们带回到这部自传开头的那个鸟的故事。如果说，她对自己人生的叙述悲喜交加（通常更悲伤），那么她讲述的故事则受到了代际间相互亏欠这个问题的推动。鸟的故事所讲的道理是，箭头总是朝着时间的方向前进，就像格莉克尔一样，当老一辈抱怨关爱下一代十分艰辛，以及现在的孩子要求十分自私时，他们也还是爱护关怀着下一代。格莉克尔将她和哈伊姆从公婆那里得到的有限馈赠（"一个小水罐，价值约二十塔勒，但如此珍贵，仿佛值一百塔勒"）对比如今年轻人的态度："他们想从父母那里得到一切，而不问父母是否有能力提供那么多。"[156] 但是，上帝已经安排了年长者照顾年轻人，这种安排切合实际，因为，"如果孩子因父母而烦恼，如同父母因他们而烦恼一样，那么他们很快就会疲累"。在另一个世界中，父母也可以继续荫蔽子孙。正如她谈及哈伊姆的父亲时所说的那样："他是一位多么圣洁的人哪！愿他的功德泽被后世。愿他恳求上帝不要再给我们带来悲伤；恳求我们不会犯罪，不会陷入羞愧。"[157]

但是随后，格莉克尔削弱了鸟的故事所传达的观点，重新定向了时间中的箭头。早在第二卷的开头部分，她就讲述了她的父亲是如何照顾他的岳母玛蒂的。格莉克尔的父母婚后邀玛蒂与他们同住，这一住就是十七年，玛蒂在他们家继续做小额放贷生意，"我的父亲……以世上最尊贵的荣誉待她，就像待亲生母亲一样"，父亲安排她坐在餐桌的尊位，每场集市都带回礼物送给她。玛蒂在弥留之际，在全家人面前祝福并称赞了格莉克尔的父亲。[158] 年轻一代对老一代的关照还可以延伸到去世后，例如，哈伊姆在父亲过世后请了十个拉比在他的房子里祈祷和学习了整整一年的《塔木德》。[159]

　　在自传中，代与代之间的这两种关系模式一直在相互竞争，直到哈伊姆去世后，这两个问题在格莉克尔身上汇合到了一起。在第四卷中，她曾描述过一个避免给孩子添麻烦的寡妇形象：她自己的母亲，她守寡的年龄与格莉克尔守寡的年龄相仿，在格莉克尔下笔记录的时候，她还在世，她拒绝了所有再婚机会，依靠亡夫的遗产生活，与女仆在一个小房子里可敬地生活着，享受着子孙们的爱戴。[160] 这就是格莉克尔十年来所追随的道路，尽管格莉克尔开展了更多的商业活动，但她拒绝了与"整个阿什肯纳兹犹太社区最杰出的男人"再婚的机会，也拒绝了能够给她和子女带来财富的再婚机会。在嫁走最后一个孩子之后，她甚至想过要去圣地生活、服侍上帝。[161]

　　但是，格莉克尔选择寡居，其理由不仅仅是虔诚与合乎礼节，也不仅仅基于对哈伊姆的忠贞。在第五卷中，她说在哀悼的头三十天过后，她的亲戚都没有来安抚她，也没有主动提供帮助。在她那新丧父的孤儿需要商业信贷时，她和哈伊姆曾经帮助过的人，也都没有伸出援手。[162] 由此，格莉克尔得出结论，人只能信靠上帝，相应地，她还用一个可怕的故事来劝诫孩子。这个故事可以追溯到犹太传说源头，但其阴晦的结局可能是她自己的增添或创造。

　　一个国王想要教会他不谙世事的儿子如何检验真正的友谊。于是，国王指示儿子杀死一头小牛，将小牛裹在麻袋中，然后让儿子分别告诉管家、秘书和贴身男仆，说是在醉酒胡闹时杀死了宫廷大臣。儿子要分别向这三个人寻求帮助掩埋尸体，以免国王责罚。王子便按父王的指示照做，但他的管家和秘书都拒绝帮忙，他们说不想跟酒鬼和凶手扯上关系，宁愿无视他的指令也不服从。贴身男仆回答说，他有义务把王子当作主人服侍，但由于害怕国王，他只会负责盯梢、看王子埋尸体时是否有人过来；他也确实这么做了。

次日，这三人都将这桩命案报告给国王，满以为国王会处死儿子，再奖励他们是好臣仆。对质时，王子说自己只是为祭祀宰了一头小牛，尽管做法不当，埋葬小牛的仪式不够圣洁。随着小牛被挖出来，臣仆们都十分羞愧。王子向国王承认，在这三人中，他只找到了半个朋友。于是，国王建议儿子杀死管家和秘书，这样就能跟贴身男仆做完整的朋友：

> "为一个人杀死很多人，一定要这样做吗？"王子问道。国王回答说："如果一个智者被俘虏在一千个愚人之下，没有其他办法让他逃脱，我建议为了拯救这一个智者而杀掉这一千个愚人。"

因此，那两人就被处死了，贴身男仆成为王子的终生朋友，并且，王子也认识到了，检验过后方能信赖朋友。[163]

这项才智测试——需要纵容背叛及谋杀，从一个谎言开始，以两次死亡结束，就跟那个鸟的故事一样（如果算上小牛，则是三次死亡）——格莉克尔并不建议付诸实践。相反，这个故事是为她的自我描述而准备，在其中她将自己描绘成一个独立自持的寡妇，只信靠上帝。那个时代，在意第绪语故事中（在其他欧洲语言中也能找到）流传着一个不忠寡妇的形象。虽然格莉克尔没有引用它，但她一定知道。在故事中，一个寡妇在新亡故丈夫的坟旁哭泣，后被看守尸体的绞刑架警卫勾引。警卫负责看守尸体，后来有一具尸体被盗，这个寡妇提供了自己亡夫的遗体作为替代，以免她的情人惹上麻烦。《故事集》中的这个故事是这样开头的："古谚云，女人意志不坚，易说动。"[164] 格莉克尔将自己描绘成自力更生、坚定不移的样子，这个形象削弱了寡妇不忠的负面形象。

　　这头小牛的故事也预示她在第六卷中的自我裁断：她的再婚决定，最后证明就是一个错误的对他人的依赖。当时她将近五十四岁，向孩子们诉说她开始有了新的忧虑：

　　　　种种不悦及烦忧，通过我的孩子降临在我身上，我总得破财消灾。但也不必多说什么。他们都是我亲爱的孩子，我原谅他们，无论是那些在我拮据时使我付出很多代价的孩子，还是那些从不给我惹麻烦的孩子。

　　　　我仍然要照管大宗生意，不管在犹太人还是在外邦人中间，我都信誉尤佳，但这带给我的只有痛苦。无论炎炎夏日还是飘雪寒冬，我都得前往市集。我每天都得去；即使在冬天，我也得站在摊位上。而且由于我曾拥有的所剩无几，所以我陷入了困境，只为维护自己的荣誉而卖力，以免——但愿不会如此——成为孩子的负担，以免——但愿不会如此——不得不依靠朋友救济生活。如果因为我，孩子们犯下罪行的话［此处指拒绝敬重和照顾她？]——但愿不会如此——那么与我的孩子生活在一起，会比在陌生人那里还要糟糕。日复一日，这对我来说生不如死。

格莉克尔还担心，由于她越来越无力参加市集，也无法检查所有捆包和货物，她的生意可能会垮掉，并且自己"可能——但愿不会如此——破产，我的债权人也会蒙受损失，如此一来，让我自己、我的孩子，以及虔诚的已安息的丈夫蒙羞"。[165]

在这个关头，她那在梅斯的女婿摩西及女儿以斯帖来信，建议她与希尔施·莱维结婚。希尔施·莱维是"一个鳏夫，出色的犹太人，有修养，非常有钱，还维持着一个大家庭"。格莉克尔同意了这桩婚事，她妥善安排好自己的嫁妆，也准备好了给最后一个未婚孩子米里亚姆的嫁妆，并开始幻想希尔施·莱维的业务关系也可能使她的其他子女受益。"不幸的是，上帝啊——愿赞美他的名——嘲笑我的想法和计划，并且早就决定了我的厄运和苦难，来惩罚我想要**依靠别人** [此处标明强调] 的罪过。我不该想着再婚的，因为我不该奢望遇到另一个哈伊姆·哈默尔恩。"相反，"我落入 [希尔施·莱维] 手中，不得不过着羞耻的生活，我曾希望我能抵抗这种羞耻"。[166]

就像格莉克尔说的那样，希尔施·莱维的破产情况非常糟糕。他甚至一度躲起来，警察们来到家里——"这屋里有如此多黄金白银，比我在所有阿什肯纳兹犹太富人家里看到的都要多"——密封了他们的清单上的所有货品，格莉克尔和她的女仆几乎连吃的也没有了。最终，希尔施竭尽所能与债权人达成和解，谢天谢地免遭牢狱之灾。格莉克尔以此能够保全属于儿子内森和女儿米里亚姆的财产，但不得不放弃大部分婚姻财产。她告诉我们，（她打了一个比方，一个可以追溯到上帝在西奈山上对摩西所说的话的比方），她就像"老鹰将孩子护在翅膀之下，说：'冲我来，别伤我的孩子。'"[167]

然后，在第七卷开场所述的不幸之后，格莉克尔不再做一只家长鸟了。希尔施去世，剩下她"悲苦不堪"。一个继女婿强迫她搬离希尔施的房子，于是格莉克尔就搬到了一个要往上爬二十二级台阶方能抵达的小房间，仅在一个仆人的帮助下独自饮食起居。[168] 三年后，她"不再抗拒"女儿以斯帖和女婿摩西·施瓦贝的邀请，女婿摩西现在是犹太社团长老，是梅斯犹太社区中"最富的人"。1715 年，格莉克尔搬进了他们家。[169] 在那儿，她备受尊敬，就像她外婆玛蒂曾受到她父亲的对待一样：格莉克尔"吃到的都是每道菜中的精华部分"，如果她在犹太会堂待过了中午，还会为她保留许多精致的餐食。现在，她略带宽容地评价希尔施·莱维：他是一个聪明能干的商人，"在富贵时曾备受爱戴和尊重"，冒着生命危险为社区服务了这么多年。至于她自己的女儿以斯帖，格莉克尔从未见过哪个家庭能经营得如此慷慨和开放。[170]

尽管这本书在此处尚未完结，但格莉克尔——现在愿意接受以斯帖的帮助、受她照料——给了将来某时会读到这些

格莉克尔居住的城市

汉堡证券交易所和过秤台，1680 年

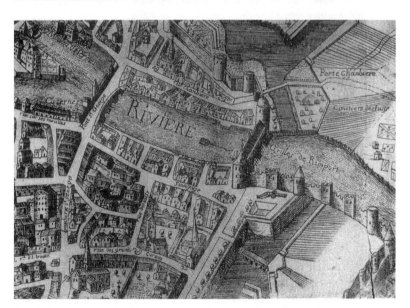

梅斯犹太人聚集区，1696 年

犹太女人的虔行

点亮安息日蜡烛

遵守犹太教饮食规定烫洗
餐具，为逾越节做准备

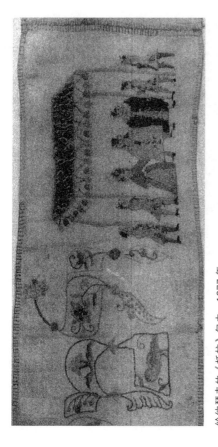

《托拉》包巾，
有女人刺绣的图案，
为儿子割礼所作

给约瑟夫的《托拉》包巾，1677 年

给莫迪凯的《托拉》包巾，1711 年

创造犹太人的空间：一个"移入纹"支架，形状是大卫之星，放在犹太会堂，上面放无酵饼，这就允许他们在安息日的时候拿取。（阿尔萨斯，1770年）17世纪汉堡的面包移入纹也可能是类似的形状

犹太人的文字

瑟夫（希尔施）·莱维的法语签名及希伯来语签名，1702年

格莉克尔的讣告，1724 年

格莉克尔的女儿以斯帖·戈尔德施密特、女婿摩西·施瓦贝、外孙女安妮（亨德乐）的
法语签名及希伯来语签名

意第绪语图书，扉页上的草书和半草书字体

《故事集》（1602 年）

《女人圣经》
（1647—1648 年）

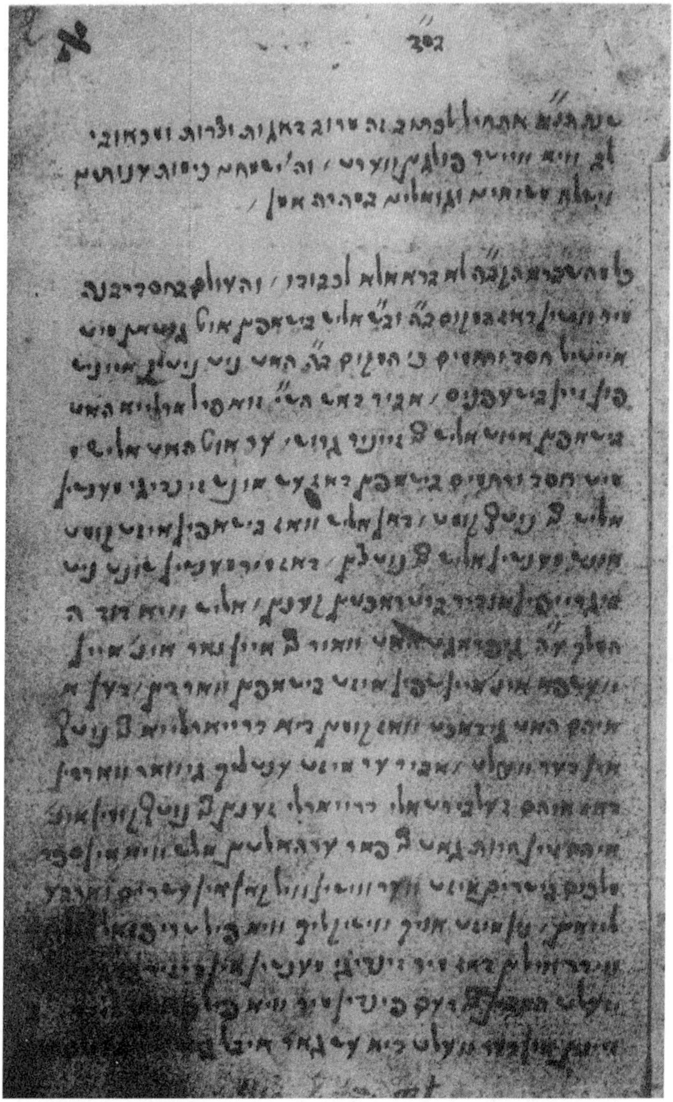

格莉克尔自传的开篇段落，来自格莉克尔的儿子摩西·哈默尔恩的复写本

Waare afbeeldinge van Sabetha Sebi den genaemden
hersteller des Joodtschen Rijcks.
ij pourtrait de Sabbathai Sevi qui se dict Restaura:
teur du Royaume de Juda & Israel.

沙巴泰·泽维画像，最后他被证明并非弥赛亚

文字的孩子们一股新的力量。她感到自己的人生可以歇息在安全的海岸上了。

* * *

到目前为止，我们鲜见格莉克尔提及罪过，书中占据更多分量的是对世俗功名利禄的苦苦追逐。小鸟和埋葬小牛的那些故事，或许能够增进人们对人类团结及代际关系的理解，但是它们对宗教感知又起到何种作用呢？还有那位虔诚的塔木德学者的故事呢？他的幸福结局似乎在很大程度上取决于能否解开谜语，对解谜能力的依赖程度不啻坚信上帝的帮助。

但是，格莉克尔注入人生的宗教因素远甚于此。首先，在自传中，她曾反复呼求上帝，这种呼求不仅存在于每一卷的结尾处、套话型的感叹措辞中，而且也存在于简短的祈祷词、对先前祈祷的回忆中。当他们的一个孩子被认为病重时，格莉克尔说："我的丈夫——愿义人的纪念被称赞——在房间的一个角落里哭泣，我在另一个角落里哭泣，恳求上帝怜悯"；就这样，格莉克尔将自己和哈伊姆安排在角落里的位置，就像犹太教义评注对利百加和以撒的安排一样，当时他们祈求上帝让利百加怀孕。[171]

其次，格莉克尔经常称自己为罪人，并且通常遵循犹太人的传统方式，用自己的罪来解释上帝给她的严厉打击。在格莉克尔的时代，这种对人类受折磨的解释，被鲁利安体系的卡巴拉（Lurianic Kabbalah）的二元论挑战，后者将人类生命中的邪恶归因于一个永恒的恶魔力量的驱动——"邪恶的逆亚当"（Anti-Adam of Belial）——而不仅是人类自身之罪。[172] 格莉克尔仅在霍洛维茨的《遗产》中接触过卡巴拉，这还是打了折扣的版本＊，但她显然读过《故事集》中魔鬼附身的故事，以及《火镜明鉴》里的恶魔故事，更不用说母亲和祖母说与她听的那些恶魔故事了。在自传中，她建议孩子们一生都要勤于施舍，以此来保护死后灵魂远离"灭民的天使（或恶魔），也就是那些在天地之间空气中存在的东西（*malakhe habbalah*）——但愿不会发生"。（她不曾提及被广泛用来抵御邪灵的护身符，但她一再念叨的"但愿不会发生"这句话，既是在祈求上帝，也是在驱赶灭民的天使。）[173] 当然，这种常见的恶魔附身并不能匹敌上帝的力量，就好像新的邪恶的逆亚当也不能。格莉克尔坚持较传统的观点，即"一切都来自上帝"，并且，她常用的表述是："如果我们有时受到惩罚，那是因为我们自己的过失。"哈伊姆"因为我的罪孽"而被带走；"就像通常说的，这义人被收去是免了将来的祸患"。"我的罪如此深重、难以负担，无时无刻不充满罪孽。"[174]

　　格莉克尔究竟犯了什么罪？莱昂·莫代纳曾坦率承认他至少犯了一项具体的罪，那就是赌博。格莉克尔则没那么坦率，但是《回忆录》的行文，暴露的是她那不耐烦的性格，

＊　前文提到，格莉克尔是听到别人用意第绪语念给她听《遗产》的。《遗产》原文是希伯来文。

一种就像是约伯与三友人争论时体现出来的性格：格莉克尔总是苦苦抱怨遭遇何事，喋喋不休咒骂命运。实际上，格莉克尔对约伯的认同可能是从约伯之妻开始的 [如同伊莲娜·帕德斯（Ilana Pardes）所展示的那样]，约伯之妻抱怨时说："你仍然持守你的纯正么？你弃掉神，死了罢！"[175]

格莉克尔认为，玛蒂去世时，她太过哀痛，"恐怕我在全能的上帝面前犯了罪"*。在谈及对怀孕和孩子生病的担忧时，她说："每两年我就会生一个孩子，我的处境也很苦恼，当房子里满是孩子的时候，上帝会保护他们。我经常想，应该不会有谁跟我一样，有这样沉重的负担了，也没有谁会像我一样，因为孩子有那么多烦恼。但是，我这个蠢人哪，我都不知道，当'孩子围绕着我的桌子，好像橄榄栽子'时，我的生活是多么幸福。"（格莉克尔这个橄榄栽子的比喻来自《诗篇》128：3。）暂时性的商业亏损也让她同样感慨，她便会对这样的过度反应感到焦虑，"我太忧心忡忡了，因此我很难受"，当她回忆起有一年，有大约一万一千塔勒从他们手中溜走时，她说："对所有人，我将自己难受的情绪归于怀孕。我的内心却燃起怒火。"这样的悲叹愤懑不仅有害健康和生命，而且也有损虔诚："我们这悲痛的身躯不适于服侍全能的神。圣洁的舍金纳（Shekhinah）不会居住在我们这种悲伤的身体中。"（在《塔木德》中，舍金纳被定义为上

---

* 犹太教中对遭遇亲人死亡的哀痛有规定，要避免过度悲伤。下文也有提到这种哀痛的害处。

帝在所创造的宇宙中的存在或居住地。在流行的犹太传说和犹太教徒的观念里，舍金纳被人格化及性别化为女性，力求与上帝结合，就像是他的新娘。在这里，格莉克尔通过想象舍金纳居住在个体当中，来进一步传达这个意象。）[176]

　　格莉克尔知道别人并不像她。她的母亲年少时，同外婆玛蒂"有时整整一天只吃得上一块面包。但她们还是忍了下来，并信靠上帝——愿赞美他——不会抛弃她们。我母亲如今也有着同样的信仰。要是我有这样的品质就好了；上帝可没有赐予每个人相同的东西"。[177]哈伊姆虽然像她一样悲伤哀悼孩子，但他在为财富荣誉的损失而痛苦时，有更坚强的毅力和超然态度："他一辈子都不曾追求担任社区领袖；相反，他拒绝了，还会在看到人们追求这些东西时嘲笑他们。（对他来说，祈祷和奉献更为重要。）……当我经常因我人性中的软弱而放任自己，并且很不耐烦时，他就会嘲笑我说：'你可真傻。我相信上帝，很少在乎别人的闲言碎语。'"[178]只要哈伊姆还活着，就可以打趣她，特别是还可以安慰她（格莉克尔回忆起丈夫留给岳母的遗言便是"只管去安慰我的小格莉克尔吧"），[179]但是当他离世后，她又可以向谁抱怨呢？还有谁可以纠正她的错误念头呢？

　　因此，格莉克尔的自传不仅是为孩子们打造的一部生活指导和道德教义，也不仅是一部使她从悲痛中转移注意力的作品。它还是对上帝的哀叹，上帝在某种意义上是她的读者；它再次清楚表明了她的哀痛，同时也在探索痛苦的意义，并试图寻找一种接受上帝所赐予的命运的方法。有时，她转向以利法斥责约伯时采用的那种简单的道德因果报应的说法（《约伯记》4—5），重复其观点："上帝就会留意义人，保护他免受一切邪恶侵害。"[180] 有时，她转向约伯的最终命运——那也就是说，我们无法理解上帝神秘的行事方式，我们只能肯定及敬畏上帝的能力。或者，用格莉克尔的话来说："恶人及其子孙活在繁荣富裕中，敬畏上帝的义人及其子孙却处境艰难。所以我们总习惯自问，全能的上帝怎么可能是正义的法官？但是，我认为这个问题毫无意义，因为全能者的事迹——愿赞美他——是我们无法设想也无法理解的。"[181]

在这场努力想要获得忍耐力与意义的抗争中——这是场从未彻底胜利的抗争——讲故事是格莉克尔最有效的武器。它为格莉克尔提供了一种"与上帝争辩"的方法，这是一个犹太传统，可以通过拉比教义回溯至雅各（《创世记》28*）。[182] 它还为格莉克尔提供了位于灵修中心的对话，带来了意外的起承转合（它们都是故事讲述的力量）。

格莉克尔的七卷本自传中共有十二个详述的故事，还有一些简短的故事摘要或典故援引。其中的一些故事，是她对那些用意第绪语出版的故事（即大量重印的《故事集》和《火镜明鉴》等出版物）的整编。[183] 如果说，马其顿的亚历山大的故事，由可以追溯到《塔木德》的中世纪犹太文献而进入她的故事储备，[184] 那么关于梭伦和克洛伊索斯的故事，她一定是从衍生于希罗多德作品的故事集中读到的，它们要么是

---

* 指雅各与天使摔跤至天明之事。

德语，要么译成了意第绪语。[185] 并且，正如我们已经了解到的，格莉克尔对查理大帝和君士坦丁堡的伊琳娜女皇的描述，几乎肯定来自"德语书"。[186]

这类"德语书"也不难获取，因为那些与格莉克尔同时代的基督徒，他们也对新老故事以及讲故事的模式很感兴趣。仅举一个传统故事的例子，在整个 17 世纪，《狐狸列那》（Reynard the Fox）在汉堡就出版了多个德语版本。在此期间，汉堡的作家兼报纸编辑埃伯哈德·维尔纳·哈佩尔（Eberhard Werner Happel）创造出了一种用故事形式来讲述世界各地新奇事件的方式；他还借鉴最新的旅行文学，出版了《冒险旅行》（Der insulanische Mandorell，1682），在这部传说故事里头，他让英勇的主人公从东印度冒险前往加勒比海。[187] 在格莉克尔迁往梅斯的时候，拉封丹的《寓言》就已经有许多印刷版本了，查尔斯·佩罗（Charles Perrault）已经开始出版他的"鹅妈妈"系列法国童话，多尔诺瓦伯爵夫人（Comtesse d'Aulnoy）也在推出她的童话故事集。[188] 简而言之，格莉克尔对故事的喜好并不局限于犹太人的故事，当然也不限于"古老的"故事，而是一种超越了宗教的喜好；并且，由于 17 世纪发生的事件和关注点，这个喜好还收获了更新的内容。

跟任何优秀的故事讲述者一样，格莉克尔根据自己的品味和需求精心编写故事。在那个虔诚的塔木德学者的故事当中，她不仅添加了野蛮人公主的情节和谜语测试，而且还删去了犹太文献版本里作为故事起因的要素。在犹太文献版本当中，这个故事与《十诫》的"第三条诫命"（不可妄称*耶和华神的名）有关，那位丈夫之所以陷入债务困境并深陷牢狱，正是因为他遵守父亲去世前的诫命，永不发誓。[189] 对比之下，在格莉克尔的版本里，勤奋好学的男主人公因债务被起诉陷入困境之后，他的朋友们不愿为他担保——这使人想起了格莉克尔丧偶初期的感受，那时候亲戚们抛弃了她；以及当一个汉堡商人拒绝为她那刚丧父的儿子提供信用担保时，格莉克尔哀怨不已。[190] 至于格莉克尔那个父亲鸟和雏鸟的故事，会说话的鸟在犹太寓言中常被使用，她的故事来自现成的寓言类型；但角色和情节转折则可能很大程度上是她自己的创造。[191]

这些故事被她安插在人生的各个篇章之间，以调动情绪、加深阅读的兴趣［"这里有个令人愉快的故事"（Hir bey izt ayn hipsh mayse），格莉克尔如此措辞以引入一个故事，而最后故事却是悲伤的］；[192] 这些故事还能就刚发生或将发生的事情，提供道德和宗教方面的评论。这些故事分为两大类：一类说明为什么人们应当超脱于对财富和声誉的关注，另一类说明人们应该如何承受痛苦。实际上，这些故事情节有时

---

* "妄称"就是不管在什么情况下，只要是把神的名用在谎言和坏事上，就是妄称神的名了。比如说凭神的名说谎、作假证、诅咒、起誓、行巫术等。这个故事的犹太文献版本，开头大概是这样的：主人公的父亲去世前，命他不可发誓，即便是真实的事情。（事关《十诫》中第三诫命"不可妄称耶和华神的名"。）于是主人公就遵守了这个告诫。随后，有骗子听说了这件事情，便诬告主人公的父亲去世前欠钱，但主人公无法在法官面前发誓证明自己和父亲的清白，于是就被判欠钱，但又还不上，于是被投入监狱。

很复杂，充满了惊奇和逆转，以至于，它们在回答问题的同时，也提出了很多问题。这种朴素的讲故事手法，并不能终结她后续所述事件中的所有冲突。

例如，第一卷前面的一个故事，讲述了亚历山大大帝去远方走访一群智者，他们朴实率真地生活，没有财富，也没有嫉妒。亚历山大大帝既无法以攻击来威胁他们，也无法以礼物来引诱他们，因此他傲慢地说道："告诉我，你们想要什么，我就送给你们。"那些人异口同声回答："我的国王，请让我们长生不老吧。"国王回答："如果我有能力让你们永生，我也会用在自己身上让自己永生。"随后，那些智者便请亚历山大大帝仔细思考，他摧毁如此多的民族和土地，得要付出多少努力啊？他又能拥有他赢下的胜利多长时间呢？这样做到底是为了什么？

"国王不知如何作答，但对他们说：'我找到了某个世界，但因为种种原因，我必须离开它。君王不可无好战之心。'"[193]

亚历山大大帝并没有完全被智者的言论说动。格莉克尔的想法也同样没有改变，但她始终摇摆不定。在后面的书卷中，她既为世俗损失而苦恼，也讲述那些证明财富和权力只不过是过眼云烟的故事：梭伦如何反驳骄傲的克洛伊索斯，即一个人在不知道自己的生命将如何结束之前，不应吹嘘自己的好运；马其顿的亚历山大如何明白，人的眼目对财富的渴望是无法满足的，但是在死亡之时，一个小小的坟墓就足够了。[194]

她的一些传说故事与接受上帝之爱中的苦难有关，它们非常极端，也旨在严格考验她自己的反应。格莉克尔描述了在前往汉诺威的时候，她年幼的女儿西坡拉被怀疑染上鼠疫，当地的犹太团体安排了两名波兰老犹太人照料她，后送往基督徒农民家里居住，这时候一个这样的考验就紧随而至。也就是这个事件，让格莉克尔和哈伊姆站在房间的角落里哭泣，向上帝祈求怜悯。后来，西坡拉健康快乐地回来了，感谢上帝，然后格莉克尔继续讲述东方伊琳娜女皇垮台的故事。查理大帝向她求婚，这样的话，他们两人的帝国便能结合；而伊琳娜女皇被邪恶的尼基弗鲁斯（Nicephoros）大人篡位，并被诱骗向他揭露了她所有宝藏的所在。尼基弗鲁斯加冕后，就将她从君士坦丁堡贬到莱斯博斯岛（Isle of Lesbos），一年之后，她在"悲痛中"死去。"看看如此位高权重的女皇身上发生了什么，以及她忍受了什么，就能学到每个人都要耐心接受上帝施予的困境，愿赞美他的名。"[195]

格莉克尔的故事，来自9世纪早期的塞奥发尼斯*拜占庭编年史的版本，[196] 其中她抹去了一些基督教色彩过浓的提法（例如犹大背叛耶稣，和伊琳娜女皇做修女的兴趣），以及所有伊琳娜女皇早期的政治不端（例如伊琳娜女皇在皇权斗争中刺瞎了儿子君士坦丁六世）。塞奥发尼斯笔下的伊琳娜女皇，就像格莉克尔笔下的女皇一样，将垮台归咎于自己的罪过，但格莉克尔笔下的女皇还继续引用《旧约》里《约伯记》中的话："赏赐的是耶和华，收回的也是耶和华。耶

---

* 著名编年史家"忏悔者"塞奥发尼斯（Theophanes the Confessor）。

和华的名当受称颂！"[197] 就算做了这些修改，这位遥远的女皇，对格莉克尔来说也是一个奇怪的榜样（毕竟这位汉堡的犹太母亲可是说过"为了孩子的健康，我愿意付出自己一半的生命"），[198] 伊琳娜女皇的忍耐也并没有平息格莉克尔之后的抱怨。

西坡拉康复的数年后，小玛蒂去世了，放在这一事件后的那个传说故事，则更加令人不安。我们已经听说过格莉克尔如何回忆她的悲痛，她还将《诗篇》的第 31 篇第 12 节用在自己身上："最后，我注定要忘记我心爱的孩子，就像上帝的旨意一样，'我被人忘记，如同死人'。"格莉克尔写下的这个传说故事采编自《塔木德》，讲的是 3 世纪的智者约翰内·本·纳帕哈（Johanan ben Nappaha）的事情，[199] 用以说明虔诚的人如何接受失去。约翰内的十个儿子都死了，仅余一个三岁的儿子（格莉克尔安排这个儿子的年龄近似小玛蒂的年龄）。有一天，这个小男孩对火上烧着的大水壶很好奇，还掉进了沸水里，父亲试图把他抓出来，但结果捞出来的只有这孩子的一根手指头。约翰内先生以头撞墙，向他的学生哭喊："哀悼我的苦难之星。""从那时起，他就把孩子的这截手指骨头挂在脖子上，以作留念。每当有陌生学者来见他时，他都会平静地展示这截小骨头——就像展示他的儿子一样。"[200] 格莉克尔在书中违反上帝戒令，一直怀念玛蒂，就像约翰内先生纪念儿子的骨头。尽管她承认自己过度哀悼，并坚持人们应当接受上帝所给予的一切，但这个故事再次表明，她与上帝的争论并未完全平息。

　　最后也是最复杂的一个例子来自自传第六卷，这是一个多配偶、乱伦和暴力的故事，由《圣经》里大卫和押沙龙的传说（《撒母耳记下》13—18）改写而成。*格莉克尔将这个故事安排在叙述她与希尔施·莱维谈判婚约的文字当中。在这则"她肯定真实发生过的"故事中，她有双重目标：她将展现自己不是唯一的不幸者，她还将展现上帝愿意帮助那些苦痛之人。"希望它也会发生在我身上，就像发生在虔诚的国王身上一样。"[201]

　　曾经有一位国王叫杰迪狄亚（Jedidiah，意为"上帝的朋友"）[202]，他与许多妻儿生活在阿拉伯的土地上。在这些孩子中，他最喜欢的是阿巴顿（Abadon，意为"毁灭"），他总是纵容阿巴顿我行我素，"因此坏事就发生了"。另一个儿子叫埃莫尼斯，痴恋美丽的妹妹达妮拉，他施诡俩让国王将她送入自己的房间，然后玷污了她。阿巴顿听说了这桩耻辱，发誓要报仇，特别是因为他的父亲没有惩罚埃莫尼斯。一场狩猎过后，当埃莫尼斯坐在桌旁时，阿巴顿杀死了这位兄弟。国王对阿巴顿大动肝火，放逐了他，并取消他的继承权，于是这位备受疼爱的儿子围攻了父亲的首都，篡位并强奸了父亲的嫔妃。在之后的一场战斗中，杰迪狄亚国王承认自己有罪，并要求部下饶恕阿巴顿的性命。国王的士兵"信靠上帝及自身的正义"，赢得胜利并杀死阿巴顿。国王复归王位，赦免了所有敌人，

---

*　故事中的人物对应关系：故事里头的埃莫尼斯（Emunis）、达妮拉（Danila）、国王杰迪狄亚（King Jedija）、阿巴顿分别对应《撒母耳记下》里的暗嫩（Amnon）、他玛（Tamar）、大卫王（King David）、押沙龙（Absalom）。

"安稳体面地度过余生";在他去世前,他还看到儿子弗里德利布(Friedlieb,意为"爱好和平之人")继承了王位。

格莉克尔最后的评论是,"上帝的责罚缓慢但确定":埃莫尼斯和阿巴顿丧生,国王遭受苦难。"如果国王没有如此忏悔的心意,如果上帝没有特别守护他,谁知道还会有什么灾难降临到他头上呢?……我们人类无法预知上帝何时责罚何时奖励。他杀害、他也治愈,愿赞美他的名。"[203]

显然,杰迪狄亚及其妻儿的故事,为格莉克尔叙述不幸的再婚提供了一个不祥的过渡。在其他两处地方,格莉克尔也曾简单地使用大卫王作为榜样——其一是她赞扬大卫王平静接受了他和拔示巴所生第一个孩子去世的事(《撒母耳记下》12:19—23);其二是她将自己宽恕儿子莱布这件事类比于大卫王赦免押沙龙。[204] 但是,这个故事即便最终以弗里德利布的继承而和平告终,围绕"杰迪狄亚国王"的骚动却更加暴力和违法。[205] 格莉克尔的孩子会如何看待母亲的愿望?"希望它也会发生在我身上,就像发生在虔诚的国王身上一样。"就像《约伯记》,格莉克尔故事般的人生也充满了"无法解决的紧张关系",[206] 人们不禁怀疑,格莉克尔想让自己写下的那些故事在读者中引起质疑——促进他们超越她自己的简短评论,引发疑问和辩论。

如果是这样的话,那么格莉克尔就像拉比长期以来使用示例和寓言(或 Meshalim,犹太人的称法)一样,她也是在使用她的故事来说教讲道。尽管一些拉比反对这种神圣和亵渎的混合,甚至担心混搭会诱使听众产生错误念头,但在格莉克尔的时代，他们中的大多数人都还是支持将举例作为一种工具，这是自所罗门时代以来就受到尊重的方法。[207]（在这里，拉比的演说讲义甚至扩展到了传说，超出了当时的路德教会和天主教会的规定，即寓言和"道德绘画"只能从真实事件或历史事件中提取出来。）[208] 于是，坐在女座区，格莉克尔也可以理解拉比的布道，因为它们是混用意第绪语和希伯来语进行的。她很可能正是从他们那里听说了她想用作道德说教的故事，诸如杰迪狄亚的故事（她"认为是真实的"）和亚历山大大帝的故事（"她并不认为那是真事"，可能看作"异教寓言"）。[209]

　　这就使我们注意到宗教声音在格莉克尔自传中的地位。它不是拉比式的声音，她不止一次认为自己没资格发出这种声音。（在描述两个学识渊博的拉比为梅斯的一个职位争吵不休的时候，她略带嘲讽地评论："在巨人中间造次不属于卑微谦逊的女人。"）[210] 也许，她从阿尔托纳犹太会堂的女领唱人（firzogerin）——她在礼拜中带领女座区的妇人祈祷和唱歌——那里收获了灵感；甚至，也许在梅斯的时候，她也曾是一个领唱人。但是格莉克尔的声音，并不属于普通的"女人意第绪语"：17 和 18 世纪的意第绪语《女人祈祷词》或许已经进步了许多，甚至开始描绘在天国学习《托拉》的女性形象，但它们主要还是用于慰藉苦难，而非质疑苦难。[211]16 世纪令人钦佩的利百加·巴斯·梅克·提克蒂纳所写下的意第绪语道德图书，也没有给格莉克尔留下堪用的模型，因为它缺乏生活史的"私人线索"。[212] 格莉克尔在"忧郁"与焦躁中，为了不同的目的而引入了意第绪语故事集——她将那些故事，编排在她对人生种种刺痛回忆之叙述的附近。犹太人的口头禅——"这让我想起一个故事"——在这里被提炼成了一种精巧的技艺，它并没有带来最终的平静解脱。格莉克尔采用这种不寻常的文学结构，[213] 写下了这本自传。它饱含道德说教、精神探究和宗教反思，而若以拉比教义的眼光来看，她既没有学识也没有立场做这件事。

格莉克尔所处的时代，受到了离经叛道的斯宾诺莎以及胡安 / 丹尼尔·德普拉多（Juan/Daniel de Prado）这样的无神论者的影响，后者曾在汉堡的塞法迪犹太聚集区生活了一年（那时格莉克尔还年轻）。可以确定的是，在这样的时代，格莉克尔与上帝的那些争辩似乎还是安全的。[214] 她对苦难的疑问通常停留在犹太教和《圣经》的框架内，并且总是面向一个正在聆听的上帝。但是我们不应低估上帝必须听她质问的范围。她回忆起自己曾在丈夫哈伊姆·哈默尔恩人生的最后几个小时里与他的对话。"'亲爱的，我能触碰你吗？因为我不洁净。'哈伊姆回答：'上帝禁止，我的小淘气。你去净身，不会花太久的。'但是，哎，他没有活到那时。"她的自传使她既可以证明哈伊姆严格遵守犹太律法，也能让她展示仪式纯洁的约束所需的代价。[215]

* * *

格莉克尔的自传也使她得以谈论对弥赛亚的期盼。她自传的第一卷便以一个对弥赛亚的期盼的祈祷词收尾："上帝啊——赞美归于他——别抛弃我们，别抛弃以色列民，快带给我们安慰吧，快将弥赛亚、正直的救世主送到我们这个时代吧。"她还给孩子们详细讲述了，当听到号称是弥赛亚的沙巴泰·泽维（Sabbatai Zevi）的消息时，汉堡的犹太人是如何欢欣鼓舞的。那是在 1665 年，大约在玛蒂出生的时候。葡系犹太人和德系犹太人都欣喜若狂，着手忏悔、祈祷、捐献财产，为救赎做准备。格莉克尔的公公把成桶的布料和干粮送到汉堡，预备乘船前往圣地。在他们得知沙巴泰·泽维皈依伊斯兰教之后，这几个桶在格莉克尔的家里搁置了相当久。弥赛亚尚未到来（"你的以色列民苦苦等候两三年了，但是除了风，什么都没等来"）*，那些桶便也只好启封。[216]

　　二十多年后，当格莉克尔回顾这些重大事件时，她认为弥赛亚的迟到或可归因于人类之罪，归于"我们中间的嫉妒和无端仇恨"。[217] 也许正是这个让人希望落空之事——那时候她还是个二十岁的年轻母亲——促发了她与罪和苦难的漫长交战，也导致她如此频繁地以失落的措辞来描述自己的人生：未到来的弥赛亚，早夭的玛蒂，去世的哈伊姆。当我们读到她的那个虔诚的塔木德学者统治小岛乐园，里面都是犹太人和犹太教皈依者的故事时，我们能否一闻她年轻时对期

---

* 这句化用了《以赛亚书》26：17—18："妇人怀孕，临产疼痛，在痛苦中喊叫，耶和华阿，我们在你面前，也是如此。我们也曾怀孕疼痛，所产的竟像风一样。我们在地上未曾行什么拯救的事。世上的居民，也未曾败落。"一般的释经认为这里是将以色列余民渴求救世主比作难产的妇人，求之不得而希望落空。整部《以赛亚书》记载的是犹大国和耶路撒冷的背景资料，以及当时犹大国的人民在耶和华前所犯的罪，并透露耶和华将要采取判决与拯救的行动。

盼之事的无声表达？

在自传第七卷结尾，格莉克尔再次回到了末世之事[*]，这次有了危险的预兆。在书写的时刻，格莉克尔安全地住在以斯帖的家中，她详细叙述了梅斯的犹太会堂发生的一桩悲剧，事发于1715年春天的一个安息日。当时，人们听到巨大神秘的隆隆作响声，楼上女座区的女人们因担心犹太会堂倒塌而开始逃跑，她们互相踩踏，在恐慌中踩死了几名女人。格莉克尔当时在楼下的女座区，她在出门时摔倒，还放心不下怀孕的女儿以斯帖；以斯帖后来流产了。格莉克尔尤其对无辜的年轻女人的死亡感到震惊。这样的事情怎么会发生的？格莉克尔对着《旧约》中的女族长们诉说，她思索着那个奇怪的声音，有些人听到了，有些人却没听到，以及在这个恐慌发生之前，楼上女座区中还有人目睹了六个高高的戴面纱女人的异象。[218]

她认为，这个惩罚是由去年秋天西赫托拉节（Rejoicing）期间的犹太会堂事件引发的。那一次，女人们在争吵中扯下头巾，男人们在《托拉》卷轴前斗殴，这时候拉比只能徒劳地大喊要将他们逐出教会。[219] 不过，格莉克尔没有提到她的继女亨德乐／安妮·莱维也是不光彩的参与者。[220] 她也没有给孩子们记录下她最后年岁中的其他混乱事件：希尔施·莱维的儿子塞缪尔和摩西·施瓦贝的兄弟鲁本都遭遇了破产和

---

[*]　犹太教末世论的观点。与下一章天主教末世救赎有所不同。从弥赛亚主义的"末世论"到基督"救赎说"的发展是基督教最终摆脱犹太教，成为一种独立的世界性宗教的重大标志。

诉讼；[221] 最糟糕的是，她在伦敦的外孙小摩西于 1723 年 1 月 1 日改宗英国国教，仅在他的父亲莫迪凯从印度"带回巨额财富"数年之后。格莉克尔的女儿弗洛伊德琛备受打击，因为小摩西在英文出版物上普告天下，讲述自己相信弥赛亚已经到来的理由，以及受惊的父母试图改变自己的徒劳。[222]

格莉克尔自传第七卷的最后一段内容注有日期，是 1719 年。它记录了一个女人（可能是格莉克尔本人）某个晚上在摩泽尔河岸边洗碗时看到的异象。[223] 夜空奇异地打开，逐渐亮成白日一般；火光［是卡巴拉的光（Kabbalistic Sparks）吗？］划过天空，而后一切忽然归于黑暗。"愿上帝保佑，这是为了那些义人"，格莉克尔以此结束了她的自传。

新世界

降凡圣言的玛丽

1654年夏天，魁北克乌尔苏拉修道院的一名修女给她在巴黎的儿子寄去一份自述，讲述了她的生平，以及天主如何引领她。其中她提起二十三年前她在图尔市（Tours）初次戴上头巾的事情。当时除了她的听告司铎（confessor），所有人都劝她别抛下当时才十一岁的儿子。她是个寡妇，若她进了修道院，这男孩在世上就会孤苦伶仃，天主也会因此惩罚她。她进退两难。她感受到了对儿子"发自天性的爱"，也感到对儿子负有义务，"但是，我心里头的声音纠缠着我：'快点，是时候了；再在这俗世上生活对你没好处。'于是，在将儿子托付给天主和圣母之后，我就离开了他，还有我那悲泣的老父"。[1]

一在乌尔苏拉修道院安顿下来，她便经受了另一番考验。儿子与同学一块儿来到修道院门口，同学调侃儿子要被"遗弃和鄙视"了，怂恿他去讨妈妈回来。他们在门口大声叫嚷，儿子的哭喊刺痛了她的心："把妈妈还给我，我要妈妈。"弥撒期间，儿子还会把头探过领圣体的护栏，大声喊叫："嘿，还我妈妈！"他还曾在会客厅当众哀求见母亲一面，然后玛丽被派去安抚儿子，给他一点小礼物。"他离开的时候是倒退着走的，盯着修道院宿舍的窗户，看我是否还在那儿。他就一直保持着那个姿势行走，直到修道院在他的视野消失。"

她谦恭亲切地与耶稣讨论这个难题 [她使用的动词是"处理"（traiter）]，她已遵循圣意，放弃了儿子，现在她反复祈求耶稣同情那可怜的男孩。[2]

这位母亲便是玛丽·居雅（Marie Guyart），洗名为"降凡圣言的玛丽"。她是在北美洲建立第一所乌尔苏拉女修院及女校的两名女性之一。她的儿子是克洛德·马丁（Claude Martin），1654年是他在本笃会圣莫尔修会中做修士的第十三年。之前他曾恳请母亲讲述自己的内心生活，描述天主是如何赐予她圣宠与恩惠的。于是，在听告司铎的"指示"之下，玛丽·居雅从魁北克寄出了这份自述，强调条件是克洛德要对这些文字保密。[3] 但等到1677年，也就是在玛丽·居雅于加拿大过世五年后，她的儿子在巴黎出版了这些文字，还稍做修改，增添上他自己的一些想法，附上了玛丽·居雅其他著作中的一些文章，最后这本书的标题为《尊敬的降凡圣言的玛丽之生平》（La Vie de la venerable Mere Marie de I'Incarnation，以下简称《生平》）。

玛丽·居雅与格莉克尔的人生包含某些相同母题——她们都抵抗哀思、都害怕抛弃年轻一代或被年轻一代抛弃，也都坚定反抗生活所施以的困境——但这些在玛丽·居雅的身上因天主教因素而有非常不同的表现。格莉克尔最多只是梦想着搬到巴勒斯坦地区，但玛丽则努力奋斗前往加拿大，远离有着黎塞留（Richelieu）、马萨林（Mazarin）、柯尔贝尔（Colbert）的法兰西王国，也远离他们的国王。格莉克尔从没有资格指导教外人士应该信仰什么，而玛丽却年复一年坚持将基督教真理传播给那些被她的同胞入侵土地上的人。身为院长嬷嬷的玛丽，与教外人士的关系模式，也与格莉克尔的不同，后者身上有那种可理解的警惕性。但这两个女人在某一方面有相似之处：她们都阐明了文字与语言对于自我发现、道德探索的重要意义；在玛丽的例子当中，这还包括了探索他者的重要意义。同格莉克尔一样，玛丽也是一个强大的女人（femme forte），这是一个《圣经》式的经典人物形象，经常为 17 世纪法国的文学女性主义者及宗教人士所使用：玛丽去世后，她的乌尔苏拉修会姊妹们对她的评价便是"所罗门王（Solomon）所描绘的强大的女人"*。[4]

---

* 古以色列国王。相传《圣经》中所收《雅歌》和《箴言》为其所作。此处提到的"强大的女人"指的是《箴言》第 31 章第 10—31 节当中对妇人的描写，这些女人非常能干。因翻译版本的不同，这里法语版本有"la femme forte"（强大的妇人）或"la femme vertueuse"（才德的妇人），一般中译本作"才德的妇人"（和合本）、"贤淑的妇人"（思高本）。

* * *

1599 年，玛丽生于图尔市，这是一个拥有近两万居民的纺织市镇，是它所在行省的司法中心和教会中心。玛丽小时候，那里的人们对宗教战争记忆犹新。长者们可能会回想起 1562 年的那几个月里，新教徒一度成了这座城市的主人，他们清走教堂里面所有的雕像和圣物。如今，在最新颁布的《南特敕令》的保护下，纵然只有一小撮胡格诺派教徒暂时可以合法生活在这座城中，但图尔市热诚的天主教徒还是感到有必要深化发展自己的信仰，而且必须较以往任何时候都更加卖力。宗教战争也将国王带到了图尔市：1585 年至 1594 年，由于当时天主教联盟掌控着巴黎，图尔这座卢瓦尔河畔的城市一度成为法兰西王国的临时首都*。现在，国王同他的高等法院已返回巴黎，不过，仍然有一群有地位的王室金融家生活在图尔扩张后的城镇中。[5]

玛丽·居雅出身平凡。尽管她的儿子在《生平》中夸耀了外婆与图赖讷（Touraine）行省一个因服侍王室而被册封贵族的家族之间的关系，但是，玛丽的父亲充其量不过是一个"面包商贩"。他安排一个女儿嫁给学校教师；另一个女儿嫁给忙碌的马车运输商；还让玛丽嫁给丝绸商，也就是这座城市支柱行业的一员——这些都助他实现了阶级跃升。十

---

* 当时，天主教联盟掌控着巴黎高等法院（The Parliament of Paris），因此亨利三世带领了一部分的高等法院成员前往图尔市。这里指的是历史上的"三亨利"之争事件。

几岁时，玛丽就一直向往着当地的本笃会博蒙特女修院，她母亲的一位远亲是那里的院长。但实际上，即便她的父母同意她响应圣召，那个古老高贵的女修院也不太可能接受一个面包商贩的女儿做初学修女。

十七岁时，玛丽顺从地嫁给了丝绸商老克洛德·马丁（Claude Martin）。这之后，她就撇开了青春期时候"空洞的"读物，转而集中精力阅读敬虔书籍与法文版的《圣咏集》（《诗篇》）；她每天都上教堂，这让周围人——哪怕不算上她那体贴的丈夫——都感到惊讶。不管怎么说，她的敬拜行为并没有妨碍她照管丈夫的丝绸工人及商店其他事宜。她在十八岁时成为母亲；十九岁时便寡居，此时她的儿子克洛德尚在襁褓中。

尽管在丈夫去世前，这桩婚姻就已经笼罩在阴影之下了——马丁的财产受到威胁，不过玛丽并未详述；还有图尔市的一个女人对马丁提出不实的指控。（玛丽与儿子诡秘地称这些事情"丢脸"，"她丈夫带来的无尽折磨，尽管他很无辜也非有意"，以及"不堪其扰"。）丈夫去世后，尚有诉讼纠缠，玛丽失去了丝绸商店，除她受保护的嫁妆，她和儿子继承的大部分，甚至全部遗产也都没了。虽然这样，再婚的提议接连而来，但每次经过一番犹豫后，玛丽都拒绝了。她后来对克洛德说："我非常爱你的父亲。起初，我感伤于他的亡故，但随后我发现我自由了，我的灵魂便融化在感恩中，我的心里面可以除了天主以外不再装有其他任何人，我可以用我的孤独去想他，去养育你成为他的仆人。"[7]

她一度"隐居"在父亲家顶楼的小房间里，靠刺绣养活自己。她"不修边幅"，好让男人们知道，她尚未准备接受追求。玛丽还将儿子克洛德托付给乳母——玛丽只是区区的工匠阶层，在她的时代，这种托付乳母的行为在富裕的基督徒家庭中才更为典型，但也许玛丽在丧夫之痛中失去了哺乳能力。克洛德在快两岁时回来，这之后，玛丽带着他搬到了姐姐克洛德·居雅（Claude Guyart）与姐夫保罗·比松（Paul Buisson）的热闹家庭中；姐姐姐夫的儿子和女儿玛丽的到来很快就会给这个家庭添丁增口。比松是位成功的马车运输商，他将货物运往王国各个地区，并为王室军队运送大炮。在下一个十年中，用玛丽的话来说，她生活在"商人们的勾当"里，她常在用于存放卸载干草捆的马厩中待上好些时日，周围是搬运工、四轮马车夫、运货马车夫和五六十匹马。她的职责范围很广：刷洗马匹、替整个家庭及许多仆人做饭、记账、为比松提供生意建议、替他写信，以及在姐夫姐姐回乡下住宅时帮忙经营整个生意。玛丽坦承，"天主给了我经商才能"，事实上，正是在玛丽的帮助之下，比松家的生意才如此兴隆。[8]

私下里，对于玛丽来说，那些年充满令她惊奇的神秘经验、心祷（mental prayer）的进步、爱德的事工、严格的身体禁欲。1620 年圣母领报节的前一天，当时她正走在图尔的街上去办事，她第一次用第二只眼（inner eye）看到了她一生中所有的罪与缺憾，她感到自己陷入了基督的宽恕宝血中。当回过神来时，玛丽站在了斐扬修会（Feuillants）的小堂前；

斐扬修会是几个月前才来到图尔市的苦修会。她走进去，不在乎旁边有个女人在偷听，泪流满面地将自己的罪都倾诉给一位神父。这位惊诧的斐扬修会神父告诉她第二天再来，再讲述给他听。由此，她获得了她过去甚至不知晓的存在：一位指导她的灵魂的神师（Director）。在那之前，她的悔罪都只在本堂司铎的例行问答中进行。[9]

在历史学家看来，玛丽的这节插曲，恰好就是公教改革（Catholic reform）——这一改革当时正在使图尔市的环境变得多样化——的一个典型例子：斐扬修会最近刚从熙笃会（Cistercians）中分离出来，有非常严格的教规；方济各·德圣贝尔纳神师（Dom François de Saint Bernard）认真对待玛丽的倾诉，即便她只是一位年轻丧偶的母亲和工匠，即便她只是刚巧从街上走了进来；玛丽将很快发现自己正在读的那本书，即圣方济各·沙雷氏（François de Sales, 1567—1622）所著的《成圣捷径》（*Introduction à la vie dévote*, 1609），最初就是为了指导那些处在俗世上、但渴望追寻圣召的女平信徒而撰写的。[10]

正是在斐扬修会神师的指导下——起初是方济各神父，之后是雷蒙·德圣贝尔纳神师（Dom Raymond de Saint Bernard）——玛丽找到文字去描述她的罪恶及她的神见（vision）*。她的神师建议她，让基督引领她的灵魂，之后再向神师讲述经历。也正是她的神师，允许她用荨麻、铁链、

---

* 又译神视、异象。

苦衣和木板硬床来自笞肉体，并准许她在日常生活中使用更多方式羞辱自己。玛丽请求将她所犯过的所有罪的陈述签字后钉在大教堂门上，以便所有人经过时都可以唾弃她，也是神师拒绝了她的请求。[11] 甚至，正是神师鼓励玛丽将书写当作宗教经验的一个核心部分，使她进入了读写文化的世界；而在这个世界里，一个天主教徒女商贩通常不可能走多远：玛丽的姐姐克洛德能够读写，但是当她于17世纪40年代去世时，她留下的所有家产中包含宗教绘画，却没有哪怕一本书。[12]

玛丽·居雅从二十岁到三十岁的成长可以用"交流"（communication）[*]与"苦修"这两个词来概括：依靠这些行为，她击退消除掉了任性的自我。在姐夫这个运输商的忙乱家务中，玛丽阅读了法语方言版亚维拉的德兰的生平故事，那时候德兰刚被封圣；她还阅读了天主教鲁汶大学版本的经文圣典（她徘徊在《雅歌》当中）；还有她的神师推荐的大法官圣丢尼修（Saint Dionysius the Areopagite）所著的神秘主义作品。但并非所有这些阅读都使她迈入正途。那些关于心祷的书规定了进行系统默想（meditation）的方法——包含"预祷、前祷、分类与要义"之类的一种"方法"；这些技术方

---

[*] communication 在天主教中主要有几种含义：communication of idioms，属性交流，指的是将人之属性与天主的属性，交流在同一主体，即耶稣基督身上。self-communication，自我通传。指的是天主的自我通传，启示、显示的意思。领受圣餐。即圣体圣事，共融圣事。同 communion。但是一般多用 communion。此处根据语境，偏向第一种含义。但此处并没有采用完整的神学术语，因此考虑用"交流"二字。

法原本可以防止灵魂陷入错误的阐释与反抗，但它们使玛丽头疼不已。从这时起，雷蒙神父便禁止她继续这种主动接近天主的人为努力，并告诉她，只需要简单地将自己的灵魂舍弃、交给圣灵（divine Spirit）即可。雷蒙神父并不担忧她这样一个意志薄弱的女人会被魔鬼欺骗。[13]

雷蒙神父的建议奏效了。天主让玛丽"以一种超越自然生物力量的语言"与基督对话，然后她的良人（Beloved）就会直接来访，在她的灵魂中印上圣言。玛丽说："从来没有哪本书，从来没有哪种学习，能教会这些神圣的谈话方法。"[14]斐扬修会弥撒期间，这种交流也会突然发生：当她看着雕刻在祭坛上的色辣芬（seraphim）时，当三位一体的含义、其统一性和区别清晰无言地展现给她时；或是当她在圣体面前祈祷时，天主让她看见他就像大海一样纯净。[15]当比松家的生意迫使她走进胡格诺教徒商店的深处，或者迫使她进到马厩里"嘈杂的粗鲁仆役"中间，这片大海都可以让她安全渡过。[16]当她四处奔波时——在地窖中、在街道上——或是在半梦半醒之间，天主也都可能来访；当她的灵魂与"敬爱的"降凡圣言结合，她感受穿过这力量之时，她也会发自内心地陶醉，与他的心合二为一。[17]

玛丽自始至终都在书写。她的总告解（general confession）*只是个开端。当她对降凡圣言的感受太过强烈而无法承受之时，她就退回自己的房间书写。"啊，你可真是甜蜜的爱人。

---

* 将某时期内未告解或已告解之罪全盘告明，以示谦虚认罪决心。

你遮住我们的眼，偷走我们的知觉。"玛丽的儿子后来在她的文稿资料中找到这些话，他评价说："如烈火般炽热的书写。"她也为她的神师书写，试图用一种最好的表达方式，将自己的神见与内心倾向记录下来。"我无法真切描绘出那些属灵事物，我只能结结巴巴地讲述、寻找明喻，这可真是太痛苦了。"当传教士在宣道中含糊其词讲那些陈滥的、诸如天主与狮子或羔羊的比喻时，她便回到自己的桌旁，为他写下她自己的赞美词："妙不可言哪，这一切……我的所有。"[18]

　　玛丽书写的那只手，也就是她自笞时将荨麻甩到身上的那只手。她自笞至血流，随后在伤口缠上麻布加剧疼痛。白天，她在衣服下戴着苦链，穿着苦衣。晚上，她单睡在厚木板上，苦衣紧贴肉身。她不让旁人看见自己忏悔苦修（"否则他们会以为我疯了"），因此，一旦她有了默感（inspiration），她就会溜到地窖中、谷仓阁楼上或马厩里自笞。如果是晚上，她可能会在草捆或木板上断断续续地睡上一夜（她没有说明儿子克洛德那时在哪儿；儿子也没有说明）。她所承受的一切都是为了配得上基督的爱："我对待自己的肉身就像对待奴隶一样"，"就像对待死人一样"；"因为我是一个很大的罪人，所以我讨厌自己的肉身"。降凡圣言的回应则是，帮助她在寒冷的冬夜里举起双臂，通过圣体让她的力量和决心重获新生——作为一份特殊恩宠，她获得准许，几乎每天都可以在斐扬修会领圣体。她对肉身的羞辱越大，她与天主的内在结合也就越紧密。"我无法满足啊。"[19]

　　在这些苦行赎罪（satisfaction）中，她也常常困惑。大

约二十五岁时，"魔鬼在我脑海中说：我是疯了才忍受如此
多苦痛，在基督教界中，有许多人没有经受如此大的苦难也
能遵循天主的命令并得救"。那么，她为什么非得如此听从
神师呢？按照她自己的心意行事，会带来什么坏处吗？有一
天，她在一个小女仆面前爆发："这一切究竟有何用？"小
女仆吓坏了。之后，她的脑海中全都是儿子。她后来说自己
非常爱儿子；但是，她用自己的贫困来为儿子的将来做打算，
这样错了吗？当然，亲人们都曾告诉她，她让儿子很失落。
她就好像儿子不需要她一样活着，天主有一天会就这件事责
怪她吗？[20]

这一切中，最糟糕的时刻是，她曾担心自己是"伪善的，
欺骗（她的）神师，向他编故事，把幻想出来事情当作真实的"。
她真的与降凡圣言结合了吗？她的三位一体的神见，是来自
魔鬼的某个陷阱或是自己的幻想吗？在这种精神状态下，她
加倍自笞，但没有效果。她的内心生活遁入黑暗，她尚能控
制自己的，就是不对那些指责她的人发难。[21]

在这里，玛丽·居雅面临着她所处时代所有神秘主义者
的核心疑问，并且，由于她的心祷是即兴和默感的，而非
由耶稣会士或甚至沙雷氏的"方法"指导的，因此她更加
脆弱。[22]（实际上，在居雅的时代，对可信度和"伪善"的
担忧常常使人们陷入各式各样的困境中——包括精神、社会、
政治和科学方面的困境。）[23] 也许，圣女大德兰的自传《生
命之书》中那些对付伪善和魔鬼的内容给了玛丽一些安慰。
最终，天主把玛丽的怀疑"化为乌有"：默从（passivity）平

复了那类难以捉摸的幻想，使得灵魂敞开，领会到神的印记。天主通过加大他的仁慈，使得她意欲生活在"全备爱德"之中的渴望重新振奋起来。[24]

从很多方面来说，玛丽·居雅在还不到三十岁时，就已然生活在"全备爱德"中了——那是因为，她是作为一名俗世中的会士（religious）*生活着。在很久以前，她的神师就准许她发下贞洁愿，这是圣方济各·沙雷氏建议给孀妇的最高级的装饰。不久之后，她又立下贫穷愿与服从愿。这些发愿都在比松家的劳作中有所体现：她从姐姐那里领取尽可能微薄的薪酬，无论做什么，她都不发怨言，立即服从姐姐姐夫。[25] 由于担心她的健康，雷蒙神父最终命令她减轻苦修。从此以后，她一年中有一半时间睡在多刺的草席上，另一半时间则躺在木板上；用荨麻自笞还在继续，但不再穿苦衣。[26]

玛丽还在实行爱德中磨炼谦下的品质：只要仆人病了，无论伤口有多难闻，玛丽都会去照顾他们；她在图尔市停尸房仔细检查瘟疫死者恶臭的尸体；她还为司法宫中一名她相信无辜的囚犯送去食物。[27] 玛丽甚至还承担了比松家的车夫和马夫的牧灵职责。她在主持他们的晚餐时，会叫他们承认自己的错误及性格弱点，并为他们讲解天主与他的诫命；如果他们不祷告就上床睡觉，她会叫醒他们。他们当中曾有一

---

* 天主教的教会圣统制（ecclesial hierarchy）将所有天主子民分为三个级别：平信徒（laity）、会士（religious）及圣职人员（clergy）。这里主要是区分修道院中的会士与俗世中的会士。玛丽此时尚未进入修道院进行团体修行。

个胡格诺派教徒，后来玛丽使他皈依了罗马天主教会[*]。我们以后再回过头来看这种教学法，玛丽对那些工人和魁北克的印第安人使用了相同的辞令："我敦促他们变成我希望的样子"；"我直言不讳地责备他们，让这些可怜人如同孩子般听从（*soumis*）于我。"[28]

在玛丽·居雅的时代，一些虔诚的平信徒能够维持灵修与世俗之间的这种平衡。一个例子就是让·德贝尔尼埃（Jean de Bernières），他来自诺曼底行省的卡昂（Caen）。数年后他将以一种重要且幽默的方式在玛丽的人生中登场。德贝尔尼埃是王室财政官员，不过，他"自内心深处抛弃掉了俗世"，并且创造出了一种对耶稣基督的——依他身后出版且重印多次的书中所言——"内在效法"（Interior Conformity）。[29]但是，玛丽对神秘主义的热忱，打破了这种平衡。她发现自己愈发难以听清周遭事务。有时，她的姐夫知道她心不在焉，就会打趣她，问她对刚才所说的话的看法。她现在三十岁了，只渴望与天主完全结合。每当她经过乌尔苏拉修道院时，她的心就怦怦直跳，这表明天主希望玛丽在修道院里。[30]

玛丽做好了同儿子分离的准备："十年来，我一直节制待他，我不许他抱我，不许我自己抱他。这样一来，当吾主命令我离开他时，他也就不会依恋我。"（我们从克洛德处获悉，玛丽也从未责打过他，所以玛丽的计划未能奏效。）实

---

[*] 此处原文 Mother Church。母亲教会这个词在基督教中有许多含义。牛津英语词典的主要定义是"教会，特别是罗马天主教会，被认为是养育和保护信徒的母亲"。

际上，他们两人都不忍分离。克洛德从周围人看他时候的同情与窃窃私语中，预感到将有坏事发生，便陷入了"深深的忧郁"（他在几年后描述了这种心情），然后逃到了巴黎。玛丽担心了足足三天，害怕他淹死或被绑架了："吾主赐给我一个沉重的十字架，是我一生中最痛苦的十字架。"这是否表明天主希望玛丽留在这个俗世上？还是像神师认为的，这其实是天主对她决心的考验？当克洛德最终被带回图尔时，她断定这就是天主的考验。离开她"深爱着的"年仅十一岁的儿子，这就是她对天主召唤的祭献。[31]

　　所有亲人都劝她别遗弃儿子，而实际上，这种遗弃行为在她看来却是属灵英雄主义的一种形式。进入修道院绝非易事。她的姐姐姐夫最后终于同意照顾她的儿子。姐姐克洛德·居雅为克洛德·马丁设立了一笔小额年金，用以肯定马丁的母亲为他们的家庭和生意所做的一切。至于其他方面，玛丽就将儿子托付给了天主与圣母。

　　玛丽·居雅的经历在她的时代不算罕见。当时那些革新的公教改革家认为，贞洁的孀妇同贞女一样有能力获得最高等级的灵修觉醒。尚塔尔男爵（baron de Chantal）的遗孀让娜—弗朗索瓦丝·弗雷米（Jeanne-Françoise Frémyot）的故事在沙雷氏信徒圈内外广为流传，玛丽·居雅也肯定听说过她的故事。[33]弗雷米在她的神师圣方济各·沙雷氏的鼓励下，于 1610 年离开法国前往安纳西（Annecy）*，和沙雷氏共同

———————————

* 　当时属于萨伏依公国，今属法国。

创建了圣母访亲会（Order of the Visitation）。她将尚未成婚的女儿一同带入修道院，但将十四岁的儿子留在第戎，托付给自己的父亲。在弗雷米离开的那天，她的儿子恳求她留在俗世；儿子躺在门槛上，说如果母亲不愿留下，就必须跨过他的身体。于是弗雷米就跨过儿子，跪求父亲的祝福，启程离开。这位儿子的夸张姿态，或许是从他那些小男生阅读的普鲁塔克的故事处借用来的；而母亲和外祖父则以"亚伯拉罕献以撒"的方式演绎这个场景。[34]

玛丽于 1631 年 1 月离开，据克洛德·马丁的描述，当时的场面并没有那么戏剧化。玛丽终于向儿子透露了她那"伟大的秘密"：她一直以来都在计划着，当儿子长大到可以没有她时，她就要去做修女了。她希望儿子能够同意，并且意识到，受到蒙召去服侍天主是多么荣幸。"但我再也见不到你了"，这是克洛德记得当时自己说的唯一的一句话。玛丽保证，因为乌尔苏拉修道院就在附近，所以他们还会相见。尽管她可怜儿子，但还是保持着开朗的表情，迈出坚实的脚步，直到她到达修道院门前。在那里，她跪在院长嬷嬷的脚下。[35] 关于克洛德的眼泪和他想要妈妈回来的尝试，我们之前已经知道了。

* * *

乌尔苏拉修道院是图尔市公教改革的另一个侧面，这个修会直到 1622 年才抵达这座卢瓦尔河畔的城市。圣乌尔苏拉修会（Company of Saint Ursula）建立于 16 世纪中叶的意大利，之后的几十年间并没有创建修道院。创始人安琪拉·美第奇（Angela Merici）建立起了这个在俗的女修会，不要求进行隐修，只有许诺（promise）的束缚，但不必正式发愿；她们在各自生活的社区中教育女孩、照顾病人。16 世纪 90 年代，法国的第一所乌尔苏拉修道院建立；到了 16、17 世纪之交，尽管修会里的女人开始渐渐生活在共同团体中，这个修会——例如在索尔格河畔利勒（L'Islesur-Sorgue）和普罗旺斯地区艾克斯（Aix-en-Provence）的——依旧保持着开放的特点。等到了 17 世纪初，这种开放的尝试瓦解了，原因一方面是特利腾大公会议（the Council of Trent）的教阶制度改革，改革要求所有女修会都必须完全封闭隐修；另一原因则来自乌尔苏拉修女们父母的抱怨，他们不希望女儿在俗世中如此自由。另外，一些修女也希望能够拥有一个更专注于祷告与内在共融（inner communion）的生活。1610 年至 1612 年间，巴黎的乌尔苏拉修道院建立时，该团体被描述为简愿修会（congregation）*，其修女受到贞节愿、服从愿和贫穷愿的约束（后来又添上了第四条"教育愿"），并且，严格的封闭隐修也成为其守则。在随后的几年，图尔市以及法国其他地方建立的许多修道院都将要求封闭隐修。[36]

---

* 历史上，按照对"贞洁、贫穷、服从"三愿的发愿程度不同，修会分两种：Order，显愿修会；Congregation，简愿修会。前者成员发显愿（solemn vows），后者成员发简愿（simple vows）。有时在同一修会中也有显愿与简愿之别。梵蒂冈第二届大公会议后这种区分逐渐模糊。

尽管如此，乌尔苏拉修会的修女们仍然保留了其创始人美第奇最初的一些理想。修会接受不同社会背景的女人：出身王公贵族的女儿与来自商人小康家庭的女儿，都在一起宣誓。空无积蓄的玛丽·居雅也获得允许加入图尔市的修道院，她甚至连进入修道院用的嫁奁都没有。同一时间，一位安茹领主家庭的女儿玛丽·德萨沃尼（Marie de Savonnieres）也加入了这所修道院。将来的某一刻，居雅会回想起萨沃尼的信念，即在修道院中重要的不是出身，而是美德："宗教中人人平等。"[37] 尤为重要的是，乌尔苏拉修会的修女们通过在栅栏后面教育女孩而保持了与俗世的联系，大多数学生都回到了世俗生活中结婚。同时，通过讲道、通信、修会团体生活中的竞争和压力，修女们鼓励彼此的灵修。[38]

不过，围墙并不能成为阻挡魔鬼的屏障。早在那个世纪初叶，一位司铎的神见就曾经警告过，在乌尔苏拉修会当中，以及在它所保护的灵魂当中，天使与魔鬼之间会发生一场战斗。现在，也就是 1632 至 1634 年，在距离图尔不远的卢丹的修道院中，性欲与神圣品德的斗争正在激烈展开：那儿的许多乌尔苏拉会修女都被恶魔附身了，她们否认天主、呕吐出圣餐饼。她们巧舌如簧的司铎于尔班·格朗迪耶（Urbain Grandier）被发现是策谋这一切的巫师。[39] 这些附魔消息导致了玛丽与恶灵的一次面对面接触，这是在她人生中所报告的所有异象中的唯一的一次。一天夜里，在宿舍中，在她为受苦的姊妹们出声祈祷之后，魔鬼以可怕的人类形态在她的"幻想"中显现，魔鬼嘲讽地伸出了长长的舌头，大声呼号。

在玛丽画十字之后，魔鬼就离开了，直到几天后又以邪灵形式返回，邪灵侵入她的骨头、骨髓和神经，使她麻痹。最后，她内心升起一股善灵，使她得以解脱。跟当时的文学作品中典型的人物描写套路一样，在玛丽笔下，她与恶魔的对抗不仅是为了自身，也是为了整个修道院。[40]

一方面，她幸福地沉浸在修道院甜蜜的专注生活里，她不再进行身体苦修，取而代之的是更平和的乌尔苏拉修会的纪律，她与年龄小她一半的新修生朴素服从地生活着。她请求被称为"降凡圣言的玛丽"，因为她最常想到基督形象就是"降凡圣言"，这是她同时代的贝吕勒式神秘主义（Bérullian mysticism）所钟爱的形象；还有个特别的理由是，她与天主的结合是以文字为中心的。[41] 另一方面，她儿子的行为举止使玛丽再次担心起离开他正确与否：儿子之前在修道院外喊叫，随后在雷恩市耶稣会学校的表现也令人担忧，在那里，他一开始还算举止良好，但后来他拒绝学习，跟狐朋狗友混在一起，就被遣回了玛丽的姐姐家。[42]

更糟糕的是在俗世里看不见的折磨。她在多年之前就已经摆脱掉的肮脏想法和欲望现在卷土重来；她怨恨院长嬷嬷，无法忍受孤独。最具破坏性的是，她再次害怕起自己是个伪君子。天主赐给她一个新的三位一体的神见，但是魔鬼使她以为内心中发生的事情"只是虚构和欺骗"。她在最低落时，说了亵渎的话，她对自己说："相信存在天主是多么愚蠢啊，关于他的一切都是虚构和幻想，就跟那些异教信仰一样。"[43]

她与亲爱的爱人耶稣沟通，以此来对抗这些念头（如她儿子后来所说的，"全备爱德并非在于不受诱惑试探，而在于克服诱惑"），但她没能得到乌尔苏拉修会司铎的帮助。与当时已经离开了图尔的雷蒙神父不同，这位新司铎并不赞成她那些被动的心祷方式，称这使她陷入"幻想"。他嘲笑玛丽的那些从天主处获得神见和特殊恩宠的报告，并质疑她是否在这段日子里一直期盼着创造奇迹。不管怎么说，1633年1月，她的净配使她熬过了发愿宣誓的那一天——当时她的儿子被雷恩市的学校勒令退学，也来参加了她的宣誓仪式——这之后，她的生活就好转了。仪式结束后，当她匍匐在小房间里时，她感到基督抬起了她所有的十字架。玛丽听见他说，从此以后，就像以赛亚的撒拉弗一样（《以赛亚书》6：2—7），他将永远与她同在。[45]

那个时候，不久前抵达图尔的耶稣会士开始在修道院宣道，她得到了院长嬷嬷的许可，向乔治·德拉艾神父（Georges de La Haye）讲述自己的内心生活。幸运的是，拉艾神父及其所在圈子属于耶稣会的少数派，他们对被动的或随意展开的神秘主义持开放态度，也就是玛丽的那种宗教实践（它明显区别于耶稣会创始人圣罗耀拉那种正规的、经过指导的神操）。[46]拉艾神父还指导她恢复写作——写作这件事在她丧失信心后几乎已经中断。她便拟写了两份报告：她描写了自幼年起天主赐给她的所有恩宠，她还写下她所有的罪，以免自己看起来像个伪君子。（因为拉艾保存了这些手稿，所以我们得以了解她受到诱惑的那段时期，包括她对天主的怀疑。）拉艾向她保证天主的圣神将一直指引她，还答应监督她儿子未来的教育。"从那时起，我就将内心生活的方向交托给耶稣会尊敬的神父们。"[47]

玛丽生活中的另一件新鲜事，是她开始讲课了。她被任命为基督教教义的讲师，给二三十名还在见习期的修生讲课。进入修道院后不久，她自己的学养水平就显著提高：当她使用从未学过的拉丁语吟唱和祈祷时，天主会直接告知她拉丁经文的法语含义。（乌尔苏拉修会的创始人安琪拉·美第奇也曾有过这种体验，可以直接由天主"注入"学习；与玛丽同时代的其他一些乌尔苏拉修女也能通过相似的神圣捷径做到这一点，无须耶稣会学院或索邦神学院的神学课程的帮助。）[48] 现在是1635年，玛丽培训的这些年轻女人将来有一天会成为乌尔苏拉修会学校的讲师。与此同时，她阅读经文圣典，甚至还去研读特利腾大公会议教理与白敏主教（Cardinal Bellarmin）的著作，但是据她说，所有她对《圣经》含义与隐喻最深刻的了解，并非源于自己的研读，而是源自祈祷时圣神给她的启发。[49]

她的耶稣会神师让她写下这些内容。于是玛丽创作了她最初的教学作品：一份信仰解释，还有一份《雅歌》阐述。一周两次，她会放松对自己保持缄默的日常要求，滔滔不绝地宣讲属灵事物，她"惊讶于如此多的经文恰好就涌现在脑海中"。玛丽的儿子说，玛丽的天赋与生来的热情使她超越自己："没有人想得到这是一个女人在讲话。"当玛丽教她的学生祈祷时，她是如此沉浸其中，甚至都没有注意到她们来亲吻自己的双脚。[50]

不过，玛丽即将要宣称自己的心中已经燃起一股使徒热情，她想要让遥远土地上众多可怜的灵魂认识耶稣基督，他们急需这个认识。跟她生命中其他更早的探索一样，这种使徒热情也始于一次神见。一天晚上，在梦中（*en songe*），她似乎正与一个平信徒女子手牵着手走入一片广袤宁静的乡野，那里山脉险峻，河谷蜿蜒，弥漫着雾气。薄雾之上升起了一座小小的大理石教堂，圣母与耶稣一同坐在屋顶上。圣母与她的孩子交谈着，玛丽明白这个神见事关她和那片土地。然后，圣母洋溢着笑容，在平信徒女人的注视下，亲吻了玛丽三遍。[51]

玛丽的耶稣会神师认出这片土地是"加拿大"——一个玛丽直到那时还从未听过的国度，"认为它只是一个用来吓唬孩子的单词"［就像我们的"bogeyman"（鬼怪）］。有一天，当玛丽在祈祷时，天主肯定了神师的说法，他告诉玛丽："你必须去那里，为耶稣和圣母玛利亚盖一座房子。"于是，现在她开始阅读每年耶稣会士从新法兰西的传教活动中寄来的印刷版《耶稣会报告》（*Relations*），她渴望改变那片遥远土地上的"野蛮人"的信仰——她也明白，"显然，这样的雄心壮志远非我这种条件的人应有"（有时她还会加上"以及考虑到我的性别"）。"我的肉身囿于这间修道院，我的精神却与耶稣的精神紧紧相连，无法与外界隔绝……在精神上，我行走在那片广阔世界中，追随那些传福音者。"[52]

事实上，图尔的乌尔苏拉修道院是封闭的，相对于玛丽·居雅的宗教能力和胆识而言，它实在是太小的世界了。

对于那些公教改革运动中的属灵英雄来说，这些特质最能展现在他们对殉道的追求中。殉道并不消极被动，并非仅是对值得称颂的苦难和死亡的领受，就像在格莉克尔称许的"圣化上帝之名"中体现的。殉道是人们努力追寻的珍宝；是无畏行动的推动力量；是已被荨麻惩戒过的肉体的火药；是心（勇气所在）的燃烧，它因与基督之心的结合而充满能量。[53] 加拿大的荒蛮，使其成为追随基督脚步的一处极好地方，尤其对女人来说：勒热纳神父（Father Le Jeune）呼吁才德兼备的女人到那里去教导"野蛮女孩"，但他又补充说，这些才德女人"必须克服性别中天然的恐惧"。这种情况让玛丽愈加向往。她在 1635 年写给雷蒙神父的信件中说："我看见了大洋上和乡野中的艰辛旅程；我看见了与野蛮人一同生活的情形，看见了在那里死于饥寒的危险，看见了许多可能被掳走的情景……但我精神上的向往毫不动摇。"[54]

在玛丽身上，有着我们或可称为"普及化"（universalizing）的强烈渴望，对于这种渴望来说，封闭的图尔市乌尔苏拉修道院也显得促狭。玛丽从未离开过图赖讷行省地区，只偶尔小心探出图尔的城墙外；她似乎也从不阅读任何旅行文学，只读过方济各·沙勿略（François de Xavier）的生平故事（他是前往亚洲大陆与日本传教的耶稣会士）[55] 及《耶稣会报告》。正是基督在玛丽的心灵中种下念头，让她想要将福音传播至这世上有人居住的每处。[56]

　　玛丽的这个请愿，借鉴于 15 世纪早期的行神迹者*文森特·费里埃（Vincent Ferrer）的经外传说，他宣讲犹太人的皈依，宣扬会有一群特别的"福音传道团"向万民传播福音，这便是末日的预兆†。玛丽的同时代人，文森特·德保罗（Vincent de Paul）也采用了类似的启示论‡说法，他劝说传教士前往法兰西乡野地区与马达加斯加传教，尽管他削弱了费里埃预言的确定程度，只是猜测天主是否允许他的教会从正在腐坏的欧洲转移到遥远的土地上。[57]16 世纪中叶，纪尧姆·波斯特尔（Guillaume Postel）扩展了中世纪的"普世和平"（universal peace）的理想，呼吁在"人民君主"（即法兰西国王）的领导下建立一个世界性的君主国，这个人民君主会确保福音传遍各处。万民都有被劝谕的潜力，这个神圣计划是，有一天，他们将生活在一个天主的统治之下，拥有一个治理政府和一门单一语言。不过，尽管波斯特尔读过一些新世界的描绘，他主要关注的还是奥斯曼帝国和阿拉伯土地上的犹太人和穆斯林。[58]

　　在玛丽的那些神见中，法兰西国王不充当任何角色。玛丽的观点主要来自《诗篇》、圣保罗事迹，以及《启示录》[59]，而非来自波斯特尔的那些学者式的小册子。她的末世希望最

---

* 指的是能够显发神迹的那些教徒。相传文森特曾横渡海峡，往英格兰、苏格兰、爱尔兰等地。

† 基督教当中的末世是审判的时刻，是教徒们期待的，跟通俗意义上理解的末日不同。

‡ 末世论的一个派别，预言世界末日，上帝介入人类历史，审判万民，拯救信徒，信徒与上帝共同统治新世界等启示内容。

终是否能涵盖到新世界，这取决于法兰西王国能否通过军事手段在那里获得一些政治空间。她的初始立场中让人震惊的是其感性力量，它表达了对无处不在的"可劝喻的灵魂"的同情，不仅对犹太人、穆斯林，也不仅对日本、中国和印度的其他非基督徒，而且还对加拿大的"野蛮人"。[60]

从玛丽初次阅读《耶稣会报告》到她登船前往加拿大，这中间有四年时间。在此期间，她经常与天主交谈，天主用他的"伟大计划"支撑着她。她与当时在新法兰西的勒热纳神父及其他耶稣会士通信，他们非常希望能有一些修女前往新法兰西，指导"衣不蔽体的"休伦女人。玛丽让整个修道院为远方那些需要帮助的灵魂祈祷，还找到了一位渴望同她一起跨越大洋的嬷嬷。[61]

一如既往，障碍重重。在她的耶稣会听告司铎及院长嬷嬷那里，她的过度狂热一度引起他们的质疑。这样的"冲动"是天主召唤的标志吗？更具破坏性的是雷蒙神父的怀疑。雷蒙神父——这位她加入乌尔苏拉修会前的神师——自己就正在考虑前往加拿大传教。但这时候雷蒙神父感到玛丽"太放肆了，竟然对一个超越自己性别的、如此崇高的事业如此热心"。雷蒙神父当时在巴黎，在寄给他的无数封信件之一中，玛丽惊呼："什么？您就要出发了吗，亲爱的神父，您不带上我们吗？"后来，当雷蒙神父的传教热情已然衰退时，玛丽保证，一旦天主派遣自己出发，她就会催促雷蒙神父，如此坚定，以至于如果雷蒙神父抵抗的话，他的修袍就会被撕开。[62]最重要的是，这里还存在资金问题。谁会愿意给魁北克捐一所女修道院呢？17世纪30年代，来自图赖讷一个贵族家庭的海军军官伊萨克·德拉齐利（Isaac de Razilly）正在阿卡迪亚（Acadia）建立法国殖民地，但他并没有在新法兰西建女修道院，而是将两名法兰克-米克马克（Franco-Micmac）混血女孩送回到图尔的修道院。当玛丽敦促她的教内姊妹们祈祷"野蛮人"皈依时，有一位母亲是米克马克人的年轻修生就已经在乌尔苏拉修道院了。[63]

最终，玛丽神见中的平信徒出现了，她就是玛德莱娜·德拉佩尔特里（Madeleine de La Peltrie），娘家姓是科雄·德肖维尼（Cochon de Chauvigny）。玛德莱娜的父亲是阿连贡的一名财政官，母亲是贵族，她本人合并继承了双亲的家产，也是贵族血统可以追溯到几个世纪以前的拉佩尔特里领主（séigneurde La Peltrie）的遗孀。正如玛丽与克洛德·马丁后来对玛德莱娜的描绘一样，后者在很多方面都活像玛丽的双胞胎妹妹——她是身为会士的玛丽所对应的平信徒孪生姐妹。玛德莱娜在十九岁时嫁给拉佩尔特里领主查尔斯·格吕埃尔（Charles Gruel），后生下一个女儿，但刚生下来就夭折了；格吕埃尔在与拉罗谢勒（La Rochelle）新教徒反叛军的战斗中丧生。二十五岁的寡妇拉佩尔特里感到自由了，她可以追随少女时代对宗教的向往。像孀居的玛丽·居雅一样，她也热心爱德，尤其是会把妓女领回自己家中，以使她们远离罪恶。并且，她也是阅读了勒热纳神父的《耶稣会报告》才燃起了热情。玛德莱娜病危时，她发愿前往加拿大建造一座献给圣约瑟（Saint Joseph）的教堂，并"用自己的生命及所有财产，为那些野蛮女孩服务"。在那之后，她退烧了，逐渐康复。[64]

玛德莱娜·德拉佩尔特里发愿前往加拿大，但面临重重障碍：她的大量嫁妆，她将继承的可观财产，她可以带来的贵族后代。她鳏居的父亲向她施压，敦促她改嫁。于是她使用了一个策略，效仿了她那个时代的巴洛克文学——一个假婚约——以拖延时间并保护自己的财产，直到她能够创建修道院。（这种伪装行为，玛丽并不介意。）玛德莱娜的假配偶不是别人，正是那位内在基督徒（Interior Christian），卡昂市的德贝尔尼埃；而就外人看来，他跟玛德莱娜的父亲一样，是位高级财务官。德贝尔尼埃成功向玛德莱娜求婚。随后，当1637年玛德莱娜的父亲突然过世时，她的亲属企图剥夺她继承遗产的资格，德贝尔尼埃则维持着这桩假婚约，以维护他未来的"妻子"。[65]

到了1639年1月，拉佩尔特里和德贝尔尼埃在路易十三的谋臣弗朗索瓦·富凯（François Fouquet）的内庭中集合，除他们之外还有几位耶稣会士及王室特许的新法兰西公司的成员。该公司同意提供土地，拉佩尔特里女士则负责筹款，以在魁北克建一所乌尔苏拉修道院和教堂，并且为春季远渡重洋提供一艘航船。[66] 到了2月，这对"已婚夫妇"已在前往图尔市的途中，这样玛德莱娜就能同玛丽碰面，一同计划她们的使徒事业。

这两位女人在数月前就已相互知悉。当时，一名巴黎的耶稣会士告知玛德莱娜，玛丽渴望前往加拿大。玛丽还写了一封热情洋溢的信寄给玛德莱娜。"我与你心意相通，在那无边无际的广阔土地，我们拥抱着那些野蛮小女孩，我们的心与耶稣的心合在一起。"当玛丽亲眼见到玛德莱娜时，这个结合就再次确认了。面包师傅的女儿和贵族家庭的女儿虽然出身迥异、财富悬殊，但灵修历奇将她们联结在了一起，并且——用玛丽的话来说——让她们感到只有"唯一的愿望"。被选中作为乌尔苏拉修会里的同伴、与玛丽一同前往加拿大的，是贵族出身的玛丽·德萨沃尼［她立即将自己的教名从玛丽·圣贝尔纳（Marie de Saint Bernard）改为玛丽·圣约瑟，以感谢圣母玛利亚的丈夫圣约瑟帮助自己实现心愿*］；被选作玛德莱娜私人陪同的夏洛特·巴雷（Charlotte Barré）则是一位年轻平民，她希望有朝一日能成为修女。[67]

乌尔苏拉修会的修女们用《谢主颂》（*Te deum*）来赞颂这些事件，但是图尔市的其他一些人则不那么高兴。克洛德·居雅得知妹妹即将背井离乡前往加拿大，便竭尽所能阻止她离开。克洛德·居雅将公证人带到修道院，在玛丽面前声明撤销自己为克洛德·马丁准备的年金。她还谴责玛丽再次抛弃儿子，并给马丁寄出了其母亲计划离开的消息。那时，克洛德·马丁已经快二十岁了，在奥尔良学习哲学。当他的母亲一行人途经奥尔良前往巴黎时，他在一家旅馆同母亲碰

---

* 玛丽·德萨沃尼想要前往加拿大的心愿遭到了家人强烈反对，所以她向圣约瑟请求帮助，而圣约瑟是新世纪的主保圣人。

面。玛丽告诉他，自己已托天主做他的父亲，如果他服从敬畏天主并信任天主的照顾，他将什么都不会失去。"我要去加拿大，这是真的，我是奉天主之命再次离开你。我被选中进行如此伟大的计划，没有什么比这更大的荣誉了。如果你爱我，你会很高兴，并同我分享这荣誉。"克洛德后来回忆，他回到自己的房间里，烧毁了他的年金撤销文件，决心将母亲献给天主。[68]

在巴黎的最后几个星期（这是玛丽第一次来到巴黎），乌尔苏拉修女一行拜见了艾奎隆女公爵（Duchesse d'Aiguillon）与布赖恩女伯爵（Comtesse de Brienne）——前者是黎塞留的外甥女，她们俩都是妇女宗教活动的赞助人。并且，在圣日耳曼昂莱城堡，修女们还受到了王后"奥地利的安妮"及其随从的接见。[69] 在这里，玛丽·居雅观察到了文雅举止与虔诚精神的虚伪结合，到达加拿大之后，她在回忆当中都还对其虔诚有所保留。

1639 年 5 月 4 日，玛丽从迪耶普（Dieppe）起航，同行的有玛德莱娜·德拉佩尔特里、玛丽·圣约瑟、迪耶普乌尔苏拉修道院的塞西尔·德圣克鲁瓦（Cécile de Sainte Croix），以及夏洛特·巴雷。同样登上"圣约瑟"号航船的，还有迪耶普的医院骑士团的三位修女与她们的仆人，她们准备去魁北克建医院；此外还有两位耶稣会神父。玛丽说："当我双脚踏进船时，我似乎正在步入天国，因为出自对他的爱，我正冒着生命风险迈出第一步，而这爱是他赐给我的。"她一直在书写他们的启程经历，直到他们的航船抵达英吉利海峡的尽头处，然后她把信丢给渔民，好让他们带回法国邮寄。[70]

* * *

抵达加拿大后，玛丽亲吻了这片土地，她发现这里酷似她梦中的景色，虽然并不那么烟雾迷蒙。1639 年 8 月，乌尔苏拉修女们抵达的圣劳伦斯河谷地区的殖民地只有数百名法国人，其中包括神职人员、毛皮商人、行政人员、士兵、工匠、农民和仆役。在玛丽接下来三十年的生活中，当地法国人的数目增长到数千人。[71] 在冠冕堂皇的王室特许状下，新法兰西公司将从佛罗里达到纽芬兰的所有土地都分给其百名天主教徒合伙人，供他们管理、进行领地统治。实际上，除了经常受到英国人骚扰的阿卡迪亚定居点，法国人主要集中安置在圣劳伦斯河沿岸。玛丽到达时，魁北克和三河市都有了自己的城市要塞及建筑群，1642 年开始，蒙特利尔岛上也开始动工建设，资金由大洋彼岸的"促进新法兰西野蛮人改宗皈依圣母院协会"提供。接下来的三十年里，在这些城镇周围，法国人的定居点越来越多，并从魁北克沿河延伸到泰道沙克（Tadoussac）的港口和贸易站。到了 17 世纪 60 年代，科尔本港遍布夏船[*]，船中满载着来自巴黎慈善院及其他孤儿院的未婚女人。玛丽注意到，几周内她们就将在法国居民中

---

* 根据季风季节，分别称为春船、夏船、秋船。

找到眷属。[72]

宗教权威及政治权威的状况跟随人口变化而改变。17世纪40年代殖民早期，魁北克是那些宗教教团成员，尤其是耶稣会士的属灵国度。当时圣劳伦斯河沿岸只有少数世俗司铎，他们中的两三位会为乌尔苏拉修道院与魁北克医院念诵小礼弥撒。耶稣会士则负责一切传教工作，组织公共礼乐生活，给新修女戴头巾，并担任那些法国人定居者和原住民皈依教徒组成的虚构"堂区"的"代牧"（vicars）；堂区的边界是为春季的祈祷日游行而临时设定的。教会的权威监督机构非常遥远，位于罗马或鲁昂大主教处，玛丽对这种状态感到舒适。她在1646年给儿子的信件中说："有人说要给加拿大安排一位主教。我感到天主还不希望在加拿大设立主教。这片土地耕耘得还不够充分，而我们那些尊敬的神父，正在播种下基督精神，他们还需要再耕耘相当长时间，不需要任何可能干扰他们计划的人。"[73]

到了1650年圣诞节，这个"堂区"有了一座新教堂，即魁北克圣母堂；该教堂是用毛皮贸易的收益建造的。到了1659年圣诞节，方济各·拉瓦尔主教（François de Laval de Montigny）就在耶稣会士吟唱的子夜弥撒中主持仪式了。当年夏天，在医院骑士团，他在一百个阿尔冈昆人（Algonquins）和休伦人面前正式晋牧。当时，魁北克就其本身而言还不算法国教廷的教区——直到1674年，也就是玛丽去世两年后，魁北克才升为教区——但随着拉瓦尔主教上任，一套新的组织将玛丽的"乐园"与欧洲钩心斗角的权力机构联系在一起。[74]

　　总体而言，玛丽·居雅现在认为主教的存在尽如人意。她写信给儿子：耶稣会士是出色的司铎，但是加拿大目前出现了许多良知问题，需要主教的力量。一位尽责的主教可以捍卫那些为了使徒使命来到新法兰西的人，以抵御那些仅仅觊觎河狸毛皮或土地的人。如果拉瓦尔主教提了出格的要求，乌尔苏拉修女们通常也能找到一种绕开他的方式：1660 年，当他命令院长嬷嬷打开乌尔苏拉修女们所有发往法国的信件时，院长嬷嬷只是打开了信件的封印，但并没有阅读其中内容。[75]

　　政治机构中也进行了类似的权力重新分配。最初，新法兰西公司的百人合股股东选举出加拿大总督，并沿着圣劳伦斯河分配了源于法国的领主权和贸易特权。之后，在 1645 年，法国国内的政治冲突升级转向投石党运动，这时候，该公司将毛皮贸易的控制权移交给居民协会（Communauté des Habitants）——居住在加拿大的法国男性户主团体。现在，当地居民可以保护自己的贸易垄断地位，独立商人与印第安人在泰道沙克地区达成的私下交易，对他们不构成影响，还能够在河狸毛皮产量的丰年亏年之间进行平衡。1647 年，总督在魁北克成立了一个咨询委员会，成员包括耶稣会会长及城镇选举出的男人。现在他们可以就是否应当将白兰地酒和葡萄酒出售给原住民展开辩论。[76]

　　到了 17 世纪 60 年代初，随着年轻的路易十四和大臣柯尔贝尔重整法兰西王国及其梦寐以求的霸权，这些会削弱权力的组织机构被解散了。新法兰西公司与居民协会遭到清算，加拿大的经济控制权重归西印度公司；这个公司直接隶属于法兰西王室，所有权大部分也归于王室。一位由王室任命的总督与督查官将国王的政策带到圣劳伦斯河沿岸地区，总督参事会中的法国定居者不再由选举产生，而是由总督和主教选择。"国王现在是这片土地的主人"，1633 年，玛丽在一封寄给儿子的秋船信件中如此写道。[77]

原住民则有不同看法。法国人渗透进的热闹丛林地区，当中居住着讲阿尔冈昆语系的民族——遥远东边的米克马克人、圣劳伦斯河以南的阿布纳基人（Abenaki）、北边的蒙塔格尼人（Montagnais）及阿尔冈昆人；还有讲易洛魁语系的民族——驻扎在芬格湖群（Finger Lakes）的易洛魁人（Iroquois），以及休伦湖与伊利湖边上的休伦人、佩顿人（Petuns）和中立人（Neutrals）。[78] 他们在整片区域的水路和森林中广泛迁徙，当休伦人和易洛魁人提到法国总督时，他们会称其为"奥诺蒂奥"（Onontio）——即"高山"，这个称呼来自早期总督于奥·德蒙特马尼（Huault de Montmagny）的名字*——没有迹象表明这些原住民将总督或他的远方首领视作自己这片土地的主人。[79]

阿尔冈昆人、蒙塔格尼人及其他讲阿尔冈昆语系的民族，多以狩猎采集为生，频繁搬迁营地。休伦人、易洛魁人及其他讲易洛魁语系的民族，除采集、捕鱼和狩猎，还从事掘棒

---

* 蒙特马尼的法语名字的意思是山峰。

（digging-stick）耕作农业。男人开辟耕地，田地里劳作的却是女人，她们种植玉米、豆类、南瓜，在某些地方还会种烟草。（在本书复制的插图中，你可以看到耶稣会士描绘的耕作中的女人。）在所有情况下，女人都是采集者，她们采摘水果及其他食物，并带回木柴。这些农耕村庄每隔几年就要改变定居点，有时是因为恐惧敌人，但通常是因为女人宣布田地贫瘠，且方圆数里内的合适木柴皆已耗尽。男人负责打猎捕鱼，不过，只要不是因耕种或其他小木屋里的家务抽不开身，勤恳的女人也会同丈夫或父亲一起参加这些"远征"。在此过程中，女人通常会承担大部分的搬运工作。

在手工艺方面，也有类似的责任划分。男人用石头、木头、骨头制成武器和工具，有时还会用到铜。他们还雕刻烟管烟斗，建造锥形棚屋及木屋，制作独木舟和雪鞋的骨架。女人则负责一切与缝纫、穿线和编织相关的事务。她们通过手工纺纱、卷绕来预备线和花网，绳编雪鞋，制作篮子、桦皮水壶、渔网和草垫。女人也是陶器工，她们还用豪猪的刚毛、贝壳、珠子、麋鹿毛及桦树皮制成装饰物。[80] 男人一旦狩获猎物，猎物的尸体便由女人负责处理。她们将尸首拖回营地，剥下兽皮进行预处理，对毛皮进行软化和涂脂，并用原材料制作衣服、小袋子和软皮鞋。女人还需要照料饮食，她们将玉米捣成粉，烤肉、熏肉，用同一个罐子烹煮大多数食物。

在那些首次报告了这种现象的法国男人看来，这种劳动分工非常不均衡。想必，他们是将其对比欧洲农业的劳动分工。在欧洲，通常是男人开垦土地，女人待在屋子或园子里；

在涉及运输和驱赶马车时，欧洲的男人至少得跟女人劳作的一样多。雅克·卡蒂埃（Jacques Cartier）说起自己1536年在圣劳伦斯河沿岸碰到的讲易洛魁语的民族时，他的描述是："比起男人，女人干的活儿多得不可思议。"1616年，在阿布纳基人中间，耶稣会士更不留情面地指出："[男人] 没有其他仆人、奴隶或工人，只有女人；这些可怜的生物受苦受难。"1623年，雷柯勒修会（order of the Recollets）的加布里埃尔·萨加德（Gabriel Sagard）住在休伦人中时，也观察到类似现象（"女人干所有苦活累活，她们通常比男人卖力许多"），但他轻松地总结道，"她们做这些事既非迫于强力，也没受到约束"。[81]

相反，对玛丽来说，这些女人的繁重工作只是一个事实上的先决条件，决定了年轻女人与女孩何时可以到修道院接受教导。她在1646年写给儿子的 封信中说："夏天时，孩子离不开母亲，母亲也离不开孩子，因为她们要叫孩子帮忙收割印第安玉米田，还有软化河狸毛皮。"[82]难道玛丽·居雅还指望出现其他情况？在姐姐家中，她不是也承担了从洗刷马匹到管理账簿的所有劳务吗？在图尔的修道院里，她不也忙着做祭坛画和教堂装饰品吗？现在她不是又回去画祭坛画了吗？[83]更不用说，在这座位于魁北克丛林中的乌尔苏拉修道院里，她还要做饭、运送泔水、拖拉木柴。多年后，她将这种劳动分工视作"野蛮生活"的"自由"，这让印第安人更偏好这种分工，而不是法国模式。男人抽烟，女人则忙着在小木屋里劳作；妇人和女孩都像男人一样划独木舟。那就是他们所习惯的，他们所认为的"自然天生"。[84]

不过，有一样事情在休伦人、阿尔冈昆人和易洛魁人看来都不自然。通过英国人、法国人和荷兰人的体液传播到加拿大的疾病——流感、麻疹，尤其是天花——夺去了许多印第安人的脆弱生命。这就像 14 世纪中叶以来鼠疫和肺炎瘟疫在欧洲的大流行一样，（它最近一次重创图尔市是在 1631 年，一名修生在乌尔苏拉修道院内去世，修女们因此临时搬到克洛德·居雅的乡间住宅借住）。[85] 早在 17 世纪 30 年代中期，天花传染病就出现在那些贸易站点以及耶稣会士试图劝说皈依的村庄中；1639 年，传染病沿着圣劳伦斯河谷扩散，在乌尔苏拉修道院开放的几个月后就侵入其中，带走了四个阿尔冈昆女孩的生命。1646 年至 1647 年，以及 1654 年，传染病再次重创休伦人和易洛魁人。印第安人对这些灾难有各式各样的反应：谴责那些穿黑袍的，说他们是巫师，用施洗、圣像、十字架和精制糖带来了疾病（玛丽认为传染病是"野蛮人"那方的"错误"，跟在法国时一样，她将传染病归为天主的决定，而不是隐秘的病菌载体）；[86] 或者增加萨满活动、疗愈舞蹈和祭礼；或者寻求基督教符咒和安慰。不管这些方法是否有用，死亡人数都极高。到了这个世纪的中叶，原住民人口就减少到了原先的一半，有些族群甚至再也没能恢复到 17 世纪 30 年代以前的人口数量。

即便人口锐减，印第安群落仍在维持并扩大他们的交换、战事与外交活动。长久以来，友好部落之间会互相交换小垫子，还有装饰篮子、贝壳珠、铜珠、兽皮、玉米和烟草，他们的贸易范围溯着水路及狩猎区域扩展，可以延伸四百英里，甚至更远。法国人的到来给印第安人之间流转的物品中增加了欧洲的纺织品、布制品和玻璃珠，尤其是还增加了铁斧、紫铜和黄铜水壶及其他金属工具。与此同时，通过女人的劳作，河狸毛皮成百倍地从森林中运出，装进驶往欧洲的木船。在这类交易当中，蒙塔格尼人和阿尔冈昆人都充当掮客，但其实在 1650 年以前，休伦人才是印第安人内部与法国人之间的主要中间人。不过，休伦人并非没有对手。易洛魁人甚至在他们向荷兰人供应毛皮的同时，袭击了休伦人，并企图在休伦人的独木舟沿着渥太华河和圣劳伦斯河为夏季贸易（*traite*）运送毛皮时阻截它们。[88]

玛丽不太评论毛皮贸易，她只是反对水手和商人给原住民喝白兰地酒，这使得他们到处胡闹。就那时而言，也就是17 世纪 50 年代及其后的一段时间，她面对的是一个可靠的法兰西殖民地，它建立在农业、渔业和盐业，而非商人通过毛皮聚敛的财富之上。[89] 关于易洛魁人，她有很多话要说，而且在早期岁月中，这些评论多半不佳。易洛魁人是异教徒荷兰人的盟友，是休伦人、阿尔冈昆人和蒙塔格尼人的敌人，他们对耶稣会士和法国定居者构成威胁，受到魔鬼的诱惑。"除了我自己的恶行之外，他们是现在（指的是她给儿子写这封信的 1644 年）这片土地上天主荣耀的最大妨碍。"[90]

实际上，她从休伦人、阿尔冈昆人和耶稣会的消息提供者那里听到的那些事件，是长期以来针对印第安人的政治机制与政治实践的部分阐述；欧洲新移民及其带来的武器，正给这些政治机制与实践带来新的挑战。在过去的一百五十年中，除了村子长屋中举行的本地议事会、同族亲缘族群"部落"首领们定期集会，另出现了两个联盟，每个联盟都从以前独立或交战敌对的群体中创造出"同一个民族"。其中一个是休伦联盟，他们自称温达联盟（Ouendats，意为"耕种土地分散的"民族），由阿提格纳乌坦部落（Attignaouantan，意为"熊"）、阿提戈涅农那海克部落（Attigneenongnahac）及另两个部落组成，当他们在议事会上碰面时，前两个部落互称"兄弟"和"姐妹"。另一个联盟是易洛魁五部落联盟，有三个"哥哥"及两个"弟弟"。玛丽总是将温达联盟的人混在一起统称为"休伦人"；而将易洛魁联盟看作是"邦联"，她往往在其成员中区分出单独的角色：莫霍克部落（Mohawks）、奥奈达部落（Oneidas）、奥农达加斯部落（Onondagas）、卡尤加部落（Cayugas）和塞内卡斯部落（Senecas）——这些是英文名。这些联盟扩大了印第安人世界的友好边界，并且，也促进了那些谈判缔约和寻求联盟的男人们五花八门的演说。玛丽在修道院里听不到这些演说，她是在耶稣会士的手稿中读到的，她还向儿子复述了莫霍克人基特西顿（Kiotseaeton）在 1645 年的易洛魁和平倡议中的雄辩之辞。[91]

然而，在许多时候，还是存在着战事冲突或对战事的恐惧，也就相应有了印第安人独特的战后处理方式：男人遭俘后，要么被俘虏他的部落接纳顶替死去的战士，要么活着当奴隶，要么被折磨至死并被吃掉；女人遭俘后，有时做了仆役，但更常见的是被纳为妻子。易洛魁人的冲突，一方面发生在与休伦人及其同盟阿尔冈昆人、蒙塔格尼人和法国人之间；另一方面的部分原因则与毛皮有关，莫霍克人及其他说易洛魁语的民族想要成为法国人、荷兰人等的供应商。这甚至超越了荣誉和权力——争夺权力的新老斗争，超越了补充新鲜血液的需求。1652 年，易洛魁人杀害了三河市的法国人总督，玛丽当时是这么评论的："现在，他们会以为自己是整个新法兰西的主人。"但其实，当谈起卷入战争时，易洛魁人说，他们战斗是为了替被杀害的祖先和亲人报仇，并接纳新的亲人以取代死者。[92]

易洛魁人曾一度占据上风。1650 年，他们用同荷兰人以毛皮交换来的火绳钩枪，摧毁并焚烧了温达联盟的几个村庄。耶稣会士曾经以很大心力宣教的那些休伦人，不得不逃离休伦湖附近的分散耕地。他们的贸易王国与联盟也都被摧毁了，逃亡者只好在魁北克的分散定居点落脚，或者跟易洛魁人成为同族人（无论被俘还是自愿移居）。[93] 1652 年，莫霍克人与塞内卡斯人也加入了对抗法国人的阵营，拉格诺神父（Father Ragueneau）认为魔鬼在大西洋的两岸同时兴风作浪：（在投石党动乱的影响下）旧法兰西正被其子民撕得遍体鳞伤，而新法兰西也面临倾覆。[94] 与此同时，1650 年12 月，乌尔苏拉修道院遭遇火灾，修会在法国的一些修女认为她们的魁北克姊妹应该回国。

不过，到了 17 世纪 50 年代，情况开始改善。玛丽所在的修道院以惊人的速度重建，在玛丽和姊妹们加紧工作的过程中，圣母玛利亚一直在玛丽的内心中与她结合在一起。[95]
那些法国木材走私贩（*coureurs de bois*）穿越丛林前往遥远
地区探险，他们的袋子里装满了礼物和法国货，用以交换河
狸毛皮；这些毛皮非常适于制作欧洲人的帽子。[96] 耶稣会传
教士们则继续寻找需要宣教的灵魂，以期他们皈依。令人惊
奇的是，在 1653 年至 1654 年间，耶稣会士收到了奥农达加
斯部落与塞内卡斯部落（其中有些人曾受到他们中休伦基督
徒的启发）的邀请，去跟这些印第安人住上一阵并指导他们。
（根据玛丽在 1654 年给儿子的一封信中所述，）易洛魁人的
使节甚至拜访了乌尔苏拉修道院，他们听到印第安女孩以法
国人的方式演唱得如此出色，大为吃惊，"因为这些野蛮人
很喜欢歌声，他们便以自己的方式回赠了一曲，不像我们的
歌曲那样有韵律感"。[97]

这种和谐并非立即成为常态：易洛魁人又骚动起来，他
们中的奥农达加斯人也开始反对黑袍神职人员。玛丽在 1660
年对克洛德·马丁写道："我们的修道院变成了一座碉堡。"
几个月来，她整夜不眠竖着耳朵，以免错过向守卫自己建筑
的士兵们传递弹药的时间。现在，主教认为，"要么消灭掉
易洛魁人，要么就是加拿大所有基督徒和基督教精神的灭
亡"。玛丽仍在祈祷天主将易洛魁人引向天国。[98]

几年之后，由路易十四和柯尔贝尔在加拿大设立的新的
王室行政机构，依照法兰西王国的心意，改变了加拿大的军
事态势。1666 年初秋，一位经验丰富的、曾从荷兰人手中
夺走了圭亚那首府卡宴（Gayenne）的指挥官，率领一千名

法国士兵及定居者，以及一百名休伦人和阿尔冈昆人，烧毁了莫霍克人的所有村庄。玛丽写道："没人敢相信他们的长屋建造得有多么美丽，装饰得有多么精美。"他们有那么多精美的橱柜哪！那么多水壶哪！当莫霍克人从山上往下看他们的家园时，法国军队还焚烧了女人们没来得及收割的土地，缴获了非常多的玉米和豆类储粮，多到"足以养活整个加拿大两年"。人们唱起《感恩颂》，念起弥撒，在法国的武力帮助下，十字架竖立起来了。玛丽听说，在那几个小时里，有些士兵在前往易洛魁人土地的途中，看到天空中裂开了一个巨大的口子，里面充满烈焰与哀号——"也许那是魔鬼们怒不可遏，在这个死伤惨重的国度，他们统治了那么久"。[99]

次年夏天，莫霍克人与奥奈达人带着礼物来魁北克求和，请求黑袍教士到他们那里指导。1668年，玛丽在寄给法国的一位乌尔苏拉修女的信中写道："这是一个奇迹，易洛魁人曾经如此凶暴残忍，今天却接受我们了，就好像我们一直以来都属同一民族。"[100]

在玛丽寻找乐园（paradise）之旅的三十二年间，加拿大发生了天翻地覆的变化。起初，加拿大处在休伦联盟及其盟友的统治时期，耶稣会士想象中的属灵国度时期，也是松散的移民组织的时期。接着是易洛魁联盟统治的十年——这个十年对于法国人来说，是动荡不安的，于恐惧与希望之间摇摆。最后是17世纪60年代，加拿大有了强有力的王室任命的机构，在耶稣会士曾经统领的区域，现在是主教在制定规则，新的法国移民取得了土地和堂区位置，易洛魁人意识到法国的"高山"和魁北克的"高山"可以联合起来轻松对付他们。那么，在这过去的几十年，玛丽那个将"野蛮女孩"紧紧拥在胸前的愿望，又有什么进展呢？玛丽从那些她教导其"基督是万民之王"的人身上，又学到了什么呢？

* * *

耶稣会士始终准备接受历险考验，他们面临各式各样的宣教环境。[101] 魁北克是他们的传教中心，那里有定居点、教堂、学校，最后还有一座神学院。除此之外，针对相对稳定的人群，还有"常驻"传教：在距离魁北克仅几英里的西勒里（Sillery），耶稣会士说服蒙塔格尼人和阿尔冈昆人中的一些基督徒家庭开始开垦心灵的荒地 *，（用玛丽的话来说）"天主得到适宜的对待"；[102] 另一处在圣玛丽村（Sainte Marie），这是神父们在休伦人领地里建起的一个定居点；还有五处休伦人村庄，村名都已改变，例如从提瑙斯塔村（Teanaustaië）变为圣约瑟村，从塔哈腾塔伦村（Taenhatentaron）变为圣依纳爵村；[103] 传教点还包括奥农达加湖畔的圣玛丽村（Sainte Marie de Gannentaa）。1656 年，肖蒙神父（Father Chaumonot）在那里用当地人的语言对易洛魁人说：

---

* 　此处是基督教当中的一个比喻。耶和华上帝对犹大和耶路撒冷的人说："要开垦你们的荒地，不要撒种在荆棘中。"

> 为了信仰，我们背井离乡；为了信仰，我们离弃亲友；为了信仰，我们远渡重洋；为了信仰，我们抛弃了法国的大船，驶向你们的小舟；为了信仰，我们放弃了精美的房屋，住在你们的树皮小屋中；为了信仰，我们失去了原本在法国可以吃到的天然营养佳品和可口美食，只能吃你们的水煮食物和其他那些甚至连我们国家的动物都一口不碰的食物。[104]

此外，还有耶稣会士所称的"穿行传教"。1651 年，比特神父（Father Buteux）从三河市离开，往北前行，经过数周的雪鞋徒步和独木舟旅程，他抵达了蒙塔格尼族的阿蒂卡梅格人部落（Attikamegue）的夏季集会地点。神父到达时很高兴地发现，当地基督徒会使用小棍子、树皮和驯鹿皮，以帮助他们自己回想罪过。（后一年，他在同一段旅程中被易洛魁人杀死。）[105] 1665 年至 1667 年，阿卢埃神父（Father Allouez）开始在渥太华部落及苏必利尔湖附近的其他部落行旅，与他们的太阳、月亮及湖泊的"想象神灵"、与他们的萨满巫师（jongleurs）*做斗争；（阿卢埃神父称）这些萨满巫师用狗作牺牲品，用来平息暴风雨、消除新近肆虐村庄的疾病。[106]

与此相反，乌尔苏拉修会的小团体则在封闭隐居的管理

---

* 此处指的虽是萨满教巫师，但用的词语是一个历史性的词语，jongleur 是个贬义词，被早期的法裔加拿大作家所应用，一般来说，他们把治疗仪式中的鬼怪比作诡计或娱乐。

下生活，她们在圣劳伦斯河谷上方的魁北克海角兴建屋舍，也不会四处移动。她们的围墙不像欧洲修道院那样用石头，而是用柏木修建，像是低矮的栅栏；还有她们的大庭院，里头有桦皮小屋和粗壮的树木。比起图尔的修道院，这里更能吸引教外人士前来聚集活动。[107] 在 1650 年修道院发生火灾之前，除了德拉佩尔特里夫人，修女人数已从原本的四人增加到十四人。到了 1669 年，这一数字达到二十二人。[108] 作为首任院长，玛丽在耶稣会教省会长的建议下制定了修道院的规章制度；这个规章制度获得了巴黎和图尔的乌尔苏拉修会的批准——这是一项精细的任务，需要具备易洛魁联盟里"哥哥"和"弟弟"那般的外交技能。[109] 除了 1650 年火灾后的三周，还有 1660 年的几个夜晚（那时受到易洛魁人重袭的威胁），乌尔苏拉修会的修女们从未越过木栅栏。（实际上，在 1660 年的事件中，玛丽和三个修女也还是留了下来，为了给卫兵们做饭。）[110]

于是，那些原住民若想要找她们——不论是出于自己的或父母的心愿，还是由耶稣会士领来——就不得不到修道院中。最重要的早期到访者是阿尔冈昆人、蒙塔格尼人和休伦人；其中，在部落被易洛魁人摧毁后，休伦人到来的数量不断增加。有时在修道院的庭院和客厅里，还会看到来自东部的阿布纳基人、北部的尼皮辛人（Nipissing）和阿蒂卡梅格人。到了 17 世纪 60 年代后期，甚至连易洛魁妇女也会将女儿送至"圣女"（saintes filles，"圣女"是印第安人对修女的称呼）处。[111] 从一开始，乌尔苏拉修女们就必须学习美洲原住民的语言，她们先向勒热纳神父请教，之后向学生和访客学习。玛丽·圣约瑟专学休伦语；玛丽首先学了阿尔冈昆语和蒙塔格尼语，在 1650 年左右又学会了易洛魁语系中的休伦语，在 17 世纪 60 年代后期她就能用易洛魁语说话和讲学了。[112]

乌尔苏拉修会为女孩们——包括那些"野蛮女孩"(filles sauvages) 及法国殖民者的女儿——建起一所学校（今日仍存在）。在早期，大约有二十至五十名学生住在修道院中，大多为五至十七岁的印第安人。到了 1669 年，寄宿生每年维持在约二十五名。现在比例更高的是法国人，但仍然是"一个满满都是法国女孩和野蛮女孩的学校……我们有来自四个部落的野蛮女孩"。[113]玛丽在谈到这些印第安人时，称她们"被交托给我们"（"玛丽·玛德莱娜·阿巴特瑙在被交给我们时只有六岁，还染了天花"），[114]但是她们的父母在狩猎季节到来时，或者出于收割需要（如果他们来自干农活的民族）会随时将她们带出去帮忙劳作，或者会带她们回家结婚。围绕着修道院这一中心区域，有一大群美洲印第安女孩和妇女来来往往，她们主动在修道院聆听教诲，在祷告后吃下豌豆、玉米面糊和李子做的一顿餐食。[115]

乌尔苏拉修女们的首个任务是将美洲印第安女孩洗干净，然后给她们穿上法国式的内衣裤和长袍：

> 这些女孩被交给我们时，她们就像蠕虫一样赤身裸体。我们必须从头到脚地清洗她们，因为父母给她们全

身都涂抹了油脂。并且，无论我们多么努力搓洗或多么勤快地更换她们的衣服，都需要很长时间才能摆脱油脂过多而招引的寄生虫。某位修女每天要花很长时间在这件事情上。这是我们每个人都热切渴望的任务。争取到这个任务的人都因好运而尊严倍增；被拒绝的人都会认为是自己不配，保持着谦卑的姿态。[116]

乌尔苏拉修道院的课程着重在基督教信仰的要素、祈祷、宗教歌曲及神业方面，还有学说法语。至少有一些寄宿生被指导用法语读写，并最终——一等到乌尔苏拉修女们掌握了印第安人的语言——学会使用自己的母语书写。[117]（插图中可看到寄宿生用休伦语写的信件。）授课语言包括阿尔冈昆语、易洛魁语和法语，因为人们期望这些"修院学生"（玛丽喜欢这么称呼她们）将信息带回她们自己的部落，也希望她们向那些来修道院探访的亲属讲述基督教的神。[118] 1654年的学生演唱让易洛魁首领很高兴，她们唱的就是法语歌曲；但她们吟诵的赞歌不仅有法语的，还有休伦语和阿尔冈昆语。[119] 此外，这些女孩还学习了欧洲的刺绣和绘画技法。大一点的学生早已从她们的母亲那里学过手艺，她们的印第安人品味和风格很可能也影响了她们帮助玛丽为修道院小堂和堂区圣堂所做的装饰。[120]

除了居住在修道院里的、定期拜访修道院的女孩和妇人，还有许多印第安男人出现在乌尔苏拉修道院的栅栏前与会客厅中。他们或是前来寻求指导，或是为了获取修道院厨房全日供应的玉米糊，或是仅仅出于好奇。[121] "我看到那些大胆勇敢的首领跪拜在我的脚下，"玛丽在 1640 年写道，"求我让他们餐前向天主祈祷。他们就像孩子一样手牵手，对我言听计从。"[122] 六年后，她写到了休伦人首领来魁北克与易洛魁人进行毛皮贸易与谈判，她说："来魁北克的休伦人几乎总是待在我们的会客厅里。""玛丽·圣约瑟嬷嬷的任务是教导他们……一个休伦人……如此一丝不苟地服从她，甚至于他只做玛丽·圣约瑟命令他做的事。"[123] 有时候，当人群蜂拥而至时，这两位玛丽就只能在桦皮屋或是修道院的露天庭院中，指导这些男女。[124]

跟教学、探访、赈济餐食一起持续进行的，还有修道院的教会礼仪生活。修女们每天吟诵日课，在四旬期（Lent）及其他重要日子里，耶稣会士会在她们的小圣堂里宣讲。不过，在玛丽看来，有印第安基督徒参加的仪式要好得多。皈依者的受洗在乌尔苏拉修道院的小堂里举行（玛丽成了一位阿尔冈昆少年的教母，该少年由勒热纳神父带领入门），[125] 主要节日期间的宗教游行队列也总是将乌尔苏拉修道院作为他们的站点之一。西勒里的休伦人和阿昆冈人，及其他印第安人，也一起在乐队中行进，男人女人分开，前后都有十字架和横幅，后面还跟着法国人工匠、军官及耶稣会士。在 1648 年的基督圣体圣血节上，乌尔苏拉修女将她们年轻的法国仆人本杰明打扮成天使模样，把他和一个圣餐盒一起送出去，跟着两个捧蜡烛的美洲印第安男孩。[126]1646 年夏天，当小夏丽蒂·内加寇马特（Charity Negaskoumat）因肺部感染在修道院去世时，这具年幼的阿尔冈昆人尸体被运往法国人的公墓，由两名法国人学生和两名印第安人学生用裹尸布运送。玛丽向克洛德·马丁表达了哀伤：小夏丽蒂只有五岁半，但是她已经可以在合唱团中跟乌尔苏拉修女们一同吟诵圣咏了，还学会了在教理问答中做出完美的回答。[127]

教学是玛丽的使徒工作的核心；即使是在她感到自己不配、遭受精神苦难折磨时，她也说教学是她的快乐源泉。"关于学习语言及指导野蛮人的所有事情……对我来说都如此愉悦，我太喜欢了，几乎犯了罪。"[128] 实际上，她刚开始学习阿尔冈昆语的时候困难重重。她那时候已经不太习惯这种学习方式，并且，这门语言与法语完全不同，让她觉得"好像石头在我的脑袋里滚来滚去"。她向她的净配、她的降凡圣言讲述了这个困难，于是，她很快就可以轻松理解并说出阿尔冈昆语。"我的学习变成了祈祷，对我来说，这种语言不再野蛮，变得甜美。"[129]

至于玛丽在加拿大的教学风格，我们没有独立见证人。她在给图尔的一位宗教人士的信件中说："我想要向可爱的新皈依者们掏心挖肺，表达天主之爱的感受。"[130] 她过去在法国的时候，就曾经写过两部教学作品：一本是朗朗上口的、配有许多插图的《神操》（*Retraites*），还有一本是枯燥的《神学院》（*Ecole sainte*）[131]。这两部作品，前者显然为她提供了一个更好的教学起点，让她能够向印第安听众描述一个由三位一体的神、魔鬼和守护天使组成的世界，借此取代印第安人那些丰富的马尼托（Manitous）和奥基（oki）神灵。有时玛丽仅向听众们表达自己对天主的想法，并鼓励他们也这样做，她自己转而去聆听。[132]

最终，从 1661 年至 1668 年，她开始使用印第安语言写作。在阿尔冈昆语系方面，她撰写了教理问答、祷告词、词典以及一本"厚重的涵盖了神圣历史与圣洁事物的书"；在易洛魁语系方面，她写了一本休伦语教理问答、一本易洛魁语词典及教理问答。尽管在那些年里，富于进取的耶稣会士也准备了教理问答、祷告书和词典，但玛丽的《神圣历史》（*Sacred History*）似乎是第一本。并且，由于丛林中的某些主题和说话方式是女性独有的，那么根据玛丽自己的料想，由一位女性创作的语言学和教育学图书将会是一份"宝藏"。[133]

与此同时，她持续的母语写作内容也达到了惊人的体量，尤其是在她还有其他任务在身的情况下（她曾三次当选修道院院长，每次为期六年，其间还担任过别的职务）。盛夏的时候，法国开来的船只一停岸，玛丽就开始写信给儿子和亲人，还有乌尔苏拉修女及其他法国的宗教人士，还要写给那些潜在的可能捐助加拿大传教团的朋友。除了精神上的自省与建议，她还向他们讲述自己的所见所闻，许多印第安人和法国人到会客厅里"拜访并咨询她"，因此她能了解那些消息；信中还会提及她阅读的《耶稣会报告》年刊样稿的内容。[134]实际上，她自己也为《耶稣会报告》撰稿，维蒙神父、拉莱曼神父及其他耶稣会长上都向她约稿，让她报道乌尔苏拉修道院及她们周围的原住民相关的事情；与此同时，巴黎的耶稣会士方济各·杜克勒（François Du Creux）也邀请玛丽向他正在编纂的《加拿大历史》（*Historia Canadensis*）供稿。[135] 当然，还有儿子请求的灵修自传，他现在已经成长为克洛德·马丁神父了；玛丽最终在 1654 年将这本自传寄给了他。到了初秋，当那些船只驶回法国时，玛丽的手因书写太过勤奋而酸疼不已。[136]

* * *

让我们仔细思考一下玛丽写作的主干，因为这可以告诉我们玛丽与她自身、与儿子以及其所在的法国、与新世界的不同民族和语言之间的关系。可惜她所有用印第安语言写的手稿都遗失了，不过，我们可以从耶稣会士的类似文字中领略一二；但她用法语写的教材绝大部分都保留了下来。[137]

玛丽称这些法语文字都是即兴写成的，不曾规划整体结构，也没有修订过——格莉克尔就曾修订她的七卷本自传。因此，在那些夏季的信件中玛丽的书写如此潦草，也就不足为奇。[138] 但她甚至说，在为克洛德·马丁书写的那份上百页的灵修自传中，她在那些其实本不需如此着急的地方，也是如此。她告诉儿子："别以为我寄给你的这些笔记是事先深思熟虑过的，可以从中观察到某些秩序，就像人们在那些详细整理的作品中能够发现的那样……当我提笔开始书写这些文字时，我不知该写些什么，但是，恩宠圣神引领着我，让我如它所期待地下笔……此外，由于我们修道院的诸多事宜，我在写作时常会被打断、会分神。"[139] 其实，在前一年，她就已经分别给了她的告解司铎和克洛德一份自传的大纲，说"它反复萦绕在我的脑海中"。当然，实际落在纸上的书写过程，仍然可能有即兴的灵感迸发。待这份手稿抵达克洛德·马丁的手中时，几乎没有任何删改痕迹。[140]

作品面向的读者以及文字最终的公开程度，都与玛丽自己的想象相距甚远。当她为《耶稣会报告》撰写文章时，当她为魁北克修道院去世的乌尔苏拉修女撰写讣告时，她知道这些文字将在法国出版，无论是否署上自己的名字。[141] 那些包含新闻、灵修建议和慰问的信件，她希望能流传于法国的乌尔苏拉修道院，或者在与她往来的虔诚的平信徒群体中传阅。她用阿尔冈昆语和易洛魁语写作的手稿，则是为了乌尔苏拉修女们的教学需要，尽管玛丽可能希望她的某些识字的皈依者直接阅读这些手稿。她最私密的忏悔文字就是那份1654 年的自述，是仅仅写给儿子一人的教诲——如果儿子去世前没有烧掉，那么就留给她的外甥女玛丽·比松，后者现在是图尔的乌尔苏拉修道院的修女了。[142]

玛丽自传文稿中的自我发现是通过多重对话进行的。像格莉克尔一样，她对自己教养后代的方式也有过内心斗争，但格莉克尔的内心斗争全是由她自己构建的，而玛丽还受到了儿子来信的压力。这两位女人都以上帝为听众、为读者，但格莉克尔的上帝并没有直接回应她，只通过《圣经》引文来回答，而玛丽的降凡圣言与净配则反复给了针对她个人的教诲。

格莉克尔无法心平气和地接受痛苦,在她的《回忆录》中,这种困扰贯穿始终;而玛丽内心中的不安和自我怀疑,则从大西洋的一侧转移到另一侧。正如我们已经了解的,在启航之前,玛丽在旧世界的内心折磨主要集中在虚伪方面:我是否撒谎了,谎报那些恩宠与使徒渴望?

等玛丽到了新世界,这个有关怀疑与痛苦的对话则事关权力,还关乎她自己配不上权力地位的感受。在图尔市的最后几年,玛丽已担任院长嬷嬷的助手,但当时她无忧无虑。[143] 自玛丽到达魁北克后的几个月,她就开始陷入精神上的"深渊"。历时七八年,除了对耶稣会神师倾诉,她对所有人都隐瞒了这种情绪。她报告说,这个"十字架"与她同印第安女人的来往无关,她一直将这来往描述为欣喜之源。那些部落首领用耶稣会士教给他们的姿势跪在她的脚边祈祷,这也没有引起她的不自在。相反,玛丽现在是院长嬷嬷了,她现在为与玛德莱娜·德拉佩尔特里和修道院里乌尔苏拉修女们的关系而苦恼。她情绪低落,感觉自己只配受她们鄙视。她孤独无助,很想对她们发牢骚,并认为她们也很抵触自己。在最绝望的时候,她看到自己处在地狱的边缘,准备随时投入火里,"触怒天主"。[144]

实际上,这座女修院也非一帆风顺:德拉佩尔特里夫人尝试与蒙特利尔及泰道沙克的印第安部落更紧密地生活在一起,因而带着自己的大部分家当离开两年之久。玛丽·圣约瑟则十分反感玛丽正在进行的制度改革。此外还有一封来自三河市的用奇怪字体写的"神秘"信件,敦促院长嬷嬷对周围人温柔善意些。[145]（我们由此得知，玛丽有时对他人过于刻薄强硬。）天主及玛丽的耶稣会神师制止她投入火里，最后是圣母玛利亚让玛丽得以解脱。1647年的圣母蒙召升天节，玛丽向圣母玛利亚倾诉自己的苦难。转瞬间，玛丽感到自己对修女们的厌恶变成了亲切的爱意。她对修女们的权力被重新定义为服侍，具体来说，这个服侍指的是，在其中道成福音才是紧要的，而非她的个人意愿。[146]

　　玛丽的灵魂重归平静，但这并非由她在旧世界时的那些神见与神圣启示所启发。天主告诉她，在加拿大，她必须跟其他人一样，严格遵守会规，过"普通生活"，不会有额外的恩宠来打断她传道劝服的工作。她的耶稣会告解司铎也支持天主的观点。现在，通过日常的祷告、苦修、服从、圣事，尤其是通过"在灵魂中心"与神的交流，玛丽就能够"与道成福音相结合"，这其中"并不带有陶醉或狂喜"。因此，她在新世界的灵修写作，甚至比起她在旧世界的写作具有更大价值：不仅是因为写作对象延伸到了加拿大丛林中的事物，而且也因为，现在的文字是承载天主希望她所说言语的特殊工具。[147]

　　玛丽非常关心她的文字。最能体现这一点的，就是在那场烧毁了修道院的火灾中玛丽的所想所行。大火发生在1650年12月一个寒冷的夜晚。玛丽冲进大火，想要救下那些对修道院事务至关重要的物件。她周身环绕着火焰，当她发现万物如此虚空之时，她的精神感到自由了，无比安宁。她把修道院的文件扔到窗外以保全。然后，她看向了自己的灵修自传初稿。她犹豫了片刻，又摸了摸，在坚定的祭献意识引领下，她平静地让它燃烧。[148]

＊ ＊ ＊

玛丽后来重写的灵修自传，以及玛丽·居雅与克洛德·马丁之间的一系列往返信件，都可以视作宽恕的表现：玛丽对自己的宽恕，克洛德对抛弃了自己的母亲的宽恕。千言万语过后，这对母子终于和解。1641年，他们之间的关系发生了重大转变。当时玛丽得知二十一岁的克洛德蒙受圣召，成为本笃会圣莫尔修会的修生。前一年，玛丽还一直责备他，因为他没有往加拿大寄信给母亲，也因为他没能被耶稣会录取。现在，克洛德履行了玛丽在他出生时就为他立下的献身愿："你失去了我，但你收获了很多，我的遗弃对你颇有益处。同样，我把对我来说最珍贵独特的东西留给了你，在这其中我也收获了很多。在我自愿遗弃你之后，通过我们都在追随的圣召，我发现其实我同你不曾分开，我们都在敬爱的天主的怀抱中。"[149]

现在的克洛德在写作时，喜欢使用"母亲/嬷嬷"(mother)这个双关语；而玛丽则很高兴在署名时，既使用克洛德母亲的身份，也使用克洛德教内姊妹的身份。自离别起，他们就祝福彼此在圣洁中成长，在基督精神里生活，在殉道中收获荣冠（1650年，她描述了她的教子约瑟·奥纳哈雷因为信仰基督教被阿尔冈昆人活活烧死的事情，她对克洛德说：

"我可爱的儿子，假如我听到你发生这样的事情，我会多喜悦啊。"）。[150] 与此同时，她毫无保留地指导儿子的灵修生活，随着岁月变迁，她也会调整语气——这些年来，克洛德先后被按立为司铎、会长（管理数个会院的修会领袖）、修会总会长的助理，到了最后，他开始给玛丽寄送他自己的宗教出版物。[151] 1649 年，克洛德埋怨无法直接看到玛丽的面容，于是玛丽对一个仆役揭开面纱，那个仆役之后会把她给儿子的信件带回法国。[152] 当克洛德向玛丽询问她的"秘密"——即这些年以来她的内心状态——她终于答应了，将自己对克洛德的感受以及与克洛德父亲的婚姻，列入了叙事的一部分。

至于克洛德，他也给母亲书写自己的近况，向母亲询问关于她本人的问题，征求母亲的忠告。[153] 克洛德似乎非常愿意透露自己的"秘密"，他告诉母亲，他长期以来都有异性欲望。这个欲望始于 1652 年，当时一名年轻女子来寻求宗教福音劝谕，他不自主地勃起了；这类情况一直不能疏解，直到十年后他仿效圣本笃，在荆棘中打滚、让荨麻刺入皮肤，他的欲望才得以结束。玛丽冷静地评论："唯有经历这样的考验，才能在灵修生活中长久。"[154]

玛丽去世后，克洛德就接管了她的手稿，通过出版这些文字，克洛德将自己融入了"这位出色母亲"的生平。玛丽曾在一封信中提起克洛德的承诺，即除了克洛德及玛丽的外甥女，不允许其他任何人阅读她的这份自传。克洛德将这封信附在 1677 年出版的《生平》的序言中，借此向读者说明，玛丽并不想发表这些文字，她不想在俗世上宣扬自己的美德；

并且，他出版这些文字是违反玛丽意愿的，但他还是非常自豪。克洛德还搜寻到玛丽在1633年向耶稣会神师作的总告解的副本（他说，"我一直在找这份资料，找了二十多年"）；他采访了乌尔苏拉修会的修女们和其他认识玛丽的人；他还从三十年间的往来信件中，以及从他自己的记忆中，为每个章节添加了一个"附言"，这个"附言"大大区别于玛丽的文字，而且通常比玛丽自己写的内容都要长。他告诉读者："这部作品并非只有一位作者，而是有两位；对于作品完整性而言，两位作者都是不可或缺的。"

在出版的书卷中，这两个声音时而互相增强，时而互相抵触。例如，玛丽从未明确谈及性欲。她只是笼统提到婚姻的"十字架"，也概略提及她相信天主把她安置在这个家庭里只是为了孕育儿子，以及为了让她经受失去丈夫财产的考验。不过，当她还在图尔的乌尔苏拉修道院做修生时，她说她不得不与"可怕的污秽"（saletez horribles）以及世俗的欲望做斗争，那是她当时并不知道自己会有的欲望，或是她以为自己多年前就已经摆脱掉的欲望。[156] 读者可能会认为，性欲曾是玛丽·居雅当时试图用锁链和苦衣克服的众多目标之一。

然而，克洛德坚信，母亲对贞洁的热爱从未间断：她在少女时就想加入女修院了，"她对于迈入（婚姻）状态的惯例极为反感。即使她忠实履行了婚姻职责，也是因为天主希望她这样做，但她从不请求将婚姻的责任交还给她"。性行为丝毫没有影响她的内心和灵魂，对性的那部分记忆也消失了。也许有些读者会困惑克洛德是如何得知这一切的，克洛德补充道："某日，她向魁北克的一名女会士证实了此事，她们当时正在不拘礼节地交谈，恰好谈起了玛丽的婚姻情况。"[157]

关于女人可以达成什么，母亲的期待比儿子稍远一些。对于女人是否有资格出版神学著作，甚至是否有资格写作神学，母子俩都表现出了某种程度的怀疑。祷告书刊与灵修指导是一回事，例如让娜·尚塔尔的《灵修信件》和亚维拉的德兰的《全德之路》，以及玛丽自己的灵修手稿和书信；但是，神学诠释又是另一回事。玛丽通过神见或祷告获得了对《圣经》经文与教理的理解，这是天主赐予她的，她自如地将其应用于教学，但她在"1654年自述"中写道，她未曾将这些内容写一本书，"我那不值一提的眼界和我那性别的低下（*bassesse*）使我远离它"。儿子克洛德神父补充道："她不断反省自己的性别……让她羞于谈论《圣经》。"[158]

事实证明，这种羞耻感并没有很强烈。实际上，在图尔的时候，玛丽就已经编写了一本用来帮助她教育新修生的材料，这是一份对信经、诫命和圣礼的简要说明，里面没有天主教早期教父们[*]的精心阐释与引证，但带有适量的《圣经》引文。在编辑出版《生平》的数年之后，克洛德也出版了这份文字，他承认读者可能会感到惊讶："一位出身低微的修女，没学过人文学科，几乎没怎么读过书，除了引领她的灵魂

---

[*] 基督教早期宗教作家及宣教师的统称，他们的著作被认定为权威。

的必要交谈，她也没有与学识渊博的男人交流过。她这样一个人，说的话却能够像神学家一样被人听见。"尽管克洛德急于下结论，他出版的玛丽的《神学院》并非为有学识之士而是普通俗人书写，但天主已经给了玛丽通往基督奥迹的"钥匙"。[159]

生命的最后十年，玛丽用阿尔冈昆语创作了一部更具野心的神学著作，也就是那部关于神圣历史和圣洁事务的"厚重的书"。在"1654年自述"中，她自信地声明："我已学得足够多了，可以教导所有民族认识基督。"她终于敢用印第安人的"甜蜜语言"写作神学，而她认为自己在使用法语时并不具备这种资格。

克洛德从未读过那部《神圣历史》，但是在母亲的使徒式请求中，他确实听到了母亲那句笼统的断言："我已学得足够多了……"在《生平》里，在玛丽向圣父那般慷慨激昂地诉说的章节的后面，克洛德继续在他的附言中——关于女人做司铎和传教士的附言——对玛丽的声明做出限制：

> 我知道，女人从不被允许在教会中公开担任传教士的职务；圣保罗在他的书信集中的几处明令禁止，此外，天生的端庄也不允许她们将自己的脸庞暴露于公众目光之下。同样，女人也被限制行使传教士的职能以及将福音传到异教徒的土地上。原因有二，一是性别弱势和她们可能遭遇的意外；二是人们普遍认为，由于天性简单，她们更可能有损她们宣扬的宗教，而非增添权威。除此

之外，女人无法受领司铎身份的印记，但它又是这个圣
职不可缺少的。[160]

　　克洛德·马丁继续回忆起圣保罗圈子里的一位古老人物：
圣女德格拉（Saint Thecla）从没有在沙漠中向非洲人宣讲过。
克洛德·马丁指出，所有德格拉的讲道最后都被证明是杜撰
的——他就像 17 世纪一位出色的莫尔修会的学者（他也确
实是），能够分辨出基督教历史中的真假。同样，在 1676 年
的一份对圣女乌尔苏拉及万余名贞女的故事的仔细研究中，
他削弱了当时乌尔苏拉修会历史中所歌颂的"亚马逊女战
士"的说法：圣女乌尔苏拉怎么可能从"来自最高品格修道
院的纤弱女孩"中组建出一支女性军队？[161] 尽管如此，克
洛德在母亲的《生平》中总结道："[在加拿大，] 玛丽……
在她的性别和身体状况允许的最大范围内，履行了福传使命。
如果不能给她以宗徒的名誉，也可以给她以女宗徒（*femme
Apostolique*）的名号。还有，虽然她并没有像传教士那样在
外面进行传教工作，人们可能还是想知道……如今在天堂里，
[因为这个角色，] 她是否获得了赏赐与荣冠。"[162]

* * *

　　作为一名"女宗徒"，随着她不断书写她指导和拯救的
原住民，玛丽的洞察力也在不断增强。不过，有一个方向她
始终未曾涉足。虽然她写了数百页关于北美原住民的文字，

但在这里面，她从未系统性地描绘这些原住民的信仰、典礼和生活方式；而这些内容，我们在《耶稣会报告》从开始到结尾的多处都能够读到，就穿插在耶稣会士关于皈依、叛教、战争和外交的叙述中间。下面仅列举几个例子：皮埃尔·比亚尔（Pierre Biard）在1616年发表的关于阿布纳基族的"性格、衣着、住所和食物"的报告；保罗·勒热纳神父在1634年写的一个章节，《论蒙塔格尼人的信仰、迷信和错误认知》；保罗·拉格诺神父（Paul Ragueneau）在1647年至1648年间发表的题为《关于休伦人疾病的意见》的报道；让·德奎恩神父（Jean de Quen）在1656年至1657年的一份对"易洛魁人的风俗"的描绘。[163] 这种系统描述能够为之后到来的传教士提供建议，还能激起读者的捐赠意愿，这些读者的灵魂会"为穷困部落里面的悲惨和无知而哀悼"。它还可以让耶稣会士利用新世界来批判旧世界，就好像，印第安人的"奇妙的耐心"反衬了法国家庭的争论不休；印第安人彼此分享物品和食物，而在基督教法国，乞丐群体和越来越多变成惩罚性质的贫民医院，则让人羞愧。[164]

玛丽几乎没有，或极少有书写民族志的自主冲动。因叙事需要，她给出了引人入胜的细节——女孩涂满油脂的身体；在修道院筵席上阿尔冈昆人喜欢的食物；在狩猎季节让老人留守的习惯；蒙塔格尼族阿蒂卡梅格部落的首领在皈依后放弃的用鼓进行占卜和治病的疗法；把死者的名字传给另一个人，取代死者在其家庭中的位置以便"使其复活"的习俗；还有渥太华族妇女相信在马尼图林岛上空看到的幻日是太阳的妻子们。[165] 但是，玛丽第一次也是唯一的一次描述印第安人的衣着全貌，只是为了回答儿子提出的具体问题；那是在1644年，她到达加拿大的五年后。她对于原住民的各神灵和来世信仰的系统性描述，也是针对儿子寄给她的调查表的回答，而且是1670年才回复的，那时她已在加拿大待了三十年。[166]

玛丽对印第安人和法国人之间的"差异性"兴趣寥寥，却极其关注二者间的"相似性"。这主要取决于一件对她来说最重要的事情：他们皈依基督信仰的能力。玛丽喜欢她教导的女孩和女人所变成的那种基督徒，喜欢她们学习的敏捷、她们模仿修女的方式（"elles sementent sur nous"）、她们的热情、她们的温顺——所有这些令人敬佩的性格也都是欧洲基督徒应该努力具备的。1640年，在谈到最早遇到的修生里面的休伦人、阿尔冈昆人和蒙塔格尼人时，她说："她们很专注学习……如果我想从早到晚给她们讲解教理，她们会自愿服从。我惊讶得不知所措；我从未见过法国女孩如此渴望被教导、如此渴望祈祷天主。"[167] 几个月之后（她说）："女孩们在合唱团里唱歌，我们按自己的意愿教她们，她们对此非常适应。我从未在法国女孩身上看见过我在这里谈论的这种性情。"玛丽晚年，当易洛魁人也成为神学校学生时，她仍然充满热情："她们让我们的内心如此喜悦。"[168]

男性皈依者也让她欣喜。在谈到一个刚受洗的年轻猎人时，她说："我详尽询问他与我们神圣宗教的奥义有关的问题，而且我惊异地……发现他颇具学问（connoissance），比很多被误认为博学的基督徒都懂得多。于是我们便称他为奥古斯丁（Augustine）。"[169]

她是否夸大其词？儿子克洛德开始感到怀疑。

　　[1644年，玛丽致信儿子]你来信问我，这些野蛮人是否真如我一直同你描述的那般完美。在礼貌（moeurs）方面，他们确实缺乏法国人的教养（politesse），我的意思是他们不会以法国人的方式恭维和行事。我们也不曾试图教给他们这些，我们只是教给他们天主和大公教会*的诫命、我们的信仰的所有要义、所有的祈祷词……以及其他奉献行为。野蛮人在忏悔告解时，可以做得跟会士一样好，尽可能地天真["天真"在这里是褒义]，对每件微小的罪过都做出忏悔。当他们的确犯下过失时，他们会非常谦卑地当众告解。[170]

在写给图尔乌尔苏拉修道院院长嬷嬷的信件中，她也做过类似比较："我们这里有野蛮人的男信徒（dévots）和野蛮人的女信徒（dévotes），就像你们在法国的那些有教养（polis）的信徒一样。不同之处在于，他们并不像法国人那么敏锐精细，但他们有童真的品质，这表明他们正是那些在耶稣基督的宝血中洗净重生了的灵魂。当我在聆听虔诚的查尔斯·蒙

---

* 此处不是具体某个教会的意思，而是指普世的或者叫大公的教会（Catholic Church）。

塔涅兹、皮加鲁维奇、诺埃尔·内加巴马特和特里加林说话时，我才不愿离开这里去听哪怕是欧洲最好的传道人讲道。"[171] 有法国人和大约六百名印第安人参加了 1650 年的圣母升天节游行，这使得玛丽流下热泪："我从未在法国看到过这样的游行队伍，它饱含秩序与虔诚。"[172] 那些皈依者的"热情"还使她想起了早期教会的基督徒。[173]

多数时候，玛丽如实复述皈依者所说的话，或者说，她声称自己如实复述。在同他们的对话中，玛丽"获得了非凡的快乐"。在她对于个别男人和女人的许多描绘中，基督教给印第安人带来的某些安慰与带给她的安慰是一样的：免于过分关心世俗万物，以及处变不惊的能力。艾蒂安·皮古鲁 (Etienne Pigarouich)，以前是阿尔冈昆族一位颇有地位的萨满巫师，他对玛丽说："我不再像过去那样为［我狩猎的］动物而活，也不再为河狸毛皮而活。我现在为天主而活。当我要去狩猎时，我说：'伟大的耶稣首领，请带领我。即使您拦住动物，不让它们出现在我面前，我也会永远信仰您。如果您希望我死于饥饿，我会感到满足。您决定万有，也请您决定我的一切。'"[174] 一个洗礼名为路易丝的皈依者来到乌尔苏拉修道院的栅栏跟前，请求圣事的进一步指示。

实际上，自路易丝受洗以来，天主就一个接一个地带走了她的孩子。[175]

在玛丽笔下，其他女性皈依者表现得很像玛丽自己，不管是在会士教予她们的学养中，还是在她们随后的行动主义中。年轻的休伦人恺昂 (Khionrea)，受洗后名为特蕾莎

(Thérèse)，在修道院里学会了说法语和阿尔冈昆语，还学会了读写；之后，在只有十四岁时，她就开始向休伦访客讲道。她后来回到自己的村庄结婚，就开始教导她的族人信仰基督教；但她后来被易洛魁人俘虏，嫁给了他们中的一位战士。十年后的 1653 年，她被发现成了易洛魁长屋的女主人，带领其中的几个家庭进行基督教祈祷。[176] 蒙塔涅人（Montagnais）安格莉克（Angélique），一个六十多岁的老妇，在那年 2 月的大雪中穿过悬崖峭壁和森林，向北走到阿蒂卡梅格部落中，以支持他们的信仰和祈祷，"她正在扮演使徒的角色……如果我见到她，我会多么激动地拥抱她哪"。[177]

　　一位尼皮辛族的中年寡妇吉纳维芙（Geneviève）将丈夫的尸体搬运了数百英里，穿过林地与河流，为的是给他举行基督教葬礼。由于没有"黑袍"前往她的部落福传，她于 1664 年来到乌尔苏拉修道院，强烈渴望获得神圣奥义的指导。她开始热情似火地祷告；用一条铁链及其他苦修工具来试炼自己；在主受难日宗教仪式期间，伴随着天主在她身上印刻下的他对人类的爱，她狂喜地哭喊；她学会在内心寻找恩宠和堕落的迹象；然后，她还动身离开，去阻止她的兄弟们用毛皮换取白兰地，并以惊人的热情向她的同族女人传教。吉纳维芙的表现，完全可以说她是说阿尔冈昆语的寡妇玛丽·居雅。[178]

　　进入乌尔苏拉修道院的皈依者相当之多。那么，丛林中那么多对基督教怀有敌意的人又是什么情况呢？每隔一段时间，他们中的某一个人，就会以独立个体的形象出现在玛丽的信件里。玛丽从某些观察者的叙述中重新修订对他们的描述。玛丽讲了一个休伦女人的故事，那是"该族其中一个最年老、最有声望的女人"，在村庄集会上，她公开演说反对耶稣会士：

> 就是那些黑袍在诅咒我们死掉。听我说，我会有理有据证明给你们看，你们会发现我说的都是真的。那些黑袍总是在某个村庄安顿下来，那时候村庄里的每个人都还好好的；可过不了多久，很多人都死掉了，没几个人能活下来，而他们自己却安然无恙。接着，他们搬到另一个地方，同样的事情又发生了。他们也造访其他村庄的小屋，只有那些没有被他们走进的小屋才可以逃脱死亡和疾病。你们难道没有看到，当他们在所谓的祷告中移动嘴唇时，咒语就从嘴里冒出来了吗？他们看书的时候也一样。他们的小木屋里有大块木头［玛丽向她的通信对象解释，这里指的是"枪支"］，他们借此发出巨响，将他们的巫术四处散布。如果不立即处死他们，他们将毁灭整个国家，男女老少都不能幸免。

玛丽总结道："当这个休伦女人结束讲话时，所有人都同意她说得很对。"确实，"这似乎是真的……［耶稣会］神父们去往哪里，天主就让他们带去死亡，这样是为了让那些皈依者的信仰更加纯正"。[179]

在玛丽的所有信件中，只有在这一刻，她最切实地将自己置于一个反基督教印第安人的想法中，她认为那个人"受到了魔鬼的蛊惑"。鉴于玛丽对意见表达的兴趣，毫不意外，她描述的对象是位雄辩的女人，一位被拉莱曼神父当年的《耶稣会报告》忽视的女人。[180] 一般来说，由于易洛魁人长期以来与基督徒和法国人敌对，玛丽将他们描写为"野蛮人"，他们嘲笑、折磨并杀死基督徒俘虏。[181]

但事实证明，就算是"野蛮人"，也和其他人一样具有充分的潜力皈依基督教。一旦易洛魁人开始皈依，玛丽便以同样热情的措辞来描写他们。这种转变最早开始于1655年的和平谈判，当时，易洛魁使节们和一位奥农达加族的女酋长到访修道院。这位女酋长是其部落首领之妻，给玛丽留下了深刻印象，因为她像易洛魁人中的其他女性名流一样，可以影响地方议会的决策、指定使节。更重要的是，这位女酋长被年轻的休伦人玛丽·奥恩多洪（Marie Aouentohons）迷住了，玛丽给众人做了一次基督教演讲，还演唱了休伦语、法语和拉丁语的赞美诗，于是，女酋长答应将女儿送往修道院。[182] 当那些易洛魁女孩最终受洗时，玛丽称赞她们"对信仰的奥义十分敏锐"，但她最大的喜悦，留给了一位讲道的女人："她是一个非常好的易洛魁女人，不久前才皈依，她非常热衷我们的神圣奥义，能够完美领悟；她甚至还在村子里四处走动，指导男女老少，吸引他们来信仰。她一直受到族人的迫害，但是她始终胜利，远离地狱及其使者。"[183]

这些印第安人若要达到玛丽要求的基督徒标准，需要历经多少改造？玛丽要求何种程度的"开化"？尽管我们已经看到，她告诉与她通信的法国人，乌尔苏拉修道院并没有向成年印第安人教授礼节，但是，年轻修生会被洗去身上的油脂、穿上法国式服装，并学习欧洲女性的言行举止、手工艺和音乐技巧。这是耶稣会士一直在鼓励的，尤其是在17世纪50年代，因为休伦女孩现在远离了她们被烧毁的村庄，可以更方便嫁给法国男人。这也是新法兰西政府机构鼓励的政策，尤其在17世纪60年代，当时路易十四设立的总督希望"野蛮人逐渐变成有教养之士（*un peuple poli*）"。这甚至成为一些易洛魁母亲所要求的，她们渴望知道，乌尔苏拉修女们需要花上多长时间，才能培养她们的女儿拥有法国人的举止（*à la Françoise*）。[184]

从1668年往回看，在二十九年的教学生涯中，玛丽记录下她同教内姊妹们"法国化了若干个野蛮女孩"（大约七八个），这些女孩与法国丈夫结成了美满的婚姻。[185] 但对玛丽来说，这既不是最具可能性的结果，也不是最令她满意的结果："对于我们经手教育过的一百个人而言，我们几乎没有开化过一个人。"大多数女人来修道院是寻求交流或指导的，然后她们会随心意再次离开。大多数女孩在修道院里也只待了很短时间，不仅因为父母在需要帮忙或打猎时会叫回她们，而且还因为她们在修道院的围墙里变得没精打采的："我们在这些女孩身上看到了温顺和机智（*esprit*）；但是，在我们最不留神的时候，她们就会爬上围墙，和父母一起跑回丛林，她们感到那里要比我们的法国房屋里所有吸引人的东西都更有趣……此外，野蛮人非常爱孩子，当〔父母〕知道孩子难过时，他们会竭尽全力让孩子回家。"[186]

　　绝大多数乌尔苏拉修道院的修生后来都回到了丛林，去过"自由"生活，"尽管她们仍是非常出色的基督徒"（"quoi que très-bonnes Chrétiennes"）。[187]总体而言，玛丽更欣赏她们的这种出路，而不是跟法国人成婚。[188]早在1642年，她就满意地描述过三个年轻的阿尔冈昆人身上的基督教智慧，这三人是安妮－玛丽·乌德勒奇（Anne-Marie Uthirdchich）、艾格尼斯·查巴维克（Agnès Chabvekveche）和露易丝·阿蕾特福（Louise Aretevir），她们在狩猎季中帮助母亲预制毛皮。[189]她们写给玛丽的信中提到，其中一人组织了公开的祈祷，另一人决定吟唱什么赞美诗，第三人督促部落进行忏悔。正是像她们这样的女人，包括休伦人特罗斯（Thérèses）、蒙格塔尼人安格莉克（Angéliques）和阿尔冈昆人吉内维芙，以及她们的男性伴侣，这些人才是玛丽构建一个基督教丛林的希望。[190]

　　玛丽认为，这个基督教的丛林世界，跟马尼托大神和奥基大神掌管的丛林世界差别不大。印第安人的经济生活以及劳动分工和权力分工，都可以像以前一样继续下去。她只是偶尔才会想起早期耶稣会士的观念，即一旦基督教化，说阿尔冈昆语的民族就只能安土重迁了。自17世纪40年代初期以来，玛丽似乎认为那些不停迁徙的民族也能维持基督教信仰，只要有那些随行的耶稣会士或皈依者引领。同样，她似乎也不是特别关心，虔诚的基督徒是否必须重新定义其部落身份，或是否必须重塑印第安同盟之间弟兄般的关系纽带。

玛丽对基督徒的要求有二。首先，基督徒必须放弃所有非基督教的宗教习俗、萨满行为及咨询、梦境诠释和建议，禁止旨在安抚奥基大神和马尼托大神的仪式祭礼和舞蹈。如果印第安人能够在独立于欧洲人的情况下，"完好地认知"圣母——这个圣母生育了他们的救世主梅索（Messou，蒙塔格尼人这么称呼它）——那么，他们就不得不摒弃所有那些与梅索如何通过麝鼠救下了世界有关的"荒诞神话"。[192] 她的第二个要求，是基督徒必须信奉基督婚姻生活；这意味着要打破印第安人的常规做法。印第安人鼓励婚前性交，以寻找合适配偶，在某些社群中还允许夫妻双方婚外性交，并允许离婚和再婚，有时还实行多配偶制。玛丽或许对女性皈依者在性方面的控制不太担心。她和玛丽·圣约瑟发现很容易说服修道院的修生相信，如果后者一丝不挂地走来走去，她们的守护天使就会离开。玛丽不止一次说过美洲女人如何遮蔽她们的身体："这些美洲女人，尽管是野蛮人，但还是羞涩的、得体的。"[193] 她更关注的是印第安男人受到的婚外诱惑。雄辩的艾蒂安·皮古鲁，不就是因为被一个阿农查塔农女人 * 的疯狂热情蛊惑，离开了他的阿尔冈昆妻子和社群，重新倒退回萨满教的生活方式吗？[194]

不过，玛丽的底线要求是基督徒必须嫁娶基督徒。如果其中一个订婚者不是皈依者，那就最好就放弃婚约，另

---

* 此处原文 Onontchataronon，是休伦人（温达特人）对易洛魁人的称呼，意思是"山里的人"，是易洛魁人的亚部落。

寻佳偶。如果基督徒的配偶顽固拒绝皈依，甚至可以像印第安人一样提出离婚。就这样，玛丽描述了一个"野蛮人中的基督使徒"，即蒙塔格尼人查尔斯·迈亚克楚特（Charles Meiachkouat）在村落间宣传基督教思想时遇到的困境："这位宽厚的基督徒却有一个最邪恶、最令人无法忍受的异教徒妻子。妻子与他不和，且脾气暴躁。他只得忍耐，也确实不想离开妻子，他试着使她皈依，想要拯救他们可怜女儿的灵魂；因为这是该民族的习俗，当离婚时，孩子会跟妻子走。"[195] 其他的情况，则是基督徒妻子劝丈夫皈依，不成功的话，就只能下决心离开他。玛丽认为此事利害攸关。通过丛林家庭，通过长屋女主人或小木屋女主人的这层关系，印第安人——无论是否有教养（politesse）——都能成为"非常好的基督徒"。

玛丽来到加拿大，是为了劝所有具备理性思维能力的人信仰万国之王耶稣。去世的时候，她祝福围在她病榻四周的"野蛮人学生"，她喜欢她们甚于那些法国人寄宿生，她在最后的痛苦中小声说道："我将一切献给了野蛮人。"[196] 一路走来，她曾幻想过在内心生活和灵修潜力方面，她与那些印第安皈依信徒之间拥有极大的相似之处，在这一层面上，这种相似性几乎抹掉了"野蛮人"与"欧洲人"之间的界限。她寄往法国的那些信件，无论旨在激发捐赠或祈祷的意愿，还是意在引起简单的好奇心；无论她是否希望信件广为流传，或仅被某一双眼睛读到——我们都可以在她的信件中找到这个相似的模式。这个相似性看法固然承认了新世界里法国基督徒的存在，但是至少动摇了一个假定——在新世界的基督徒中，法国人的需求总是占主导地位。

　　直到1663年，也就是玛丽抵达加拿大的二十四年之后，她才不得不承认，没有一个印第安人会努力以宣誓入教的乌尔苏拉修女的身份待在修道院，她的"普及化"存在严重的局限。"我们已经考验过那些野蛮女孩，"她写信给一位法国的乌尔苏拉修女，"她们无法在封闭的修道院中生活。她们天性极度忧郁，如果不让她们前往想要去的地方，就会使她们更忧郁。"[197]当然，玛丽本人在图尔的时候，就曾因法国修道院的与世隔绝而变得忧郁，在奔赴加拿大的旅程和魁北克修道院的更广阔天地中，她才恢复了生机。此外，虽然后来莫霍克族皈依者凯瑟琳·特卡卫塔（Katharine Tekakwitha）在苏圣路易斯（Sault Saint Louis）为女性发展出了一种形式独特、无须围墙束缚的公共禁欲生活，但在这之前的几年，玛丽就已经去世了。[198]也许玛丽报告在印第安人基督徒中，没有见过充分发展的神秘主义者，但同样的事实是，她自己在新世界中的神秘行为也发生了变化，她又重新投入忙忙碌碌的日常琐事。她似乎相信，这些美洲印第安女人可以跟她一样，尽管辛劳忙碌，但依然能够在灵魂中进行神圣的交流。

* * *

　　玛丽不切实际地渴求这种相似性，但在美洲丛林中，"普及化"并非一个常见的观点。男性宗教人士对于印第安人的灵性期望更低，他们对差异性及其后果的认识更加敏锐。在重构基督教信仰的路上，耶稣会士一开始似乎有种沮丧的感觉，因为"野蛮"生活设下了重重障碍。保罗·勒热纳神父和蒙塔格尼人生活了一个冬天之后说道："我不敢说我在野蛮人中看到过哪怕一次真正的道德美德。他们眼里只有自己的享乐和满足。再加上被责备的恐惧，以及渴望被视作优秀猎人的荣誉感，有了这些，你就掌握了在交易中能打动他们的一切。"[199] 热罗姆·拉莱曼神父（Jérome Lalemant）在他第一次对休伦人传道后写道："从人类审慎的角度来看，我简直不敢相信世上竟然有这样一个地方，如此难以服从耶稣基督的律法。"因为，"尤其是，我不相信这世上还有哪儿的人比他们更我行我素、比他们更缺乏权威来约束自己的意志，以至于父亲无法控制孩子、首领无法控制臣民、国家律法无法控制每一个人，除非那些人乐意臣服"。[200]

玛丽除了在《耶稣会报告》中读到过这些观点，一定也对此曾有过耳闻。因为她经常与勒热纳神父及拉莱曼神父沟通行政事务，并且，他们两人也都是玛丽的神师。但是，她没有如此严肃地总结概括，而是强调了印第安女人天生的"甜美"和"温顺"。她在针对野蛮人天性的最负面的描述中说："野蛮人的男人天性变幻无常"，但洗礼的"神迹"可以弥补，休伦人基督徒被易洛魁人俘虏时所表现出来的忠贞，就证明了这一点。[201] [在这个观点上，她应该是在打趣，因为，"变幻无常"在欧洲被当作一个优秀的（par excellence）女性特征。] 她从未掌掴自己的儿子克洛德，她也不像耶稣会士那样推崇掌掴印第安孩子；她在自己的丈夫和姐夫的家务中坚持她自己的宗教道路，所以她也从不强调印第安人妻子应该承担服从丈夫的最高责任。至于"野蛮生活"的"自由"，（如我们所见）她对其定义并非站在权力结构的立场，而是采用丛林中迁徙自由的措辞，并且，玛丽只认为这种自由会妨碍作为乌尔苏拉修女的职业生涯，而非抵触基督徒行为律法。

玛丽热情洋溢地复述印第安人的皈依，相反，在耶稣会士的叙述里，热情混杂了怀疑。在 17 世纪 30 年代布雷伯夫（Brébeuf）和拉莱曼的描绘中，休伦人求助于基督教的祈祷和洗礼，只不过是希望能够获得即刻的实质好处，例如治愈疾病、祈求雨水、作物丰收、在宗教仪式的赌博游戏"盘"（dish）中获胜。[202] 1664 年，阿卢埃神父（Allouez）就在无意中听到 一个温达人说的话，才知道这个温达人力劝一个易洛魁伙伴受洗，是为了延长他自己的寿命。[203]

至少，蒙塔格尼人查尔斯·迈亚克楚特的认知十分深刻。在保罗·勒热纳神父的讲述中，这位蒙塔格尼人恳求一个病人："别以为洗礼的水倒出来是为了医治你的身体：那是用来净化你的灵魂，给你一个不死的生命。"[204] 勒热纳神父认为，迈亚克楚特的皈依是因为基督亲自赐给他的神见：丛林里，一个穿得很像"黑袍"的男人出现在他跟前，告诉他摒弃旧路，去跟随耶稣会士所做的，然后指引同族人。勒热纳神父用了许多篇幅来描述迈亚克楚特的灵修成就：他放弃了"迷信"——祭拜狩猎中杀死的河狸的骨头；他在愤怒过后，心甘情愿原谅曾经对他出言不逊的人，替对方祈祷；他反复思索接受过的教义指导。[205] 但是，即使在这里，在这种最好的情况下，耶稣会士与皈依者之间仍保持着距离："他意识中非常想模仿我们的处事方式，他询问我们是否愿意让他加入；他想离开妻子，因为妻子洗礼后并不真诚。他说：'我听到的声音，敦促我去模仿你们。我不在乎我已经结婚，我会把我的小女孩送给乌尔苏拉修女，然后我就要跟你们待在一起。'这个提议使我们发笑。"[206]

同样，热罗姆·拉莱曼神父认为皈依后的基督徒有时走得太远了。他的这个观点显然是针对德奎恩神父报道的1646年在蒙塔格尼人中发生的事件。一方面，拉莱曼很高兴地听说有位虔诚的老妇，其"奉献精神不可思议地远超常人"。她只要听一两遍就能记住冗长的祷告，还能传达给其他人；更出色的是，她退下时也会独自祈祷："内心里说着一种没人教过的语言。"另一方面，在蒙塔格尼人漫长的冬季狩猎季中，他们"轻率的热情"和"自负"也使拉莱曼感到震惊。在没有黑袍指导的情况下，有名男子担任祭司并举行弥撒，有名老妇将自己任命为女人的忏悔告解对象，还有其他不恰当的做法也被他们装扮成了神圣的奥义。德奎恩神父于春季在泰道沙克地区了解到这事情之后，一直斥责他们，直到那位蒙塔格尼人祭司承认"魔鬼使他误入歧途"。这位耶稣会士临走前，给了他们一根黑色助记小棍，"以提醒他们这个自己胡乱捣鼓的可怕行为，以及之前的迷信"。[207]

让我们来思考一下玛丽不切实际的"普及化"的根源——

也就是从某种程度上来说，她在新世界的生活似乎强烈地证实了她与"野蛮人"基督徒存在内在相似性而非差异性的感觉。她与其他文化交流的品质，毫无疑问滋养了她。她并没有浸淫在从亚里士多德到阿科斯塔（Acosta）*的那些有关"未开化者"本性的学术文献中，也并没有沉浸在那些讲述气候、地理地形、身体笑料和习俗的法国历史理论中。她的著作中从未有这类参考文献的影子，并且，从我们能够复原出来的魁北克乌尔苏拉修道院的藏书室来看，这类书也不在修道院书架上。[208] 此外，她也几乎没怎么看过野蛮人的世界。从图尔到魁北克，她只是短暂绕行；而在加拿大，她也没有像耶稣会士那样去过印第安人的村庄。

但是，她跟那些神父的区别，并非在于神父们比她拥有更多的"知识"。确切地说，是神父们学习、交换和观察的环境带来了这种区别，带来了"求知者"与"已知者"之间结盟的特征。耶稣会士总是迅速在印第安人定居点安置自己的小屋。他们在自己的男性居住祈祷空间与马尼托和/或基督统治下的印第安男男女女的空间之间来回移动。在类似于印第安人的接纳行为中，他们被东道主赋予阿尔冈昆语或易洛魁语名字——勒热纳神父在休伦人中被称为伊可姆（Echom），拉莱曼神父在休伦人中被称为阿奇恩达塞（Achiendassé）——这些名字通常会被分配给神父们的继任

---

* 何塞·德·阿科斯塔（José de Acosta，1540—1600），文艺复兴时期欧洲神学家之一，是在秘鲁传教的西班牙帝国耶稣会会士，他用印第安方言写作了一本教义问答，还著有一部有影响的关于新世界动植物的作品《西印度自然和精神的历史》。

者，就像印第安人通过将名字赋给酋长的继任者，来"重生"或者重造这位酋长一样。[209] 但是，当神父们回到魁北克，回到法国时（勒热纳神父和拉莱曼神父都曾回到法国），[210] 他们就轻松摆脱掉了这种亲密纽带。就这样，在这两个世界之间的来回移动，使得耶稣会士保持着精神上的距离感；他们能够参与村庄里的生活和纷争，且永远不会忘记自己的局外人身份。这种角色扮演所带来的紧张压力，他们会时不时通过撰写《耶稣会报告》来表达和解决。

玛丽的世界就没有这样的双重性。对于她来说，既不存在被印第安人接纳的同盟，也不存在由法语换成印第安语的名字。印第安人称所有乌尔苏拉修女为"圣女"，或者称为"我的母亲"［还有阿尔冈昆族的宁格（Ningue），这大概也是对丛林中妇女的尊称之一］，或者使用她们的教名的另一种形式：将玛丽·圣约瑟称为"玛丽·约瑟"，将玛丽院长嬷嬷称为"玛丽·英卡内申"。[211] 所有事情也都发生在同一个与世隔绝的场所，也就是乌尔苏拉修女们的活动范围——玛丽的沙龙——不过那里还有桦树皮小屋，装满印第安人食物的大锅和被人们使用的多种语言，它是一个混合空间，而不是仿照欧洲秩序的移植物。玛丽对蒙塔格尼人、阿尔冈昆人、休伦人和易洛魁人的深入了解，源于从修道院宿舍、教室、小堂和庭院里发生的种种事情，尤其是源于她与女孩和妇女的交谈。她们经常使用印第安人的语言谈话，这种近距离的闲谈很可能使玛丽产生了一种印象，那就是她在聆听那些内心状态跟她自己很像的女人的声音。

玛丽人生经历里的其他特点也可能缩小了她同印第安人之间的差异。她自己的学习行为，就很像她的那些皈依者，要么是在朴素的教室里发生的，要么是经由天主亲自赐予的；她们似乎就像法国的神学博士，能够轻松理解奥义——相比起耶稣会士，她对这点更没那么意外。其次，同样地，玛丽也是神秘主义者，对神秘主义者而言，朴素和热情是宝贵的品质，尤其对于内在恩典而言更是必不可少的。如果想要欣喜若狂地用言语来形容与天主的结合，印第安人对隐喻的热爱就不仅是外交修辞上的一种辅助（耶稣会士就赞扬了这一点），而且还可能是理解神圣事物的一条途径。因此，毫不奇怪，玛丽描绘皈依者的文字中体现出一种激赏之情，这种感情与她在玛丽·圣约瑟、德拉佩尔特里夫人和房屋的其他成员的讣告中所赋予的热情是一样的。[212] 在灵修的内在景观中，她将她们都视为同一类人。

在这方面，玛丽同时代的其他乌尔苏拉修会和医院骑士团的"女强人"会有同感吗？维蒙神父认为她们也一样，他评论这些女人对印第安人充满奉献精神，尽管休伦人和阿尔冈昆人"衣冠不整"，对"甚至最基本的文明原则"都一无所知："医院修女对病患和穷人有着无穷的爱，乌尔苏拉修女对修院的学生和野蛮女人也有着无穷的爱——在这些毫无吸引力的野蛮人身上，她们只看到了耶稣基督。这种情感倾向，是我只期望在耶稣基督本人身上看到的坚韧不屈。她们的性别并不具备这种坚定不移，但是，[这些女人]就像圣保罗一样，有了天主支持，她们就能做成任何事情。"[213] 在玛丽·圣约瑟和德拉佩尔特里夫人留给我们的寥寥数封信件中，她们也表达了对乌尔苏拉修道院里年轻的印第安信徒的纯粹热情："[这些女孩] 接受了共融中美妙奥秘的教导，她们无比高兴……她们超越了自身年龄，将这个美妙真理筑成概念。"[214] 在 17 世纪的报道及魁北克医院骑士团的《年鉴》中，那些皈依的印第安女基督徒无论老少，也都被描绘成灵魂上令人钦佩的女人，尽管这些医院骑士团修女比起玛丽来使用了更始终如一的措辞，诸如"没有野蛮的倾向"和"没有表现出野蛮人的可笑之处"。[215]

但是，身为女人并不意味着灵修生活的核心一定会是同印第安人的关系，即便在"女强人"的那代人中也是如此。年轻的卡特琳·圣奥古斯丁（Catherine de Saint Augustin）从瑟堡（Cherbourg）带到魁北克的宗教风格，就使得她朝着其他方向发展，我们能够从她的日记中读到这一点。从 1648 年到 1668 年，卡特琳是魁北克的医院骑士团修女，她被困在体内的恶魔斗争所消耗着，这些恶魔可能会在耶稣会士讲道中间，从一个酸痛的牙齿中冒出来，抵触司铎所说的一切。她受到神见的祝福，这些神见通常由"殉难的"布雷伯夫神父从乐园中引导，但它们关系到法国、日本、任何其他地方的受赐福者和被诅咒者的命运。在担任护士长期间，她固然曾恳求天主说，"在医院死亡的任何人都不会远离天主的恩宠"——这个祷告的对象也包括印第安人；但是，她在日记中描述的宗教能量是针对法国移民的：一个她为其提供帮助的附魔的法国女人，一位隐瞒自己的巫术、隐瞒参加巫师安息日聚会的法国男人，那些抱怨魁北克新主教的法国人。[216]

在那个世纪末，在"女强人"中也出现了一些在精神上主动疏远印第安人的女人。玛丽·莫兰（Marie Morin）于1695年书写了蒙特利尔医院的历史；在过去的三十三年，她一直在此做修女。在她写的这份记载中，她几乎没有提及这些印第安人，只是记录了易洛魁人的威胁以及"野蛮人"患者对这所医院的首任院长朱迪丝·莫罗·德布勒索（Judith Moreau de Brésoles）的感激之情。（因为首任院长救死扶伤，病人们就称她为"光芒闪耀的太阳"。）莫兰的写作主题在于记录她的修女姊妹（全部来自欧洲或是欧洲定居者）的基督教美德，而非记录"大约一百万野蛮人的得救"——而事实上，在几十年前，这才是吸引了这座医院的法国女创办人的主题。[217] 1740年，也就是在玛丽愉快地迎接她的第一批修生的一百年之后，一位魁北克医院骑士团的修女还是将印第安人称为"恶棍"（*vilains Messieurs*）。她写道："他们中间确实存在着狂热的基督徒，甚至是圣徒，但他们中的绝大多数，只是把传达给他们的奥义当作普通故事来听，没留下什么印象。"[218]

那么，那些印第安皈依教徒又会如何描述欧洲人呢？让我们举些玛丽最欣赏的印第安基督徒的例子，例如休伦人特蕾莎·恺昂和玛丽·奥恩多洪、阿尔冈昆人安妮－玛丽·乌德勒奇和她的狩猎同伴，以及尼皮辛人吉纳维芙。接着，让我们想象一下，这些人会如何看待玛丽笔下的自己及她们的基督信仰。她们肯定不会反对玛丽的一个观点，即通过宗教信仰，相似性与人类纽带都得以加强。印第安人对信仰问题的认知主张是温和的。当耶稣会士质疑印第安人的"高位神"（High Divinity）时——例如，创世主约斯卡哈（Yoscaha）怎么可能又有一个外祖母阿塔思特西克（Aataentsic）——他们会回答说，很难获得此类事情的确凿证据。有些人声称在梦游到另一个世界时获知了这些信息，但另一些人只是观察到"迄今尚无法确认的某事"。[219]同样，他们礼貌地容忍与自己不同的宗教故事和习俗，只要这些故事习俗不质疑巫术。正如某些休伦人对布雷伯夫神父所说的："每个民族都有自己的做事方式。"[220]

不同的民族和部落若想要结合成"同一族人"，并非通过共同的宗教信仰或精神力量，而是采取合并融入的步骤：他们会将男俘虏接纳为儿子弟兄；会与女俘虏结婚；以及在定期回葬中将来自不同部族的死者骨头汇在一起，这被称作"亡灵节"，耶稣会士描述这一仪式为"他们对友谊和联盟的最强有力的见证"。[221]在休伦联盟或易洛魁联盟的不同民族间建立的外交亲属关系（"兄弟""姐妹"），就类似于基督教洗礼中在个体间建立起的精神亲缘关系。

由此，在这种思想框架下，恺昂、乌德勒奇及其他女性皈依者自然就不会轻易假定法国人与她们自己存在某种内在相似性。的确，年轻的寄宿生会模仿乌尔苏拉修女的宗教姿态，还有一些休伦女人会用丛林中的比喻来说明她们有多希望从乌尔苏拉修会和医院骑士团的修女榜样身上学习："她们知道通往天堂的道路……我们的眼睛还看不清。"但是，她们欢迎接受指导并非基于彼此之间具有相似性这一信念。休伦女人对一些不认识的法国女人感受到"爱"，但她们说的不是相似性，而是礼物关系。法国女人赠给她们礼物，所以她们感到有义务回报。[222] 从印第安人的角度来看，玛丽的满腔热情可能误解了这一点。

休伦、阿尔冈昆和易洛魁妇女，在描述她们皈依基督教的行为时，想必会用与玛丽不同的方式。乌尔苏拉修会的嬷嬷们视作与原住民宗教彻底决裂之处，印第安人妇女则很可能已然看到种种关联。在乌尔苏拉修会的嬷嬷声称是由于洗礼而带来了充分慰藉与安宁的地方，印第安人妇女则可能会说是因为劳累。

一个恰当的例子，就是印第安人的梦境与基督徒的神见之间的关系。对于休伦人和易洛魁人而言，梦境的重要性与他们对灵魂"可分割"的信念有关。灵魂的一部分是渴望之魂，在梦中，它会对着人说话，"这就是我的心告诉我的；这就是我的欲念所渴望的"（ondayee ikaton onennoncouat）。[*] 有时，渴望之魂借由一个亲近的奥基神或灵来提出建议，它会告诉灵魂它需要或想要的东西——也就是 ondinoc，即它的秘密渴望。因此，印第安人有充足理由认真对待自己的梦境。他们互相描述梦境、解释梦境，然后坚定不移地执行梦境。[223]

---

[*]   一些部族相信每人有二魂：一为"游魂"，可于人们熟睡或神往幻界时暂时离开身体而出游，是知觉之源；另一为"命魂"，为人们生理、心理一切机能之源。

ÆTAT. SVÆ. XXXX

LA MERE MARIE DE L'INCARNATIO.V
Premiere Superieure des Ursulines de la nouvelle
france decedeé a Quebec en odeur de Sainteté le
dernier jour d'avril 1672. agée de 72 ans 6 mois 13 j.s

玛丽·居雅肖像画（离开法国赴魁北克时期），可能是现场写生的

LE CHEMIN
DE PERFECTION

Composé par Saincte Terese de IESVS,
Fondatrice des Carmes & Carmelines
Dechaussez, pour ses Religieuses à leur
instante priere.

Nouuellement traduit d'Espagnol en François,
par le R. P. F. E. D. S. B.

A PARIS,

Chez SEBASTIEN HVRÉ, ruë
S. Iacques, au Cœur-bon.

M. DC. XXXVI.

Auec Approbation.

玛丽·居雅挚爱的作品：法语版圣特雷莎修女（圣女大德兰）

1650年火灾前的魁北克乌尔苏拉修道院，19世纪时根据档案记录绘制

印第安女人使用掘棒耕种农作物、找鸟蛋

贝珠腰带，女人为了男性外交活动而制作

休伦人制，来自温达科（洛瑞特）
的基督社区，18 世纪

休伦人制，庆祝休伦四部落联盟成立，这条
腰带据说是 1611 年赠给萨缪尔·尚普兰的

乌尔苏拉修女笔迹，印第安人笔迹

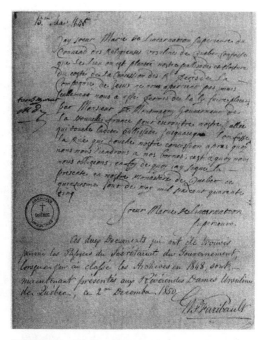

修道院地界证明文件，玛丽，1645 年

给一位法国捐赠人的感谢信，用休伦语和法语写在桦树皮上，来自乌尔苏拉修道院里的印第安修生，1676 年

pretieuse.

50.　Estant donc arrivée en ce Pays Le voyant Je le
reconnu estre celuy que N. Seigneur m'auoit monstré.
Il y auoit 6 ans Ces d'es montagnes, ou Vastitudes
La situation et la forme qui estoit encore marqué dans
mon Esprit, come a l'heure mesme, Ce m'estoit la mesme
Chose a la vüe, Excepté que Je n'y voiois pas tant de
Brunes, Ce qui renouuela beaucoup La ferueur de ma
Vocation et me Porta par Vn abandon de tout moy
mesme Pour tout Souffrir, Et faire ce que N. S.
Voudroit de moy en ce nouuel Establissement, Genre
re, de Vie, qu'il n'y falloit embrasser entierement, en
ferant de Celuy de nos monasteres du france, Du
moins Pas moins regulier dans Sa façon et ma

De Vie, Pauure et Inegale de Labord nous esti
cames par la Clostures de gros pieux de Cedres au
Lieu de murailles auec tiff Licence de donner entrée
aux filles Et femes Sauuages Seminaristes Et externes
et aux filles françoises, toutes aux fins de L'Ins-
truction. N'r̃e Logement estoit si Petit qu'en vne cham
bre d'enuiron 18 Pieds en care estoit n'r̃e Chœur n'r̃e
Parloir dortoir Refectoir et dans vne Aile La Classe
pour Les françoises et Sauuages et Pour n'r̃e Cuisine
Nous fismes faire Vn Appentis Pour La Chapelle
Et Sacristie exterieure. La Saleté des filles Sauuages
qui n'estoint Point encore faites à La Proprieté des tr̃o̅̅
rois nous faisoit quelquefois trouuer Vn Soulier en n'r̃e
Pot et Journellement des Cheueux Et des Charbons, Ce qui
ne nous donnoit aucun deggoust. Les Personnes
qui nous Visittoint a qui Par recreation nous racont
Roi̅ pouuoint comprendre coment nous Pouuions

抵达加拿大，玛丽的早期手稿副本

CHAPITRE III.

I. Comparaiſon du Canada avec le grand païs qui luy avoit été montré en viſion. II. Pauvreté de vie & richeſſe de regularité dans ſon nouvel établiſſement. III. Patience admirable à ſupporter les ſaletez des filles Sauvages. IV. De ſa perſeverance dans l'amour pour les Sauvages. V. Et du vœu qu'elle a fait de ſe conſommer à leur ſervice VI. Incommoditez des Religieuſes dans leur commencement. VII. Le Monaſtere eſt bâti. VIII. Les Religieuſes ayant été priſes de diverſes Congregations s'uniſſent en une, & conviennent des reglemens qu'elles doivent garder.

I. APrés que je fus arrivée en ce païs, & que j'eus fait reflexion ſur tout ce que j'y voyois, je reconnus que c'étoit celuy que Nôtre Seigneur m'avoit montré il y avoit ſix ans : ces grandes montagnes, ces vaſtes foreſts, ces païs immenſes, la ſituation & la forme des lieux qui ſe preſentoient à ma veuë, étoient les mémes que j'avois veus, & qui étoient encore auſſi preſens dans mon eſprit qu'à l'heure même, excepté que je n'y voiois pas tant de brunes. Cela renouvella beaucoup la ferveur de ma vocation, & me donna une pente à m'abandonner toute moy-méme pour tout ſouffrir, & pour tout faire ce que Nôtre Seigneur voudroit de moy dans ce nouvel établiſſement entierement different de nos

II. Monaſteres de France, pour la maniere de vie pauvre & frugale où il ſe falloit reduire, mais non pour les pratiques & les obſervances de la Religion, qui, graces à Nôtre Seigneur, y étoient gardées dans leur plus grande pureté. Nous commençâmes par la clôture que nous fîmes faire de gros pieux de cedres au lieu de murailles, avec la licence neanmoins de donner entrée aux filles & aux femmes Sauvages, tant Seminariſtes qu'externes, & aux filles Françoiſes qui voudroient venir à l'inſtruction. Nôtre logement étoit ſi petit qu'une chambre d'environ ſeize pieds en carré étoient nôtre Chœur, nôtre parloir, nôtre dortoir, nôtre refectoir, & dans une autre, la claſſe pour les Françoiſes & les Sauvages; & pour la Chappelle, la Sacriſtie exterieure, & la cuiſine nous fîmes faire une gallerie en formé d'appenti. La ſalleté des

III. filles Sauvages qui n'étoient pas encore faites à la propreté des Françoiſes nous faiſoit quelque fois trouver un ſoulier dans nôtre pot, & tous les jours des cheveux, des charbons & de ſemblables ordures,

克洛德·马丁编写的《生平》中关于"抵达加拿大"的内容

新法兰西及印第安人的世界，1657 年耶稣会士所作地图

在玛丽打造她的那部词典时，她就必须处理印第安人的灵魂可分割的概念，但在她的文字中，她只谈到了印第安人对灵魂永生的信念，"这在他们的皈依中起了很大的作用"。在玛丽看来，他们这种"必须遵守自己梦境"的信念是彻头彻尾的迷信，与基督教格格不入，与天主引领她自己奔赴加拿大的那个关于圣母和耶稣的异梦相去甚远。[224]

她的皈依者则必然感受迥异。她们听说过某些异象，例如一个来自安戈腾部落（Angoutenc）的休伦女人，一天夜里，她同女儿走路的时候遇到了月亮女神（阿塔思特西克的化身），女神以一个美丽女人的形象示人，也带着自己的女儿。月亮女神告知她，今后必须穿红色衣服供奉礼物，然后女人回到她的长屋中就病倒了，她梦见指示说要举办一场祭礼，这样才能好转。于是，她就穿上月亮女神要求的火红色衣服，在随后的祭礼仪式上被治愈。[225]

这类经验为其他神灵的异象铺平了道路。因此，在1663年2月的加拿大地震发生之前，一名休伦妇女，"一个非常善良的过着单纯生活的基督徒"，就预先从圣言中获悉此事。2月3日夜间，当每个人都在她周围熟睡时，她听到一个声音清晰说道："两天内，将会发生惊人之事。"第二天同姐妹一道收集木材途中，她听到了同一个声音，预言次日下午五点到六点之间将发生地震。她颤抖着把消息带回了长屋。根据玛丽和医院骑士团修女的说法，她的话并没有受到重视，而是被怀疑她在追随自己的"梦境"或者试图扮演萨满"先知"的角色。第二天下午，地震果然来了，就发生在五点至六点间。在医院骑士团，卡特琳·圣奥古斯丁立即有了神见，其中包括圣米迦勒 (Saint Michael) 给她的一个神见；在其中，圣米迦勒告诉她，加拿大人民因其不敬、残忍和缺乏善行而正在接受惩罚。[226]

在不同的皈依者身上，梦境的作用也必然不尽相同。可以肯定的是，阐释梦境养成的习惯滋养了那些皈依者非凡的忏悔技巧，玛丽和耶稣会士皆指出过这一点。有些皈依者可能从过去必须精确践行梦境的焦虑中解脱，而更为担心罪恶；其他一些皈依者，则可能只是将某些梦境异象带入了基督教，就像一些欧洲村民在夜间派出灵魂与女巫战斗或探视死者一样。这种宗教混合在欧洲会因宗教裁判所和巫术指控而遭到破坏，但在美洲东北部的丛林和严寒气候中则更容易维持。[227]

宗教混合的证据也出现在法国人的报告中。我们已经听说过阿尔冈昆人露易丝的事，她曾告诉玛丽自己愿意接受孩子的死亡。露易丝在照顾和埋葬女儿时自主做出了选择。一方面，据报告，露易丝赶走了两名非基督徒阿尔冈昆妇人，因为这两名妇人曾敦促她，将放在魁北克医院的九岁小女孩带回丛林，通过萨满教的击鼓和吹奏疗法来治疗。（或者，也许路易丝同意了这种选择？因为据医院修女的说法，这个小女孩"在医院里身体略微恢复"，但她的母亲又把她带进丛林，在旅途中就死掉了。）另一方面，当露易丝的大女儿乌尔苏拉生病时，她在医院门旁的一个小木屋里照顾她，将木屋装饰成讲堂，既用了基督教的圣物，也用了"野蛮人的方式"（*à la sauvage*）——也就是装饰着河狸和麋鹿的绣花长袍。医务人员和司铎容忍这种"中立的"（没有哪种更重要）风俗习惯，但是他们无法接受路易丝给女儿乌尔苏拉安排的葬礼。这位母亲"让女儿以野蛮人中可能有的最庄严的方式下葬，并将她拥有的最宝贵的东西都放在坟墓里面，包括那些与河狸、贝壳念珠相关的东西和他们在乎的其他物品"。耶稣会士一直在抨击墓穴中的这些陪葬，这些墓穴礼物，再加上社群赠送的为了"擦干"丧亲家属眼泪的礼物，一同代替了欧洲人继承和遗赠的财产制度。医院修女们想知道，在露易丝本人如此"贫穷"的情况下，她为何还要用这些贵重物品陪葬女儿？这位阿尔冈昆女人继续如此行事，并向修女们追忆，她们两年前埋葬一名修女的时候，就给她穿上了美丽的长袍，并奉上所有的敬意。因此她确信，天主不会禁止她正在做的事情。"我希望向亡者表达尊敬。"[228]

　　这些插曲表明，玛丽的那些皈依教徒所维持或所需要的宗教情感，比起她知道的或所允许的，要更加混杂。[229] 不过，她们或许能在一点上达成共识，即女人在神圣事物上发言的重要性。在话语权方面，欧洲和美洲之间有一个有趣的相似之处。正如法国的政治雄辩主要是博学男人的领地一样，美洲丛林地区的政治雄辩（如围绕着男性村民委员的篝火会、部落集会、休伦和易洛魁联盟的谈判会议）也主要是男人的领地。在农作物、食物分配和囚犯的命运方面，印第安妇女则有权做决定。特别是在易洛魁人中，女人在任命酋长继任人和使节方面都发挥了作用。女人会编制使节佩戴的记忆腰带（在插图中可以看到两条这样的腰带）。但是，那些雄辩的、富有想象力的隐喻和夸张手势，那些可以赢得听众认可，可以引出听众喉中"哈阿，哈阿"欢呼声的内容，则出自男人。当莫霍克族首领基特西顿想要说服休伦人签署一项和平条约时，他呈上一条贝珠项链，"为了敦促休伦人赶快讲话，不要像女人一样害羞"。[230] 如此看来，玛丽形容过的那位在休伦人集会上谴责耶稣会士的老妇人就更为引人注目了，因为她很不寻常。

　　跟法国的祭司权掌握在男人手中的情况类似，易洛魁语系民族和阿尔冈昆语系民族中萨满巫师的治疗权也主要由男人掌控。妇女可以在舞蹈和仪式中扮演某些角色，以安抚奥基神，或将恶灵从病人身上赶出；当然，她们还要分发草药，这是后来印第安女人所掌握知识的一部分；据推测，其中一些女人还在易洛魁人、休伦人和蒙塔格尼人的月经小屋中扮演着宗教角色。也许出自对月经污秽的迷信，印第安人通常禁止女人触碰萨满巫师在灵魂治疗中使用的神圣萨满物品和拨浪鼓；欧洲也有类似观念，女人在月经期间必须远离祭坛。[231] 但不管怎样，在17世纪占卜术是一种欢迎女性的萨满职能，正如休伦地区的提瑙斯塔村的一个老妇人，她能够在火焰中看到与易洛魁人的遥远战斗中发生的事情。[232]

　　至于欧洲女人（例如玛丽），她们通过公教改革后的修会（或者，通过激进的基督新教团体，我们将在下一章中讲到）扩大其宗教声音。跟她们一样，当男人们发展政治演讲术的时候，美洲丛林中的女人也可能正在扩大其在宗教文化上的发言权。可以想象，印第安女人在梦境分析和占卜术中的角色并非自古有之，而是针对从 15 世纪开始的政治环境变化的一种反应，欧洲人的到来使这种变化愈演愈烈。那些女性皈依者，也就是玛丽在信中写到的、医院修女记录下的，以及耶稣会的《报告》中提到的女人——祈祷的、传教的和教导的女人——将成为朝气蓬勃的基督教变量，这个进步中的变量，将作用于奥基大神和马尼托大神掌管的宗教信仰。

玛丽用文字描述了恺昂、奥恩多洪、乌德勒奇和吉娜维芙，但她们都没有留下描述玛丽的文字。她们看待玛丽的样子，可能有一部分就是玛丽希望自己被看待的样子——也就是如同圣母玛利亚，耶稣的母亲；她的斗篷自双臂张开，保护在她照顾下的人们。她们可能会把玛丽视作约斯卡哈之母阿塔思特西克：时而友善，时而易怒，随时准备对人类做个恶作剧。[233] 但是，她们都是语言爱好者，对她们自己民族的演讲如此老道热忱，玛丽的"如烈火般炽热的书写"一定赢得了她们所有人的赞誉："哈阿，哈阿。"

* * *

大西洋的另一边，玛丽的写作风格受到了其最忠实读者的欢迎，这位儿子仅有些许保留意见。克洛德·马丁用多种多样的方式赞美"出色的母亲"。她的一生有奇异历险、英勇美德、堪称楷模的圣洁以及对神秘途经的最高深领悟。关于玛丽的演说天赋，我们已经听过儿子的惊叹。在克洛德·马丁为母亲的书所写的序言中,他又继续赞扬母亲文字中的"内在甜蜜"(onction intérieure)、清晰思路和诚挚感情。她表达自己的方式并非那类充满了伪装和浮华的谨慎风格,而是坦诚的(honnête)。"天主始终是她言行的圭臬。"[234]

然而,尽管玛丽的著作体现了 17 世纪法国人诚挚和文明的美德,克洛德认为,在巴黎发行这本书之前,还是需要不留情面地编辑。"至于她的风格,"克洛德·马丁在《生平》的序言中说,"我承认,这不属于最精雕细琢的作品(des plus polis)。虽然措辞和叙述都令人愉悦,而且以一种甜蜜的激昂引发了读者的思索,但它也没有达到当今那些精品著作的水平。"[235](他在另一篇序言中继续说,)玛丽援引《圣经》时使用了过时的译本,她更喜欢引用 1588 年罗马公教会刊发的天主教教理,不顾忌它是"粗鲁的"。在马丁的编辑下,《圣经》引言改用了现代翻译版本,或者马丁自己的翻译,由此获得"更新的、更清楚明了的风格"。"如果该作品没有带来人们企盼读到的愉悦和礼貌,至少它读起来不会特别令人震惊。"[236]

因此,由于克洛德准备将母亲的"1654 年自述"作为《生平》的一部分出版,他严格依据同时代的学究精神,仔细检查了母亲的文稿,更改了某些措辞,添加上他自己的表达,还删去了一些内容。[237](读者可在插图里看到一个例子。)通过比较他编辑后的印刷版本,以及玛丽于 1654 年寄给他的可独立核实的最初手稿,我们便可获悉他的编辑手法。[238]克洛德·马丁的编辑关注点集中在三个方面。首先,他要确保玛丽在教义和服从教会方面始终处在安全的立场。他并不担心玛丽受到詹森派信徒的蛊惑：尽管玛丽与王港修道院（Port-Royal）的修女们保持着友好的联系，但她还是认真听从克洛德的建议，不参与有关共融圣事（Communion）及詹森主义者其他话题的辩论。[239] 但是，作为一位杰出的本笃会圣莫尔修会会士，几本广为流传的祈祷指南手册的作者，以及圣奥古斯丁作品的莫尔会版本的组织编纂者，克洛德·马丁神父将确保母亲的行文无可挑剔。[240] 当玛丽在书中回忆起童年时候听说过的"圣水抹去内在的罪"，克洛德补充道，"前提是人们虔诚地使用它"。玛丽关于道成福音的说法，即"伟大的主啊，等同于他的父"，在克洛德的笔下变成了"三位一体等同于圣父"；"符合教会的信仰"变成了"符合教会与圣师（Doctors）的观点"。[241]

克洛德·马丁的第二个关注点是，玛丽是可信的神秘主义者。在这一点上，她必须抵御那些针对神秘主义者的严厉批评，例如詹森主义者皮埃尔·尼科尔（Pierre Nicole）和路易十四的主教博叙埃（Bossuet）。一些人指责，神秘主义总体上来说是一项可疑的属灵事工；另一些人则诟病玛丽通往神秘主义的那种特定途径——心祷的被动性——"导致了幻象和异想，这只有在某些古板女人或虚弱意识的幻想中才会实现"。克洛德反驳那是不对的，因为有些杰出男人也用神秘主义的语言表达自己。[242]

他把重点放在母亲进行属灵交流的可靠性和准确性上。在玛丽反复"体验"（expérimenter）事物，或者她的灵魂"趋

向"（tendre）某物的地方——这些都是最受神秘主义喜欢的
术语——克洛德通常会倾向于改用一些更为慎重的措辞："我
看得很清楚""我有一个体验""我有一种倾向""我感到它
自身被带往"。[243] 在心祷的过程中，玛丽听到的天主的责备
"来自内在言语"；克洛德补充道："来自内在的言语，但非
常清楚。"[244]

玛丽在"1654 年自述"中体现出的"狂喜入迷"的心情，
在印刷版中就简单地"被删掉了"，这是克洛德削弱母亲丰
富的情感表达以及语言实验的几种情况之一。在谈到她的灵
魂皈依圣道位格的时候，玛丽说"他是我的我"（C'est mon
moi）。克洛德做出明确区别："他就像另一个我自己。"（Il
est comme un autre moimême）[245] 在形容灵魂与天主直接交
流的乐园时，玛丽说"喜极而泣的欢乐源于融化的爱"；在
这里，克洛德只保留"欢乐与泪水"。[246]

克洛德·马丁的第三个编辑关注点最有意思，是从玛丽
在加拿大岁月的角度出发的：他想要摆脱掉玛丽的某些语言，
因为那些语言冒犯了 17 世纪末法国人的礼节（politesse）。
总的来说，他的编辑目标是修改太过流行或太过地方化的措
辞，以及那些威胁到文明界限的表达。当玛丽回想起自己在
少女时代离开同龄年轻人的时候，她说"萦绕、烦忧"（hantise，
对当时的文学纯粹主义者而言，这是一个"荒谬、粗俗"的词，
很像我们现在的"游荡"或"闲逛"），而在克洛德的修改下
就变成了"交流"（conversation）。当玛丽谈到在马车夫家
务当中的生活时，她把日常事务形容为"纷扰忙乱"（tracas），

克洛德将这个措辞加长为"家庭事务当中的混乱"(l'embarras des soins domestiques)。法国的一位语言专家最近不是说过，*tracasser* 这个词会让人"闻到乡野的味道"吗？[247] 玛丽提及堕落灵魂的低级部分如何偷偷地模仿灵魂高级部分，企图瓜分其受到的祝福时，她用了一个街头俗语来做比喻：就像"三不猴"(faire les singes，或模仿一头癫狂的猴子)——在这个地方，克洛德将其展开，变为"堕落的本性，在每时每刻、以各种方式，都想使知觉和感觉的官能进入 [同圣灵的] 交流，或者至少进入对精神 [灵魂高级部分] 的模仿"。[248]

玛丽那些以她自己为主体的文字，有时离儿子的品味太远了，或者说，离他所希望的能够引起修女以外读者群的品味太远了。在她二十多岁时，她就认为自己是个很大的罪人，这个说法实在太过了；儿子删改成："我对身体怀有深深的憎恶。"在图尔的时候，她的灵魂使她去了瘟疫医院，闻被感染的尸体，这也太过头了；儿子删改成："这使我能够照管发臭的伤口，并迫使我靠得更近，足以闻到气味。"她在魁北克陷入自我怀疑的那几年中，有一段插曲被儿子完全删去了：由于担心她的本性和精神上的缺陷植根于她的血液，她曾自我放血，放得如此之多，以致如果没有天主的帮助，她的健康就会受到严重损害。[249]

至于那些印第安女人，克洛德在几个地方扩大了她们与他母亲之间的距离，将玛丽写的"使习惯"(*accoutumées*)改为"驯服"(*apprivoisées*)："当 [这些女孩] 对我们有点习惯时，我们就给她们洗刷油脂，花了好几天"，变成了"当我们稍微驯服了这些女孩"。玛丽写的，"野蛮女孩的肮脏，还没有转变成法国式的干净，我们有时会在炊具里找到一只鞋子，每天都发现头发和煤，但我们并不感到厌恶"；克洛德在"煤"后面加上"及其他污秽"（以使情况绝对清楚）。[250]

克洛德解释自己和玛丽的文字区别主要是因为时代不同：母亲的文字过时了。这是加拿大法语中一种常见现象，即不恰当地仿古。的确，玛丽很少阅读根据 17 世纪中叶法国的法院、学院和沙龙的标准制作的文献。越过大洋进入女修院的书籍，都是宗教类文字，例如让娜·尚塔尔的生平和信件。[251] 1651 年至 1652 年，当高乃依的《熙德》（*Le Cid*）和《赫拉克利特》（*Héraclius*）在魁北克总督面前演出之时，她和她的教内姊妹也不曾位列听众席。[252]

但是，这并不意味着她的表达和感知，在 1639 年她去往"乐园"时就被冻结在了琥珀中一成不变。相反，这些表达和感知，随着新世界的经历而改变了（对耶稣会士来说也是如此）：她与印第安女人的亲密关系；她那"粗鲁"的修道院生活，其中的味道、烟火，以及那以法国方式看来令人作呕的大锅饭；她用阿尔冈昆语、休伦语和易洛魁语进行的讲话和写作使她喜悦，但克洛德坚持认为，这些语言不会引起法国人的兴趣，因为它们"既没用又令人鄙视"。[253] 在《法国学院辞典》中，那些法国的文学权威人士将礼节（*politesse*）定义为"某种特定的生活、行为和讲话方式，包括文明、诚实和礼貌"；与此同时，玛丽在她的《休伦人词典》里记下了"*aiendaouasti*"一词，休伦人用这个词来形容那些满足打招呼、提供食物和以礼待人的适当标准的人。但是那个时候学者们正在定义"野蛮人"（*sauvage*），以排除玛丽和耶稣会士每天所见所思的人群。《法国学院辞典》里说："没有宗教、没有法律、没有固定居所，生活方式更像野兽而不是人类，就像《美洲野蛮人》里描述的那种人。"[254]

玛丽给她的"野蛮人"女孩去除身上的油污，但其中的一些油污渗入了她自己的毛孔。在她写于1633年的那份总告解中，也就是在那份她成为乌尔苏拉修女之前给神师的总告解中，她书写了肉体惩戒、食物禁欲、受感染伤口的气味以及其他类似事情。现在她所处的世界里，"污垢"和"气味"有了不同意义；食物匮乏，徒步行旅漫长艰苦，要搬运重物，要划独木舟，还只能在硬床上睡觉，但每个人都毫无怨言地坚持。在法国的乌尔苏拉修会撰写的生平传记里，有一位信徒在生命尽头处的镇定自若体现出了特别的英雄主义："手术刀在她身上发出刺耳的声音，但她一声不吭。"[255] 在北美丛林中，无论男女，在被俘遭受折磨时都不会哀号，甚至还会唱首特别的歌。

玛丽关于身体和勇气的文字，混合了她自己的乌尔苏拉修会情感，以及她与印第安人交流时的感受。这种混合出现在具体有力的行文中，她在讣告小传里描述了魁北克乌尔苏拉修女们的耐心与磨砺：仆人安妮修女在加拿大寒冷的冬天也洗衣服，数十年来全力负责养猪，尽管这超出了她的气力；嬷嬷玛丽·圣约瑟，尽管她患有哮喘、肺部虚弱，但坚持在清晨四点的严寒中起床，她临终前如此安详，便鞋啪嗒声、孩子哭泣声和煮鳗鱼的气味平静地支撑着她，直至最终病逝。[256] 这种混合还出现在玛丽对 1650 年 12 月下旬大火的恐怖描述中：修院学生被引导穿过倒下的大梁走入寒夜，但火焰拦住了出口，乌尔苏拉修女和印第安基督徒便依次从窗户跳下，赤着的脚在雪中被冻僵。[257]

玛丽从阿尔冈昆人的口头报告中提取了故事，讲述了基督徒玛丽·卡玛卡图努伊努奇（Marie Kamakateouinouetch）的逃离事件。莫霍克人在一次狩猎途中杀死了卡玛卡图努伊努奇的丈夫和孩子，又掳走她，然后她逃了出来；她还逃脱了奥农达加人，他们把她当作囚犯。在近三个月的时间里，卡玛卡图努伊努奇独自一人徒步在春天的树林，白天里跟随阳光，收集根茎、玉米穗和鸟蛋，她找到易洛魁人的斧头，用它来捕鱼和打猎，还总是因附近的易洛魁人而担惊受怕。一次因"野蛮的错误"而绝望时，她试图上吊自杀，但天主保护了她，绳子断了。最终，她找到易洛魁人的独木舟，划船到了圣劳伦斯，之后从一个岛到另一个岛直至最后抵达蒙特利尔。[258] 这是属于新世界的文字。这样的故事主题不属于玛丽抵达加拿大之前的经历，但同样重要的是，它的叙事力量也不在玛丽抵达加拿大之前的经历中，它部分复现了印第安人讲述自传故事的方式。

部分复现，但也仅仅是部分复现。玛丽并未成为印第安故事的讲述者。相反，我们在她身上看到了欧洲人的精神图景，这个图景因接受新的母题和感知而发生了改变，但是，重要的路标和路径仍在同一地点。让我们通过一组故事来最后探讨这一图景，这组故事的主题"绑架"在玛丽的两个世界中都很受欢迎。

第一个故事的情节可能来自玛德莱娜·德史居里、德拉法叶特夫人或其他同时代的法国风俗婚姻生活作家。克洛德·马丁在《生平》的附言中写下了这个故事：他的表妹玛丽·比松遭到绑架的故事。

克洛德开头写道："她可真是万人迷。"十五岁的玛丽·比松美丽动人，母亲克洛德·居雅给了她良好的教育，她还从亡父那里继承了遗产。她的优秀品质赢得了国王军队中一位贵族军官的青睐，但他没有求婚，而是某天在玛丽去参加弥撒时抓住了她，将她掳到一座城堡，并违反女孩的意愿而劝她嫁给自己。急疯了的母亲找回玛丽·比松，并在巴黎刑事法庭对绑架者举证上诉。这位花花公子被判了刑，之后获得赦免。因为有国王兄弟加斯顿·德奥尔良（Gaston d'Orléans）撑腰，这位军官决定在玛丽·比松的母亲去世后的第二年再次尝试。他把玛丽拉到图尔大主教跟前，声称后者是他的妻子。玛丽·比松义正词严地否认，虽然她很年轻，但她铿锵有力的陈述还是让主教相信她永远不会倾心这样的男人。为了明确阻止这位军官，玛丽给王后写信称她想在乌尔苏拉修道院里成为一名修女，现在她正在那里临时避难；她的姨妈数年前就从该修道院出发去往加拿大。克洛德·马丁说，这是一个权宜之计；她还是更眷恋俗世。但是，自从迈出第一步，玛丽·比松的荣誉观念就使她无法放下面子。天主随后伸出了援助之手，感化了她的灵魂，使得她的姨妈一直渴望她能拥有的宗教生活，终于成为她的"乐园"。[259]

在17世纪法国的贵族和富人圈子中，这类绑架绝非闻所未闻，它们甚至引出了许多评述和流行小说。有时候，绑架被视为一种计谋，是年轻人都认可的一种用来摆脱父权统治、自由选择婚姻对象的手段。诚如克洛德·马丁所言，这样的事件更多被视为女人捍卫自己内心善恶、抵抗男人暴力以维护选择权的案例。[260]

北美林地的绑架（或引诱）故事所关注的范围则截然不同。在整个南美洲和北美洲发现的故事类型中，有一类故事围绕着一名已婚妇女和一个动物情人展开。在讲易洛魁语的族群中，这个动物是熊。有时候，这个妻子被熊绑架，被熊引诱。其他时候则是她自愿离开。当丈夫发现发生了什么时，他用妻子的呼声骗来熊并杀死它，烹煮熊的性器官强迫妻子吃下去。在某些情况下，他的妻子随后会变成一只熊，纠缠着丈夫。[261]（这个故事有助于我们理解蒙塔格尼人的习俗，如勒热纳神父所描述的那样，蒙塔格尼人会将所有适婚妇女和没有子女的年轻已婚妇女赶出有刚被杀死熊的定居点，直到祭礼结束后才让她们返回。）[262]

这类故事调侃动物和人类之间的边界，反映出性和欲望的根源。它充分展现了嫉妒的情绪，而这种情绪，由于印第安人在离婚和结婚方面安排的随意性，是被人们淡忘了的。它以暴力的和局告终，丈夫杀死了熊，但仍被那位熊妻追逐。这只熊关联着灵魂世界，但也让听众想起了外来者的肉身世界：那些抢夺一位妻子的印第安人或法国人。这个故事说明了陌生的诱惑和危险。

在玛丽·居雅的青年时代，欧洲也流传着熊与女人的故事。早在 16 世纪，弗朗索瓦·德贝勒福雷（François de Belleforest）就曾在法国出版过一部畅销小说，他在里面回想起他读过的一个传说，讲述一只在瑞典的熊掳走了一位年轻美丽的女子，照顾她，并同她生了一个儿子。[263] 更广为人知的，则是法国人／奥克斯坦人关于力大无比的熊让（Jean de l'Ours）的故事；一个伐木工的妻子被熊绑架，并在树林里生出了让。此外，在比利牛斯的部分山区，还有圣烛节（Candlemas）的"追熊"表演，淫荡的熊追逐装扮成女人模样的年轻男子，直到熊被乔装打扮的猎人俘获。[264] 也许玛丽·居雅在她青年时期那些"空洞的书籍"中读过这类故事。我们还知道，法国毛皮投机贩曾向魁北克林地的印第安人讲述熊让的英勇事迹。[265] 也许，在乌尔苏拉修道院的庭院里，就曾有来访者讲述过那个印第安"熊与女人"故事的文雅版本。

无论情况如何，玛丽寄给法国通信者的信件中所述的绑架故事，都关系到基督徒与非基督徒之间的边界。1642 年，她抵达加拿大不久，当时她还讲述过一个年轻休伦女孩的故事。这个未受洗女孩的父母都是基督徒，她本人同意嫁给一个自己爱的男人，不顾他已有一位妻子。她受惊的父母表示，只有男人离开另一位妻子并皈依基督教，他们才同意这桩婚事。这个男人完成了第一个要求，但没有做第二件事，因此女孩的父母把女孩从他身边带走，将其送到乌尔苏拉修道院里。在修道院度过了悲伤的几天后，女孩表示愿意接受基督教的指导，并且在男人也皈依基督教之前，她不会再见。于是，她的父母将这位年轻的妻子带回他们位于休伦宣教村庄的长屋，并禁止她与那个男人说话。

[玛丽继续说]后来的某个时候，女孩出于需要四处走动时，碰上了那个男人。她开始逃跑。他追了上去。她逃进一个法国人的小屋。[男人]追来后，女孩躲了起来，害怕跟他说话。这个男人抗议说除非女孩一起，否则他也不会离开。最终他们说了话，男人花言巧语劝她回到自己身边，但徒劳无功。他怒气冲冲并大喊大叫，威胁如果他们不把妻子还给他的话，就要杀死所有人。就在他这么做的时候，女孩溜走了，回到了父母的小屋，因此摆脱了这个纠缠不休的男人的控制。当那个男人向她求情时，她发自内心说道："我想信仰基督教，这很好；我想受洗；我喜欢顺服。"

在结束这个故事的时候，玛丽说那些休伦人皈依者确信，这位妻子其实"并不真正顺服天主"（他们认为，尽管被禁止，但她其实很想见丈夫），并且他们用公开鞭笞的方式严厉惩罚她（这在玛丽看来很不妥当）。次日，这名年轻女子来到乌尔苏拉修道院；在玛丽的指导下，她受洗为"安琪拉"。[266]

还有一个玛丽晚年所述故事，是她于 1667 年寄至法国的，主题相似，但语调略有不同，结局也不一样。一名曾接受过乌尔苏拉修女教育的阿尔冈昆女人，被易洛魁人俘虏。在法国人击溃易洛魁人后，这名女人被带回了修道院。俘虏她的那个易洛魁人一直把她当作妻子，"他如此爱她，甚至一直待在我们的会客厅里，担心阿尔冈昆人会绑架她。最后，我们被迫有条件地——他成为基督徒——把女人还给他……我从不敢相信野蛮人会对异族人怀有如此深情（amitié）。我们看着他哀号、说不出话、瞪起眼珠、来回跺脚、疯狂地走来走去。那位年轻女人就只是嘲笑他，但这也没有冒犯到他"。他们离开后，结成了夫妻。[267]

在这两个故事中，玛丽努力维系着法国与美洲丛林间的平衡。第一个故事里，她笔下的休伦人安琪拉坚决抵抗她的"异教徒"丈夫，就像图赖讷的玛丽·比松一样。玛丽当时还没有听说过外甥女被绑架的事件；外甥女被绑架的事情和这个休伦人的事情都发生在 1642 年的春天，但这个消息似乎错过了当年的夏船。[268] 即便安琪拉亲口向玛丽讲述了大部分的故事，玛丽的"普及化"态度也会简化休伦人内心深处的情感。那个威胁如果他们不"把妻子还给他"就要杀死所有人的愤怒丈夫，则契合了嫉妒或渴望的丈夫形象，大西洋两岸皆是如此。（八年后，玛丽用同样的措辞来描绘儿子当年是如何在图尔的乌尔苏拉修道院栅栏跟前哭喊的："把妈妈还给我。"）[269]

第二个故事更多关注丛林圈内部，尽管玛丽通过措辞将自己与叙述客体隔开："我从来不敢相信野蛮人会对异族人怀有如此深情。"这个故事事关阿尔冈昆人和易洛魁人，而非基督徒和非基督徒。那位阿尔冈昆人，之前被俘虏的那一方，嘲笑她那焦虑的易洛魁爱慕者，但此处并没有任何欧洲式的解读。爱慕者高呼跺脚的干劲、女人嘲笑回去的心安理得，都类似于"熊与女人"传说的部分内容。

在休伦人的创世记载中，人类的始祖母阿塔思特西克，穿过树下的一个孔洞，掉进新世界。这一类似产道的图像，经常为那些展开新冒险的印第安英雄和骗子所用。玛丽也是跟随她梦境里的神见，纵身跃入了另一个世界。她清楚明白地看到其中一些景致，并将其融入她的新世界写作；但剩余的许多部分，仍被大雾笼罩着。只有她的皈依者们才了解那些地方。从那个时候起，我们就在试着找到那些地方。但是玛丽将这些地方留待解决——在她看来，降凡福音早已被讲述给了所有人；她也相信自己的所学已足够，可以用任何语言将其教给世上所有的民族。

蜕 变

玛利亚·西比拉·梅里安

1699 年 6 月，格莉克尔·巴斯·犹大·莱布下定决心前往梅斯展开新生活冒险，差不多同一时间，玛利亚·西比拉·梅里安携女儿多萝西娅在阿姆斯特丹登船前往美洲。此行目的地是苏里南，她们打算仔细考察并绘下那片热带土地上的昆虫、蝴蝶与植物。

玛利亚·西比拉·梅里安是年五十二岁，已小有名气。早在 1675 年，当玛利亚·西比拉·梅里安才初为人母，与丈夫在纽伦堡生活时，博学画家约阿希姆·桑德拉特（Joachim Sandrart）就已将她编入《德意志学院——德荷艺术家名录》，他称这本书为自己的德意志艺术史。玛利亚精通水彩画和油画，擅长画布作画、雕刻铜板；她也能栩栩如生地描绘花草树木与昆虫；不仅如此，她还悉心洞察毛虫、蝇、蜘蛛及其他类似生物的习性。桑德拉特评论道，梅里安既是贤惠的女人，也是优秀的管家（虽然家中满是昆虫），她可以媲美密涅瓦。[1] 几年后，梅里安出版了两卷本的《毛虫：奇妙变态过程与奇异食物》*，这时纽伦堡的一位权威人士克里斯托弗·阿诺德（Christopher Arnold）便用诗句赞美这位聪慧的、不输男人的女人。她的著作"令人惊叹"（verwunderns）。[2]

随后，1692 年，在另一群读者那里，玛利亚·西比拉·梅里安又因其离经叛道之举引发关注。彼得鲁斯·迪特尔巴赫（Petrus Dittelbach）对他信奉的拉巴迪教派（Labadists，一个激进的基督新教团体，活跃在尼德兰联省共和国的弗里斯兰省）感到不满，这个时候他出版了一部书，揭露之前同派教徒的行为。书中提到一位"来自美因河畔法兰克福的女人"，她抛下丈夫，前往魏沃特市（Wieuwerd）的拉巴迪团体中找寻平静。她的丈夫是住在日耳曼地区的画家约翰·安德烈亚斯·格拉夫（Johann Andreas Graff）。格拉夫来寻她回家的时候，被领头的男性教友们告知，像玛利亚·西比拉这样的信徒，可以免除对他这样的非教内人士的婚姻义务。这位丈夫未获准进入社区，他只好在社区外做了一阵建筑工，之后就离开了。迪特尔巴赫曾经听说这位丈夫将解除婚约，事实也的确如此，在《拉巴迪派衰亡录》（The Decline and Fall of the Labadists）出版之时，格拉夫正向纽伦堡市议会提请与玛利亚·西比拉离婚，这样他便可以再婚。[3]

---

* 下文提到这本书，无论英、德、荷兰语标题，都译成《毛虫》，需要明确区分时会加上某语言版本。

这些描述暗示了艺术家兼博物学家玛利亚·西比拉·梅里安的人生转向。但还有更多的改变将要到来。她将满载着标本从美洲航行归来，将出版她的伟大作品《苏里南昆虫变态》(*Metamorphosis of the Insects of Suriname*)，将进一步充实她的《欧洲昆虫》(*European Insects*)，将成为阿姆斯特丹的植物学家、科学家和收藏家圈子里举足轻重的人物，直到1717 年去世。

这是充满冒险精神的人生；同格莉克尔·巴斯·犹大·莱布及玛丽一样，玛利亚·西比拉·梅里安的人生也是被宗教塑造和拓宽的，尽管她的这条基督新教的朝圣之旅走了一条不寻常之路。就像格莉克尔和玛丽的文字，梅里安的艺术——她的观察和描绘——也帮助她塑造了对自己的理解和对异国人、异国物种的理解。但是，比起前两者，玛利亚·西比拉更难被描述清楚，因为她没有留下任何自传、自白信件或艺术家自画像。作为替代，我们必须利用她的昆虫学文字材料当中作为观察者的"我"，通过留心观察她周遭的人物场所来补全画面。于是，一个女人的形象渐渐浮现——她好奇、意志坚强、自我隐蔽、多才多艺，她热切追求自然界的联结与美妙，借以渡过宗教信仰与家庭方面的变化无常。[4]

* * *

1647 年，玛利亚·西比拉·梅里安出生在美因河畔的帝国自由城市法兰克福，她是艺术家兼出版商老马蒂亚斯·梅里安与他的第二任妻子约翰娜·西比拉·哈伊姆的女儿。老马蒂亚斯当时五十多岁，闻名全欧洲，这是因为他制作的那些城市风光和风景雕版画、写作的科学书，还有对插图版《大航海》（*Grands Voyages*，描绘新世界之旅）的编辑工作——最后这本书，多年前由他的首任岳父泰奥多尔·德布里（Théodore de Bry）开始创作。[5] 玛利亚·西比拉才三岁时，老马蒂亚斯就过世了，她的母亲则很快改嫁；再婚丈夫是鳏夫雅各布·马雷尔（Jacob Marrel），他是静物画家、版画家兼艺术品商人。[6] 与此同时，玛利亚·西比拉同父异母的兄弟们，小马蒂亚斯·梅里安（Mathias the Younger）与卡斯帕·梅里安（Caspar Merian）正在以版画家、出版商与画家的身份确立自己的地位。他们继承生父的传统，绘制地形测绘图作品，也绘画记录种种庆典活动，诸如利奥波德一世在法兰克福的加冕典礼。[7]

老马蒂亚斯·梅里安与雅各布·马雷尔都在法兰克福取得了神圣罗马帝国公民身份，玛利亚·西比拉之后也能够以老马蒂亚斯女儿之名取得自己的公民权（*Bürgerrecht*）。在法兰克福，尽管他们两人并非属于古老贵族、法律博士和大银行家等统治精英阶层，但在这座城市的产业等级中，他们也都还算富足且享有声望，而且作为艺术家，他们的地位远高于其他工匠。[8] 梅里安与马雷尔还同某些挤在法兰克福隔都里的犹太人（哈伊姆·哈默尔恩的兄弟艾萨克或许也在其中），及居住在法兰克福的外国人有着某种联系——若非法律与地位方面的联系，也称得上是记忆与经历方面的联系。他们与玛利亚·西比拉的母亲都是移民：老马蒂亚斯是巴塞尔人；约翰娜·西比拉来自瓦隆（Walloon）的一个家族，后从尼德兰联省共和国迁至法兰克福附近的哈瑙（Hanau）；马雷尔的祖父是法国人，移居至法兰克福，不过他本人则是在弗兰肯塔尔（Frankenthal）出生，在乌得勒支生活了多年，之后才在美因河畔的这座城市定居。[9] 相较于扎根图赖讷地区的玛丽及马丁一家，梅里安和马雷尔的家庭更像格莉克尔的家庭，因为他们都具备这种外部关系。

几乎所有近代早期的女艺术家都出身艺术家庭，玛利亚·西比拉·梅里安也不例外。在这种家庭环境下，她们的才华受到欢迎；而那个时代的观念——女性性格特征会抑制天分——也会被忽略不计。[10] 不过，女性艺术家跟她们的兄弟之间确实还是受到了区别对待。其中一个区别对玛利亚·西比拉来说并不重要，那就是女性通常被排除在大型历史绘画及裸体绘画之外，但这些原本就不属于梅里安或马雷尔的画室所研究的方向。在母亲教玛利亚·西比拉和她的继姐妹刺绣的同时，她也能和男学徒一起，从继父那里学习素描、水彩画、静物画和铜版画。

另一个男女区别在于：男性艺术家会前往不同地区及不同工作室接受培训。小马蒂亚斯·梅里安就去过阿姆斯特丹、伦敦、巴黎、纽伦堡和意大利，卡斯帕·梅里安几乎走得一样远。[11] 约翰·安德烈亚斯·格拉夫从纽伦堡来向马雷尔求学，在他同玛利亚·西比拉订婚前，他曾从奥格斯堡出发，在威尼斯和罗马工作了数年。当年轻又才华横溢的法兰克福人亚伯拉罕·米尼翁（Abraham Mignon）来找马雷尔学习花卉画时，雅各布把他送到了乌得勒支，到他自己的老师扬·达维茨·德海姆（Jan Davidsz de Heem）的画室去学习。[12]

跟所有女孩一样，玛利亚·西比拉不便四处走动。但至少在法兰克福她能够接触到丰富的图像艺术资料，雅各布·马雷尔和梅里安一家都收藏了大量复制画、图书与画作。她在法兰克福能获取的另一类东西则更为朴素：毛虫。早在1653年，她同父异母的兄弟们就为扬·琼斯顿（Jan Jonston）的《昆虫自然史》（*Natural History of Insects*）制作过插画，但大多数时候，他们只是临摹早期博物学家的插图，而非直接写生。[14] 不过，活生生的毛虫可能就出现在雅各布·马雷尔画室的四周，因为他的惯常画法便是在花卉画作中加入毛虫、蝴蝶与其他昆虫，有时或许是根据活物或标本勾勒的。[15] 当然，毛虫并不难寻：马雷尔在法兰克福的兄弟就从事丝绸贸易——尽管他自己并不亲自解茧（那可是女人的活儿），但随时都能接触到处理蚕的人。无论如何，玛利亚·西比拉后来说，她自十三岁就开始观察："年少起，我就很留心观察研究昆虫。我从我的家乡，美因河畔的法兰克福的蚕开始；接着我观察到了更美丽的蝶与蛾，它们由其他种类的毛虫演变而来。这使我开始收集所有我能找到的毛虫，以研究它们的变态过程……并在我的绘画技艺上下功夫，以便能在写生中勾勒出它们，用色彩栩栩如生地表现它们。"[17]

尽管她的家人可能认为这很古怪，但似乎无人阻拦她的热情。与她同时代的另一位著名博物学家，阿姆斯特丹的扬·斯瓦默丹（Jan Swammerdam），也是在年少时就受到父亲珍奇柜的启发，开始研究昆虫。[18] 人们总认为女孩容易情绪波动，就像一首描写托马斯·穆菲特*（Thomas Mouffet）之女的佚名诗歌所表现的：

> 小小穆菲特小姐
>
> 坐于一个矮墩上
>
> 吃着她的凝乳酪
>
> 一只蜘蛛却来到
>
> 在她身旁坐下来
>
> 小姐受惊被吓跑。[19]

* * *

即将在 1665 年与玛利亚·西比拉·梅里安结婚的男人可没被吓跑。这位男人就是约翰·安德烈亚斯·格拉夫，他是雅各布·马雷尔的爱徒——这对师徒曾合作过一幅雕版画，那幅作品描绘了木匠们在法兰克福广场上表演假面哑剧的情景——想必这位十八岁的新娘也乐于接受这桩婚事。尽管格拉夫比玛利亚·西比拉大十几岁，但至少对她来说并非完全陌生。他也颇为了解女人可以多投入她自身的工作：在 1658

---

* 穆菲特的《昆虫或其他更小生物的剧场》（*Theater of Insects or Lesser Living Creatures*）流传甚广，玛利亚·西比拉的藏书室最终也将其纳入收藏。

年的一幅素描中，他就描绘了马雷尔的亲生女萨拉在父亲的画室里心无旁骛低头刺绣的情景。这幅画恰好预示了他与玛利亚·西比拉的关系。[20]

这对夫妻在法兰克福住了五年，女儿约翰娜·海伦娜（Johanna Helena）也在这里出生，之后他们搬到格拉夫的家乡纽伦堡。[21]在纽伦堡，格拉夫的父亲曾是位桂冠诗人，也曾是圣詹理斯广场文理中学的校长——诚然并非贵族，但也颇有名望。在牛奶市场大街的一栋舒适的房子里，格拉夫创作了一系列的版画，内容有街景、纽伦堡的建筑及其他城市景致，这些都是他在意大利投身创作的主题，迥异于他的老师马雷尔和他妻子的作品。[22]在纽伦堡，玛利亚·西比拉在羊皮纸和亚麻布上作画，还做刺绣和雕版，她还收了一群女学生，其中一位是出版商兼版画家的女儿，还有位女生克拉拉·雷吉娜·伊姆霍夫（Clara Regina Imhoff）出身贵族。在玛利亚·西比拉给克拉拉的信中，我们可以读出她十分关心学生的技艺进步，对颜料和清漆的成本很有商业头脑，也恰如其分地尊敬伊姆霍夫家族这样地位崇高的人士。[23]

这对夫妇并不孤独。他们常去拜访约阿希姆·桑德拉特（他曾向玛利亚·西比拉的生父求学）及其他试图建立学会的纽伦堡艺术家。他们也曾拜访博学的克里斯托弗·阿诺德——他是写作古代遗迹及异国宗教的作家，常与梅纳什·本·以色列通信。[24]很可能正是阿诺德让玛利亚·西比拉首次接触到了拉丁文的博物学图书。格拉夫夫人（她现在这样称呼自己）的朋友当中，有位本地女画家多萝西娅·玛利亚·奥林（Dorothea Maria Auerin），做了玛利亚·西比拉的二女儿多萝西娅·玛利亚的教母。[25] 玛利亚·西比拉一如既往地观察昆虫。在她自家的花园里、朋友家的花园里、附近阿尔托夫镇的护城河边和其他地方，她都会去寻找毛虫，进行速写。她还把毛虫带回工作室，用合适的植物叶子喂养，记录它们的行为，并描绘下它们的变化过程。

简而言之，对于那个时代的女艺术家来说，这是看似完美的生活。没有任何事情预示着反抗或骤变。她的第一部书并不令人意外，出版时署名"玛利亚·西比拉·格拉夫，老马蒂亚斯·梅里安之女"，由她的丈夫出版。这部书从 1675 年到 1680 年分三卷出版，是一本《花谱集》（*Blumenbuch*）——一本铜版画集，没有文字，仅展现单朵花、花冠、大小花束。[26] 这些花朵与植物上偶尔出现的毛虫、蝴蝶、蜘蛛及其他生物都被描绘得既漂亮又准确（她在卷首诗中谈到了艺术与自然之争，美观与真实兼备正是对这一争斗的回应），但是，它们是用她的继父马雷尔及其老师们在油画实践中采用的既定的花卉式样来绘制的。老马蒂亚斯·梅里安曾出版《花谱革新》（*Florilegium Renovatum*），玛利亚·西比拉的《花谱集》也跟生父的一样，是"写生的"。雅各布·马雷尔曾制作过一本解剖学速写集，供学生、画家、金匠和雕塑家使用，玛利亚·西比拉的《花谱集》也一样成了艺术家和刺绣家的图样和原型。[27] 她在 1680 年出版的那部分书卷的序言中提到了一些人的轶事，这些人珍爱花卉之美，其中有些是她从自己广泛的阅读中摘录的：现任教皇曾向米兰的圣嘉禄堂献上一千克朗，以换取一朵花作为礼物；不久前，在荷兰，两千荷兰盾换来了一株"永远的奥古斯都"郁金香球茎。[28]

* * *

在玛利亚·西比拉·梅里安写下这些文字的同时，一本独到的书问世了：她于 1679 年出版的《毛虫》(*Raupen*，英文标题：*the Wonderful Transformation and Singular Flower-Food of Caterpillars… Painted from Life and Engraved in Copper*)，在 1683 年又出版了第二卷。[29] 在那一百张铜版画（每卷五十张，根据买家的意愿，分黑白的和手工上色版本）中，[30] 每一幅图版上面都有一个或多个品种的昆虫，分别处在不同的变态阶段：毛虫或幼体；有茧或无茧的蛹；蛾、蝶或有翅昆虫，飞行或静止状态（有时二者皆包含）。许多图版也涵盖了卵阶段。每幅图都围绕着单独一株植物来组织，最常见的是处在花期的植物，有的则是果实期；所选择的植物是为了展现毛虫取食的叶子，以及叶或茎上（或附近的地面上）雌虫产卵处。每株植物都标明了德语和拉丁语名称。翻过图片，有一两页德语文字，玛利亚·西比拉记录下对该昆虫在各个生命阶段的外观和行为的观察，通常都标有明确日期，还包括她对其外观行为的看法。她并没有给蛾或蝶的单独品种起名——事实上，她的同时代人只命名了少数的蛾类与蝶类 [31]——但她的描述展示了蛾或蝶个体的生命史。

她对樱桃植株上一只昆虫的描述如下，包含卵至蛾的阶段（见本章插图）：

我初次看见这种大蛾子是在很多年以前了，它天生就长着这么漂亮的斑点，它那美丽的渐变色彩和五颜六色的光泽，再怎么赞美都不为过，我在绘画中经常使用。后来，通过上帝的恩典，我发现了毛虫的变态过程，这只美丽的大蛾子得需要好长时间才会出现。当看到它的时候，我欣喜若狂且心满意足，难以形容。后来，我又连续几年抓到它的毛虫，我将它们放在甜樱桃、苹果、梨子、李子的叶片上，一直养到七月。毛虫的绿颜色美极了，好似春天的嫩草，背上长着一根可爱的黑色直条纹，每节肢体的黑色条纹上还横生着四颗白色小圆珠子，珍珠般闪闪发亮。在小圆珠子中间有一个金黄色椭圆形斑点，下面还有一颗白色珠子。前三节肢体下方两边各有三只红色小爪子，后面跟着两节无足的肢体，再之后是四只与毛虫颜色相同的绿色小足，最后又在两边各长出一只足。从每颗珠子里头伸出长的黑毛及一些较短的毛，硬得几乎能刺破皮肤。奇怪的是，当食物匮乏时，这个品种的毛虫会互相吞食，它们的饥饿感非常强烈；但是，一旦获得［食物］，它们就停止［互相吞食］。

当这样的毛虫达到成熟期大小，［在我的图片上］你在绿叶和茎上便可以看到，它就会长出坚硬有光泽的茧，椭圆形，像银子一样发亮。在茧里头，它先是蜕下

整个表皮，变成褐红色枣核（*Dattelkern*，这是她通常
用来形容蛹的词），蜕下的表皮覆在毛虫上面。它就这
样一动不动，一直到八月中旬，这种值得称道的美丽蛾
子才终于飞了出来。这种蛾子是白色的，身上有灰色斑
点、两只黄色眼睛和两只棕色触角（Hörner）。在四只
翅膀上，每只都有几个圆圈，既有黄色的，也有黑色和
白色的。翅膀的两端为棕色，但靠近顶端（我指的是蛾
子的两只外翅的末端）有两个美丽的玫瑰色斑点。这种
蛾子在白昼时很安静，到了晚上却很不安分。[32]

其他描述性记录更准确地记叙了发现某种昆虫的情形
（"纽伦堡一位心灵手巧的贵族少女曾带我去她家的美丽花园
游玩……我们的目标是找到不寻常的虫子，我们去了常见的
杂草中间，在白色野荨麻花上发现了这种毛虫"）；[33] 或者记
录了昆虫变态过程的时间（黑色的毛虫在五月底破茧而出，
保持着枣核的形态，挂在毛茛属叶子上整整"十四天"）；[34]
或者描述了雄蛾和雌蛾的外形区别。[35] 有关最后这一点，她
仅记录了少数例子：许多鳞翅目昆虫在翅膀等显眼特征方面
并没有雌雄区别，而生殖器的差异——她可能通过放大镜观
看——实在太小了，无法在她的画作中呈现。但无论信息覆
盖范围如何，她的文字都与画作完美结合，她将昆虫置于它
们幼虫期生活的植物之上，将贯穿它们生命周期的外观变化
完整绘出，并表达了她对美丽色彩和斑纹的欣赏。

她对美的关注可追溯至她所受的静物画传统训练。在

1679 年那卷书的自序中，她坦言，将植物与昆虫并置的画法要归因于身为艺术家对装饰的关注。[36] 还在更早时，她就致力于对动植物群进行"自然主义"或"拟态"的描绘。早在 15 世纪末，尼德兰地区祈祷书的页边就有精细、栩栩如生的昆虫和植物图画，很久后它们才会出现在荷兰的水彩和油画静物画上。[37] 举一个在绘画中追求精确的中肯例子，雅各布·马雷尔在法兰克福的第一位老师格奥尔格·弗莱格尔（Georg Flegel）就对昆虫进行过微观细致的研究（其中有一幅作品描绘了一只蚕从卵到蛾的生命过程）；在弗莱格尔的大型油画中，苍蝇、蜻蜓、甲虫和蝴蝶也会出现在食物、水果、糖、鸟和酒中间。[38]

玛利亚·西比拉·梅里安研究昆虫却有别的想法。《毛虫》中的蛾类和毛虫，并不像她的继父马雷尔及他的学生亚伯拉罕·米尼翁在描绘花束时加入的昆虫那样，为的仅是给花卉画面增添"生气勃勃的"气息[39]。相反，昆虫为其自身存在。如有必要，梅里安甚至为了追求在装饰画中绘出毛虫的条纹、尖刺和肢节（自然爱好者必须了解的昆虫各部分），而牺牲了逼真性（也就是事物在观察者眼中真实呈现的样子）。

最重要的是，她笔下的昆虫和植物都在讲述生命故事。时间在她的作品中流转，但并非用于暗示事物普遍的稍纵即逝的属性，也非用于表达一年中最珍贵的花期，[40] 而是为了引出一种特殊的、彼此关联的变化过程。她也不像许多静物画家那样，用昆虫来传递隐喻信息，例如她的继父在乌得勒支的老师扬·达维茨·德海姆（蝴蝶象征复活的灵魂，苍蝇象征罪恶，诸如此类）。16 世纪末的博物学家兼艺术家约里斯·霍夫纳格（Joris Hoefnagel）创作过一部出众的昆虫水彩画集《火》（*Ignis*）[*]，这部书设计得如同纹章书一般，每幅画前面都有一句《圣经》经文或箴言，每幅画后面还附有一首诗。[41] 我们将看到，梅里安的作品也充满宗教精神，但是，除了首肯蜜蜂美德，她的文字中没有任何寓言性评论。[42]

如果说，玛利亚·西比拉的花卉画的中心反复回到蛾与蝶的生命周期及其毛虫时期的植物寄主，那么，她在 1679 年和 1683 年出版的书卷与当时更紧扣科学的昆虫画册又有什么不同呢？ 17 世纪 60 年代是昆虫学史上的重要时段：持续的观察和改进的放大设备使得人们对昆虫的解剖结构及蜕变过程都有了新认识；在博物学家中间，昆虫无生源说的观念（即认为某些昆虫从腐烂物质中自发诞生）也无人认同了。新的分类系统被提出，它与文艺复兴时期百科全书使用的分类系统大相径庭，梅里安的兄弟们于 1653 年配图出版的百科全书就使用了后者这种分类。在那部百科全书里面，扬·琼斯顿追随托马斯·穆菲特（和亚里士多德）的观点，将是否有翅作为分类的主要标准：无翅的毛虫与蠕虫被归在同一个章节里面，以区别蝶与蛾，这样一来便忽视了昆虫的变态过程。[43]

1669 年，扬·斯瓦默丹医生用荷兰语出版的《昆虫通史》

---

[*] 霍夫纳格创作了一系列动物相关的书，分别以四元素命名：火（ignis）、地（terra）、水（aqua）、风（aier），每一本对应不同领域的动物。

（*General History of Insects*）即是这种新昆虫学下诞生的佳作之一。这本书尤其合适这里的讨论，因为在 1679 年的《毛虫》里，克里斯托弗·阿诺德在赞美玛利亚·西比拉的诗句当中，就提到了斯瓦默丹："斯瓦默丹所预告的事情……现在大家都知晓了。"[45] 斯瓦默丹是杰出的昆虫习性观察者，他还曾培育变态过程各个阶段的幼虫。但他最擅长的，还是在显微镜下解剖昆虫，他发展出了保存和展示昆虫最微小部分的精细方法。《昆虫通史》汇报了他的发现(关于蝶蛹的内部发育、不同昆虫的生殖器官等)，并阐明他与其他博物学家的争议点及共通点。他将昆虫分为四个"自然变异目"，或者说是四个变态过程的种类（例如，它们是像蚱蜢那样的不完全变态，还是像蝴蝶那样的完全变态）。在他的书里，昆虫的变态过程与其说是为了记录单独物种的生命史，毋宁是为了使分类原则成为可能。在正文的后面，有十三幅解剖插图，优美清晰，比如展示虱的内部和外部发育过程，还有蛹的各个阶段，但是并未展现幼虫栖息其上的植物。[46] 这些插画都是黑白的，也不提供彩色版本。

梅里安似乎只用了放大镜，没有用显微镜，就她的调查研究阶段而言（或至少根据她的报告），她也无须做解剖。正如我们已经看到的，她的焦点集中在昆虫变化的外部特征，以及幼虫在一年中不同时期食用的植物。她的这种观点在日后将被称为"生态学"（Ecology）：她甚至描绘了毛虫在植物叶片上留下的孔洞。（诚然，她还没有提到昆虫在授粉中的作用；她的同时代人才刚开始在显微镜下观察花朵上的"尘埃"，并争论植物是否有性器官。）[47]

在梅里安的时代，可能出于对低位沼泽干涸与森林退化的实际担忧，"生态学"的方法得以发展；也有可能，博物学家们暂时放下了分类任务，反思在他们所谓的"自然的经济体系"中造物主之手的作用，这样一来便也出现了"生态学"的方法。在这种背景下，1691 至 1692 年，作为植物、鸟类、鱼类和昆虫的敏锐观察者，英格兰人约翰·雷（John Ray）发表了他的《上帝智慧》（*Wisdom of God*）。在书中，他既强调了动物和昆虫的"本能"行为，也强调了自然界不同部分的相互作用。但是，正如雷的传记作者所坚持的，分类学始终是"他的第一关注点"。相比之下，梅里安侧重于自然的相互作用与生物机体的蜕变过程。至于"生机论的"自然观点是否是通向生态学视野的唯一路径，如今的专家们也意见不一。卡洛琳·默切特（Carolyn Merchant）认同这一观点；唐纳德·沃斯特（Donald Worster）则说，生机论与机械论孕育了不同的生态学传统，一种寻求人类与自然的和平共处，另一种则寻求人类对自然的统治。尽管梅里安的作品不能用于解决或重新定调这场争论，但在她人生的那个阶段，她对自然的态度大致遵循一种相对温和的生机论传统。[49]

至于梅里安与其他博物学家的关系，她似乎依靠加斯帕尔·博安（Caspar Bauhin）的植物学研究来确定植物的拉丁文名称（它们是 17 世纪标准的植物名称原始资料），[50] 但她不曾在文中提到他或任何其他科学家，也没有明确指出她的研究结果对现有观点提出了挑战或有某些印证。相反，倒是克里斯托弗·阿诺德在这两卷书的序言诗中提到了他们的名字：斯瓦默丹；英格兰的穆菲特，德意志的梅里安现在正在赶上他；弗朗切斯科·雷迪（Francesco Redi），梅里安能够轻松获知他在 1668 年的发现（关于昆虫由卵生成）；马尔切洛·马尔皮吉（Marcello Malpighi）关于蚕的研究（1669 年）。[51] 梅里安一定非常熟悉这些著作，她自己的描述策略却不同，她仅描述卵从内部被挤开，她甚至还很坚持自己的描述性语言，比如用"枣核"来指代"蛹"，而不是采用德语单词"蛹"（Puppe）。[52]

既然是艺术家兼博物学家，她便不会让文字凌驾于绘画之上，也不会像斯瓦默丹和马尔皮吉那样，用字母 A 到 G 或者图 I 到图 IV 这样的标注来帮助读者确定其含义，因为这样会"破坏"她的图画。[53] 她的画作力图清晰，无须古板的辅助说明；观察者所需的一切，只消偶尔在文中稍加点拨指示（如"叶片上的毛虫"）——这些图画生机盎然（最好是彩色的），关乎自然之美、变化过程、彼此间的关系。也许正是作品中的这种品质，使得克里斯托弗·阿诺德如此评论："斯瓦默丹所预告的事情……现在大家都知晓了。"

与梅里安最接近的是米德尔堡的约翰内斯·戈达特（Johannes Goedaert），他是水彩画家兼博物学家，从事的领域属于"工艺传统"［这个词是隆达·谢宾格（Londa Schiebinger）用于称呼未经学术训练而进入科学领域的女性，这里作延伸用法］。[54] 他于 1662 至 1669 年创作的《自然蜕变》（Natural Metamorphosis）一书，以荷兰文与拉丁文译本出版，也是以他饲养及观察的昆虫作为基础，并且，和梅里安的书一样，这本书围绕独立的图画和随附的文字来组织。不过，虽然他的图画通常也经过精心绘制，但与梅里安的并不一样，他所描绘的是昆虫的幼虫和成虫，经常但不总是包含蛹，从未描绘过卵（实际上，他仍然坚持昆虫自发生成的无生源说观点），他也几乎没有描绘昆虫赖以为食的植物。[55]戈达特的插图旨在识别物种，而非展现自然生物的变化过程及其相互关联。大概就在梅里安为出版社准备第二卷《毛虫》的时候，剑桥大学的一位博物学家用英文出版了戈达特作品的新版，这位自然学者不满于原书中"混乱的顺序"，便"将［戈达特的］昆虫生命史，按照其所讨论的昆虫的若干性质来调整排序"。[56]因为戈达特的荷兰原版书中的昆虫是独立分开的，也脱离了背景环境，所以可以做这样的重新编排。

那么，玛利亚·西比拉的《毛虫》的编排顺序又是如何呢？是否"混乱"？如果是，这会是该书的缺点吗？要是它们通过某种分类方法"有条理地"编排，就能够更有力地传达出她想要表达的信息吗？还是说，她的书卷编排自有其节奏和道理？

关于编排顺序，梅里安只作过两次说明。《毛虫》第一卷以蚕和桑叶开篇，那是因为梅里安是从它们开始观察毛虫的，并且它们也具有实际用途。《毛虫》第二卷以蜜蜂开篇，因为它们坚守上帝安排的有限的蜂巢世界。在这之后的图片编排似乎并不符合那个时代所有的分类标准，无论是植物学的还是昆虫学的。它不像传统的草药学家的排序，常见植物没有放在豆科植物前面，豆科植物后面也不是跟着灌木和树木；它也不遵循更新的建议，没有区分木本植物和草本植物；相似的果实和花朵也都没有归在一起。[57] 1679 年的那卷《毛虫》以桑叶作开篇，中间有樱桃，最后以橡树结束。她区分出了蝶与蛾 [Sommer-vogel 和 Motte，有时还亲切地称为小蝶（Sommer-vögelein）与小蛾（Mottevögelein）]，并注明它们是在夜间还是日间活动——尽管做了这些区别，它们的生命过程还是相互穿插在一起。在每卷书后索引中，她最重要的"排序"针对的是枣核——也就是蛹——她按颜色进行了分类（棕色、深褐色、金色、黑色等）；不过，如果非要说有什么的话，她确实在排序中区分开了颜色相近的蝶蛹。她所处理的几种"鳞翅目"（这里用的是后来林奈的命名）之外的昆虫，也并未分组：蜜蜂和黄蜂、石蛾、苍蝇和蓟马，经常被与蛾和蝶放在同一幅图中表现变态过程，这是因为梅里安观察到它们的毛虫或蛆虫在同种植物上觅食。

梅里安的目标就压根不在分类。她的主题是一组组过程——她在 1683 年的书卷中说："你会发现这本书里有一百多个变态过程（Verwandlungen）。"——若要准确描绘它们，就意味着必须越过物种间界限，将植物界与动物界置于同一画面。然而，纵使缺乏分类逻辑，她的排序也并不"混乱"。这些书卷诞生自两位艺术家的鉴赏力——也就是梅里安和她的出版人兼丈夫格拉夫，那些昆虫变态过程具备一条视觉上令人震撼和愉悦的阅读线索，让读者目不暇接。这部《毛虫》

的"方法"——由美学纽带串在一起的极其精细的绘图和记述——具备相当的科学意义，更不用说书页中包含的新物种。它使鲜为人知的变态过程变得直观、容易记忆；它坚持自然界生物间的联结，这是一个长远的贡献。它还以其特殊主义（particularism）和令人惊奇的混合，打破了旧有分类系统，因此为试图提出新的替代系统的人（比如斯瓦默丹）扫清了障碍。

* * *

对于一个女人来说，出版《毛虫》是"非凡的"，诚如克里斯托弗·阿诺德在开篇诗句中告诉读者的："那女人非凡哪，大胆尝试为你们书写/仔细书写/给了无数学者如此多待研究事项。"[58] 梅里安只提到过一次自己的女性身份，也许多少有些虚情假意：在描写藜属植物上的昆虫时，她设想读者提问 1679 年间数千只异常大的毛虫会否造成巨大损失，她回答："在这方面，我遵循女性的率真（*meiner Weiblichen Einfalt*），给出如下回答：损失已经存在，就在空空的果树和有缺陷的植物当中。"[59]

但是，相较于阿诺德的"超越她的性别"这种惯例措辞，还有玛利亚·西比拉的自谦套话，我们能否走得更远些？我们可否追问，她身为 17 世纪女性的经历或文化习惯，是否帮助她产生了生态学的自然观点以及在特殊叙述中跨越边界的视角？

　　玛利亚·西比拉·梅里安在 17 世纪是独一无二的。她那个时代的其他女性静物画家也都曾在画作中添加昆虫，比如弗里斯兰省的玛格丽莎·德黑尔（Margaretha de Heer），但是她们没有走太远，不曾繁育和研究昆虫（梅里安的女儿们在她的影响下也将会进行这些研究，但那是很久之后）。[60]她那个时代的其他女性也都曾采集蝶、蛾与毛虫，但没有对此进行描绘或书写。约翰·雷的四个女儿都给他采集过标本，但只有雷本人把观察到的记录下来，并以相应的采集标本的那位女儿的名字命名标本。[61] 此外，虽然雷将昆虫分类作为他的首要目标，但他在早期的观察活动中，也一直关注着昆虫的生境；在之后，当他有所留意之时，他也会继续在描述中加入昆虫个体的变态过程。[62]

　　尽管如此，梅里安仍是一个先驱。她跨越教育和性别的界限，努力学习昆虫知识；在观察、绘画和书写的过程中，她也在教养女儿。她对昆虫繁殖、栖息地和变态过程的关注，恰好符合 17 世纪时母亲和家庭主妇家务劳作的实际。我们这里在讨论的，并非一个会对调查研究感到不自在，或者每时每刻都要联系到生机观点的女性心智（近年来，这类形象已遭到学术圈的彻底挑战），[63] 而是一位为科学事业栖息在家庭作坊与学术学院之间创造性边缘的女人——对她来说，这个边缘就是生气勃勃的生态系统。

　　对玛利亚·西比拉·梅里安来说，比性别更为重要的，显然是宗教对她的昆虫学研究的提供的辩护，不仅是辩护，还使其神圣化。她在 1679 年的致读者序言中写道："这些奇妙的蜕变已发生了无数次，以至于人们极力赞美上帝，赞美他的神秘力量及他对这种微不足道的小生物和没价值的飞物的殷切关怀……我对此很感动，因而将上帝这样的神迹以小册子的形式呈现给世人。但不要因此赞美我，不要给我以荣耀，只管去赞美上帝吧，去崇拜他吧，他才是这些虫子的造物主，哪怕是最微不足道的小虫子。"这一卷书的末尾，阿诺德以"耶稣我的灵"的曲调，创作了一首七行体诗歌《毛虫之歌》（*Raupenlied*）。阿诺德唱道，如此多的花卉和昆虫都证明了上帝的杰作，"让我，卑微的小虫，听从于你"。[64]

梅里安并非唯一表达这类观点的人。约翰内斯·戈达特在他的《自然蜕变》一书中，也以宗教讨论及《圣经》中赞美昆虫的引文作为开篇。[65] 斯瓦默丹在 1669 年将《昆虫通史》献给阿姆斯特丹市长时，只略微提及上帝；但到了 1675 年，他发表了对蜉蝣的研究，题目是《蜉蝣一生》（*Ephemeri vita* 或 *a Figure of Man's Life*），当时他正在接受异象预言家安托瓦内特·布吕尼翁（Antoinette Bourignon）的灵修指导。在书中，他将一些诗句与描绘这种水生昆虫的生命周期的插图并置。这些诗句将蜉蝣在泥土中漫长的幼虫期和短暂的成虫期，与人类生命的悲哀做了比较。[66]

玛利亚·西比拉开始出版《毛虫》时，还没有历经信仰归附，但她对上帝在自然界中的创造力的强调，以及她对于谈论昆虫及其美丽的"热情"，无疑让她的耳朵为那些预言性和抒情性的赞美诗句做好了准备，它们之后将会充满她的世界。正如数年前让·德拉巴迪（Jean de Labadie）所说的：

"我们眼见耳闻的一切都宣告着上帝，或者说，都象征着上帝。鸟鸣、羊咩、人言。天幕与星星、空气与飞鸟、海洋与游鱼、土地与生物……一切都在诉说上帝，一切都代表他，但很少有耳朵去聆听他，很少有眼目去观看他。"[67] 玛利亚·西比拉就是其中一个尝试观看的人。

1683 年的那卷《毛虫》还是由约翰·安德烈亚斯·格拉夫出版，出版地点并非纽伦堡，而是法兰克福。格拉夫伉俪当时回到法兰克福处理家庭和财产问题。年迈的雅各布·马雷尔于两年前过世，他的遗孀约翰娜·西比拉，继女玛利亚·西比拉的丈夫，还有他自己的女儿萨拉（Sara）的丈夫，成了他的房屋、金钱、大量藏书和艺术藏品的继承人。但遗产也附带许多债务。小马蒂亚斯·梅里安有些刻薄地将这一情况归咎于他的继母与继母后来的丈夫（也就是约翰娜·西比拉和雅各布），认为他们"挥霍掉 [老马蒂亚斯·梅里安留下的] 许多钱财，以至于在马雷尔去世后，约翰娜·西比拉不得不依靠女儿的施舍生活"。[68] 一桩官司纠纷很快就来了，玛利亚·西比拉与母亲联合对抗萨拉的丈夫，这是 17 世纪典型的家庭纠纷。[69] 正在这场官司进行的同时，玛利亚·西比拉带来了《毛虫》第二卷，她还在观察新的昆虫，教法兰克福的一群少女绘画，并给她在纽伦堡的画家朋友多萝西娅·玛利亚·奥林写了不少信。到了 1685 年的夏天，这对母女赢下了官司，而格拉夫此前一直断断续续在纽伦堡设计街景，现在他明确准备返回牛奶市场大街的住所。玛利亚·西比拉没有跟随他，而是突然带着她的母亲和两个女儿去了弗里斯兰省的魏沃特，寻求加入拉巴迪派社区。她那丧偶的同父异母的哥哥卡斯帕已加入该团体数年，现在她要追随他的脚步。[70]

玛利亚·西比拉在法兰克福改宗拉巴迪派，时间恰逢那次家庭纠纷。在法兰克福，她很久以前就受洗成为路德教派教徒，并且，和她的家人一样，她也是在福音路德教堂举办的婚礼。菲利普·雅各·施本尔（Philipp Jakob Spener）当时已在法兰克福发起敬虔运动（Pietist movement），他从1666年起就在法兰克福担任高级牧师，他在1675年发表的《虔信愿望》（Pia desideria）在全德国唤起了路德派教徒的宗教情感和行动。纽伦堡受到的影响不大，法兰克福的反响却很强烈。有些皈依者受到施尔本的启发，加入了小团体，研习《圣经》、参与慈善活动及奥迹团契；有些皈依者则听从北方的新拉巴迪派团体的召唤，这一团体持有更为激进的放弃世俗的观点，最初活动于黑尔福德及阿尔托纳，1675年后搬到了魏沃特。[71]

玛利亚·西比拉阅读过、聆听过什么？她是否参加过施本尔的布道，又是否曾去过别人家中的圣餐会？她是否曾遇到过约翰娜·埃利奥诺尔·冯梅劳（Johanna Eleonore von Merlau）？埃利奥诺尔比她早几年出生在法兰克福，1680年，在施本尔的主持下，她在法兰克福嫁给了一位虔信派知名教徒；她从少女时代就开始在心中体验上帝的功业，并从耶稣基督那里获得了天国之屋的启示——她随后发自内心地记录下这些启示。[72]卡斯帕·梅里安会不会曾经将让·德拉巴迪的法语（或荷兰语、德语的翻译版本）作品寄给这位同父异母的妹妹？他又是否寄过那些他对整个社会腐败现象的谴责，以及他对"人间天堂"（假如一个人秉持古代信徒的"朴素和真诚"活着，便能抵达）的诗意描绘？或者，他关于"自我"及重塑自我的论文？或者，他写给安娜·玛利亚·范舒尔曼的献辞信？——他在里面盛赞了范舒尔曼的语言学识及其他关于人与神的学识，还赞美了她的绘画及雕版技巧，并呼吁她写下属灵之事（"快，快，我的姊妹，快结出属灵的果实"）。[73] 又或者，也许玛利亚·西比拉自己早就读过安娜·玛利亚·范舒尔曼的灵修自传《善途》，这本书是范舒尔曼在拉巴迪派团体退修期间写的，她告诉世人，拥有哲学上的收获远不如拥有真正的基督徒情谊。[74]

卡斯帕·梅里安的人生有一个情感转变的明显证据，那就是在去魏沃特的前一年，他从惯常的加冕游行和地形图绘画，转为替伊拉斯谟（Erasmus）的《愚人颂》（*Praise of Folly*）和塞巴斯蒂安·布兰特（Sebastian Brant）的《愚人船》（*Ship of Fools*）创作尖锐的讽刺性插画。[75] 对玛利亚·西比拉·梅里安来说，体现其情感变化的证据不多，只有她对于以自然界中的蜕变而显现的上帝闪耀存在的回应，以及最后寄给纽伦堡的克拉拉·伊姆霍夫的一封信，玛利亚在信中将自己的丈夫推荐给了这个贵族家庭（"他可能需要良好建议"）。[76] 然后就是她离开的事实。

接下来发生的是一场重大转变。虽然不必与女儿们分开，但玛利亚·西比拉生活中发生的诸多变化影响深远，与玛丽进入图尔的乌尔苏拉修道院时所经历的一样。这种转变不仅指她接受了让·德拉巴迪的教义（伟大的王耶稣基督的统治即将来临，且拉巴迪本人也是其报信者之一）；更关乎她需要立即远离俗世的暴力、骄傲与私欲，过上完全忏悔的重生者的生活。仅仅成为法兰克福虔信派团体的一员，每周两次分享宗教热情，其他时候如常生活，这样还是不够；一个人必须同那罪恶的俗务隔断，使自己进入"改革派教会，远离俗世，去往弗里斯兰的魏沃特过集体生活"。[77]

1674 年，拉巴迪去世，在他的继任者皮埃尔·伊凡（Pierre Yvon）的领导下，这个社区即将发展成一个"新耶路撒冷"。各种语言皆受欢迎：玛利亚·西比拉来到这里时，她将会听到法语、荷兰语、德语，甚至还有一点英语，以及用法语和荷兰语进行的布道。各阶级也都被欣然接纳：17 世纪 80 年代中期，在那里的三百五十多名男男女女中，有铜匠、木匠、厨子、纺工、商人、医师和牧师；拉巴迪派教徒居住的位于魏沃特的瓦尔萨（Waltha）庄园，由三位来自贵族家庭的皈依者捐赠，她们是阿森·范索默尔斯代克（Aerssen van Sommelsdijk）姐妹。为了彰显世俗等级，索默尔斯代克姐妹总是和伊凡牧师夫妇住在庄园宅邸，而不是和其他人住在更简陋的房屋里，但是，社交敬语消失了——也就是玛利亚·西比拉写给克拉拉·伊姆霍夫的信件中所使用的那种。在瓦尔萨，最重要的等级制度是灵修上的，所有教派内的弟兄姊妹都属于上帝选民中的"第一阶级"，他们的地位高于由那些候补生组成的较少数的"第二阶级"，因为这些人仍

花卉、昆虫和法兰克福景致，玛利亚·西比拉·梅里安的继父兼老师雅各布·马雷尔作

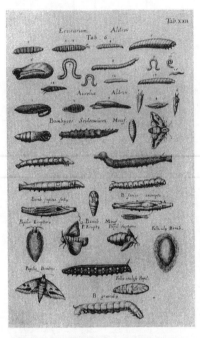

旧昆虫学：扬·琼斯顿《昆虫自然史》中的毛虫，本书由梅里安同父异母的兄弟于1653年出版

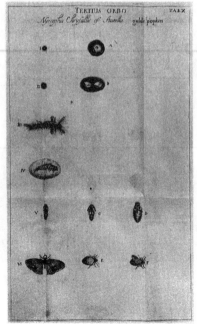

新昆虫学：毛虫、蛹、蝴蝶，扬·斯瓦默丹（1669年）

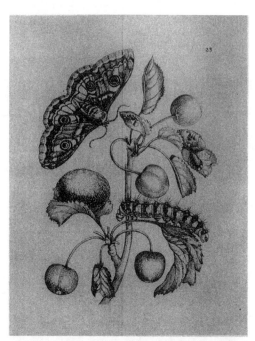

《毛虫》（1679年），图
版23，欧洲甜樱桃树
上由卵至蛾的过程

《毛虫》（1679年），图
版26，一株荨麻上的
变态过程

苏里南地图，A. 马尔斯（A.Maars）绘，1718 年出版，不过依据的是更早的信息

苏里南的昆虫与植物

梅里安《苏里南昆虫变态》，图版 11，苏里南一株木栅树上毛虫的变态过程与蛾

梅里安《苏里南昆虫变态》，图版5，木薯树上的蛾、蛇、木薯面包

梅里安《苏里南昆虫变态》，图版60，在一株美洲印第安人也未署名的植物上，"大地图"蝴蝶和黄蜂的变态过程

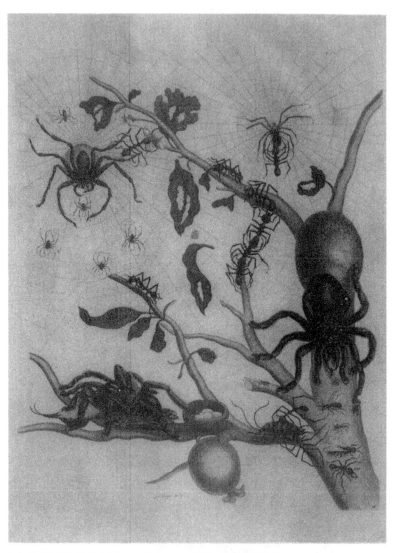

梅里安《苏里南昆虫变态》，图版 18，番石榴树上的蜘蛛与蚂蚁

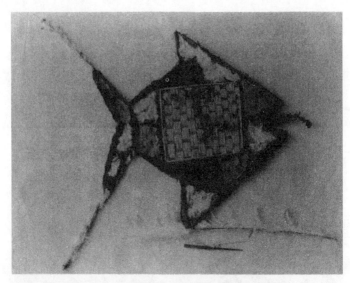

怀亚纳族装满了黄蜂的网，成年仪式使用

温蒂舞蹈上的非洲人，德科·瓦尔肯伯格（Dirk Valkenburg）绘（1707 年）

郎弗安斯著关于"安汶岛甲壳纲动物"的书卷（1705年）的卷首插图，跪着的土著人和裸着的孩子

《苏里南昆虫变态》卷首插图，于梅里安去世后的 1719 年出版，胖乎乎的小娃娃

MARIA SIBILLA MERIAN
Nat. XII Apr. MDCXLVII. Obiit XIII Jan. MDCCXVII.

玛利亚·西比拉·梅里安晚年肖像画，根据她女婿的素描所作

然被自私的爱禁锢。[78]

真正的悔改带来了伊凡所说的心灵贫穷[*]，它意味着彻底脱离世俗。首先，脱离骄傲——从因聪明才智而被学者夸奖的骄傲中超脱出来。脱离华服、珠玉珍宝和绫罗绸缎，比如玛利亚·西比拉在纽伦堡的贵族家做客时穿戴的那种。这些东西要像褪下的表皮一样脱落，被瓦尔萨的艰苦生活习惯代替。脱离财产，离开牛奶市场大街和法兰克福的房子，离开关于继承的诉讼，离开私人收藏的名画。无论一个人拥有什么，都会立即交给社团里的人共同使用；而若想成为"第一阶级"，就必须抛弃自己在罪恶俗世里拥有的全部财产。玛利亚·西比拉·梅里安显然被接受为"上帝选民"之一，因为她在 1690 年写给法兰克福当局的信中声明，她在法兰克福没有任何财产，她的所有物什都归于约翰·安德烈亚斯·格拉夫。[79]

这段婚姻在那时就已结束。关于她改宗前夫妻之间可能的矛盾，梅里安没有给我们留下任何线索：丈夫出版了她的《毛虫》，在 1679 年的那卷书中，梅里安也向丈夫致谢："获得我的爱侣的高超技艺的帮助。"[80]十分清楚的是，约翰·安德烈亚斯·格拉夫在他的艺术和生活方面都没有追随妻子的宗教热情，正如我们所看到的，他去魏沃特想要把妻子找回来，但以失望告终。他在妻子面前跪下，恳求允许他跟她和

---

* 天主教作"神贫"。新教和合本作"虚心"。基督教里褒义的"贫穷"与通俗意义上的贬义的"贫穷"不一样。

孩子们一起生活。然后，他被拒绝"在一个神圣的地方与她同床共寝"，他也不被允许留在社区里，即便是留在"二等人"中——这一定是基于玛利亚·西比拉对他的评价。教内弟兄迪特尔巴赫说玛利亚"铁石心肠"，他还用《哥林多前书》第七章第一节提醒她："妻子不可离开丈夫……因为不信的丈夫，就因着妻子成了圣洁。"玛利亚回答，伊凡牧师对这段经文解读不同。如他在最近出版的一本书中所说，基督徒的婚姻只有靠真正的信徒和在性结合问题上"圣洁节制"才能维持。如果不符合这些条件，信徒就可以解除婚姻束缚——这个态度与路德派的不同，路德派允许因通奸、故意遗弃或性无能离婚，但不允许因婚内性行为不节制或精神分歧而离婚。一位英国国教牧师在面对两难选择时——或是离婚，或是与不信拉巴迪派的配偶生活在一起——为了顽固的妻子，他决定离开魏沃特归乡。梅里安则留了下来，后来她被迪特尔巴赫当作拉巴迪派破坏婚姻的一个例子。[81]

在格拉夫的家庭中，可曾有过"圣洁节制"的困扰？许多年后，当他们两人都已入土为安，有传言称，他们的分开是由于格拉夫的"羞耻恶好"和梅里安的"任性"离去。[82]两人离婚后分道扬镳。约翰·安德烈亚斯告诉纽伦堡市议会，"妻子离开了他，加入了拉巴迪教派"，然后他就获准离婚了；他在五十七岁时再婚，又有了一个孩子。另一边，玛利亚·西比拉告诉法兰克福市议会，她的丈夫"已与她分居，并没有真正与她一起生活（*in Unrichtigkeit mit ihr lebt*）"。[83]尽管她的女儿们都保留了父姓，玛利亚·西比拉却改回梅里安这个娘家姓，就这样，她从三十九岁起就没有丈夫了。但是，她为什么就一定会害怕孤独呢？即使在 1686 年，在她的哥哥于瓦尔萨去世之后，她跟女儿、母亲都还有伊凡爸爸（大家都这样称呼伊凡牧师），她们是拉巴迪教派圣洁大家庭的成员，用索默尔斯代克姐妹的话来说就是，这里的每个人"在爱中生活在一起，同魂同体，同气连枝"。[84]

这个圣洁大家庭的成员也在重建自我的过程中互相扶持——正如拉巴迪和伊凡教导的那样，获得重生是在此生通过努力也能达到的目标。"罪恶自我"（*soi criminel*）、自私自我可以通过忏悔、管教、团体祈祷和预言的锻炼被摧毁，然后转化为"纯洁自我"（un Soi non soi）、"自然人中的超自然自我"。[85]

梅里安在这个重建自我过程中的进展如何，她不曾为我们记录下来。她可能很欣赏教内姊妹们努力耕耘的那些灵修形式。牧师、"能言善道的弟兄"和带领人都是男性，但在宗教会议上，也有"女性演说"的先知宣讲传统，还有一位女性会将伊凡的讲道同步翻译成荷兰语。[86]安娜·玛利亚·范舒尔曼在梅里安到来的几年前就圣善地去世了，不过，她本人及她写的《善途》仍被视作条理清晰的神学写作、宁静生活及喜乐接受死亡的典范。[87]1683 年，伊凡爸爸出版了一部描述圣善去世过程的作品，在其中，那些临死前的平静甚至欢笑，都可以用来指引他人，其中的例子大多是女性：露易莎·惠更斯（Luisa Huygens），来自一个学识渊博的荷兰家族，康斯坦丁和克里斯蒂安也是家族成员[*]；玛格德琳·亨利（Magdeleine Henry），来自梅斯；伊丽莎白·斯鲁伊特（Elisabeth Sluyter），来自威斯特伐利亚（Westphalia）；如此等等。[88]

在这个关爱与惩罚并重的灵修组织中，一些成员感受到了重生与喜乐——"位处上帝的儿女中多美好啊"——而另一些人则开始憎恶苦修。有些家庭的华丽柜子上雕刻有诗句，需要用黑漆涂抹覆盖，以免他们太过珍视，这对于那些家庭来说显然并非小事一桩；还有那些庄园里的工匠，需要不断更换工作以防止自满，这对他们来说也并不容易。[89]

无论梅里安的灵修成长环境如何，在她的拉巴迪岁月中，我们所能追溯到的最清楚的内容，还是她当时的工作范畴。这有助于我们理解她如何定义和重新定义她在宗教中的自我。对一些皈依者来说，重生的生活意味着放弃过去的学术或者艺术创作。范舒尔曼就放下了她的语言学研究，潜心研习基督教。扬·斯瓦默丹待在石勒苏益格（Schleswig）的宗教团体时，是在收到异象预言家安托瓦内特·布吕尼翁的许可信之后，才出版了《蜉蝣》一书；他还曾打算停止昆虫学研究，因此撕毁记录了蚕的笔记，将画作寄给马尔皮吉。[90]拉巴迪和伊凡或许未曾如此建议，但他们确实警告过不要因"珍奇书画"使双目堕落。[91]

---

[*] 这里指的是荷兰物理学家天文学家克里斯蒂安·惠更斯及其父亲，荷兰黄金时代的诗人与画家康斯坦丁·惠更斯。

　　这只是故事的一面。在魏沃特，范舒尔曼其实还继续创作了一系列绘画及素描，包括若干幅拉巴迪小幅肖像画及一幅晚期自画像（伊凡说过，只要是不引人注目的、能使观者心朝上帝的肖像画，就可以接受）。[92] 当玛利亚·西比拉·梅里安到达瓦尔萨时，教内弟兄亨德里克·范德文特（Hendrik van Deventer）——他是一名医生——正在用实验室分类化学盐、发明退烧药、寻找植物毒素解药。他的收益纳入了社团共同的财库。[93] 至于自然研究，玛利亚·西比拉很容易就能从宗教意义上为其辩护。植物与昆虫不但是上帝的杰作，而且正如拉巴迪本人所说，它们是"纯洁自我"的典范：它们是自上帝创造它们的那一刻起就没有改变过的受造物，仍然与他结合在一起，做着上帝希望它们做的事情。如果说植物和昆虫身上有什么污点，那也是罪人对它们的利用。[94]

　　因此，在完成社区指派给她的任务以外，玛利亚·西比拉可以在弗里斯兰省（这里的地貌迥异于法兰克福和纽伦堡）的荒野与沼泽寻找毛虫及蛾；她还将兴趣扩展到了青蛙，她曾解剖青蛙，以了解它们如何生育繁殖。[95] 到达瓦尔萨后不久，她就创造了一个系统化的方法来保存和补充她的发现。她有一本可能是在拉巴迪派印刷厂装订成册的优质白纸本，她为其加上了蓝灰色的纸框，将自己积攒的描绘昆虫及其变化过程的小型水彩习作贴在上面。这些都不是有着精美植物和花卉的最终成品，而只是介于临时速写和最终持久的水彩画、铜版画之间的研究。在每幅昆虫作品的对面，她会记录下之前的观察，当她有新内容要说的时候，再补充进去。她在弗里斯兰省新观察到的内容，就这样被记录并粘贴在上面。[96]

看上去，这本研究手册除了是一种自然研究练习，还是一种灵修操练。研究手册从一篇序言开始，她感叹"与上帝同在"，接着讲述了自己对蚕及其变态过程的发现。她在序言结尾处说，"1660 年，我在法兰克福开始了这些研究，赞美上帝"，并列出了 1679 年及 1683 年那两卷图文并茂的书，署名"玛利亚·西比拉·梅里安"。[97] 这本研究手册还是一种生活记录（*Lebenslauf*）——皈依者为了证明其入教信念而向教派提交的那种记录。[98] 也许梅里安将她的文件汇编成册，是将其变成集体财产的一种手段——假如她去世，这些文件就将归属拉巴迪派教徒的大家庭。[99] 不过，这也是个人陈述的一种形式，尽管它与安娜·玛利亚·范舒尔曼和玛丽的陈述方式大相径庭。如果说她们两位享受着描述内心的甜蜜自由，那么梅里安则更喜欢隐忍和谨慎的自由。就像她并不会在昆虫的飞翔过程中逮住它们来描绘内部结构一样，她也没有停下脚步来揭示自己的内心。描写上帝的创造物的外观，这就允许它们保持运动和变化。

事实上，五六年后，她就改变了对拉巴迪教派的看法，她离开社区，回到阿姆斯特丹的"邪恶"世界。她的母亲在 1690 年去世，这让她可以自由地重新考虑她的计划。也许，就像彼得鲁斯·迪特尔巴赫一样，她对瓦尔萨的灵修等级制度及过度的纪律和控制感到不耐烦。她可能也很担心女儿们。

1690 年，多萝西娅·玛利亚就年满十二岁了。伊凡要求对魏沃特的孩子们进行一种圣洁的教育，这实际上就意味着，孩子们会受到权权阿姨们的公开训斥，还会不断担心遭到鞭笞。1690 年的约翰娜·海伦娜则刚满二十二岁，她似乎喜欢上了教内弟兄雅各布·亨德里克·赫洛特（Jacob Hendrick Herolt，她最终会嫁给他），而后者也曾公开批评过分的禁欲苦行。玛利亚·西比拉教过约翰娜和多萝西如何绘画。但在如此多受到"俗世精神"激发的"邪恶图书"被伊凡明令禁止的情况下，她们在瓦尔萨又能得到什么样的教育呢？读过这些书然后把它们放到一边是一回事，就像范舒尔曼和玛利亚·西比拉本人一样；但是，根本没有读过这些书则是另一回事。[100]

对于一个早就抵制一切分类体系的艺术家兼博物学家来说，上帝选民的世界与俗世之间的尖锐界限可能已经开始对她失去吸引力。一些弟兄姊妹深深在意这种区别：在他们看来，只要一离开瓦尔萨，连呼吸的空气都开始浑浊。[101] 只有特殊访客才被允许进入社区参观。1685 年，约翰·洛克（John Locke）经过这里时，他所有的对谈都是在大门外的小屋里进行的。离开后，他的态度相当批判：

> 虽然我相信他们……总的来说，过着十分良善、堪称楷模的生活，但与我交谈的人的言谈举止，似乎让人有点怀疑他们是伪君子。此外，他们的所有话语都带着一种他们比普通人更纯洁的预设，仿佛除了他们，就没

有别人在通往天堂的道路上；谈话中也不乏混有一丝伪
善的态度，即使是在那些询问理性方法和措施的场合，
他们也立马将事情联系到上帝，仿佛他们做的一切都凭
着上帝的启示。[102]

这种同外部作区分的界限，且不论其象征价值或情感
价值，对梅里安来说，还产生了更实际的后果。如果她一直
留在魏沃特，她的作品怎么可能超越她那本研究手册？拉巴
迪派的印刷厂只服务于宗教文学与道德教义作品。更不可能
用社区资金购买她那些昂贵的铜版；此外，皮埃尔·伊凡在
1684 年出版了一本小手册，反对世俗的装饰品和昂贵的绘画，
他也可能会觉得她的花草之美太过张扬。[103] 还有，她与其他
博物学家的交流呢？当她还在法兰克福并出版《毛虫》时，
收藏家们就开始给她送来标本。[104] 在瓦尔萨，与外界的沟通
就仅限于教义和宗教生活问题。[105]

到了 1691 年夏天的某个时候，玛利亚·西比拉·梅里
安就带着两个女儿、画作、标本和铜版离开了这个"新耶路
撒冷"。[106] 十分可能，伊凡遵循了之前为那些回到俗世的"上
帝选民"确立下来的惯例：他或许把梅里安来社团时上交财
产的至少一部分归还给了她。（事实上，第二年，也就是在
她离开以及迪特尔巴赫揭发社团后不久，亨德里克·范德文
特就要求了解他在瓦尔萨以外的医疗和销售的可观收入，于
是整个公社制度就都被废除了。）[107] 梅里安后来并没有对拉
巴迪派发表任何声明，她不评价、不赞美，也不谴责。一如

既往，她保护性地隐藏自己的内心生活。但很显然，梅里安在魏沃特的五年"退修"，对于她这样一个不能被束缚的女人来说，只是一个"蝶蛹蛰伏、隐性成长和坚持学习的时期"。它不是那个"自然人中的超自然自我"的最终成熟。

* * *

17 世纪最后十年的阿姆斯特丹是一个繁荣的商业、银行业与工业之都，约有二十万人口。比起玛利亚·西比拉·梅里安年轻时居住过的那些城市，阿姆斯特丹的人口要多得多，在这里，一个单身女性凭借自身技能、人脉和有才华的女儿们就能够闯出一片天地。[108] 大女儿约翰娜·海伦娜很快就嫁给了雅各布·亨德里克·赫洛特，他抛弃掉拉巴迪时代的公社经济，投身荷兰前往西印度和苏里南的贸易。[109] 玛利亚·西比拉恢复了她在纽伦堡和法兰克福时期的教学和绘画工作，这些都给她带来了收入；她的花卉、昆虫和鸟类的水彩画有了显贵买家，譬如文雅且夫家优渥的艾格尼丝·布洛克（Agnes Block）。约翰娜·海伦娜也开始出售自己的花卉画作——艾格尼丝·布洛克就购买了她的一幅灿烂的毛地黄作品——她还被聘为阿姆斯特丹植物园的水彩画师之一。[110] 到了 1697 年，关于玛利亚·西比拉在纽伦堡的闲言碎语已平息，伊姆霍夫家族在沉默多年之后，终于联系了在阿姆斯特丹的玛利亚·西比拉，她热情地回复了。1698 年，她在教堂大街（Kerkstraat）购入一幢家具齐全的房子，并结交了住在附近的画家米歇尔·范马斯切尔（Michiel van Musscher）。[111]

只不过，她这个不寻常的离婚身份，似乎很难让她向这个"堕落的"世界介绍自己：在她的遗嘱及1699年的其他法律文件中，她称自己为"玛利亚·西比拉·梅里安，约翰·安德烈亚斯·格拉夫之遗孀"，但是，这位先生仍然活着，还在纽伦堡再婚了。[112]

在这些年里，她的两卷本《毛虫》被收入英格兰科学图书馆；她的昆虫学工作也取得了进展，她在阿姆斯特丹地区和其他地方繁育毛虫，并将观察范围扩大到蚂蚁及其他物种。[113]尤其是她在阿姆斯特丹的博物学家和收藏家圈子里也受到了欢迎。如果说，弗雷德里克·勒伊斯教授（Frederick Ruysch）和其他医学博士的解剖和讲座对她来说尚属禁区，那么最近新建的植物园则对女性男性都一并开放（一张理想化的讲座图画展现出人群中有两位女性，也许正是梅里安和布洛克）。跟艾格尼丝·布洛克在一起的时候，梅里安可以欣赏到艾格尼丝种植的异国凤梨，还会讨论艾格尼丝与博洛尼亚一位博学的植物学家的长期书信往来。[114]在植物园园长卡斯帕·科梅林（Caspar Commelin）那里，她还可以看到来自美洲、非洲和太平洋地区的植物，它们的种子或标本来自荷兰商人及荷兰东印度公司的职员。[115]

梅里安参观了弗雷德里克·勒伊斯的收藏馆，里面有解剖标本和其他"珍品"，后者的女儿雷切尔（Rachel）是梅里安最有天赋的学生；她还参观了列维纳斯·文森特（Levinus Vincent）的珍奇柜，看到了"异国"昆虫及其他"自然界奇迹"收藏。[116] 此外还有最活跃的收藏家：阿姆斯特丹市长尼古拉斯·维特森（Nicolas Witsen），他也是东印度公司的掌门人。17 世纪 90 年代他正在仔细品味刚刚委托他人绘制的彩色图画，画的内容是生长于公司在好望角新据点的植物和昆虫。对于他的昆虫标本，梅里安评价道："我对从东印度和西印度带回来的不同种类的生物感到惊奇。"[117]

正如她后来在《苏里南昆虫变态》的序言中说的，所有这些收藏品都缺少了某些重要的东西：昆虫生命的起源及后来的蜕变。这些美丽的标本被静止下来了，被从环境中剥离出去，缺少它们的变态过程。她自己在女儿约翰娜·海伦娜和女婿赫洛特的帮助下，建立的"东印度和西印度的植物和昆虫"收藏，也是如此。此外，这些收藏对于那个时代的昆虫学书籍的影响不大：1688 年，斯蒂芬·布兰卡特（Stephen Blankaart）出版的《毛虫》（*Rupsen*）中正好有一只新世界的蝴蝶，依据的是从苏里南带回来的标本，他也没有画出其变态过程。梅里安说："所以我动心了，想前往苏里南进行一趟漫长昂贵的旅行。"[118]

以一般标准来看，这是一趟非凡之旅。通常来说，体面女人会以种植园主或行政官员的家眷及受养人身份前往荷兰殖民地，或者以与荷兰东印度公司签订合同的单身女人身份成群结队前往。那些独自上船，希望在好望角找一个好农场主结婚或在巴达维亚为水手开咖啡馆的女人，则会被认为是不光彩的，据一位男性观察者说，"狭小空间里挤满了荡妇和小偷，她们无票偷乘船，或者装扮成男人上船"。[119]

五十二岁的玛利亚·西比拉·梅里安和她二十一岁的女儿多萝西娅虽然有船长的保护，却一反常态，在没有男人陪同的情况下进行奇特的考察旅行。

作为艺术家兼科学家的项目，这趟旅行也不同寻常。早在 16 世纪，一些知名人士，例如冈萨洛·费尔南德斯·德奥维多（Gonzalo Fernández de Oviedo），就描绘过美洲的动植物群。他为西班牙国王担任伊斯帕尼奥拉岛（Hispaniola）矿务监督员，也担任卡塔赫纳（Cartagena）和圣多明各（Santo Domingo）的总督，在那几十年间，他的百科全书式的兴趣得到了滋养。[120] 这种模式一直延续到 17 世纪。例如，在玛利亚·西比拉的时代，杰出的格奥尔格·艾伯赫·郎弗安斯 [Georg Everard Rumpf（Rumphius）] 在摩鹿加群岛（Moluccas）的安汶岛（Amboina）经商并兼任荷兰东印度公司行政官的五十年间，就收集和绘制了植物、贝壳与甲壳类动物。[121]

不过，到了 17 世纪 30 年代，一些博物学家开始专为观察目的前往遥远海岸：医生威廉·皮索（Willem Piso）和格奥尔格·马克格拉夫（Georg Marcgraf）就曾陪同拿骚－锡根的约翰·毛里茨亲王（Johan Maurits）远征巴西，他们的发现分别于 1648 年和 1658 年在阿姆斯特丹出版。但皮索和马克格拉夫并不需要组织安排旅行或支付旅费，他们可是陪同一位亲王出行的，这位亲王是当时隶属于尼德兰帝国的殖民地的总督。1648 年，《巴西自然史》（*Natural History of Brazil*）出版时，他即说明"在尊贵的约翰·毛里茨亲王的主持和帮助下"本书得以出版。[122] 同样，方济各会的查尔斯·普鲁米耶（Charles Plumier）是阿尔卑斯山和普罗旺斯地区热情的植物观察者，他抓住机会前往加勒比海，"去研究大自然在那里诞生的所有稀奇古怪的东西"。他加入了一个前王室侍从官派往法国马提尼克岛和圣多明各殖民地的小队。1693 年，当他那图文并茂的《美洲植物描述》（*Description des Plantes de I'Amerique*）出版时，他特别致谢了那些见证了他旅行的国务大臣，他的书也由国王的金库资助出版。[123] 在海峡的另一边，1687 年，年轻的汉斯·斯隆（Hans Sloane）出发前往牙买加，他那时是该岛的新任总督阿尔贝玛尔公爵（duke of Albemarle）的医生，工资不菲，还预收了器材费；汉斯在牙买加——"女王陛下在美洲最大的、最可观的植物园之一"——观察了两年的植物、动物和人类。[124]

玛利亚·西比拉·梅里安就没能有这样的安排。诚然，尼德兰联省共和国在苏里南有殖民地是她进行考察的必要条件，就像法兰西王国在魁北克有殖民地是玛丽去传教的必要条件一样，但是梅里安并没有政府或宗教机构的正式关系来为她铺路。无论卡斯帕·科梅林及阿姆斯特丹其他的博物学家们有多渴求利用苏里南的植物和昆虫的实地观察，他们很可能还是怀疑，一个五十多岁的老妇加上她的未婚女儿能否前往丛林完成这样的壮举。市长尼古拉斯·温特森资助了科尼利斯·德布鲁因（Cornelis de Bruyn）在埃及、波斯和印度等地的考察，[125] 但他最多只是借给玛利亚·西比拉一笔钱。

在梅里安的《苏里南昆虫变态》的序言中，她描述了温特森的收藏有多美丽，谈及自己的旅行和出版费用高昂，并且，她没有表达对任何人的感恩戴德。[126]

至少她可以自主做决定。1699 年 2 月，她请经纪人出售她在日耳曼地区、弗里斯兰省和荷兰省获得的、收到的从印度群岛寄来的许多标本，还有她合作的大量的水果、植物和昆虫画作。她希望回国后还能通过出售苏里南的珍稀标本来补贴开销。1699 年 4 月，在"准备前往苏里南殖民地"之前，她立下遗嘱，将约翰娜·海伦娜·格拉夫与多萝西娅·玛利亚·格拉夫立为她的并列继承人，并安排女婿赫洛特和朋友米歇尔·范马斯切尔作为代理，继续出售她的财产。6 月，她和多萝西娅起航。[127]

她人生中的诸次转变为她铺垫下了这次冒险。她家的男人们不都为了追求艺术而周游欧洲吗？她的父亲，老马蒂亚斯·梅里安，不就是最新一版《大航海》的出版人吗？那可是著名的描绘新世界的系列版画。在纽伦堡，她想必同她的朋友克里斯托弗·阿诺德聊起过遥远的国度。克里斯托弗·阿诺德出版过关于加勒比海、圭亚那和巴西的"异教徒信仰"的描述，编辑过太平洋旅行的记录并为其绘制插图，还写过纪念旅行文学的诗歌，就像他那首赞美梅里安的毛虫的诗歌一样。[128]

她难道不是完成了从日耳曼地区到弗里斯兰省的精神和肉体之旅吗？在拉巴迪教派中，她听说了许多苏里南的事情——虽然，必须说，她听到的情况是矛盾复杂的。就在梅里安到达魏沃特的前几年，教派内的弟兄姊妹就已派遣过两队开拓者前往大洋彼岸。他们主要不是去改变美洲人民的信仰；路易莎·惠更斯在1680年去世前曾"向主耶稣祈祷，让可怜的印第安人改变信仰"，但她的恳求没有得到重视。甚至，由于瓦尔萨变得更加拥挤，这个圣洁社区决定，一些成员必须去新环境做"主的工作"。其中一个小队在马里兰获得土地，尽管拉巴迪派反对种植"那可恶的烟草"；[131] 随着科内利斯·范索默尔斯代克（Cornelis van Sommelsdijk）获得了苏里南殖民地三分之一的共同所有权并成为新总督，1683年，另一个信仰庇护区得以建立。在接下来的两年里，四十多个拉巴迪派教徒来到这个殖民地，总督以他的索默尔斯代克姐妹的名义给了他们土地。这块土地位于苏里南河上游，远离欧洲人定居的地方。他们称它为"上帝种植园"（Providence Plantation），是让那些真正的基督徒聚集的完美场所。

事实证明，丛林的生活，连那些"重生者"都无法忍受。玛利亚·西比拉·梅里安刚在魏沃特安顿下来的时候，就有信件从上帝种植园被寄回，抱怨蛇、蚊子和蜇人的蚂蚁；哀叹疾病、死亡和"上帝选民"中的纷争。那些"野蛮人"（他们如此称呼印第安人，还曾将他们比作貘）充满敌意，他们的语言和他们的行为一样充满"兽性"。拉巴迪教徒购买了许多奴隶，如果来自魏沃特的这些"圣人"友善对待奴隶，这些奴隶就拒绝工作，所以教徒们不得不采用其他败坏的种植园主使用的殴打和鞭挞手段。当地炎热到了极点，拉巴迪教徒自己也几乎无法工作。上帝种植园的厨师斯威姆修女就未能"圣终",她在临死前,痛斥领袖们的谎言,并且拒绝收回她的话。[132]

到了 1686 年年末,这些拉巴迪派定居者们开始带着他们吃苦受难的故事返回魏沃特,迎接他们的是其他教徒对他们软弱的指责。几年后,显然那个拉巴迪定居点失败了。1688 年,索默尔斯代克总督和他的军事指挥官被他们自己的荷兰士兵杀死——这些荷兰士兵被强迫在帕拉马里博(Paramaribo)的防御工事和运河上劳作,"就像奴隶一样",食物也短缺,于是他们起义暴动,(索默尔斯代克本人不是拉巴迪派教徒,但希望士兵们严格尊重纪律)。[133] 最终,索默尔斯代克的姐妹们露西亚和玛利亚也回到了瓦尔萨。17 世纪 90 年代,有几位教内弟兄姊妹留在了苏里南,但上帝种植园基本上成了魏沃特的拉巴迪教派出租的产业。[134](这一点在谈论梅里安生平的语境中很重要,因为以前的研究认为,苏里南的拉巴迪社区在当时仍是一个持续活跃的社区,是吸引梅里安 1699 年前往那里考察的原因之一。)1694 年,苏里南的税单描述拉巴迪社团里没有"白人"居住(这就意味着任何白人都是这个时间之后才抵达的),有五十五个"红奴和黑奴";1697 年,描述为有七个白人、六十一个奴隶。1699年至 1702 年,拉巴迪社团的名字就完全从税单中消失了。[135]

这段经历一定带给了玛利亚·西比拉复杂的感受。一方面,它是一个英勇的自我考验之梦想,那里气候严酷,又有着未知的异国昆虫世界的吸引。(索默尔斯代克总督曾寄给魏沃特的拉巴迪教徒一条苏里南印第安人赠给的长蛇。他可能还送回了一些蝴蝶标本。）另一方面，它又带来了丛林宗教事业的失败情绪。玛利亚·西比拉的新世界探险并非单纯原始的宗教兴奋，而是以更世俗的方式重新定义她的渴望。在她 1697 年寄往纽伦堡的信件以及 1699 年的遗嘱中，都没有任何坚持拉巴迪派宗教热情的迹象；她在《苏里南昆虫变态》的序言中对弗里斯兰省岁月的描述也并不坦诚，仿佛那段时光只是一次考察之旅。然而，她再次处理掉财物，带着成长于魏沃特的女儿漂洋过海，与其说这让人想起阿姆斯特丹博物学家的好奇心，毋宁说更让人想起让·德拉巴迪及安娜·玛利亚·范舒尔曼那试验性的迁徙。[136] 梅里安如果留在那些"上帝选民"的身边，就永远不会写出《苏里南昆虫变态》；但是，如果她不曾敢于加入拉巴迪派，她也就永远不可能越过大洋前往苏里南。

* * *

玛利亚·西比拉和多萝西娅在 1699 年夏末踏上的那片土地，定居着印第安人［其中欧洲人接触的主要是阿拉瓦克人（Arawak）和那些讲加勒比语的人］、约八千名非洲人（大多出生在非洲西海岸，来自几内亚到安哥拉的各处）、约六百名荷兰新教徒（大多来自荷兰省和泽兰省）、约三百名葡系犹太人和一些德系犹太人、胡格诺派逃难者（在《南特敕令》被废除后，越来越多胡格诺派来这里闯荡新生活），以及 1667 年该殖民地移交给荷兰后敢于留下来的少数英国家庭，甚至还有一位来自梅里安家乡法兰克福的年轻移民。[137] 该殖民地由苏里南协会拥有和管理，其股份由西印度公司、阿姆斯特丹市和科内利斯·范索默尔斯代克的继承人平分。从距离苏里南河口几英里远的泽兰迪亚堡（Fort Zeelandia）和邻近的帕拉马里博小城，总督给阿姆斯特丹尊敬的董事们写了长长的信件，描述印第安人威胁违反他们的和平条约开始造反时、法国人要从卡宴入侵时，总督维持秩序的困难。他还寄回他的议会颁发的法令副本，其中禁止白人与"红奴和黑奴"之间的交易或赌博，以及未经他的明确许可，奴隶们不得在星期天击鼓或跳舞。[138] 三位牧师试图在帕拉马里博和其他地方的小教堂里向欧洲新教徒教授基督徒义务；而葡系犹太人和德系犹太人，尽管仪式不同，但他们共用一座砖砌犹太教堂，该教堂位于苏里南河湾的犹太热带草原的种植园中。[139]

当时，糖是这个殖民地唯一的出口产品，也是其诱惑所在。玛利亚·西比拉·梅里安曾说，"人们嘲笑我来这里寻找万物，就是不寻找糖"；确实，那些种植园主夸耀吹嘘："世界上没有哪片土壤像苏里南这样肥沃，这样适合种植甘蔗。"[140] 沿着苏里南河、科蒂卡河、科姆韦恩河及其支流的河岸，坐落着将近两百个庄园，绵延分布着甘蔗田、磨坊（用于榨出蔗汁）和煮房。从3月到10月，无数个装有晶莹剔透红糖的大桶，从帕拉马里博登船离开，前往阿姆斯特丹的炼糖厂。尼德兰回程的船只带回熏鱼和其他食品，如此稀罕，以至于种植者们几乎想要不管不顾手头的糖作物。到了收税的时候，户主们用糖来缴税：十二岁以上，每人五十磅，无论白种人、黑种人还是红种人；孩童，每人二十五磅。[141]

　　劳动力由奴隶供给，多数是由荷兰西印度公司运来的非洲人，他们在帕拉马里博被拍卖，并由主人打上烙印，此外还有少量印第安人。离上帝种植园下游不远处的塞缪尔·纳西庄园（Samuel Nassy）在 1699 至 1700 年有大约三百个奴隶，这在当时是该殖民地单个种植园中最多的；玛利亚·西比拉将会前往的亚伯拉罕·范弗雷登堡种植园（Abraham van Vredenburg）有八十九个奴隶；埃丝特·加贝（Esther Gabay）的名字经常出现在出口名单上，她产糖只用了四十一个奴隶。[142] 在荷兰人的种植园里，欧洲人和非洲人交流时使用以英语为基础的克里奥尔语（creole，混合语言），同时代人称这种语言为“黑人英语”（Neger-Engels）；在犹太人的种植园里，这种克里奥尔语则大部分以葡萄牙语为基础。[143]

　　回到 1676 年，一本关于在热带地区（如圭亚那）利润产出的荷兰语小册子就曾援引《圣经》语录，为奴役异教徒辩护，但是，它也建议奴隶主仁慈对待奴隶。[144] 在苏里南，这一建议有时就被无视了，惩罚“红奴和黑奴”的奇技淫巧被发明出来。17 世纪 80 年代的拉巴迪教徒的信件里就描述了“西班牙鞭打法”：任何企图逃跑的奴隶都会以一种特殊的手对膝的姿势被捆绑在一个环状物或木头上，然后被鞭打。如果奴隶在几周后被抓回，跟腱就会被切除——这是我们从旅者 J.D. 赫莱恩（J.D. Herlein）处得知的，他与玛利亚·西比拉同时期前往苏里南。奴隶在二次逃跑后，右腿也可能被截肢（"我亲眼看到奴隶经受这种责罚"，赫莱恩说）。至于更轻一点的罪行，奴隶会被捆住双手吊在树上，脚下悬挂重物，先是遭主人鞭打，再遭其他奴隶鞭打。[145]

有些奴隶成功逃了出来，甚至，在早期英国人的统治下，逃出来的非洲人还在苏里南河上游及支流边建立了独立的"逃亡黑奴"村庄。玛利亚·西比拉·梅里安很可能听说过，在她抵达前的十年里，有两次重大的奴隶群体逃跑事件：一次是在 1690 年犹太热带草原附近的伊马努埃尔·马查多种植园，另一次是 1693 年在更上游的上帝种植园。八十年后，苏里南政府称呼后面那群丛林黑人的后代为"来自上帝种植园的……拉巴迪教徒的黑人"；这些人在 20 世纪的后裔，也就是阿贝萨人（Abaisas），则是这样说的："在奴隶制时代，几乎没什么东西可吃。那还是在一个叫'上帝种植园'的地方。他们在那里鞭打你，直到你屁股开花。然后，他们会给你一丁点饭，装在葫芦里。（这就是我们听说的。）众神告诉他们 [非洲人]，这不是人类的生活方式。众神将会帮助他们。让每个人去他能去的地方。于是，他们就逃跑了。"[146]

至于"红奴"，其中少数人随非洲人逃亡，甚至与他们通婚。这些"红奴"的大多数同胞都住在自己的加勒比和阿拉瓦克定居点，这些定居点沿萨拉马卡河（Saramacca River）和马罗尼河（Maroni river）分布，或位于海岸、苏里南河岸和其他河流沿岸未被欧洲人占领的区域。男人打猎、捕鱼、做独木舟、与敌人作战；女人种植木薯、芋头及其他根茎植物（她们一定是那些引种了这些作物的欧洲人的老师），并制作锅、篮和吊床。他们与殖民者之间的关系有时是敌对的（印第安人记得索默尔斯代克烧毁了他们的五个村庄，而荷兰人则回忆起印第安人的突袭和毒箭），但这两个群体还是常常和平交易，印第安人带来丛林鸟类、植物和树根、独木舟、吊床和俘虏，欧洲人带来布匹、火器、刀、剪刀和梳子。[147] 实际上，加勒比人、阿拉瓦克人和非洲人都很熟悉梅里安想要探索的那个世界。

1699 年 10 月，玛利亚·西比拉与多萝西娅安顿在帕拉马里博的一所房子里，当时正值最干旱的季节，她绘制并记录了观察到的首次昆虫蜕变。[148] 在当地，她有一些人脉关系帮她开启事业，其中包括一些权贵：已故总督索默尔斯代克的家人（在那里，他的加勒比小妾与他的继承人住在一起，这位小妾是位酋长的女儿，"出嫁"是为了展示和平交好）；[149] 还有他被杀的军事指挥官劳伦斯·维布姆（Laurens Verboom）的家人，维布姆年幼的女儿后来还跟梅里安一起回了阿姆斯特丹。玛利亚·西比拉买了或被赠予了几个奴隶 [她的措辞是"我的奴隶"（myne Slaven）]，其中有一个印第安男人和一个印第安女人。[150] 在她这里，没有不可理解的"野兽般的"语言，因为她经常引用这些语言。他们大概是用常见的"黑人英语"克里奥尔语进行交流，她和多萝西娅就像多年前在弗里斯兰省学会荷兰语一样，也学会了这种语言。

梅里安投入到发现、繁育和记录的工作中，非洲人和印第安人对她来说比欧洲人种植者更有用。她在自己的花园里观察，也到帕拉马里博城外那片鸟语花香的森林里观察，"派我的奴隶在前面拿斧头砍出一道道口子"。当她发现一株不知名的植物非常娇嫩，切下来的叶片在高温下会枯萎时，就让"我的印第安人"将它连根挖出，移栽进她的花园以供研究。[151] 为了寻找新的毛虫，她、多萝西娅、她的非洲人和印第安人，沿着苏里南河沿岸的种植园前行，在 1700 年 4 月的雨季里，他们划行四十英里，向上游的上帝种植园出发。当不得不继续行程的时候，蛹和茧都会被打包起来，以便在路上观察它们蜕变。在回来的路上，这群人可能在纳西的一个种植园停留过：塞缪尔·纳西曾将一株疆南星属植物送给卡斯帕·科梅林，种在阿姆斯特丹植物园，也许梅里安也曾怂恿纳西家族在苏里南开辟一个植物园。她从尼古拉斯·维特森那里获知，荷兰东印度公司在好望角有一座植物园，为的是研发药用植物。苏里南协会为什么不能在帕拉马里博也建一个带有医疗所的植物园呢？[152]1700 年 6 月，在殖民地军事指挥官亚伯拉罕·范弗雷登堡的庄园里，她特别研究了以木薯叶为食的毛虫。也许她还曾借此机会告诉他，她是多么不赞成殖民地单一种植糖业的做法。[153]

无论在旅途中，还是待在帕拉马里博，她与她的工人及其他印第安人、非洲人都在交流昆虫和植物的用途。关于她的消息传开了，由于非洲和美洲土著社群的女人经常承担草药师和巫医的角色，因此相比于欧洲殖民者，这些印第安人和非洲人可能不太会认为她很疯狂。"一个黑人女奴"（*een* *swarte Slavinne*）给她拿来一条蠕虫 *，并许诺未来会有美丽的蜕变；某些"印第安人"给她带来一大堆"提灯虫"，它们发出的红光和"嗡嗡"（*Lierman*）叫声让她和多萝西娅都很惊讶。甚至比起在弗里斯兰省，她的目光还延伸到了鳞翅目以外的更多昆虫，还探索了蜘蛛、鸟类、蜥蜴、蛇和蟾蜍。她还让"奴隶们"（*ab servo*）从大西洋海底打捞贝类，这样她就可以观察贝壳里面的东西。[154]

在她无尽的好奇心之外，还有一个任务就是要描绘它们。所有东西都先写生勾勒，之后，她和多萝西娅会尽快将毛虫、蛹及它们的食物都画在犊皮上。昆虫的嗡嗡声从未停歇：

> 当我作画时，［黄蜂］在我耳边飞来飞去，在我的头上嗡嗡作响。在我的画箱附近，它们用黏土做了一个巢，圆圆的，像是在做陶器的转轮上转出来的一样；蜂巢立于一个小底座上，上面用泥土做了一个盖子，保护内部不受异物影响。黄蜂在上面凿了一个小洞，以方便爬进爬出。我每天都看到它们带着小毛虫进去，肯定是为了给自己和幼虫提供营养，就像蚂蚁一样。最后，当这种陪伴变得太烦了，我就拆开它们建的房子以赶走它

---

* 荷兰原文此处为 worm，但英语为 maggot。关于大致的幼虫形态，梅里安在第一版序言中曾经提过：Rupfen Wormen、Maeden，分别对应英语里的 caterpillars, worms、maggots、中文里的毛虫、蠕虫和蛆。可见蠕虫和蛆在她的措辞中是不一样的。蠕虫并非生物学术语，蛆是生物学术语。蠕虫的概念是模糊的，涵盖了蛆。书里将大部分 worm 翻译成 maggot。

们，这让我得以看见它们建造的一切。[155]

与此同时，蝶、蛾和甲虫，还有其他任何可以在白兰地中保存或可以压制的标本，全都被贴上了标签。这样就能将它们与幼虫一起归类（唉，少数标签贴错了）；还能储存下来，方便她回到阿姆斯特丹后能画出它们。[156]

未足两年，她便再也无法忍受高温——"快要了我的老命"，她在给一位博物学家的信件中写道[157]——于是她就缩短行程提前打道回府。1701年6月18日，她和多萝西娅启程回国，满载着一卷卷的犊皮画、贴上标签的蝴蝶、装着鳄鱼和蛇的瓶子、蜥蜴的蛋、球茎、尚未裂开的蛹，以及许多装满了压制昆虫标本的圆盒，好在回国后出售。临走前，她同一个当地男人安排好，将来要继续寄给她新的标本以销售。她还携带上年幼的劳伦西娅·玛利亚·维布姆（Laurentia Maria Verboom），准备将她送往她在荷兰的亲戚家。梅里安还带着另一个人登上了"和平号"前往阿姆斯特丹：她的"印第安女人"。[158]这位来自苏里南的无名女子，将成为她那本美洲新书创作的一部分。

* * *

四年后，《苏里南昆虫变态》于阿姆斯特丹出版。在此期间，梅里安一直忙忙碌碌。她重回旧居，不久就见证了女儿多萝西娅·玛利亚嫁给菲利普·亨德里克斯（Philip

Hendriks）。菲利普·亨德里克斯是名外科医生，从海德堡
到阿姆斯特丹行医。1701 年 12 月，她想必听说前夫约翰·安
德烈亚斯·格拉夫在纽伦堡过世了。[159] 他们之间必然没有达
成最终和解，在 1702 年 10 月寄给纽伦堡的博物学家约翰·格
奥尔格·沃尔卡姆（Johann Georg Volkamer）的信件中，梅
里安也没有提到他。相反，她在信中谈及自己从美洲带回来
的东西被"完美地画在犊皮上"；她谈到她的新书计划，以
及能否找到订购人帮助支付新书的铜版画的费用，那些铜版
画甚至比起阿姆斯特丹植物园最近新出版的《霍图斯医学院》
（*Hortus Medicus*）还要大；谈论收信人可能向她购买的蛇、
鬣蜥、蜂鸟和龟，以及最适宜保存它们的液体；询问对方是
否对来自东印度的生物感兴趣，因为她的新女婿刚前往那里
采购。她写给英格兰的詹姆斯·彼得弗（James Petiver）的
信件也是同样的主题：她的标本销售、新书的订购人。这本
书完成后，可以献给英国安妮女王一份特制的华丽装饰的版
本，一本"由一个女人写给另一个女人"的书，这难道不合
适吗？[160]

但是，她仍然没有足够资金来支付新书费用及偿还旅行
贷款。她从提供画作给雕版师的任务中抽出时间（在苏里南
这本书上，她可以只亲自操劳几幅雕版的苦力活儿），以高
价给别人的书作画。当时失明了的格奥尔格·艾伯赫·郎弗
安斯把他最后一部关于安汶岛的甲壳类、贝壳和矿物的伟大
作品寄到荷兰出版，但没有提供足够多的图画；他在 1702
年去世时，助手们还没来得及提供这些图画。梅里安与阿

姆斯特丹重要的收藏家西蒙·施恩沃特（Simon Schynvoet）一起，在当地的珍奇柜中发现了郎弗安斯的标本，并提供了60幅画作供铜版雕刻。这些画作并非使用她自己的风格创作，而是以郎弗安斯的说明性风格完成：一排排的贝壳、螃蟹或矿物，用字母数字指引回文本。《安汶岛的奇珍异宝》（D'Amboinische Rariteitkamer）出版于1705年，跟她自己的书同年出版。这表明，梅里安描绘自然的手法在很大程度上是一种自主选择，而不是技巧或习惯。[161]

《苏里南昆虫变态》有荷兰语和拉丁语版本（梅里安负责荷兰语的，可能在拉丁语版本上也提供了一些帮助），是一个包含六十幅铜版画的对开本，有黑白版本或由她亲自手绘上色的彩色版本可供选择。跟她的生父及同父异母的兄弟们出版作品时一样，梅里安这个姓氏再次占据了书的扉页：她是出版商，也是作者。雕版师和印刷师都在她位于教堂大街的房子里工作。她还负责销售，这些书卷也在艺术品商人格拉德·瓦尔克（Gerard Valck）的商店里出售。[162]

"美洲有史以来最美的画作"，那些博物学家这样评价她的犊皮画，[163]这种美感也延续到了印制版中。（本书插图中复制了一些。）在这里，她用以展示自然的变化和相互关系——昆虫的起源及变态过程，以及昆虫幼虫所依赖的食物——的独特方式，被应用到了欧洲人不熟悉或从不知晓的动植物上面：木薯、番石榴、番薯、番荔枝、油树、木瓜，还有一些连苏里南的印第安人都未命名的生物。在马克格拉夫关于巴西的大型自然研究中，新世界的昆虫仅占几页篇幅，而在梅里安这里，这些昆虫被放在了中心位置，被一双慧眼观察，被一个与欧洲科学界密切接触的人描述出来。查尔斯·普卢米耶（Charles Plumier）当时在法属安德列斯群岛的植物世界扮演着这样的角色；汉斯·斯隆很快就会在牙买加的动物群，特别是植物群中扮演这样的角色；而玛利亚·西比拉·梅里安（凭借她的出版专长和在阿姆斯特丹的朋友们）在苏里南的昆虫世界扮演着这样的角色，即便她没有皇家植物学家或皇家学会会员的身份。[164]

　　她对这些生物的生命史的排序，跟她在《毛虫》中所使用的一样：每幅画都是独立存在的，并配有相应的文字。和以前一样，如果它们的幼虫以同一种植物为食，不同种类的蛾和蝶就可能会出现在同一张图画中，蜜蜂、黄蜂和苍蝇也是如此。更加打破分类系统的是，有六张图中还出现了蜥蜴、蛇、青蛙和蟾蜍。在图中它们要么位于自己的栖息地，要么明确是"为了装饰图片"才加入昆虫及其植物宿主的画面，而文字则给出了它们的繁殖或食物信息。[165]植物的顺序并不按照花冠类型、叶片或果实来组织（如同普卢米耶和斯隆的做法）。植物和昆虫也没有按照与欧洲物种的相似或不同之处进行分类：美洲葡萄、樱桃和李子穿插在木薯块根、秋葵和"美洲格尼帕"（tabrouba，一种有绿色果实的热带树木，现在在苏里南语言中被称为"taproepa"）中间。

　　整体的叙述策略也与《毛虫》所采用的一样，是一种美学策略，在这里，它巧妙地让欧洲读者在熟悉与陌生之间来回穿梭。开篇中已知的菠萝和令人惊讶的巨大蟑螂，让人联想到美洲特有的甜美及破坏力。最后一幅图对应的文字则提醒读者，那里还有许多东西有待研究："1701 年 1 月，我出发到苏里南的森林里看看能发现什么。我四处找寻，在一棵树上发现了这朵美丽的红花；当地人都不知道这棵树的名字和特征。在这里，我找到一条美丽的、非常大的红色毛虫，每节上有三颗蓝色珠子，每颗珠子上都伸出一根黑色羽毛。"它有极其罕见的蛹，诞生的蝴蝶却像荷兰省可看到的"大地图蝴蝶"（Great Atlas）。[166]

玛丽·路易斯·普拉特（Mary Louise Pratt）将与林奈同时期及之后出国考察的欧洲博物学家的工作描述为"欧洲人中一种新的……行星意识"："将地球上的生命形式一个接一个地从其繁复的生命环境中剥离出来，重新编织成以欧洲为基础的全球统一和有秩序的模式。持有这个系统的（有教养的、男性的、欧洲的）视角，一旦接触到新的场所 / 场景，通过将其融入系统的语言中，便可以立即熟悉（'归化'）它们。"普拉特认为，这种世界观同时是"无辜的和帝国性质的"，它帮助欧洲进行经济扩张，但除了命名和分类，确实也没有做任何更暴力的事情。[167]梅里安的《苏里南昆虫变态》毫无疑问属于欧洲人这项寻找和描述之研究的早期阶段。但她的生态学眼光和手法，为苏里南昆虫和植物在地方的术语和关系上的发展兴盛留下了巨大空间。

梅里安的谋篇布局自有其批评者。詹姆斯·彼得弗在计划翻译苏里南那本书的时候，就打算使其"条理化"。他想要将所有内容重新再整理成三章，分为"蜥蜴、青蛙与蛇"、"蝶"和"蛾"。[168]尽管玛利亚·西比拉十分希望她的《苏里南昆虫变态》能推向英文世界，但她绝不会同意对她的研究进行奇怪的扭曲：就像在《毛虫》中一样，她缺乏"条理"，只把所有注意力都放在昆虫变态过程上。1705 年，她退还了彼得弗寄给她的一些标本，说自己"只对生物的形成、繁殖和蜕变感兴趣，只关注一个阶段是如何从另一个阶段中诞生的，以及生物的饮食天性——就像这位尊敬的先生能在我的书中读到的那些"。能不能不要再给她寄死掉的昆虫了？[169]

在一些重要方面，《苏里南昆虫变态》也不同于她那本讲欧洲毛虫的书。首先，梅里安明确地努力将她的发现与其他博物学家的发现联系起来。她不再使用《毛虫》里面德语的"枣核"那样特立独行的措辞，而是采用了她同代人使用的术语，例如 poppetjens 和 aureliae（或 nymphae）*。每一种植物，她都给出了印第安语和 / 或苏里南荷兰语的标题。然后，卡斯帕·科梅林提供了他所知道的每一种植物的拉丁文名称，并指出该植物是否也在阿姆斯特丹植物园中种植，以及它是否已被收录进以前非欧洲植物的著作中。他在正文下方约三分之二的地方，用更小的字体写了简短注释，将一个博学男性的声音引入书中，但并没有破坏梅里安在昆虫方面

---

* 都是"蛹"的意思。

的权威。梅里安本人在序言中提到了四位昆虫学家，穆菲特、戈达特、斯瓦默丹与布兰卡特；她有些虚情假意地说，像他们一样，她只是给出了自己的观察，让读者自己去得出结论。但她的"女性的率真"已是过去式：她断言，列文虎克认为某只毛虫身上的五十个红色肉疣是眼睛，这与她的观察完全不符——这些凸起不可能是眼睛。（她是对的。）[170]

在《苏里南昆虫变态》里崭新的学者声音和著者口吻中，人们还能听见上帝吗？梅里安在给读者的序言中，只用了一句套话提及上帝："倘若上帝继续赐我健康和生命，我打算把我在弗里斯兰省及荷兰省所做的观察添加到之前在德意志地区所做的观察里，以拉丁文和荷兰文出版。"但那是书中唯一的一次提到上帝：苏里南的自然世界自成一派。可以肯定的是，梅里安依旧相信上帝是造物主。正如她在 1702 年给沃尔卡姆的信件中所说的那样，她的书将展示"耶和华上帝在美洲创造的奇妙动物和功业"。同样，《苏里南昆虫变态》出版几年之后，在那本描述欧洲毛虫的《毛虫》荷语版本的增订本中，她在序言里谈到"造物主的权柄，将如此美妙的生命和美感融入如此微小的生物中，没有哪个画家用画笔和颜料可以达到如此繁复的效果"。她在美洲发现的那些生物燃起了她的热情，她更加渴望观察。但除此之外，自《毛虫》初版以来，在她的作品中，神的存在已经变得不那么明显；也没有更多关于毛虫的赞美诗了。[171] 玛利亚·西比拉·梅里安将自己对拉巴迪教派分离主义式的冷漠，升华为对上帝在这个世界上的存在和力量的超然态度。她这样做时，悄无声息、循序渐进，也许并没有直接参与阿姆斯特丹环绕在她周围的自然神论、无神论和生机论的激烈争论。上帝不再是一种不断维持自然界变化的力量，而是一个超然的造物主。她对上帝的存在没有热情，但敬佩他的手艺。[172]

南美洲的那两年，坚定了她的转变。比起欧洲，那里的生机自然似乎更加美丽，也更加危险。在《毛虫》中，她曾谈到1679年的一个毛虫群是如何造成破坏的，在她的图画上还展现了被幼虫吃掉的叶片上的一些小洞；但是，总体上来说，这里的视觉印象依旧是一种"纯洁自然"（拉巴迪教派的措辞）——一种适合于上帝永恒存在的自然。对比之下，苏里南的自然不仅被描述为对人的威胁更大——因为人们不得不忍受蟑螂对衣物和食物的侵袭，小心翼翼避开触碰某些毛茸茸的毛虫（就像梅里安那样），以免手肿痛；而且，在她的描述中这里的自然对整个动物群一直都在制造更多的大破坏。[173]可怕的第18号图版，描绘的就是蜘蛛和蚂蚁（见本章插图），但在《毛虫》及她后来对欧洲毛虫的补充中都没有相应内容。在一株看起来奄奄一息的番石榴树上，褐色的网蜘蛛（web-spider）正在捕捉猎物，巨大的黑蜘蛛（black spider）挂在树枝上。"它们并不像一些旅行者所认为的会结出长长的网。它们浑身毛茸茸，长有锋利的牙齿，蜘蛛用这些牙齿啃咬造成伤口，同时在伤口注入毒液。它们通常捕猎蚂蚁为食，后者在树上移动时很难逃脱。这些蜘蛛（跟其他蜘蛛一样）有八只眼睛，上下左右分别用两只眼睛照看。当找不到蚂蚁的时候，它们就会从巢穴里拽走小鸟，吸干它们身上的血。"[174] 在图片里，黑蜘蛛正在吃蚂蚁、吞食一只蜂鸟（关于这点，后文有更详细介绍）。

在第 18 号图版中，蚂蚁也在忙着吃甲虫、反击蜘蛛。梅里安的文字没有遗漏蚂蚁身上传统的"勤劳"和合作精神——它们建造"蚂蚁桥"、地下巢穴，"好得甚至可以说就像是人类的杰作"——但它们也很具破坏力："它们每年从巢穴中涌出一次，多得数不清。它们将房子填得满满的，从一个房间移动到另一个房间，吸食它们遇到的所有生物的血液，无论大小。它们眨眼间就能吞噬掉一只大蜘蛛，因为这么多的蚂蚁同时攻击，蜘蛛无法逃脱。它们席卷一个又一个房间，连人都逃之夭夭。等到它们把整个房子吃得一干二净，就去找下一个，最后再回到巢穴里去。"梅里安也描述了蚂蚁的繁殖和变态过程，但她这里主要讲述了蚂蚁破坏力的故事。[175]

上帝从自然界退居幕后，其腾出来的情感及理智空白，由两个方面占据。首先，由梅里安的植物和昆虫研究填补：许多植物产物，例如李子、葡萄和香草等，如果荷兰人不那么沉迷于糖，这些作物都是可以种植的；还有绿色和黄色的毛虫，它们的茧丝如此结实，"若有人用心收集这些毛虫，定能产出高品质丝绸，利市三倍"。[176]

第二个方面，也是更重要的，那个空白填充进了梅里安对苏里南的印第安人和非洲人的观察。我们已经看到，《苏里南昆虫变态》中提到了"我的奴隶"及"我的印第安人"。在读者眼中梅里安以奴隶主形象示人，即使她批判依赖奴隶制的单一种植糖业；并且，她也接受了荷兰人在苏里南殖民的合法性。然而，她与非洲人或印第安人之间的关系有一些不同寻常的特点，这些特点（就像她对昆虫和植物的描述一样）在欧洲人进行殖民统治的合法依据上凿开了裂缝。

正如史蒂文·夏平（Steven Shapin）在其开创性的文章《看不见的技师》（"The Invisible Technician"）中告诉我们的，17 世纪及 18 世纪初的欧洲科学家和博物学家在他们的著作中很少提到协助他们研究的各类"仆人"。[177] 那些描写美洲、非洲和太平洋地区动植物群的著作也是如此。查尔斯·普卢米耶对他在马提尼克岛植物学调查的描述就像是他的个人漫游。（当地的道明会传教士拉巴神父 * 曾打趣他"发现"了一种古老的紫色染料的秘密，而当时马提尼克岛沿岸的所有黑人渔民都知道这种染料来自哪种软体动物。）汉斯·斯隆，他的《牙买加之旅》（Voyage to Jamaica）出版于《苏里南昆虫变态》两年后，其导言记录了许多他与"黑人"和"印第安人"的对话，内容包含疾病、植物性食物和疗法，但他只承认一位英国牧师的科学帮助，他去"绘制"鱼、鸟和昆虫的时候，曾让这位牧师陪同。[178]

相比之下，梅里安则承认非洲人和印第安人在寻找及处理标本方面的帮助。这些人甚至提供了关于昆虫的"说明"："一切（这些生物）都是我亲自观察并写生画出的，除了少数几个，我添加了印第安人的说明。"关于第 27 号图版，梅

---

* 法国道明会修士 Jean-Baptiste Labat。

里安说，蚱蜢完全是根据这些非洲人和印第安人的报告绘制的，因为她收集到的蛹在成虫出现之前就已死去。至少有一位英国的博物学家被梅里安书中的奴隶帮手弄得很不自在，在一份个人副本中，他（她）将拉丁文本翻译成英文时，宁愿把第 27 号图版里面提到的带来橙色蠕虫的"黑人奴隶"（serva Nigrita, swarte Slavinne）称为"我的黑人侍女"；而关于为玛利亚·西比拉开辟小路以穿过森林的"我的奴隶"（mancipia, myne slaven），这位博物学家在翻译有关内容时则完全删掉了"我的奴隶"这个字眼。[180]

不过，梅里安本人在有关孔雀花（Flos pavonis）的条目中，却试图激起读者对奴隶的生存状况的担忧：

> 临产的女人用它的种子来催产，以加速分娩。印第安女人在被荷兰人奴役虐待的时候，为了不让自己的孩子陷入被奴役的命运，也会用它来堕胎。从几内亚和安哥拉来的黑奴必须被善待（heel heuslyk, benigne），否则她们在被奴役的状态下，将拒绝生育。她们也确实没有孩子。千真万确，她们甚至会因为日复一日遭受的虐待而自杀。因为她们觉得死后就能跟朋友在故土里重生做自由人；这是她们亲口告知我的。[181]

梅里安所记录的有关非洲人死后重生的信仰、他们坚信能够在故土上自由重生的报告，在欧洲人关于美洲奴隶的描述中并不新奇。乔治·沃伦（George Warren）在 1667

年的《苏里南公允说明》(*Impartial Description of Surinam*)
中就谈到这点，他评论道："[这]自负使得他们许多人过
于迷恋死亡，而不是期盼从那的确不平等的奴隶制中解脱
出来。"查理·德洛克福德（Charles de Rochefort）也对法
属岛屿上的原住民做过类似评价，理查德·利根（Richard
Ligon）在谈到巴巴多斯的人时也说过同样的话，他们两人
都提到了逃亡或奴隶起义，认为这是实现从残酷的奴隶主
那里获得自由的另一种努力方式。汉斯·斯隆补充说，黑
人割断了自己的喉咙，"想象通过这种方式改变自己的处境，
从奴役中恢复自由"。[182]

　　梅里安叙述的与众不同之处在于，她以对话来表达——
"这是她们亲口告知我的"——而且以跟妇女的对话来表达；
在对话中，被奴役的妇女谈到了堕胎，她们不想把孩子带
到这世上做奴隶。西班牙修士们很早就在信件中提到印第
安女人在过度劳累和绝望中用"植物毒药"毁掉子宫里的
果实。[183]1707年，医生汉斯·斯隆在牙买加潮湿的田野和溪
流附近看到孔雀花时说："它能引起经期血崩，能导致流产，
如此等等，就像杜松和强力通经药所产生的效果。"[184]

　　在《苏里南昆虫变态》中，印第安女人亲自将堕胎药指
明给玛利亚·西比拉·梅里安："孔雀花，其种子也可以加
速分娩。"这是一个公开分享的"女性秘密"，这也是一个欧
洲人带着些许同情的报告，在这个欧洲人的世界里，堕胎是
非法的、罪恶的。"我聆听非洲妇女；我报告堕胎，不加谴责。"
（梅里安本人很可能是通过某种形式的节育措施，如性交中

断等，使她自己的生育产生间隔——她的孩子分别生于1668年和1678年——但不是通过流产。）至于她所说的非洲奴隶女人没有孩子，这是个夸张说法，但它支持了一些历史学家的观点，他们认为奴隶的低生育率至少有一部分原因是女奴隶的自我选择。[185]

即使这是梅里安在《苏里南昆虫变态》中唯一的一次表达对奴隶的同情或提到他们的困境，但这绝非非洲人和印第安人提供给她的唯一"说明"。她的文本中充满了民族志的珍闻异录，其中大部分信息来自女人：哪些植物、水果、昆虫和动物能够食用，以及谁会食用它们［"黑人（de Swarten）吃这种蟾蜍，他们认为是一道不错的菜肴。"[186]"这些虫子放在木炭上烤，他们（印第安人，de Indianen）当作一种非常美味的食物吃下去。"］；哪些植物可以用来敷伤口或治疗腹泻、虫咬和头皮蛆；哪些植物的种皮可以用来做扫帚，哪些种子可以串起来给未婚女人做漂亮的臂带，哪些纤维可以被纺成做吊床的线，哪些染料可以装饰印第安人的身体。通过向欧洲人报告事物的味道——指植物和水果的味道，不是昆虫、蟾蜍或蛇蛋的味道——梅里安时不时地进入非洲人和印第安人的世界。[187]

从一开始，这类药用植物和食物的信息就是欧洲人对新世界描述的一部分。如果说《苏里南昆虫变态》里的几个物种是第一次有人进行描述的话，那么梅里安那个用木薯根制作面包的记载则早已存在于皮索关于巴西的著作中。[188]值得注意的是，她的文本中有一种民族志的语调。正如她没有对动植物进行物种分类，她也没有对印第安人和非洲人的习俗进行分类。她的观察是具体的，联结到的是单一的植物和昆虫，延伸了她对自然界关系的领悟。她曾将毛虫比作印第安人（"这些毛虫挂在那里，就像吊床中的印第安人，永远不会从里面完全出来"），但她有时也会以同样的方式谈论自己，比如，当她想要对老朋友多萝西娅·玛利亚·奥林滔滔不绝地讲述的时候（"我愿意付一枚达克特，让自己变成一只苍蝇，这样我就可以飞到她身边"[189]）。她的书中最多只有一处轻描淡写的负面评价，说的是那些印第安人不够努力，而她在这里用了不准确的措辞"人们"，可能是指懒惰的荷兰人定居者。在《苏里南昆虫变态》中，明确的概括性评论针对的都是痴迷于蔗糖的欧洲人。[190]她并不关心基督教能否让印第安人和非洲人进步（从她目前对宗教的态度来看，我们可以猜出原因）。她完全没有使用"野蛮人"（savege）这个词。

在玛利亚·西比拉的时代，"野蛮人"这个词可没那么容易被弃用。当拉巴神父书写他在马提尼克岛及安的列斯群岛上其他岛屿的岁月，当 J.D. 赫莱恩书写对苏里南的观察，[191]当天文学家彼得·科尔本（Peter Kolben）书写在好望角的逗留，他们都借鉴了同时代人有关高低等级文明及民族的假设。拉巴神父为加勒比人保留使用"野蛮人"（sauvages）这个词，因为他们当中很少有人皈依基督教，他简单地称他的非洲奴隶、教友和忏悔者为"黑鬼"（nègres）。他以亲切、有时甚至是赞许的方式描述他们的生活方式：他特别欣赏黑人尊重长辈，欣赏加勒比人的妻子在工作节奏上比丈夫更卖力地服从。但非洲人的特点是他们天生的"自由主义"（"世界上没有哪个民族比他们的民族更倾向于肉体恶习"）和宗教上的"不稳定"："他们火爆的性情，他们不稳定和自由来去的幽默感，他们随便犯下各种罪行义不受责罚，这些都使得他们几乎不能适应宗教，因为宗教的基础是正义、禁欲、谦卑、节制、远离享乐、博爱众人、蔑视财富等。"非洲人很容易皈依，但并不深刻，他们将偶像崇拜和巫术与基督教混为一谈。印第安人则毫无皈依的可能：他们"对宗教天然冷漠"。[192]

科尔本认为，"霍屯督人"[Hottentots，这是他及同代人对科伊桑人*的称呼]绝不像欧洲人所称的"那样愚笨迟钝"，并指出——与那些认为他们"不懂宗教"的人相比——他们"对上帝有一定的感知"。正如普拉特提醒我们的那样，科尔本用欧洲人的范畴（诸如"治理"）来描述"霍屯督人"，而不是认为他们只是混乱无序。然而，科尔本仍然用文明的尺度来衡量他们，他对他们最好的想象就是"优秀的仆人，也许是世上最忠诚的仆人"。[193]

在一定程度上，文明的等级划分正是由旅行文学这种体裁催生的，在这类书中，人们期待读到"黑人奴隶的性格、天性和特质""野蛮人的不同习俗"之类的篇章（就

---

* 科伊桑人（Khoisan），非洲最古老的民族之一，简称桑人，分为布须曼人（意即丛林人）和霍屯督人（意为笨嘴笨舌者），系荷兰殖民者初抵南部非洲时对本地土著的蔑称，后渐成当地居民的自称"科伊桑"，意为"人"或"真正的人"。

如在玛丽的年代，耶稣会士关于魁北克印第安人的那些描述）。[194] 然而博物学家的书写，根据材料被赋予的不同科学框架，可能不太会有冲动夹杂进这类明确的判断。汉斯·斯隆在他的《牙买加之旅》中使用了不止一个体裁，他对文明分类的运用也相应改变。他那篇长长的《导言》充满了对牙买加原住民和来找他治病的各类病人的闲聊式观察，例如，他发现牙买加的印第安人和黑人"从我所能观察到的情况来看，没有任何宗教信仰。他们确实有一些宗教仪式……但这些仪式大部分远非对神的崇拜行为，而是猥亵和下流的混合物"。他文本中与科学研究有关的部分都是些独立的植物条目，还有当地人对植物的使用方法，并依据植物的花瓣数目来组织编排顺序。虽然在关于烟草的那篇长文章中包含了这样的评论："在它（烟草）所到之处，从彬彬有礼的欧洲人到野蛮的霍屯督人的居民，都相当迷醉"，但其实"野蛮"一词在这两册对开本书卷中出现得相当少。在大多数条目中，在表达植物或动物的用途时，他都并没有对当地人的行为进行评价（如说到天牛的幼虫棉树虫："深受黑人和印第安人欢迎，会在汤汁中煮沸"）。[195]

超越了斯隆的手法，梅里安的科研风格和对话交流主张的是一种民族志的书写方法，并不关心文明与野蛮之间的界限。它们会不会也激起了民族志风格绘画的冲动？但是，玛利亚·西比拉·梅里安并没有留下哪怕一幅有关人的绘画，无论是欧洲人还是非欧洲人。[196] 不过，如果我们想了解她会以何种精神风貌表现她周围的非洲人，我们或许可以从德科·瓦尔肯伯格（Dirk Valkenburg）的一幅画作中窥得一鳞半爪，他是梅里安的密友米歇尔·范马斯切尔的学生。在《苏里南昆虫变态》发表的那年，约纳斯·维特森（Jonas Witsen）——阿姆斯特丹的知名人士，梅里安曾参观过他的收藏，他肯定也曾购得（或被赠予）她写的书——聘请瓦尔肯伯格在他妻子新近在苏里南继承的三个种植园里担任簿记员和艺术家。瓦尔肯伯格有一组画作描绘了这些庄园的建筑和植物，其中还有一幅是描绘非洲人的油画，地点可能是在帕梅尼里博（Palmeniribo），几年后有一个奴隶从那里逃跑。[197] 瓦尔肯伯格的绘画沿用了荷兰风俗画的一些习惯，但同时也体现了他本人的民族志观察。

本书复制了瓦尔肯伯格的画作，我们可以看到画里面有三十多个非洲人，有男人、女人，还有一些孩子，他们在一块空地上，旁边是为奴隶们保留的茅草屋。那是下午晚些时候，阳光照在深黑色和棕色的皮肤上，闪闪发光。这些人不是在工作，也不是在服务欧洲人［如更早期弗兰斯·波斯特（Frans Post）描绘巴西糖厂的那些画作］，[198] 他们集合在一起，似乎是准备跳温蒂舞（winti dance）——在这种舞蹈中，一些参与者会被他们的神灵附身。[199] 鼓手们正在忙碌，人们已经开始抽起烟斗、饮用为了达到入迷癫狂状态所需的酒水。两个女人和若干个男人在跳舞，而其他人则在一旁观看或相互交谈。其中还有一个男人在亲吻一个女人，就像通常在荷兰跳舞画作场景中表现的一样。瓦尔肯伯格是否真的观察到了这个吻？拉巴神父说，在某些非洲人的舞蹈中，男人和女人会在舞蹈中接吻（"这种舞蹈与稳重相悖"），而后来的约翰·加布里埃·施泰德曼（John Gabriel Stedman）则称，他从未见过非洲人公开接吻（"这是他们的纤细敏感之处"）。无论如何，这里男人的吻是温柔的，而女人还背着一个婴儿——这就是那些年苏里南奴隶书卷中所描述的那种家庭，瓦尔肯伯格自己也在收藏这种书卷。[200] 一个男人在呕吐，这也是常被描画的荷兰舞池中的场景。瓦尔肯伯格是否亲眼所见？温蒂舞专用的药水可以诱发呕吐。唯一真正印证了黑人常常"淫秽下流"的是，在背景中，一个男人对着一个乳房挂在腰部以下的老妇做了一个挑逗的手势。瓦尔肯伯格在画作中描绘了严肃而相对美化的非洲人，而他描述荷兰下层人民生活的风俗画，也有粗野的集会农民和寻欢作乐的农民，即便如此，画中的非洲人和荷兰人之间，也显然存在着差距。[201]

在空地前方，有两人没有融入群体。其中一个是位高大的年轻男子，戴着欧洲人的帽子，站得挺拔（他是位被俘的王子？），他的烟斗装在腰带里，是那种可能会带领同伴逃跑的人。另一个是背着婴儿的年轻女子，她坐在鼓上，正望着远处的舞蹈，望着外面的观众。一个大点的孩子靠在她的鼓上，指着她和她的婴儿。在她的脚下是温蒂舞的道具——烟斗、碗、葫芦——也许她在等待着神灵的到来。不过，从我们局外人的目光看来，她凝神思考、肃穆清醒，她是那种可能向玛利亚·西比拉·梅里安讲述被奴役苦难的女人。

* * *

跟玛丽的"1654年自述"及书信一样，这部出自女性手笔的《苏里南昆虫变态》也动摇了"殖民遭遇"（colonial encounter）。但是，这也表明女性所持的观点如此迥异：梅里安的观点中带有特殊主义，她承认那些异于自己世界的习俗及信息提供者的存在；而玛丽修女则描绘了普及化的梦想，在这梦想中，印第安女人与自己相似，她们的灵魂被重塑为基督徒。

第三种同样来自女性的观点介于她们二人之间：阿芙拉·贝恩（Aphra Behn）的《奥鲁诺克》（*Oroonoko*）。这位作者曾在帕勒姆山（Parham Hill）及附近的圣约翰山（Saint John's Hill）的种植园待过一两年，当时这些地方是英国在苏里南的殖民地。（拉巴迪派的上帝种植园日后将在不远处建起。）这本书是在她离开了二十四年后的1688年出版的。[202] 故事讲述了黄金海岸的王子奥鲁诺克和他美丽的妻子伊梦茵达（Imoinda）被残酷地奴役并被运往苏里南的故事，在一系列事件中，贝恩很大程度上是"目击者"，并且扮演了一个角色。奥鲁诺克向帕勒姆种植园的男性奴隶们滔滔不绝地宣讲他们生活中的屈辱和负担：苦力和鞭打；他们被买卖而不是在荣誉战争中被征服的事实；他们被一个"不知名"和"堕落"的民族奴役和羞辱的事实。男人、女人和孩童都跟着奥鲁诺克逃到丛林中（也就是说，要像逃亡黑奴一样生活）。[203] 最后，他们被副省长手下的大队士兵抓回。奥鲁诺克落入了省长及他的前非洲战友的手中，他遭到无情鞭打，伤口还被撒上辣椒摩擦。奥鲁诺克计划对省长展开自杀式报复，于是先杀死了有孕在身的妻子（期望通过死亡"送她回到自己的国度"），但他太过虚弱太过悲伤，没法离开她的尸体。省长便将他处死，并将他的尸体分尸，送到了不同的种植园，以警示奴隶。

贝恩的态度——包括她对奥鲁诺克的那些态度——由始至终都是复杂矛盾的。奥鲁诺克反对奴隶制，但回到非洲后，却把他的俘虏卖给欧洲奴隶主。当一同参与反抗的同胞抛弃了他，他苦涩地说他们是懦弱的，"天生就该为奴……适合被基督徒当工具使唤"。贝恩把自己塑造为奥鲁诺克的知己和支持者，反对他遭受的虐待，然而，她也试图劝他放弃暴动，监视他的行动，一旦他带头逃跑，她就和其他女人一样，害怕他从丛林里回来割断她们的喉咙。尽管贝恩差遣"印第安奴隶"做她的桨手，但她所描绘的非奴隶印第安人几乎都是高尚的野蛮人，如果得到宗教或律法指点，他们将更显出天性的纯真。然而，奥鲁诺克的伟大，不仅来自他非洲王室的气质和机智，还来自他从法国导师那里接受的"道德、语言和科学"教育。虽然他的肤色是"完美的乌木色或抛光的墨黑色"，但他的五官更像欧洲人而不是非洲人。他的死亡如此富有悲剧性，正如劳拉·布朗（Laura Brown）在一篇精辟的文章中所指出的那样，贝恩隐约将"尸身严重受损的君王"奥鲁诺克同被处死的英格兰国王查理一世做比较。[204]

如果玛利亚·西比拉·梅里安读过《奥鲁诺克》（无论是英文原著还是1709年汉堡出版的德译本），[205] 她可能会被阿芙拉·贝恩描写的自然历史记录中的"矛盾复杂"的情形逗乐或激怒：贝恩一行在一个印第安人村庄坐下吃饭，在那里，水牛肉和貌似充足的胡椒不可能被一同呈上；[206] 苏里南的天气被描述为"永恒的春天"，却没有提到高温和威胁性昆虫。但这位德国／荷兰昆虫学家可能感觉到了与这位英国作者的亲近。两人都是，且在出版物中都一度自称是奴隶主或奴隶使用者。她们两人都从帝国贸易的一些异国产品中获益（梅里安从标本中获益；贝恩从羽毛和蝴蝶中获益，她曾将这些羽毛和蝴蝶作为礼物赠送给英格兰国王的剧院和皇家收藏）。[207] 她们两人都对苏里南种植园的所见所闻深感不安，但也都没有直接质疑英国人和荷兰人在那里定居的权利。

然而，她们在主题处理方面却有所不同。贝恩将奥鲁诺克在非洲和苏里南的生活故事塑造成一个可以吸引欧洲人的英雄主义浪漫故事，[208] 在描写奴隶制的某些残酷性的同时，也给了奥鲁诺克独立的声音来谴责奴隶制。梅里安则以具体的片段记录女人（印第安人、红奴和黑奴）的某些做法，并以同情态度描述堕胎（女人的抵抗方式）——一个根本不可能吸引欧洲人的棘手的真相。

此外，还有两个女人，我们没有听到她们的观点：一个是梅里安带回阿姆斯特丹的那个加勒比或阿拉瓦克女人（梅里安很有可能把她当作仆人而不是奴隶）[209]；另一个是那个给她找来爬在"所多玛苹果树"*枝茎上的蠕虫的非洲女人。至于她们对《奥鲁诺克》的反应，那位印第安女人很可能会认为，这个英国人到访印第安人中间的奇遇——无论是贝恩在用餐时对女性种植的木薯保持沉默，还是她把萨满当作骗子——都是胡诌的。那位非洲女人则很可能认为奴隶在一位伟大领袖的教唆下逃跑合理。逃亡奴隶自己的故事集《第一次》（*First Time*）就是这么讲的，虽然总是伴随着某种奥比阿（*obia*），或者说是帮助人的某种灵怪，而奥鲁诺克则没有提到（也许这就是他被抓回来的原因）。[210] 这个非洲女人也可能将更多的主观能动性归给伊梦茵达，将更多的坚强不屈归给其他女奴。事实上，她也很可能会回忆起不久前（1693 年）上帝种植园逃亡的事件，那件事正归功于卡拉（Mother Kaàla），她的"奥比阿"可以与水灵交谈。[211]

但是，这个印第安女人和这个非洲女人会如何看待梅里安的《苏里南昆虫变态》呢？毕竟她们都有所贡献。首先，她们可能会希望自己的名字和/或民族被提及，就像玛丽总

---

* 不是真正的苹果，这个英文别名所指的植物有好几种，根据原书图片及其下的拉丁文植物名称，这里指的是学名 Solanum mammosum，中文名乳茄的植物。据《圣经》中《创世记》第 19 章：所多玛（Sodom）和 蛾摩拉（Gomorrah）是古代死海岸边的两座臭名昭著的城市，那里的居民骄奢淫逸、罪孽滔天。上帝降硫黄和火把一切都化为灰烬。此后，在死海这一带出产一种形似苹果的果实，外表鲜艳可爱，食之则满口灰味儿，可观不可食，人们称这种苹果为"索多玛的苹果"（apple of Sodom），又称为"死海之果"（Dead Sea Apple）。但死海之果所指的是 Calotropis procera，中名牛角瓜，并不同于这里的乳茄。需要区分。总之，英文中 apple of Sodom 指代的植物果实大都是华而不实之物。这里的乳茄也是有毒的。这里沿用英文别名翻译。

是在信中描述的魁北克印第安人的生活、谈话和演讲一样。梅里安提到的名字包括自然学者和两个种植园主，她在他们的土地上看到了某些昆虫，但对于她的非欧洲人帮手，她只说了"黑奴"这个词，而不是 Jacoba、Wamba、Sibilla、Tara、Wora 或 Grietje（我从 1699 年帕拉马里博的一份新近非洲到达者的名单中列举了一些名字）[212]，梅里安还说了"印第安人"，但不是加勒比人、阿拉瓦克人、瓦良斯人、泰拉斯人、阿卡瓦乌斯人或怀亚纳人。

更概括来说，印第安女人可能会奇怪，这个人想要传达植物昆虫知识给自己的同胞，却并非为了那些欧洲人口中的巫术和宗教仪式用途。对于佩伊（Peii），或者萨满（梅里安的措辞是"祭司"）来说，烟草与强大的神灵有关，他利用烟草的汁液和烟雾来举行净化和治疗仪式，也还有其他特殊植物做此类用途。他的秘密可能不为加勒比女人所知，无论如何，佩伊大部分工作就是通过从人体内吸出有毒物质、进入迷幻状态和摇动葫芦来完成的。[213] 不过，有些植物是所有加勒比人都可以使用的，使用时需要伴随咒语，用来抵御自然界中无处不在的危险灵怪，也用来在狩猎、种植木薯和家庭生活中祈祷收获。[214]

这个印第安女人也可能经历过某些仪式的考验，这种仪式使用昆虫作为道具，不同于玛利亚·西比拉的一切旧有经验。在许多讲加勒比语的民族和阿拉瓦克人中，蚂蚁和黄蜂的考验是男孩女孩进入青春期的仪式之一。少年的手会被塞进会带来刺痛的蚂蚁群里面，或者，将蜜蜂群和／或黄蜂群捆在少年胸上。（至19世纪，接受黄蜂考验的只有男孩，更早的时候也许同样如此。）怀亚纳人发明出一种织物垫子，编织成虎、蟹或神话中动物或神灵的粗糙形状，用羽毛装饰，上面装了用植物汁液下过药的黄蜂（插图中有这种垫子的图片），然后将垫子绑在年轻人的身体上进行仪式，仪式期间黄蜂会复活。[215] 就这样，狩猎耐力和生育能力将会传递给下一代。在第一个孩子出生后，昆虫考验也是加勒比人产后仪式的一部分。父亲会在吊床里待上八天，只吃木薯面包和水，再接受蜇人的蚂蚁的考验，在这之后才转入喜庆酒宴。[216]

同样，对这个非洲女人来说，自然界还有一些特殊用途，将这些用途从信息库中分离出来似乎很奇怪。关于苏里南的丝绵树，她或许会联想到树的神灵，以及在它的枝丫下摆放的祭品。她的母亲可能是神灵们的坐骑帕帕蛇（papa snake，蟒蛇）的看管人和魅惑者之一，这个非洲女人会知道不要伤害蛇，以免神灵报复。她的哥哥会知道父亲的禁忌食物是什么（这种信息是父子关系的标志）；而在梅里安的叙述中仅"被认为是一道不错的菜肴"的蟾蜍，对于某个非洲女人家里的男人，则可能是"禁忌"（trefu）。[217]

在故事领域中，那个非洲女人认为节肢动物的力量尤其强大。"[黑人] 天生就能言善道"，拉巴神父在谈到他在马提尼克岛的岁月时如此写道。[218] 非洲人漂洋过海带来并发展起来的故事的核心英雄就是蜘蛛阿南西（Anansi）；他诡计多端，所有故事都以他命名。欧洲人有时也听说过他的故事。1690年至1702年待在几内亚海岸的荷兰商业代理人威廉·博斯曼（Willem Bosman）就说过，他的房间里有一只"可怕的大蜘蛛"："黑人称这种蜘蛛为阿南西，并认为最早的人类便由这种生物创造。"[219] 在苏里南，人们会在祭祀亡灵的时候讲"阿南西故事"（Anansi-tori），在一整年供奉亡灵、宴请和哀悼的习俗中，间或也会讲述；人们也可以在其他时间讲这个故事，但不会在白天。阿南西为保护自己、为得到他想要的东西，会做一些巧妙的、狡猾的、有时甚至卑鄙的事情；他的目标和受害者有时比他小（蟑螂），有时比他大（老虎和国王）。[220]

有一个故事，说的是蜘蛛阿南西欺骗了老虎，让自己像骑马一样骑在老虎身上；那个取来所多玛苹果枝茎上的蠕虫的非洲女人可能就听说过这个故事的某个版本。阿南西向国王吹嘘说他能像骑马一样骑在老虎身上；对此怀疑的国王把这个说法讲给老虎听，老虎对这样的侮辱很生气，向阿南西咆哮。阿南西说国王撒谎，他很乐意去找国王对质，但他病得厉害，不能自己行走。于是，老虎就背着阿南西去见国王。在路上，阿南西用其他伎俩让虎子戴上辔头，等他们到了国王宫殿的时候，蜘蛛甚至还鞭打了老虎。[221]

阿南西并非每次都能胜出，那个非洲女人也可能听到或说过另一个故事。为了让自己成为地球上最狡猾的人／蜘蛛，阿南西从别人那里收集了他能找到的所有的"狡猾物"，装进一个葫芦里，然后徒劳地想把它放到一株丝绵树的枝头。当他的儿子告诉他正确搬运葫芦的方法时，阿南西意识到自己并没有积聚起世界上所有的狡猾，而且那永远也不可能。

他便恼怒地将葫芦摔成碎片。[222]

　　写了鸟故事的格莉克尔或许会喜欢这个"狡猾如何传播"的故事，也许会改编成她自己的版本；对印第安人讲的麝鼠和乌龟的创世故事很不耐烦的玛丽，可能会发现阿南西对道德讨论没有任何帮助。玛利亚·西比拉·梅里安到目前为止对文化比较都很感兴趣（"白薯……可以像胡萝卜一样烹调；它们的味道很像栗子……但更甜"），[223] 她会注意到，印第安人和非洲人对植物的巫术式使用类似于德意志乡村医术中的草药巫术；节肢动物在《伊索寓言》中也扮演了一个角色，尽管远不如阿南西的角色重要；阿南西骑虎的故事与欧洲的菲利斯颠倒尊卑骑在亚里士多德身上的古老传说有一些相似。[224] 她也会留意到，加勒比人与欧洲人的成年仪式有很大区别。

　　我们不知道玛利亚·西比拉·梅里安究竟有多了解加勒比人和非洲人的习俗仪式。很有可能，她的"印第安女人"确实告诉了她某些植物的神奇用途，她的"非洲女人"也告诉了她某些蛇的神圣性，就像她们告诉她堕胎药一样；但梅里安决定不在《苏里南昆虫变态》中记录这些事情。我们无法用欧洲人最容易获知的案例来考证她，因为她在丝绵树上并没有发现，或至少没有描述毛虫；在第 46 号图版中，茉莉花树篱下藏匿的美丽的蛇也不是蟒蛇。但她很可能有疑虑，她作为女博物学家的资历会被这类巫术性质的报告破坏。这也许是一个对她来说很实际的限制。

　　不过，阿南西的精神以一种间接的方式在《苏里南昆虫变态》中出现了一瞬（就像在玛丽的信件中，印第安人的情感和情节线索找到了进入其中的方式）。让我们再次回到第 18 号图版中的大蜘蛛和蜂鸟，这幅令人惊讶的图画很快刺激了欧洲人开始仿制，并促使林奈后来将这个物种命名为 *Aranea avicularia*，即"捕鸟蛛"。[225]（读者可以在本章插图中看到。）玛利亚·西比拉说："当它们找不到蚂蚁时，就从鸟巢里掠出小鸟，吸光它们身上的血。"然后她明确指出这些鸟是蜂鸟，"其他情况下，它们是苏里南巫师的营养品，他们（据说）禁止吃其他食物"。

萨满有食物禁忌，尤其是肉类禁忌，这是肯定的，[226] 但梅里安是否亲眼见过巨大多毛的捕鸟蛛吸食蜂鸟的血，这就不清楚了。如果她真的看到了，为何她在鸟巢里画了四颗蛋，而不是蜂鸟特有的两颗蛋？[227]19 世纪伟大的博物学家亨利·沃尔特·贝茨（Henry Walter Bates）确实在亚马孙河的一条支流边观察到一只"捕鸟蛛"（19 世纪时被称为*Mygale avicularia*"）杀死了一只雀鸟，他补充说，对巴西当地居民来说，这是"相当新奇的"。[228] 今天的热带生物学专家指出，这种攻击虽然可能发生，但却是例外——鸟类不会成为"捕鸟蛛"的主要猎物或常见的替代猎物。那么，在梅里安的例子中，很可能是有人告诉了她这件事，而且是由阿南西故事的讲述者告知的。无论文字和图片中存在着怎样的自然史痕迹，在这里，阿南西都得到了他的食物，而且是最好的食物——适合萨满的食物。

* * *

扎卡利亚斯·康拉德·冯乌芬巴赫（Zacharias Conrad von Uffenbach），是来自梅里安家乡的博识年轻学者，曾在1711年拜访这位艺术家兼博物学家，并购买了她的书和水彩画。过后，他在笔记中记录如下："她已经六十二岁了，但依然精力充沛……兢兢业业，是个彬彬有礼的女人。"她现在是阿姆斯特丹的国际知名人物，是一个必要去拜访的人，就像必须去听弗雷德里克·勒伊斯的解剖学讲座、去欣赏尼古拉斯·维特森的收藏品、去市政厅观看那些伟大的世界地图一样。当彼得大帝访问这座城市时，他的医生曾停留教堂大街，为沙皇购买了一些梅里安的画作。[229] 在她有生之年，尽管《苏里南昆虫变态》的德译本和英译本的订购量一直不足以弥补出版这些译本的费用，却在博物学家中间广为流传。1714年左右，她用旧铜版出版了两卷本描绘欧洲毛虫的《毛虫》（Der Rupsen）荷兰语译本，添加了一些观察报告，但文字愈加简洁客观。纽伦堡花园里"心灵手巧的贵族少女"及其他许多抒情性表达都消失了。[230]

她现在有了属于自己的称谓，一个非正式的称号，使她那异常的身份正规化：她成了"梅里安女士"（Juffrouw Merian）——通常来说，这是冠给未婚年轻女士的称呼，但在特殊情况下，亦可作为成熟妇人给自己的荣誉称谓。来自法兰克福的那位年轻访问者的记述显示，她对婚姻的记忆依旧苦涩，仍然闭口不谈离婚真相及拉巴迪岁月。"难以忍受

及苦不堪言"（übel *und kümmerlich*）：这就是乌芬巴赫对她
与格拉夫的那段婚姻生活的观感。"丈夫过世后，她搬到了
荷兰省"——显然实情并非如此。[231] 还有人猜测，她把自己
首先属于"梅里安家族"的认同感传给了女儿们，这牺牲了
她们对父亲的认同。1715 年左右，外科医生菲利普·亨德
里克斯去世，多萝西娅·玛利亚丧偶，她曾一度用"梅里安"
自称，而非父姓"格拉夫"。[232]

　　玛利亚·西比拉与女儿们的关系自有其隐秘之处，或许
这只是因为我们没有这位母亲写下的自传或写给孩子的信，
就像我们在格莉克尔和玛丽·居雅的例子中所能读到的那
类。但是，确实存在一些信件，在其中，梅里安曾谈到她
的女儿；也存在一些女儿谈论母亲的文字。在某些时候，
梅里安似乎把自己看作是一个分布广泛的家庭经济体的领
导：1702 年，她要求女婿菲利普·亨德里克斯从东印度提
供生物供她出售；1712 年，远在苏里南的约翰娜·海伦娜也
被要求做同样的事情；1703 年，其中一个女儿，可能是多萝
西娅·玛利亚，被要求对《苏里南昆虫变态》的英文翻译工
作提供帮助，以及，我们当然知道多萝西娅已经在苏里南
帮助完成了绘画。[233] 但在《苏里南昆虫变态》中，梅里安
仅承认了非洲人和印第安人这两种信息提供者，并称赞了
她的奴隶助手，却只字不提她的女儿们。会不会是她把她
们简单地归入自己名下？或者说，在自然研究中，夫妻团
队是可以接受的（德语版《毛虫》即认可了这一点），而母
女团队则可能会被视作缺乏严肃性？

无论如何，她的女儿们在荷兰语版《毛虫》第三卷中自有办法，这本书是玛丽·西比拉已经拟稿但尚未出版的欧洲毛虫观察报告，在她 1717 年去世后才刚刚付印。这确实是一整个家庭的事情：在亡母梅里安所著这部书的扉页上，出版人写的是"幺女多萝西娅·玛利亚·亨德里克斯（原文写的是 Henricie，指 Hendriks）"，书中还预告会有一篇关于苏里南昆虫的附录："由女儿约翰娜·海伦娜·赫洛特根据当地的观察撰写，目前她住在苏里南。"多萝西娅在序言中说，现在上帝把她的母亲带走了，让这个精力充沛的女人安息。如果不是因为玛利亚·西比拉近两年来抱恙，这本书可能会更早出版；多萝西娅正在完成她母亲的工作，这将会惠及所有昆虫爱好者。[234] 有些版次的荷兰语版《毛虫》装订有一幅玛利亚·西比拉的晚期肖像画，其中再次强调了家族元素：她指着一株植物，叶片上有蛹和毛虫，她的头顶上方显眼地挂着梅里安家族的家徽。[235]

母亲喜欢冒险，女儿也一样。1711 年，约翰娜·海伦娜抵达苏里南。当时她的丈夫雅各布·赫洛特是帕拉马里博孤儿院的院长之一，也负责管理孤儿亡父母的遗产。约翰娜在那里收集爬行动物、鱼类和昆虫的标本，希望能在欧洲卖个好价钱，她还研究并绘制昆虫和植物。[236] 她的一些画，她曾承诺过但从未出现在荷兰语版《毛虫》里，后来似乎出现在了母亲的遗著中，但未署自己的名字（家庭经济体再次体现）。约翰娜·海伦娜和雅各布·亨德里克·赫洛特很可能在苏里南度过了下半生。[237] 与此同时，1717 年秋天，多萝西娅·玛利亚前往圣彼得堡，她成为瑞士画家格奥尔格·格塞尔（Georg Gsell，他和他的两个女儿曾在教堂大街的梅里安家寄宿）的第二任妻子。多萝西娅·玛利亚和格奥尔格·格塞尔一起在圣彼得堡科学院的新艺术班教书，并为沙皇的珍奇柜绘制花鸟。在离开尼德兰之前，她把母亲的苏里南和欧洲昆虫书籍的所有图画、版画和文稿都卖给了阿姆斯特丹的出版人约翰内斯·奥斯特韦克（Johannes Oosterwijk）。[238]

在接下来的两年里，奥斯特韦克通过出版关于欧洲毛虫的《毛虫》以及《苏里南昆虫变态》的拉丁文版本，给这位女博物学家的形象带来了新变化。这两本书都带有赞美诗歌和博学之士写的序言。相较克里斯托弗·阿诺德 1679 年德语版《毛虫》中描写这位女奇人的四音步诗句，犹太医生所罗门·佩雷斯的双行体诗给出了高得多的赞美。两本书也都赞颂了那些观察昆虫的女性。在西蒙·施恩沃特设计的欧洲毛虫那本书的卷首插画上，在昆虫标本中间，一位博学女神正在向理想化了的玛利亚·西比拉·梅里安和她的女儿们讲课。在苏里南那本书的卷首，一个理想化了的年轻的梅里安正看着前景中的昆虫标本，而透过想象中的苏里南的窗户，梅里安正举着蝴蝶捕网追赶生物。[239]

但奥斯特韦克做了些斟酌。17 世纪末和 18 世纪初，尼德兰出版的博物学书籍通常在开篇就有荷兰殖民帝国的标志：非欧洲人往往被描绘成致敬的姿态，表现出他们正在进贡家乡的礼物（例如欧洲人要研究的物品）。在扬·科梅林

(Jan Commelin) 的《阿姆斯特丹医学园珍稀植物史》（*History of the Rare Plants at the Amsterdam Medical Garden*, 1697）的卷首插画上，一个非洲人和一个亚洲人跪着向一个拟人化的女王形象的阿姆斯特丹进献植物，而一个印第安人正在候着。皇室植物目录的资料是原住民心甘情愿的馈赠。[240] 在郎弗安斯的《安汶岛的奇珍异宝》的卷首（梅里安为其绘制了插图，但没有设计卷首插画），一个皮肤黝黑的男人躬身向一群男性博物学家展示一个大篮子里的贝壳，一个赤身裸体的男孩跪在甲壳类动物和海龟中间。[241]

　　1719 年出版的梅里安的《苏里南昆虫变态》，没有非洲人或加勒比人跪在她面前呈上昆虫植物的场景。相反，那是一个经典的文艺复兴构图，一些胖乎乎的小娃娃向她展示标本和昆虫画。也许奥斯特韦克认为帝王般的形象不适合用于女人写的书。也许这个选择反映了梅里安本人不愿把她的书放在帝国事业的中心（她的朋友施恩沃特于 1719 年担任《苏里南昆虫变态》的顾问，或许是由这位朋友传达了这种想法）。[242] 再一次，梅里安独自出发。再一次，我们无法将她定格。

结　语

　　她们人生各异，但都在公共领域中有所成就。瘟疫风险、疾病苦痛、亲人早逝——所有这些都影响了格莉克尔·巴斯·犹大·莱布、玛丽及玛利亚·西比拉·梅里安的人生。她们三人都曾见证城市话语和印刷文字的蓬勃发展。她们三人都曾体验额外重压在女人身上的等级结构。她们三人也都曾被意外出现的精神机遇鼓舞，期许一个更美好的未来，哪怕只是暂时的。她们的生命轨迹有某些共通点，包括精力充沛及长寿的好运。使得她们走上不同道路的因素来自机会与性情，但更多则来自17世纪宗教文化和职业期望所设立的模板。

　　三人最相似之处在于其工作方式，都是一种女性版本的手工-商业风格。她们都有一技傍身：除去其他鉴别能力，她们或能甄别珠宝，或能品鉴刺绣纹样，或能区分昆虫标本好坏。她们都精于财务，能够依据场合需要，或记录放贷金额和孩子的嫁妆，或记录图书、画作和标本的销量；从记录马匹、马车和马车夫，转为记录教堂装饰品、食品供应、修女捐赠的嫁妆，以及随着她们职业和地点改变而进行的土地交易。她们总是雷厉风行，不管什么技能，只要有用，就立马拿来应对当下需求，无论是处理信贷损失或是火灾损毁的危机，还是听从渴望展开新冒险。

对城市男人来说，工作技能上的变通适应能力往往会被认为是因为贫苦：说明这个男人必须放弃固定行业才能生存下来；他是一个雇佣日工，心甘情愿从事任何工种。对于城市女人而言，无论贫富，适应能力都必不可少，且教养她们的方法也鼓励如此。[1] 与兄弟相比，女孩更多接受普通手艺和家务技能教育，而不是几年的正式学徒训练；她们在父母、男主人或女主人的家务中学习任何能观察到的手艺技术。有朝一日若以妻子、仆人或第二任妻子的身份进入家庭，她们希望自己的工作能力适配其家庭生活。格莉克尔·巴斯·犹大·莱布及玛丽·居雅正是以此方式生活，她们的适应能力从宗教中获得了额外的推动力量。在基督教欧洲的不确定性中，犹太人需要善于随机应变；而一个英勇的天主教徒也必须时刻待命，无论何时何地，只要天主召唤，就必须去服侍。

玛利亚·西比拉·梅里安则略微不同，因为即便她自学了繁育昆虫和观察昆虫的技能，她的艺术技能也来自多年家庭训练。也许，在与拉巴迪教派上帝选民一同生活的岁月中，她的变通适应能力延伸到了农业耕作，但她的大部分技能都属于17世纪全才艺术家工铺里的那类。她成了画家、雕刻家、出版商、艺术商，以及像她钦佩的父亲梅里安和继父马雷尔那样的教师，像她母亲那样的刺绣师。

精深的技艺是工匠的特质，对男人来说，专长往往会通过行会组织的认可来巩固。某些女性从事的行业也有女人行会，还有些女人属于男女混合行业的行会会员。不过，出于种种原因，格莉克尔、玛丽和玛利亚·西比拉跟许多女人一样，都没有加入这种组织。在汉堡，基督徒有贸易行会，但犹太人（更不用说犹太女人）则没有；图尔市这位帮姐夫经营运输生意的女人也不可能属于哪个行会，尽管她的姐夫有所属的行会。梅里安作为画家，最有可能成为行会成员，但实际上她属于纽伦堡圈子里试图建立艺术学院的一员。因此，对于格莉克尔、玛丽和玛利亚·西比拉来说，她们青年时期的专业意识来自相应环境中的亲身实践，而在这个环境中，她们还需操劳家务——毛虫繁殖箱散落在炊具间，在哺乳孩子的同时还要给出甄选珍珠的建议。获得认可（比方说，来自修道院修女或博物学家同侪的认可），都是后来的事。

也许，这三位女性在写作与描绘中投入的专注力，也体现出她们的手艺意识。梅里安显然把她的书看作是绘画和观察的延伸，而玛丽的教学书则将她的教学过程落在纸头。但玛丽与格莉克尔都在没有受过修辞学、语法或文本结构的正式训练的情况下走上这条写作道路。虽然她们都有榜样——讲故事的人、布道、畅销书，以及（在玛丽的情况下）乌尔苏拉修道院的交流语言——但撰写手稿需要对叙事及对话加以甄选。也许，如玛丽所称，"圣灵恩宠"使她自发地书写；但如果真是这样，那也需要通过她的神经和肌肉的技巧来实践。

宗教对这三位女性皆影响深远。在基督教欧洲，格莉克尔的犹太人身份使她处处受限、朝不虑夕。身为以色列子民的自我想象又给予她深刻的身份认同，其他身份（女人、商人、德语区居民）也会通过这个自我认同来彰显。她充分利用了分散而治的拉比犹太教留给女人的空间：祈祷、家务圣洁、作为已婚妇女的身体圣洁、善举、阅读，就她而言还包括写作。在17世纪令欧洲犹太社区兴奋的宗教新事件中——沙巴泰·泽维、卡巴拉、激进思想——只有第一件影响了她的生活。这也可能关乎性别。人人企盼的弥赛亚消息可以飞驰到每个人身边，无论男女；但卡巴拉思想、有关斯宾诺莎的辩论、改宗者的异端邪说，都没有散播至女人可接触的文本（或至少看起来是这样；也许相较于我们所知道的，妻子们事实上听说了更多这类消息）。

印刷业和意第绪语译者扩大了格莉克尔所能接触到的犹太思想核心内容。我们已经看到，这不仅滋养了她的道德观念，也滋养了她自身的主体性。思考《约伯记》，就帮助她认识到自己身上多年来存在着躁动不安的焦虑。

玛丽利用了公教改革后教阶为女性敞开的道路中的两条：当她在俗世中作为妻子和寡母生活时，她可以详细讲述圣洁事物；以及在为独身女人新开放的修道会中，她发展了教育职业。她将每一项都做到极致，先在苦修纪律和神秘异象中开花结果，后将教学扩展到远方的英雄主义的使徒事业中。

从一开始，这些实践就陆续影响了玛丽的文才及自我意识。身体惩戒、与基督交流和神学异象早就转化为她与神师的对话，以及有关"我"的书写（这个书写从强烈主动转向被动）。在这个过程中，宗教让她书写，让她得以解释她为何遗弃儿子，以及她的周期性沮丧。最后，她创作了一个既主动又被动的"我"的故事，她还学会用四种语言去谈论与书写天主奥义。接近人间乐园的愿望——这是格莉克尔不得不早早放弃的——对玛丽来说，在她故世于加拿大丛林中的那一刻，都还没有完全熄灭。

新教激进的灵修形式——对男人和女人都开放——在玛利亚·西比拉·梅里安三四十岁的时候，以特殊的力量在她的生活中迸发。首先是对自然界中上帝存在感到狂喜——这种感觉注入了她那些关于低等爬行生物的作品。然后是她皈依拉巴迪教派，同丈夫、家庭财产及俗世骄傲决裂。之后她离开拉巴迪社区，扎入对自然神论更冷漠的超然中，多年后，一种类似拉巴迪教派的力量和信念激励了她前往苏里南丛林进行勘察的离奇计划。

当然，这些宗教变更也引导玛利亚·西比拉进行自我反思和内心对话。拉巴迪派不正是要求每个成员评论自己作为忏悔者和重生者的状态吗？但从字面上来看，她似乎只留下了那本附有讲述过去研究的序言的研习手册，而不是一部像安娜·玛利亚·范舒尔曼的《善途》那样的自传。在拉巴迪派这段岁月过后，她讲述了符合大众兴趣的那些生活片段：她的梅里安血统、她的自然研究和旅行。但至于她在婚姻和宗教上的实验，她只模糊指代、错误陈述，甚至隐瞒说谎。

在格莉克尔·巴斯·犹大·莱布和玛丽身上，自传写作都不曾威胁她们的商业事业或教学职业。敏感事件仅被隐约提及，抹掉了有损母亲名誉或使孩子难堪的细节，有些事情则完全被略过。[2] 对玛利亚·西比拉·梅里安来说，给人生打上烙印的"流言蜚语"从来不是无关紧要的。把它们说出来可能会威胁到她作为博物学家、画家和女性的身份。她也可能认为，她的孩子们无须她记录人生经历。克洛德·马丁从玛丽那里求问他从未了解过的父亲的秘密，而梅里安的女儿们则不同，她们全程在梅里安身边目睹了一切。我曾说过，她的自我隐瞒是她自由的一个前提。

家庭关系及经历塑造了 17 世纪生活的核心形态，但在实践中又表现出极大不同。三个女人的生育率就显示了文化和个人选择如何影响了近代早期的生育状况。格莉克尔怀孕了十四次，生了十二个孩子；玛丽生了一个儿子，年纪轻轻就守寡，从未再婚；玛利亚·西比拉在长达二十多年的婚姻中只生了两个女儿（据我们所知，她也只怀孕了两次）。格莉克尔和哈伊姆惊人的多产，部分原因在于 17 世纪犹太人极早结婚的习俗。当格拉夫夫妻决定采用某种形式的节育措施时，日内瓦和英格兰的新教夫妇也在进行类似尝试。

相对来说，在这三个女人的婚姻中，那种常见的夫唱妇随的等级并不那么明显，因为他们都是夫妻共同经营事业：

汉堡的珠宝和贷款业务、图尔的丝绸商铺、纽伦堡和法兰克福的雕版及出版业。玛丽·居雅的说法是，她的丈夫给她闲暇，让她有空投入宗教信仰；而约翰·安德烈亚斯·格拉夫显然尊重妻子的昆虫探索。但是，这样的陪伴并不一定就能成就美满婚姻。只有格莉克尔——她在订婚那天首次见到丈夫——描述了多年来恩爱有加的亲密关系。玛丽虽在他们短暂的一两年相处中"爱"着丈夫，但这相处也笼罩着丈夫与另一个女人的"耻辱"乌云。至于玛利亚·西比拉，与一个相识多年的男人的婚姻终究成了场灾难，原因也许有性欲方面的极度不合，但必然包括她宗教上改宗皈依的嫌隙。

近代早期的家庭，经常会出现无情冷漠的父母，但在这几个家庭中都没有这种情况。不过，她们做母亲的有所不同。格莉克尔希望依靠早婚而不是延迟继承来让孩子们担起犹太人的生活，因此她频繁公开表达爱、焦虑、愤怒和悲伤，让孩子明白她的感受和对他们的要求。这不是一个缄默的家庭。玛丽·居雅装作疏远儿子，但并不成功，她与神师反复谈论儿子及她对儿子的责任，最后她通过书信这一安全媒介与儿子交流。他们俩共同回忆起来的场景是，儿子哭着反对，而她则平静地陈述圣召。玛利亚·西比拉的母性音调很难听到，不过，在她过世后，多萝西娅在谈到她时带有的感情，或许能反映出玛利亚·西比拉自己的声音。可以肯定的是，梅里安赢得了女儿们的忠诚，与父亲对立；与此同时，她也给予了她们按照自己心意生活的必要手段。

梅里安还让女儿们对她们的艺术家和博物学家角色一直

感到舒适。除了这一点和她自己令人印象深刻的榜样之外，她没有再将这种女性能力普及化。玛丽走得更远，她不仅激励侄女玛丽·比松成为乌尔苏拉修女，而且还为法国乌尔苏拉修女和美洲印第安女性皈依者描绘了一幅又一幅肖像，将她们视作使徒传教士和教师。格莉克尔·巴斯·犹大·莱布充满爱心，也"学识渊博"，正如纪念她的讣告所说的那样，在那"与上帝争辩"的文字实验中，她超越了大多数犹太女人所谨守的界限。但她对女儿的赞美，只针对以斯帖的慷慨和虔诚。只有在两百年后，在一个亲属后代身上，格莉克尔才成为女权革新的一个刺激因素。

对 17 世纪的某些同时代人来说，提高女性地位是一切改革的核心。沙龙文化激发了女性价值的许多主张，紧接着，1673 年，笛卡尔主义者弗朗索瓦·普兰·德拉巴尔（François Poullain de La Barre）在巴黎出版了《两性平等》（*De l'égalité des deux sexes*），这是在玛丽于魁北克故世的一年后。1694 年，玛丽·阿斯特尔（Mary Astell）的《为增进女士真正最大利益而向她们提出的严肃建议》（*Serious Proposal to the Ladies for the Advancement of Their True and Greatest Interest*）在伦敦出版，她主张建立一所学院，为女性提供"学问教育"。[3]

格莉克尔、玛丽和玛利亚·西比拉虽然对女性朋友和女性亲属都很热忱，但她们并没有将提高女性地位本身作为首要目标。然而，她们的故事揭示了 17 世纪生活方式的其他可能性，因为她们在边缘地带开辟出了新奇的生活方式。

何种意义上的"边缘"？首先，格莉克尔是犹太女人，玛丽和玛利亚·西比拉是非贵族女人，她们都远离无论皇室的、民间的、还是参议院的政治权力中心。诚然，她们在一些重要方面受到了国家及其统治者的影响。格莉克尔·巴斯·犹大·莱布和其他犹太人的生存需要依赖保护犹太人的君主或政府。与维也纳的奥本海默家族等宫廷犹太人签订的信贷协议，既可以给格莉克尔的生活带来破坏，也可以带来好处；在与梅斯经营王室生意的商人希尔施·莱维再婚后，她的经济稳定一度与法国国王联系在一起。如果没有欧洲人在魁北克和苏里南的政治存在，玛丽和玛利亚·西比拉·梅里安都不可能在这些土地上实现她们感受到的呼召。梅里安想知道《苏里南昆虫变态》能否得到英国安妮女王的赞助，是否能在阿姆斯特丹那些市长和镇长中间找到读者；在她去世前，她想必会感激沙皇彼得对她的作品有兴趣。至于实际的政治层面的影响，只有玛丽有机会向总督们提出建议——而且是她在加拿大以非正式方式提出的。格莉克尔仅限于向宫廷犹太人求助。

从文化定义上来说，这些女人也在相当程度上远离正规的学习中心及机构。格莉克尔与塔木德学者们的交谈大多就在餐桌旁，听他们布道也是在女座区。玛丽会在忏悔过程中、在修道院庭院中，或在信件中（如她的儿子）与神学博士交谈，会坐在修道院小堂里听他们布道。梅里安的学问来自家族图书馆的图书，之后来自纽伦堡的学者式赞助人。晚年在阿姆斯特丹的她，更接近学术交流中心——植物园、珍奇柜——但她仍不能经常去大学。在她们三人的例子中，文化愿景和手艺作品——传奇自传、神秘经验表述和新世界写作、昆虫在植物上的生命史——都是从边缘地方创造出来的。但那个边缘之处，并没有现代经济学以利润为中心的用法中"边缘"所暗指的内容贫乏或低质量；相反，它是文化沉淀之间的交界地带，允许新的增长，蕴含令人惊叹的混合。

每位女性都以自己的方式理解或拥抱边缘地带，将其重构为一个局部定义下的中心。对格莉克尔来说，最重要的就是犹太人社交网和犹太社区。对玛丽来说，是她在加拿大丛林里的乌尔苏拉修道院和庭院，里面都是印第安人和法国人，远离法国的文雅。对于玛利亚·西比拉来说，那是一个位于尼德兰森林边缘的拉巴迪派定居点，然后是苏里南的河流和雨林——虽然不是永久住所，但改变了生活。在每个例子中，个人通过规避，在一定程度上摆脱了欧洲等级制度的束缚。

诚然，边缘不仅针对女性。许多欧洲男性由于出身、财富、职业和宗教等，也远离权力中心；男性有时也主动选择或被动接受边缘的位置。这就包括我们在本书中遇到的男性犹太人（宫廷犹太人除外）和耶稣会传教士、拉巴迪主义者和狂热的博物学家。但是，"边缘女人"——这种受到更多压迫的情况——可以特别清楚地揭示出与男性女性皆利害攸关之事。

人无法完全逃离中心及等级制度。米歇尔·福柯对17世纪权力之所在就颇具洞见，他说，不应仅仅"在某一中心点的原初存在中、在唯一的最高权力中心"中寻找权力，权力在整个社会的"力量关系"中无所不在。[4]格莉克尔·巴斯·犹大·莱布、玛丽和玛利亚·西比拉·梅里安也都携带着权力关系。就格莉克尔而言，我们考察了她与非犹太人的关系；就这三位女性而言，我们都考察了想象中或现实中她们与非欧洲人的关系。格莉克尔将精力投入到阐述一个有界的领域，一个文字的"移入纹"，这就允许她支撑起她自己、她的家庭和她的犹太同胞，他们所处的是一个基督教统治的危险世界。对她来说，这就是"虔诚的塔木德学者"这个故事的核心所在，她甚至设计了一个颠倒的世界，在这个世界里，犹太人处在顶端。她在讲故事的过程中并没有进一步延伸自己，没有重新思考欧洲人对"野蛮人"那想当然的优越感。她对苦难的同情也并没有延伸至"移入纹"以外不可见之处。[假若她是苏里南种植园的犹太女人之一，被描述为整天和非洲家奴"喋喋不休"；或假若她是18世纪苏里南犹太教团体（那里有相当数量的犹太人属于有色自由人）成员之一——她有没有可能重新勾勒出这样的故事？][5]

玛丽和玛利亚·西比拉·梅里安都发现，边缘地区承载着与非欧洲人的真正的权力关系：玛丽是印第安人的女家长式教师，玛利亚·西比拉是非洲人、加勒比人和阿拉瓦克人奴隶的主人。从她们的女性经验（包括与女人的对话）和职业态度（一个是传教热情，另一个是科学作风）出发，她们详尽阐述了如何思考非欧洲人——玛丽的普遍主义，玛利亚·西比拉·梅里安的民族志观察对野蛮/文明分类的漠视——这些途径都缓和了她们同时代的男性所提出的欧洲人优越的主张。

一些历史学观点可能会敦促我们去找寻一套知识或表征的单一原则，以当作这三个女人的方法途径的基础。或者，如果找不到，那就把这三种方法安放在一个尺度上，区别出"较旧的"和"较新的"，或者多多少少在时间尺度上进行分析。应该拒绝这样的阐释，确切来说，这三种模式是同时发生的。不同的模式提醒我们去留意欧洲文化当中的流动性、混合性和竞争性。它们也为嵌入那些非欧洲人的目光留下了空间，这些目光回应了欧洲人的凝视，我们在重建恺昂和乌德勒奇对玛丽的看法，以及加勒比人、阿拉瓦克人和非洲妇女对梅里安的反应时就看到了这种目光。

本书的叙述顺序——从格莉克尔·巴斯·犹大·莱布到玛丽，再到玛利亚·西比拉·梅里安——不同于历史时间顺序：图尔的那个女人至少比汉堡和法兰克福的那两个女人早一代。基督徒生活的矛盾已然扩大到大西洋对岸，进入与印第安人、非洲人的不确定关系当中。在思考这些矛盾之前，先描绘一下犹太人在欧洲令人不适的限制中的生活策略，似乎颇有益处。不过，这种分析顺序并非"女性发展"，并非好像一种生活方式取代了另一种生活方式，就像基督徒认为教会取代了犹太教堂、《新约》取代了《旧约》。每个人生都是个例，都有其优点、进取之处和缺点，而且17世纪欧洲的母题贯穿其中：忧思、增强的自我意识、好奇心、末世论的希望、对上帝在宇宙中的存在和意图的思考。我并不偏爱哪个。

＊ ＊ ＊

在某一时期内，她们曾是血肉之躯；之后，留下回忆、肖像、著作和艺术品。当玛丽被包裹起来准备入殓时，她所有的祈祷书、念珠、圣牌和衣物都被当作珍贵的遗物取走。在大西洋彼岸的图尔修道院，她的侄女玛丽·比松在幻象中最后一次见到了她。[6] 她想烧掉的精神自传被乌尔苏拉修女抄录下来，正如我们所看到的那样，由她的儿子克洛德·马丁编辑、补充，并与她的信件及其他作品一起出版。因此，这些作品传播到了乌尔苏拉修会和其他宗教团体中，如玫瑰道明会和加尔默罗会的修女中间；在收藏于修道院图书馆和珍本室的那本书的扉页上，就装饰有她们的签名。[7]1734 年，一位年轻的法国叙尔皮斯修会（Sulpician）修士皮埃尔·萨特隆（Pierre Sartelon）来到蒙特利尔时，包里就有这本自传的抄本；1806 年一场灾难性的大火后，这份抄本传给了三河市的乌尔苏拉修道院。[8] 一个多世纪后，阿尔伯特·贾梅特神父（Dom Albert Jamet）出版了三河市的抄本，但他是被玛丽的神秘主义所吸引，而不是她的教师角色。至于休伦人、阿尔冈昆人和易洛魁人，玛丽的使命是拯救他们的灵魂。[9]

玛丽用阿尔冈昆语、休伦语和易洛魁语写的手稿，这些她与丛林人群关系的最重要证明，在 19 世纪被交给了加拿大北部的传教士——这个说法来自盖·乌里神父（Dom Guy Oury），他写的关于玛丽的文章很有研究分量，也没有贾梅特的种族主义色彩。[10] 我希望这些手稿能交到印第安人手中。也许它们存在于某个地方，就像保罗·萨旺基基（Paul Tsaouenkiki）写在肖蒙神父的休伦—法语词典手稿上的家族史："这份手稿是我父亲保罗·塔霍伦奇（Paul Tahourhench）留给我的，他是 1697 年在魁北克附近的洛里特圣母院（Notre Dame de la Jeune Lorette）所建立的休伦部落的伟大酋长。我父亲是从他的母亲拉·欧尼恩济（La Ouinonkie）那里得到这份手稿的，她是保罗·昂达恩豪特（Paul Ondaouenhout）之妻，大约在 1871 年去世，享年八十四岁。"[11]

在玛利亚·西比拉·梅里安去世前，她的水彩画和出版物就已在欧洲广为人知，随着《毛虫》及《苏里南昆虫变态》的荷兰文、法文和拉丁文版本相继问世（其中有两种晚至 18 世纪 70 年代才出版），这种认可也随之传播开来。[12] 林奈提到了她的书，在他的分类中用"梅里安"（Merianella）作为一种蛾类的俗名，并称许王后路易丝·乌尔莉卡（Queen Louisa Ulrika）收藏的梅里安的昆虫画。他还将梅里安的铜版画版本列入因其高价而对自然科学发展不利的书册；"在平凡家庭长大的植物学之子，都无可避免必须购买这种高价书。"[13]

彼得大帝和他的继任者无须考虑成本，1736 年，他派多萝西娅·玛利亚·格塞尔回到阿姆斯特丹，为圣彼得堡科学院收藏更多她母亲的水彩画。[14] 梅里安的画作与伦勃朗的画作一起在珍奇博物间展出，这无疑激发了后来俄国军官及文官精英对鳞翅目生物的兴趣。事实上，这些画作还激励了作家弗拉基米尔·纳博科夫的热情，他一生都在收集蝴蝶。1907 年他大约八岁，在距离圣彼得堡不远的乡间别墅的阁楼

上翻箱倒柜时，他发现了一些属于外婆的书，他外婆本人也
算是某种程度上的博物学家。纳博科夫"把一堆堆妙极了的
非常吸引人的图书"抱到楼下，其中就有玛利亚·西比拉·梅
里安写的那本关于苏里南昆虫的书。[15]

约翰娜·海伦娜·赫洛特最后定居的苏里南，也保存了
她母亲的一些作品。今天，在苏里南国家博物馆的图书馆里
藏有两个版本的《苏里南昆虫变态》。该机构的源头是 18 世
纪的珍奇柜，1975 年苏里南独立后，它在著名的 17 世纪建
筑泽兰迪亚堡中得以延续。但在 1982 年，当两年前夺权的
军事政权接管了泽兰迪亚堡并下令清理时，博物馆中物品和
书籍的保存就并非易事了。馆员们不得不匆忙收拾一切，保
护他们的藏品不被偷盗。从那时起，博物馆不得不在窄小的
临时角落开展工作，至少有一次，门外还发生了暴力事件。
不管怎样，梅里安的书卷现在与怀亚纳蜂垫、萨拉玛卡人
（Saramaka）* 的"说话鼓"和爪哇人† 的皮影戏放在一起，苏里
南的学者将这些藏品视作多民族后殖民社会的"国家遗产"
的一部分。[16]

格莉克尔的自传也颇具传奇色彩。其手稿以家庭副本的
形式流传下来，1896 年，这份自传由学者大卫·考夫曼（David
Kaufman）以意第绪语原文出版。之后，1910 年，贝莎·帕
朋罕（Bertha Pappenheim）在百忙之中抽出时间出版了德

---

* 苏里南河上游的萨拉玛卡黑人（Saramaka Maroons），也就是逃亡黑奴的后代。
† 爪哇裔苏里南人，是指生活在苏里南的爪哇族，他们最早出现在 19 世纪后期，
  由荷兰殖民者从荷属东印度引入。

译本。她是法兰克福的犹太女权主义者、社会工作者和改革运动者。[17] 帕朋罕经历丰富，年轻时曾接受约瑟夫·布洛伊尔（Josef Breuer）的精神疗法，布洛伊尔和西格蒙德·弗洛伊德在 1895 年的《癔症研究》中以"安娜·O."（Anna O.）为代称发表了她的病例。几年后，她将玛丽·沃斯通克拉夫特（Mary Wollstonecraft）的《为女权辩护》（*Vindication of the Rights of Women*）译成了德语。[18] 随后就轮到格莉克尔这本自传。帕朋罕称她为"Glückel von Hameln"（遵循 1896 年的意第绪语版本），格莉克尔是帕朋罕的旁系亲属：帕朋罕的母亲是哈伊姆·哈默尔恩的姐姐叶恩特（Yenta）的后代。[19] 更重要的是，格莉克尔是积极独立和履行家庭义务的楷模，帕朋罕希望借此鼓励 20 世纪早期德国的犹太女人。并且，与格莉克尔一样，帕朋罕也相信讲故事的用处，她曾于 1890 年出版了一本儿童家庭故事书，在 1929 年又出版了意第绪语《故事集》的德译本。也许她自己的心理痛苦及治愈痛苦的努力，让她对那些犹太故事当中的暴力、激情和洞察持开放态度。贝莎·帕朋罕如此认同格莉克尔，她甚至在请人绘制肖像时，穿着她想象中格莉克尔的装束。[20]

帕朋罕的译本由她的弟弟及表亲在维也纳出版，这个译本完整译自意第绪语版。帕朋罕偶尔也会将格莉克尔德国化，例如，"我拒绝了与整个阿什肯纳兹犹太社区最杰出的男人再婚的机会"中，"整个阿什肯纳兹犹太社区"变成了"整个德意志"（*in ganz Deutschland*）。[21] 但她很细心留意格莉克尔的文字，保留了意第绪语的诸多特色。

三年后，犹太历史专家阿尔弗雷德·菲尔欣费德（Alfred Feilchenfeld）出版了格莉克尔自传的另一份译本。由于他认为该自传的重要性只在于它所揭示的犹太家庭及其在日耳曼地区的生活方式，所以他删掉所有"反复打断"这部传记的民间故事及道德评论。[22] 作为替代，他将两个从语境中剥离出来的故事放在附录中作为例子。[弗洛伊德圈子里的一位精神分析学家西奥多·赖克（Theodor Reik）就从这一版本中引用了那个鸟的故事。][23] 菲尔欣费德还省略了格莉克尔的套话（如"愿他的功德泽被后世"），并改变了一些书卷之间的划分。这种对格莉克尔文本的肢解可能并不会给那些被同化的德国犹太中产阶级读者及"犹太教科学"学者带来困扰。他们或许有兴趣探索一个德国家族的过去，但对一个17世纪女人的意第绪语的质问则无所适从。[24]

至于是什么构成了现代德国犹太女人的身份认同，贝莎·帕朋罕有不一样的看法。她一定会对这另一版本的格莉克尔自传的广为流传感到遗憾，这本由柏林犹太出版社出版的书到1923年为止就重印了四个版次。[25] 然后在纳粹时期，格莉克尔自传的所有版本——节本、全本、意第绪语的、德语的——都和其他"不良书籍"一起被装进"有毒库房"。1990年3月，我很高兴在东、西柏林的图书馆书架上都找到了它们。我认为这是一个良好信号，如同"鸟的故事"中的第三只雏鸟一般，这些书成功抵达彼岸。

注　释

缩写说明

ARAH

Algemeen Rijksarchief, The Hague

荷兰海牙国家档案馆

ADM

Archives Départementales de la Moselle

摩泽尔省档案馆

ADIL

Archives Départementales d'Indre-et-Loire

安德尔—卢瓦尔省档案馆

AL

The Life of Glückel of Hameln, 1646—1724, Written by Herself, trans. And ed. Beth-Zion Abrahams (London: Horovitz Publishing, 1962; New York: Thomas Yoseloff, 1963)

《格莉克尔回忆录》（英译版，Beth-Zion Abrahams 译）

AUQ

Achieves des Ursulines de Québec

魁北克乌苏里拉修会档案馆

BN

Bibliothèque Nationale de France, Paris

法国国家图书馆

Cor

Marie de l'Incarnation, *Correspondance*, ed. Dom Guy Oury (Solesmes: Abbaye de Saint-Pierre, 1971)

《玛丽之往来书信》

GAA

Gemeentearchief Amsterdam

阿姆斯特丹市档案馆

JJ

Abbé Laverdière and Abbé Casgrain, eds., *Le Journal des Jésuites publié d'après le manuscrit original conservé aux archives du*

Séminaire de Québec, 2nd ed. (Montréal: J. M. Valois, 1892)

《耶稣会报告》（不分卷）

JR

Reuben Gold Thwaites, ed., *The Jesuit Relations and Allied Documents*, 73 vols. (Cleveland: Burrows Brothers, 1896—1901)

《耶稣会报告》（按年份分卷）

JTS

Jewish Theological Seminary of America, New York

美国犹太神学院

KM

Die Memoiren der Glückel von Hameln, 1645—1519 (Yiddish), ed. David Kaufmann (Frankfurt am Main: J. Kaufmann, 1896)

《格莉克尔回忆录》（意第绪语版本，David Kaufmann 编）

MetD

Maria Sibylla Merian, *Metamorphosis Insectorum Surinamensium: ofte verandering der Surinaamsche Insecten* (Amsterdam: Maria Sibylla Merian and Gerard Valck, n.d. [1705])

《苏里南昆虫变态》（荷兰语版，1705）

MetL

Maria Sibylla Merian, *Metamorphosis Insectorum Surinamensium* (Amsterdam: Maria Sibylla Merian and Gerard Valck, 1705)

《苏里南昆虫变态》（拉丁语版，1705）

PM

Die Memoiren der Glückel von Hameln, trans. Bertha Pappenheim
(Vienna: Stefan Meyer and Wilhelm Pappenheim, 1910)
《格莉克尔回忆录》（德译版，Bertha Pappenheim 译）

*Rau*79

Maria Sibylla Merian, *Der Raupen wunderbare Verwandelung und
sonderbare Blumen-nahrung* (Nuremberg: Johann Andreas Graff,
1679; Frankfurt and Leipzig: David Funk, 1679)
《毛虫，奇妙变态过程与奇异食物》（1679 年德语版，卷一）

*Rau*83

Maria Sibylla Merian, *Der Raupen wunderbare Verwandelung und
sonderbare Blumen-nahrung: Anderer Theil* (Frankfurt: Johann
Andreas Graff, 1683; Nuremberg and Leipzig: David Funk, 1683)
《毛虫，奇妙变态过程与奇异食物》（1683 年德语版，卷二）

Rel

Marie de l'Incarnation, "La Relation de 1654" in Dom Albert
Jamet, ed., *Ecrits spirituels et historiqués*, vol. 2 (Paris: Desclée
de Brouwer, 1930; facsimile edition, Québec: Les Ursulines de
Québec, 1985)
玛丽，"1654 年自述"（收于阿尔伯特·贾梅特神父编辑的《灵
修历史文稿·卷二》）

RSMer

Elizabeth Rücker and William T. Stearn, *Maria Sibylla Merian in Surinam* (London: Pion, 1982)

《玛利亚·西比拉·梅里安在苏里南》（1982）

*Rup*13

Maria Sibylla Merian, *Der Rupsen Begin, Voedzel, En Wonderbaare Verandering* (Amsterdam: Maria Sibylla Merian and Gerard Valck, n.d. [1713?])

《毛虫，奇妙变态过程与奇异食物》（1713？年荷兰语版，卷一）

*Rup*14

Maria Sibylla Merian, *Der Rupsen ... Tweede Deel* (Amsterdam: Maria Sibylla Merian and Gerard Valck, n.d. [1714?])

《毛虫，奇妙变态过程与奇异食物》（1714？年荷兰语版，卷二）

*Rup*17

Maria Sibylla Merian, *Derde En Laatste Deel Der Rupsen*, ed. Dorothea Maria Hendriks (Amsterdam: Dorothea Maria Hendriks, n.d. [1717])

《毛虫，奇妙变态过程与奇异食物》（1717年荷兰语版，卷三）

SocSur

Archives of the Sociëteit van Suriname, Algemeen Rijksarchief, The Hague

苏里南协会档案，荷兰海牙国家档案馆

StAF

Stadtarchiv, Frankfurt am Main

法兰克福市档案馆

StAH

Staatsarchiv, Hamburg

汉堡市档案馆

Stud

Maria Sibylla Merian, *Schmetterlinge, Käfer und andere Insekten: Leningrader Studienbuch*, ed. Irina Lebedeva, Wolf-Dietrich Beer, and Gerrit Friese (Leipzig: Edition Leipzig, 1976; Lucerne: Reich Verlag, 1976)

玛利亚·西比拉·梅里安：列宁格勒研究手册

SUBF

Stadt-und Universitätsbibliothek, Frankfurt am Main

法兰克福市镇与大学图书馆

SUBH

Staats-und Universitätsbibliothek, Hamburg

汉堡市镇与大学图书馆

Vie

Marie de l' Incarnation and Claude Martin, *La Vie de venerable Mere Marie de l'Incarnation, Premiere Superieure des Ursulines de la Nouvelle France: Tirée de ses Lettres et de ses Ecrits* (Paris: Louis Billaine, 1677; facsimile edition Solesmes: Abbaye Saint-Pierre, 1981)《尊敬的玛丽之生平》(作者:玛丽, 克洛德·马丁)

与上帝争辩

1　格莉克尔自传的意第绪语原稿初版由 David Kaufmann 出版, *Die Memoiren der Glückel von Hameln, 1645—1719* (Frankfurt am Main: J. Kaufmann, 1896)。一个总体上很精细的德语全译本由 Bertha Pappenheim 翻译, *Die Memoiren der Glückel von Hameln* (Vienna: Stefan Meyer and Wilhelm Pappenheim, 1910)。不久后又有一个德语节译本面世, 正文删去了格莉克尔写的故事(保留了两个, 但只作为附录), 还改变了格莉克尔对各卷的划分:由 Alfred Feilchenfeld 翻译, *Denkwürdigkeiten der Glückel von Hameln aus dem Jüdisch-Deutschen übersetzt* (Berlin: Jüdischer Verlag, 1913), 重印于1914年、1920年、1923年 (by the Jüdischer Verlag); 以及1979年 (Verlag Darmstädter Blätter) 和1987年 (Frankfurt am Main: Athenäum)。有两个英译本。其一保留了部分故事, 但仍不完整, 还带有一些删改, 由 Marvin Lowenthal 翻译, *The Memoirs of Glückel of Hameln* (New York, 1932), new ed, 由 Robert S. Rosen 作序 (New York: Schocken Books, 1977; Schocken 如今正策划一个新的翻译版本)。其二直译自意第绪语, 由 Beth-Zion Abrahams 翻译, 大体吻合格莉克尔的意思和顺序, 但删去了一个道德故事, 以及一个提及恶魔的故事, 以及一些其他简短的删节:*The Life of Glückel of Hameln, 1646—1724, Written by Herself* (London: Horovitz Publishing, 1962; New York: Thomas Yoseloff, 1963)。有关这些版本的进一步讨论, 参见 Dorothy Bilik, "The Memoirs of Glikl of Hameln: The Archaeology of the Text," *Yiddish*, 8 (Spring, 1992): 1—18。以色列的 Chava Turniansky 目前正在准备一个全新权威的意第绪语版本, 带有希伯来语翻译。*

---

*　作者写这本书的时候, 这个版本尚在准备, 现已经出版:Glikl, Memoires 1691–1719, edited and translated from the Yiddish by Chava Turniansky (Yiddish and Hebrew) Jerusalem: 2006。

我引用格莉克尔的文字，主要采用 Abrahams 和 Pappenheim 的译本，但每次我都用 Kaufmann 的意第绪语版本进行核对和修改。在那些使格莉克尔过于现代化或同化的翻译上，这点尤为重要。例如，格莉克尔说"那些行了割礼的和那些没行割礼的"，Abrahams 和 Pappenheim 的译本都是"犹太人和非犹太人"（KM, p. 160; PM, p. 149; AL, p. 87）。Pappenheim 的译本保留了格莉克尔在许多名字后附加的套话——"愿他的功德泽被后世"，而 Abrahams 的译本则很少保留这些修饰语。关于这个鸟的故事：KM, pp. 15—17; PM, pp. 13—14; AL, pp. 8—9。

2   Pierre Favre, *Mémorial*, trans. And ed. Michel de Certeau (Paris: Desclée de Brouwer, 1959), pp. 76—82, 208—209, 217—218. Michel de Certeau, *The Mystic Fable*, vol. 1: *The Sixteenth and Seventeenth Centuries*, trans. Michael B. Smith (Chicago: University of Chicago Press, 1992), pp. 188—193. 亚维兰的德兰的听告司铎在《生命之书》的推荐语中写道，这本书应该只给"有学识的、有经验的和有基督教审慎精神的男人"阅读。(Alison Weber, *Teresa of Avila and the Rhetoric of Femininity* [Princeton, N.J.: Princeton University Press, 1990]，p. 77, n.1). 但是，这一建议并没有消除德兰在写作时对女性读者的想象，也没有削弱她的自传在法国受到的女性读者的欢迎。Michel de Certeau, "Jeanne des Anges," in Soeur Jeanne des Anges, *Autobiographie d'une hystérique possédée*, ed. Gabriel Legué and Gilles de la Tourette (Grenoble: Jérome Millon, 1990), pp. 300—344.

3   Michel, de Certeau, *The Practice of Everyday Life*, trans. Steven F. Rendall (Berkeley: University of California Press, 1984), pp. 68—90.

4   关于格莉克尔，参见 KM, pp.xiii—xl; N. B. Minkoff, *Glickel Hamel (1645—1724)* (New York: M. Vaxer Publishing, 1952; in Yiddish and praised by specialists); *Encyclopaedia Judaica*, 16 vols. (Jerusalem: Keter Publishing, 1972), vol. 7, pp. 629—630; Glikl Hamil 条目后的小传，*Zichroines* (Buenos Aires: Arenes Literario en el Instituto Cientifico Judio, 1967); Daniel S. Milo, "L'Histoire juive entre sens et référence," in Daniel S. Milo and Alain Boureau, eds. *Alter histoire: Essais d'histoire expérimentale* (Paris: Les Belles Lettres, 1991), pp. 145—167；重要论文来自以下三位：Dorothy Bilik、Günter Marwedel 以及 Chava Turniansky，本书注释里经常摘录他们的论文内容。关于 17 世纪至 19 世纪日耳曼地区的犹太女人的概况，参见 Monika Richarz, "In Familie, Handel und Salon: Jüdische Frauen vor und nach der Emanzipation des deutschen Juden," in Karin Hausen and Heidi Wunder, eds., *Frauen Geschichte-Geschlechtergeschichte* (Frankfurt

am Main: Campos Verlag, 1992), pp. 57—66。关于更广泛的犹太女人历史，参见 Judith R. Baskin, ed., *Jewish Women in Historical Perspective* (Detroit: Wayne State University Press, 1991)。

5　关于格莉克尔的名字的拼写，我遵循的是阿尔托纳／汉堡犹太社团的记录 (Gunter Marwedel, "Gluckel von Hameln und ihre Familie in den Steuerkontenbuchern der Aschkenasischen Gemeinde Altona," in Peter Freimark, Ina Lorenz, and Gunter Marwedel, *Judentore, Kuggel, Steuerkonten: Untersuchungen zur Geschichte der deutschen Juden, vornehmlich im Hamburger Raum* [Hamburg: Hans Christians Verlag, 1983]，fig.4a)，以及梅斯犹太社团里撰写格莉克尔的讣告的记录员的拼写（"Pinkas Kehilat Mets," JTS, ms.3670, fol.3A)。

6　ADM, 3E3708, no. 68, and 3E3728, no. 333: 希伯来拼写，"Esther, daughter of our teacher Haim Segal"；拉丁拼写，"Esther Goldschmidt"。在两份婚约中，法国公证人都将她登记为"Esther Goldschmidt"，虽然拼写略有区别。ADM, 3E4150, no. 761: 希伯来拼写，"Miriam, daughter of our teacher Haim"。法国公证人将她登记为："Marie Golschmit"。梅斯其他的犹太女人在签署婚约及其他家庭合同上面的名字时也大致如此，而在签署商业合同的时候，她们会使用自己的意第绪语名字的希伯来文拼写，再加上父姓(ADM, 3E3692, 31 March 1701, 28 November 1701, 22 January 1702)。17 世纪生活在布拉格—维也纳地区的阿什肯纳兹犹太女人在信件上署名时，会加上父亲的名字（Alfred Landau and Bernhard Wachstein, *Jüdische Privatbriefe aus dem Jahre 1619* [Vienna and Leipzig: Wilhelm Braumuller, 1911]，p.xxv)。哈伊姆在莱比锡集市的犹太人名单上的名字是：Hain Goldschmidt (Max Freudenthal, "Leipziger Messgäste," *Monatsschrift für Geschichte und Wissenschaft des Judentums,* 45 [1901]：485)，至少他有某些男性后代将这个名字传下去。他的儿子摩西，后来的拜赛尔多夫的拉比，自称摩西·哈默尔恩（Moses Hamel)。

7　Marwedel, "Glückel von Hameln," pp. 72, 78, 91. ADM, 5E11115, fol. 46r. "Pinkas Kehilat Mets," JTS, ms. 3670, fol. 3A. 哈伊姆在阿尔托纳的墓志铭："悼念哈伊姆先生，约瑟夫·哈默尔·西格尔之子，正直福泽后世"(photograph, Institut für die Geschichte der deutschen Juden, Hamburg)。

8　KM, p. 168; PM, p. 157; AL, p. 91. 在近代早期的意第绪语演说中，犹大 [Judah（Yehudah)] 总是跟莱布（Leib）联系在一起，这是因为犹大之狮 (Lion of Judah) 的习惯说法（在意第绪语里面，leib 是"狮子"的意思）。阿尔托纳犹太人公墓的石碑录里，格莉克尔的儿子莱布的条目写着"Jehuda Levi Hamel ben Haim"，这展现出格莉克尔父亲的名字与 Leib 之间更深的关系。(Duplicat der Grabbücher of Altona, Institut für die Geschichte der deutschen Juden, Hamburg, no. 1221; Max Grunwald, *Hamburgs deutsche Juden bis zur Auflösung der Dreigemeinden 1811* [Hamburg: Alfred Janssen, 1904]，p. 256, no. 1547)。

9　KM, pp. 27—30; PM, pp. 25—29; AL, pp. 15—18. 在梅斯的讣告里，格莉克尔被称为"汉堡的犹人·约瑟夫之女"(JTS, ms. 3670, fol. 3A)。考夫曼认为，格莉克尔父亲的姓氏是 Pinkerle (KM, p. xvi)，但是他没有给出强有力的证据。D. Simonsen 在详细查阅了阿尔托纳的墓碑目录、以及其他若干并不十分吻合的证据之后，总结格莉克尔的父亲是 Joseph Judah Levi, Nathan 之子，姓氏是 Pheiwel 或 Pheiweles，之后变成 Philipps (D. Simonsen, "Eine Confrontation zwischen Glückel Hameln's Memoiren und den alten Hamburger Grabbüchern," *Monatsschrift für Geschichte und Wissenschaft des Judentums*, 49 [1905]：pp. 96—106)。由于这里的证据非常不充分，我就没有用格莉克尔父亲的姓氏来称呼她。

10　Werner Joachmann and Hans-Dieter Loose, eds., *Hamburg: Geschichte der Stadt und ihrer Bewohner*, vol. 1: *Von den Anfängen bis zur Reichsgründung*, ed. Hans-Dieter Loose (Hamburg: Hoffmann und Campe, 1982), pp. 259—350; Martin Reissmann, *Die hamburgische Kaufmannschaft des 17. Jahrhunderts in sozialgeschichtlicher Sicht* (Hamburg: Hans Christians Verlag, 1975); Mary Lindemann, *Patriots and Paupers. Hamburg, 1712—1830* (New York: Oxford University Press, 1990)，尤其是在开头的几章中。

11　Hermann Kellenbenz, *Sephardim an der unteren Elbe: Ihre wirtschaftliche und politische Bedeutung vom Ende des 16. bis zum Beginn des 18. Jahrhunderts* (Wiesbaden: Franz Steiner Verlag, 1958); Joachim Whaley, *Religious Toleration and Social Change in Hamburg*, 1529—1819 (Cambridge: Cambridge University Press, 1985), pp. 70—80; Günter Böhm, "Die Sephardim in Hamburg," in Arno Herzig and Saskia Rohde, eds., *Die Juden in Hamburg, 1590 bis 1990* (Hamburg: Dölling und Galitz Verlag, 1991), pp. 21—40.

12　Irmgard Stein, *Jüdische Baudenkmäler in Hamburg* (Hamburg: Hans Christians Verlag, 1984), p. 39. 关于17世纪80年代末艾萨克/曼努埃尔·特谢拉在汉堡与一位丹麦将军共餐以及玩乐的事情，参见 Johann Dietz, *Master Johann Dietz*, trans. Bernard Miall (London: George Allen & Unwin, 1923), p. 176。

13　Johan Müller (Senior of the Lutheran clergy of Hamburg and pastor of

Saint Peter's), *Einfältiges Bedenken von dem im Grund verderbten und erbärmlichen Zustande der Kirche Christi in Hamburg* (1648), in Christian Ziegra, *Sammlung von Urkunder, Theologischen und juristischen Bedenken... zur hamburgischen Kirchenhistorie*, 4 vols. (Hamburg: C. S. Schroder, 1764—1770), vol. 1, pp. 10—11; and *Bedenken wegen Duldung der Juden* (1649), ibid., pp. 98—114. 更多来自路德教会神职人员的批评：9 April 1650（他们的公开举动正在"亵渎吾主耶稣"），StAH, Senat, Cl. VII, Lit. Hf., no. 5, vol. 1b, fasc. 1, fol. 131; and during April 1669, Whaley, *Religious Toleration*, p. 78.

14 Grunwald, *Hamburgs deutsche Juden*; Whaley, *Religious Toleration*, pp. 80—93; and Günter Marwedel, "Die aschkenasischen Juden im Hamburger Raum (bis 1780)," in Herzig and Rohde, eds., *Juden in Hamburg*, pp. 61—75. The catalogue to which the Herzig and Rohde volume is an accompaniment is *Vierhundert Jahre Juden in Hamburg: Eine Ausstellung des Museums für Hamburgische Geschichte vom 8. 11. 1991 bis 29. 3. 1992* (Hamburg: Dölling und Galitz Verlag, 1991).

15 Stein, *Jüdische Baudenkmäler*, pp. 27, 48.

16 Günter Marwedel, ed., *Die Privilegien der Juden in Altona* (Hamburg: Hans Christians Verlag, 1976). Heinz Mosche Graupe, ed., *Die Statuten der drei Gemeinden Altona, Hamburg und Wandsbek* (Hamburg: Hans Christians Verlag, 1973), especially pp. 65—172. KM, pp. 23—27; PM, pp. 21—25; AL, pp. 13—15.

17 StAH, Cl. VII, Lit. Hf., no. 5, vol. 1b, fasc. 2, 37r—42r（针对犹太人的证词，1698 年 3 月 1 日）。Whaley, *Religious Toleration*, pp. 82—83, 86—87. Graupe, *Stauten*, pp. 53—55, 209—251.

18 KM, pp. 26—33; PM, pp. 24—30; AL, pp. 15—19.

19 A. Lewinsky, "Die Kinder des Hildesheimer Rabbiners Samuel Hameln," *Monatsschrift für Geschichte und Wissenschaft des Judentums*, 44(1900): 250, n. 1. Marwedel, "Glückel von Hameln," p. 72. 关于 17 世纪的哈默尔恩，一个不到 5,000 人的市镇，参见 Percy Ernst Schramm, *Neun Generationen: Dreihundert Jahre deutscher "Kulturgeschichte" in Lichte der Schicksale einer Hamburger Bürgerfamilie (1640—1948)*, 2 vols. (Gottingen: Vandenhoeck und Ruprecht, 1963—1964), vol. 1, pp. 59—74。

20 日耳曼地区基督徒男女在二十多岁结婚的人物，参见 Heide Wunder, "*Er ist die Sonn, ' sie ist der Mond". Frauen in der Frühen Neuzeit* (Munich:

Verlag C. H. Beck, 1992), p. 48。1699 年，督办官 Marc Antoine Turgot 在谈到梅斯的犹太人时说："他们在男孩十五岁时就给他娶妻，女孩十二岁时就让她出嫁"（BN, ms. fr. nouv. acq. 4473，由 Robert Anchel 引用，*Les Juifs de France* [Paris: J. B. Janin, 1946]，pp.154, 160）。犹太人哈伊姆·哈默尔恩与路德派教徒 Jobst Schramm，他们都是贸易商人，都在哈默尔恩出生，之后也都搬到了汉堡，这两人正好形成了有趣的对照：哈伊姆在十几岁时就娶了格莉克尔，而 Jobst 三十九岁才娶了汉堡的 Dorothea Lübke（Schramm, *Neun Generationen*, pp. 101—104）。18 世纪中叶的波兰，犹太人依旧"在十三岁"成婚（Gershon Hundert, *The Jews in a Polish Private Town: The Case of Opatów in the Eighteenth Century* [Baltimore: Johns Hopkins University Press, 1992]，p. 76），而关于 18 世纪末洛林的吕纳维尔地区的犹太人口统计研究标明，他们的结婚年龄稍晚了一些（Françoise Job, "Les Juifs dans l'état civil de Lunéville, 1792—1891: Etrude démographique-nuptialité, fécondité," in Gilbert Dahan, ed., *Les Juifs au regard de l'historire: Melanges en l'honneur de Bernard Blumenkranz* [Paris: Picard, 1985]，pp. 345—347）。

21　Whaley, *Religious Toleration*, p. 84. KM, p. 190; PM, pp. 178—179); AL, p. 103.

22　在格莉克尔和哈伊姆的十二个活到适婚年龄的孩子当中，亨德乐在她婚后十七个星期去世。赞维尔在班贝格去世，当时他的妻子还怀着他们的第一个孩子。赞维尔去世后的这个遗腹女孩后来茁壮长大，在格莉克尔写作第七卷的开篇内容时，也就是 1715 年，这个女孩已经十三岁了。

23　格莉克尔只提到过一次"乳母"，当时她刚生完汉娜，生病了一段时间，但是她很快康复，便辞退了这名乳母。她还特别提到过亲自母乳喂养西坡拉，也说过其他的一些亲自母乳喂养的暗示。KM, pp. 71—72, 129; PM, pp. 64—65, 119; AL, pp. 39—40, 71. 关于日耳曼地区儿童死亡率及请乳母喂养情况，尤其是那些基督徒权贵家庭的妇女请乳母喂养的情况，参见 Wunder, *Frauen*, pp. 36—38。

24　KM.pp. 75，80, 108—111 (p. 108: "gut gidanken" from "min Gliklikhen," "good thoughts" from "my little Glikl"); PM, pp. 69, 74, 98—102; AL, pp. 42, 44, 59—62. Marwedel, "Glückel von Hameln," p. 78. 在沃尔姆斯保存的 17 世纪犹太社区总账中可以看到，在商业合同当中，女人会是店主，也经常陪同丈夫进行商业交易（Shlomo Eidelberg, *R. Juspa, Shammash of Warmaisa (Worms): Jewish Life in Seventeenth-Century Worms* [Jerusalem: Magnes Press, 1911]，p. 98）。

25 格莉克尔子女的嫁娶情况：西坡拉（Zipporah）嫁给考斯曼·贡培兹（Kossman Gompertz），也就是克莱夫的埃利亚斯·克莱夫（又名贡培兹）（Elias Cleve, alias Gompertz）的儿子，定居在阿姆斯特丹；内森（Nathan）娶了米里亚姆（Miriam），后来的伊莱亚斯·巴林（Elias Ballin）的女儿，这位姻翁是汉堡的商人和长老；汉娜（Hannah）嫁给了哈伊姆的兄弟亚伯拉罕·哈默尔（Abraham Hamel）的儿子，居住在汉诺威和哈默尔恩；莫迪凯（Mordecai）娶了摩西·本·内森（Moses ben Nathan）的女儿，这位姻翁是汉堡的长老，他们住在汉堡，在格莉克尔去梅斯后，他们有时候会去伦敦；以斯帖（Esther）嫁给了摩西·克鲁姆巴赫（又名施瓦贝）（Moses Krumbach, alias Schwabe），他是梅斯的银行家亚伯拉罕（Abraham）及女商人贾切特·巴斯·埃里亚斯（Jachet/Agathe Gompertz）的儿子；莱布娶了柏林的利希·莱斯（Hirschei Ries）的女儿，这位姻翁是格莉克尔的妹妹玛蒂的姻亲，直到生意失败前，他们都居住在柏林；约瑟夫（Joseph）娶了哥本哈根的梅耶·施塔哈根（Meyer Stadthagen）的女儿，他们定居在哥本哈根；亨德乐嫁给了后来的巴鲁赫（Baruch）的儿子，这位姻翁又名本尼迪克·法伊特（Benedikt Veit），是一位移居到柏林的维也纳宫廷犹太人；赞维尔（Zanvil）娶了班贝格的摩西·布莱林（Moses Brillin）的女儿，定居在班贝格；摩西娶了萨姆森·拜尔斯多夫的女儿，并在拜尔斯多夫成为一名拉比；弗洛伊德琛（Freudchen）嫁给了莫迪凯（Mordecai），汉堡的博闻多识的摩西·本·莱布的儿子，他们一开始住在汉堡，最后定居在伦敦；关于米里亚姆在梅斯的婚姻情况，见本章第 48 条注释。

26 KM, p. 271; PM, p. 254; AL, p. 148.

27 KM. p. 199; PM. p. 189; AL, p. 108.

28 KM, pp. 124-125, 230; PM, pp. 114-115, 217; AL, pp. 69, 126. 一个基督徒商人在一个犹太商人的怂恿下，向莫迪凯提起诉讼，不过格莉克尔没有写明这个事件的日期；但是在格莉克尔的措辞和评论中，这似乎是在哈伊姆去世后不久发生的。在现代早期，债主常向孤儿寡母施压。关于汉堡的基督徒商人的年利率的范围，参见 Reissmann, *Kaufmannschaft*, p. 241, n.163。

29 Freudenthal, "Leipziger Messgaste," p. 485.

30 KM, pp. 30-31, 33; PM, pp. 28-29, 31; AL, pp. 17-19. Simonsen, "Confrontation," p. 100.

31 KM, pp. 30, 216; PM, pp. 27-28, 204; AL, pp. 17, 117. Michel Hinrichsen 的孀妇 Cecilia，在他于 1710 年去世之后，继续经营他的实业生意

（Kellenbenz, Sephardim, p. 444）。阿尔托纳的 Jacob Sostmann 的孀妇，在他去世后，继续经营他在丹麦纳斯科夫的烟草加工厂（Marwedel, Privilegien, p. 159, no. 22b, n. 1）。虽然女人只占莱比锡集市参与者的一小群，但她们确实出现在那里：1668 至 1669 年间，汉堡来的商人中，除了 240 名犹太男性商人，还有 5 名犹太女性商人位列名录（Freudenthal, "Leipziger Messgäste," pp. 468, 484-487）。

32 关于日耳曼地区城市经济中的基督徒女人，参见 Merry E. Wiesner, *Working Women in Renaissance Germany* (New Brunswick, N.J.: Rutgers University Press, 1986); Wunder, *Frauen*, ch. 5; and Rita Bake, *Vorindustrielle Frauenerwerbsarbeit: Arbeits-und Lebenweise von Manufactur arbeiterinnen im Deutschland des 18. Jahrhunderts unter besonderer Berücksichtigung Hamburgs* (Cologne: Pahl-Rugenstein Verlag, 1984), pp. 79-83, 145-148。

33 Selma Stern, *The Court Jew: A Contribution to the History of the Period of Absolutism in Central Europe*, trans. Ralph Weiman (Philadelphia: Jewish Publication Society of America, 1950), pp. 47-55, 184-185. 埃丝特·舒尔霍夫（Esther Schulhoff）是 Selma Stern 关于"宫廷犹太人"这本书中唯一提到的女性。研究 17 世纪和 18 世纪宫廷财政的专家 Heinrich Schnee 说，就职宫廷代理人的"数以千计"的人里面，"只有少数女人"（Heinrich Schnee, *Die Hoffinanz und der moderne Staat: Geschichte und System der Hoffaktoren an deutschen Fürstenhöfen im zeitalter des Absolutismus*, 4 vols. [Berlin: Duncker und Humblot, 1963] vol. 4, p. 148）。

34 KM, p. 269; PM, p. 252; AL, p. 147："我心情沉重，亲自去交易所转了一圈，然后将［票据］交给经纪人，让他们替我卖掉。" Eidelberg, *Juspa*, p. 40.

35 在 J. Dircksen 于 1661 年绘制的关于汉堡交易所的铜版画中，有一名女子独自坐在交易所院子里（reproduced in Jochmann and Loose, eds., *Hamburg Geschichte*, vol. 1, pp. 240-241）。本书中转载了 Elias Galli 所绘的交易所、过秤房和市政厅的画作（ca. 1680, Museum für Hamburgische Geschichte），画面中似乎只有一名女子在交易所院子附近。相比之下，在他描绘街头贸易的绘画中（*Der Messberg*, ca. 1670, Museum für Hamburgische Geschichte），大多数零售买卖双方却都是女人。关于基督徒女仆在交易所寻找有钱的犹太人借贷给她的主人的描述，参见 KM, p. 240; PM, p. 226; AL, p. 132。

36 KM, pp. 275-277; PM, pp. 260-262; AL, pp. 150-152. StAH, Cl. VII, Lit. Hf, no. 5, vol. 1b, fasc. 2, fol. 5V; Marwedel, "Glückel von Hameln," pp. 79, 91. 我们从犹太社团向汉堡／阿尔托纳的拉比提出的一个问题中了解到，大

约在同一时期，许多塞法迪犹太人在搬离汉堡的时候都没有向社团缴纳离境费用（Zevi Hirsch Ashkenazi, *Sefer She'elot u-Teshovot Chakham Zevi* [Amsterdam, 1712; reprinted New York: Gross Brothers, 1960], responsa 14）。

37 François Yves Le Moigne, ed., *Histoire de Met* (Toulouse: Privat, 1986), chs. 8-10; Patricia E. Behre, "Religion and the Central State in Metz, 1633-1700," Diss., Yale University, 1991.

38 Le Moigne, ed., Metz, pp. 227, 250, 260, 278. *Recueil des Loix, coutumes et usages observés par les Juifs de Met* (Metz: Veuve Antoine et Fils, 1786). A. Cahen, "Le rabbinat de Metz de 1567 a 1871," *Revue des etudes juives*, 7 (1883): 103-116, 204-254; 8 (1884): 255-274. D. Kaufmann, "Extraits de l'ancien livre de la communauté de Metz," *Revue des etudes juives*, 18 (1889): 115-130. M. Ginsburger, "Samuel Levy, ein Stiefsohn der Glückel von Hameln," *Monatsschrift für Geschichte und Wissenschaft des Judentums*, 51 (1907): 481-484. Gilbert Cahen, "La Region lorraine," in Bernhard Blumenkranz, ed., *Histoire des Juifs en France* (Toulouse: Privat, 1972), pp. 77-136; and Frances Malino, "Competition and Confrontation: The Jews and the Parlement of Metz," in Dahan, ed., *Juifs*, pp. 321-341. *Les Juifs lorrains: Du ghetto à la nation, 1721-1871. Exposition... organisee... par les Archives départementales de la Moselle ... du 30 juin au 24 septembre 1990* (Metz: Association Mosellane pour la Conservation du Patrimoine Juif, 1990), pp. 9-52.

39 BN, N. acq. fr. 22705, fols. 95v-96r: Letter of 18 October 1707，关于犹太人的建筑；*Factum pour le corps et communauté des Marchands de la ville de Metz... Contre Joseph Levy et Lion de Bonne et Consorts, Juifs Habitans de Metz* (1695), fols. 62r-67r: *Factum, Pour Esther Norden, veuve de Joseph Cahen Iuif, Habitant de la ville de Met, Plaignante et Appellante: Contre Jacques Durand Marchand Boucher* (1701); Factum... Pour Iacques Durand marchand boucher Bourgeois de cette ville de Meti, Christine Perin sa Femme, et Iean François Durand... Prisonniers (1701). Anchel, *Juifs*, pp. 170-174; Patricia E. Behre, "Jews and Christians in the Marketplace: The Politics of Kosher Meat in Metz," Paper presented to the annual meeting of the American Historical Association, Washington D.C., December 1992.

40 Joseph Reinach, *Une erreur judiciaire sous Louis XIV: Raphael Levy* (Paris: Librairie Charles Delagrave, 1898)，这本书的内容是 1669 年祭祀杀人案

同时代的基督徒和犹太人所写的文章合集，它的出版时间点很重要，当时发生了德雷福斯事件（Affaire Dreyfus）。Patricia E. Behre, "Raphael Levy-'A Criminal in the Mouths of the People,' " *Religion*, 23 (1993): 19-44. 被告迈耶·施瓦贝是亚伯拉罕·施瓦贝的父亲（*Un obituaire israelite: Le "Memorbuch" de Met*（*vers 1575-1724*）, trans. Simon Schwarfuchs [Metz: Société d'Histoire d'Archéologie de la Lorraine, n.d.]，p. 54, no. 611），也就是埃丝特的丈夫摩西·施瓦贝的祖父。*Mémoire pour Me Jean Aubry, Procureur du Roy au... Siege Presidial... de Met Opposant; Contre M. Lamy, Conseiller Honoraire au Parlement ...* (BN, N. acq. fr. 22705, fols. 97V-98V)："他在镇上散布谣言，说犹太人会割断基督徒小孩的喉咙，将其杀死，这致使大众斥责这个镇上的犹太人，甚至包括生活在农村的犹太人"。但这项指控没有导致起诉。

41 Marc Antoine Turgot, *Mémoire rédigé pour L'instruction du Dauphin* (1700) cited in Juifs lorrains, p. 43, no. 123; and Anchel, Juifs, pp. 154, 169-170.

42 Anchel, *Juifs*, ch. 7; Cahen, "La Region lorraine."

43 From ADM, 3E3692: 放贷者里包括：Catherine Morhange (1701, fol. 75r), Ainee or Enee Zaye (signs in Hebrew "Hindele Zaye," 1701, fol. 199r; 1702, fols. 22v, 167r)；David Lorey 之妻，犹太人 (1702, fol. 41v)；Lyon de Nofve 之妻，犹太人 (1702, fol. 78v), Aron Alphen 之妻 (1702, fol. 169V)。From 3E3693, no. 8, 10 May 1702；Josue Trenel 之孀妇 Magdelaine，犹太人，就关于 50£ 和 56£ 的债务，传唤 Suzanne Lespinal 女士，即 Pierre de Sorneville 之前妻。1715 年，Abraham Halphen 的女儿 Nentche Asnat 的去世启事中，就描述了她支撑整个家庭，诚实经商，以支持丈夫研习的事（*Memorbuch*, p. 71, no. 777）。格莉克尔没有提到她自己的女儿埃丝特或希尔施·莱维那方的女儿或儿媳的任何商业活动。另一方面，在 1717 年针对塞缪尔·莱维在吕讷维尔欺诈性破产的诉讼中，他的犹太债权人和基督教债权人把塞缪尔和他的妻子安妮·施瓦贝都送进了监狱，这说明至少她的钱也参与其中，尽管她没有被描述为参与管理的合伙人。*Responses de Samuel Levy, Juif détenu es Prisons Civiles de la Conciergerie du Palais, Défendeur Aux Contredits Des Syndics de ses Créanciers Chrétiens, Demandeurs* (1717), p. 2 (BN, N. acq. fr. 22705).

44 KM, p. 296: "rikhtig taytsh ars mir ays geleyrnt hot." 考夫曼对此的解读："真正的日耳曼人的方式，不同于梅斯法国人的行事方式"（n. 1），Pappenheim 接受了这个翻译，PM, p. 278："以我所学的坦率的日耳曼的方式，" AL, p. 160. 格莉克尔用的措辞"taytsh"，既表示"意第绪的"

（Yiddish）和"日耳曼的"（German），但在这里（如考夫曼所言），她一定指的是她在汉堡学到的日耳曼方式。因为当她使用这个说法时，她所回应的女性都是能说意第绪语的。这里的对比是两个地区的礼仪风尚。

45　KM, pp. 183-184, 210, 295-302; PM, pp. 172-173, 199-200, 278-284; AL, pp. 98-99, 114, 116, 160-164. 希尔施·莱维的前妻是 Blumchen bas Joshua，于 1699 年 5 月 13 日去世（*Memorbuch*, pp. 48-49, no. 556）。关于希尔施·莱维的二子五女，参见 Ginsburger, "Samuel Levy," pp. 484-485。在这二子五女中，在 1700 年以前（也就是在格莉克尔嫁给莱维之前），塞缪尔（Samuel）就已同亨德乐 / 安妮·施瓦贝（Hendele/Anne Schwabe）结婚，这个婚约是莱维家和施瓦贝家在 1681 年就定下的，那时候塞缪尔才三岁（ADM, 3E3694, no. 153, 1 May 1703）。在 1700 年以前，亨德乐·萨拉 / 安妮（Hendele Sarah/Anne）也已经嫁给了 Isaiah Willstadt，他也被称作 Isaye Lambert the Younger，到了 1709 年，这对夫妻就给他们的女儿 Rachel 安排了婚事（ADM, 3E4108, no. 92, Hebrew contract of 22 July 1709, French contract of 26 June 1710）。Gittele Bilhah，又名 Frumet，似乎在 1709 年去世前也已经结婚，并住在她自己的家里（KM, p. 298; *Memorbuch*, p. 60, no. 668）。其他三个女儿，Hannah、Sarah Rebecca、Ellechen，很有可能跟格莉克尔的女儿米里亚姆一起待在希尔施·莱维的家中。

46　KM, pp. 300-301, 310; PM, pp. 282, 292; AL, pp. 163, 169. Kaufmann, "Einführendes," in KM, p. xxv, n. 1（许多借贷给莱维的"好基督徒"在莱维破产时遭受了损失）；Anchel, Juifs, p. 196. 塞尔夫·莱维被他的债权人传唤，但没有出现，然后通过他的代理人亚伯拉罕·施瓦贝解决他的债务问题，参见 ADM B2729, Audience of the Bailliage of Metz, January-April 1702, fols. 16r-19v, 22r; 3E3692, fol. 63r, 26 February 1702; 3E3694, nos. 16-17, 74, 12 December 1702), 132 (14 February 1703)。

47　"Pinkas Kehilat Mets," JTS, ms. 3670, fol. 3A.

48　在这些年里，米里亚姆嫁给了摩西，他是马匹商人 Isaye Lambert / Isaye Lambert the Elder 和 Sarah Cahen 的儿子（parents identified in ADM, 3E3695, 1704-1705, fols. 22V-23r, 20 September 1720, and 3E4108, 104bis, 1712）。注意区别米里亚姆的公公和另一个更年轻的亲戚，也叫 Isaye Lambert / Isaiah Willstadt，也就是那位娶了希尔施·莱维的女儿亨德乐 / 安妮的有钱银行家。米里亚姆的丈夫摩西，在他们儿子的婚约中被描述为经营马匹、马车及其他装备生意的人（ADM, 3E4150, no. 761, 14 December 1730）。米里亚姆的婚姻并不像她的姐姐埃丝特那样完美，埃丝特嫁给了银行家摩西·施瓦贝。

49 KM, pp. 313-318; PM, pp. 294-300; AL, pp. 171-174. 塞缪尔最初受到他的
    妻舅 Isaye Lambert the Younger 的邀请前往洛林。不过，在路易十四的
    命令下，Lambert 回到了梅斯。关于整个事件，参见 Anchel, *Juifs*, pp.
    194-203。

50 *Memorbuch*, p. 65, no. 712, 希尔施·莱维的去世启事，24 July 1712。
    ADM, 3E4150, no. 761：1730 年，米里业姆与 Haim Lambert 的婚约书，
    他是 Moses Lambert 和 Miriam Goldschmidt 的儿子。格莉克尔的外孙埃
    里亚斯·施瓦贝（也就是摩西·施瓦贝与埃丝特的儿子）的订婚（1712）
    和婚礼（1716-1717），他娶了 Karen Lemlen，她是曼海姆的 Mayer
    Lemlen 的女儿（KM, p. 313; PM, p. 294; AL, p. 171; ADM, 3E3709, no.
    305）。*Responses de Samuel Levy, Juif*, p. 3. ADM, 5E11115, fol. 46r: "Guelic
    veuve de Cerf Levy decedee Ledit jour, 19 septembre 1724" and "Pinkas
    Kehilat Mets," JTS, ms. 3670, fol. 3A：“她于希伯来历 5485 年新年第二日
    过世，芳名万古。”

51 KM, pp. 1, 3-4; PM, pp. 1, 3; AL, pp. 1-2. 同样关于她的写作和哀思：“虽
    然也许［哈伊姆和犹大·柏林之间］发生的整个事件都不值得书写，就
    像我的整本书一样，但是当虚无的哀思［*misige malekuleshe gedanlcen*］
    袭来之时，我写下来是为了消磨时间。”（KM, p. 121; PM, p. 112; AL, p. 67）

52 Leon Modena, *The Autobiography of a Seventeenth-Century Venetian Rabbi:
    Leon Modena's "Life of Judah,"* trans. and ed. Mark R. Cohen (Princeton,
    N.J.: Princeton University Press, 1988). 我分析过近代早期犹太人自传中
    的一些问题，参见 "Fame and Secrecy: Leon Modena's Life as an Early
    Modern Autobiography," ibid., pp. 50-70. 亚伯拉罕·本·哈纳尼亚·亚
    盖勒的《异象谷》中有一个自传性片段：*A Valley of Vision: The Heavenly
    Journey of Abraham ben Hananiah Yagel*, trans. and ed. with an important
    introduction by David Ruderman (Philadelphia: University of Pennsylvania
    Press, 1990), pp. 1-70. Asher Halevi, *Die Memoiren des Ascher Levy aus
    Reichshofen im Elsass (1598-1635)*, trans. and ed. M. Ginsburger (Berlin:
    Louis Lamm, 1913). 下述图书讨论了萨穆埃尔·本·加沙克·陶斯克的
    自传《萨穆埃尔记录》(18 世纪初的精美花纸装订本，SUBF, ms. hebr.
    oct. 37)，以及其他一些意第绪语的自传性文稿：Israel Zinberg, *A History
    of Jewish Literature*, vol. 7: *Old Yiddish Literature from Its Origins to the
    Haskalah Period*, trans. Bernard Martin (Cincinnati and New York: Hebrew
    Union College Press and Ktav Publishing, 1975), pp. 240-241。关于 18 世纪

拉比 Jacob Emden（Zevi Hirsch Ashkenazi 的儿子，阿尔托纳 / 汉堡的拉比）的自传 *Megillat Sefer*，参见 David Kaufmann, "Zu R. Jakob Emdens Selbstbiographie," in *Gesammelte Schriften*, ed. M. Brann (Frankfurt am Main: Kommissions-Verlag von J. Kauffmann, 1915), pp. 138-149; and Alan Mintz, *"Banished from Their Father's Table": Loss of Faith and Hebrew Autobiography* (Bloomington, Ind.: Indiana University Press, 1989), pp. 9-10。*Megillat Sefer* 有一个法语译本：Jacob Emden, *Mémoires de Jacob Emden ou l'anti-Sabbataï Zevi*, trans. Maurice-Ruben Hayoun (Paris: Les Editions du Cerf, 1992)。

53　Leon Modena, *Autobiography*, p. 75. KM, pp. 67-68; PM, p. 60: AL, p. 37. 格莉克尔的自传副本由她的儿子摩西·哈默尔恩（拜尔索多夫的拉比）制作，SUBH, ms. hebr. Oct. 2。它流传到他的儿子 Haim 手中，Haim 在标题页上加了一个注释，然后在 18 世纪后期传给了其他亲属。到了 19 世纪中叶，这份手稿归慕尼黑伟大收藏家 Rabbi Abraham Merzbacher 所有，Kauffmann 在他 1896 年的版本里使用的就是这个手稿副本。直到后来，它才和 Merzbacher 的其他藏品一起被送往法兰克福。在 Kauffmann 的时代，存有第二份手稿，当时归美因河畔法兰克福的 Theodor Hecht 所有，现已遗失（Kaufmann, "Vorwort", vii-viii）。18 世纪的时候，一定还有根据现已遗失的那份原件所作的副本（这份原件猜想原来是埃丝特·巴斯·哈伊姆所有）。Jacob Emden 的自传从他祖父，特别是他父亲，著名拉比泽维·希尔施·阿什肯纳兹（Zevi Hirsch Ashkenazi）的生平开始写起；在他书写"[他] 自己的生活记录"的原因中，有一条是"非常需要将发生在我身上的事尽可能告知后代"（Emden, *Mémoires*, pp. 66-146, 150-151）。

54　StAH, 622-1, Rotermundt 家族，vols. 1-2：十二本日历，都是 1660 年至 1682 年在纽伦堡印刷的，在这些日历上面，Rotermundt 家族的人们记录了各种家庭、个人和商业新闻。StAH, 622-1, Peter Lütkens 家族，BVIII，两本 1687 和 1688 年的印刷日历，在空白栏中，记录有家庭及其他新闻。

55　梅斯的一本犹太人账簿，用意第绪语书写，带有一些法语日记，1694-1705；JTS, ms. 3945。17 世纪一本用意第绪语写的旅行账本，其中列出了不同地方的货币价值及图书价格：SUBF, cod. hebr. 221。

56　Israel Abrahams, ed., *Hebrew Ethical Wills* (Philadelphia: Jewish Publication Society of America, 1976), foreword by Judah Goldin; Davis, "Fame and Secrecy," pp. 56-57. KM, pp. 170, 264-267; PM, pp. 159, 249-

251; AL, p. 92, excerpt from the Yesh Nochalin omitted from p. 146. 学识渊博的拉比亚伯拉罕·哈莱维·霍洛维茨所著《遗产》广为流传："年迈的霍洛维茨为他的孩子们留下的遗嘱，他在当中给孩子们提供了道德指导，教他们如何行走正道。"(Zinberg, *Jewish Literature*, vol. 6: *The German-Polish Cultural Center*, p. 56）格莉克尔误将作者认作是亚伯拉罕的儿子艾赛亚，后者至少编辑过他父亲的一部道德作品，也许负责了 1615 年在布拉格出版的《遗产》。关于格莉克尔对这个遗嘱的描述，见下文。

57　Anna Maria van Schurman, *Eukleria, seu melioris partis electio; Tractatus Brevem Vitae ejus Delineationem exhibens* (Altona: Cornelius van der Meulen, 1673). 范舒尔曼给她的《善途》增添了第二部分，这个部分在她身后的 1684 年于阿姆斯特丹出版。关于这部分文稿，见最新研究：Mirjam de Baar, "'Wat nu het kleine eergeruchtje van mijn naam betreft. . .': De Eukleria als autobiografie," in Mirjam de Baar, Machteid Löwensteyn, Marit Monteiro, and A. Agnes Sneller, eds., *Anna Maria van Schurman, 1607-1678: Een uitzonderlijk geleerde vrouw* (Zutphen: Walburg Pers, 1992), pp. 98-107。1672 年至 1674 年，拉巴迪教派驻扎在阿尔托纳。他们通过阿尔托纳/汉堡的一个犹太家庭进行了一些货币兑换，最后还起诉一个汉堡犹太人扣留他们的钱（T. J. Saxby, *The Quest for the New Jerusalem: Jean de Labadie and the Labadists, 1610-1J44* [Dordrecht: Martinus Nijhoff, 1987]，p. 227）。

58　*Leben Frauen Johanna Eleonora Petersen, Gebohmer von und Merlau, Hm D. Jo. Wilh. Petersens Ehe liebsten; Von Ihr selbst mit eigener Hand aufgesetzt, und vieler erbaulichen Merkwürdigkeiten wegen zum Druck übergeben* (no place or publisher, 1718). 关于 1664 年的"犹太人皈依"的异梦：p. 49, paragraph 33.《生命》这本书附在她丈夫的《一生之书》(*Lebens-Beschreibung*) 后面，但有独立的标题页、扉页、页码。她的丈夫是虔信派知名教徒约翰·威廉姆·彼得森 (Johann Wilhelm Petersen) (n.p.: "At the expense of a good Friend," 1717)。这两部作品在1719年有第二次印刷，没有写明作者。关于日耳曼地区 17 世纪和 18 世纪的教徒的自传，参见 Georg Misch, *Geschichte der Autobiographie*, 4 vols. (Frankfurt am Main: G. Schulte-Bulmke, 1949-1970), vol. 4, pp. 807-817。关于女性自传及家庭传记，参见 Wunder, Frauen, pp. 27-31；关于日耳曼地区虔信派书写并漂洋过海带到美洲的《生平》(*Lebenslaufe*) 一书，参见 Katherine M. Faull, "The American Lebenslauf: Women's Autobiography in Eighteenth-Century Moravian Bethlehem," *Yearbook of German-American Studies*, 27 (1992):

23-48。

59 Yosef H. Yerushalmi, *Zakhor: Jewish History and Jewish Memory* (Seattle: University of Washington Press, 1982), chs. 1-2. Davis, "Fame and Secrecy."

60 Yosef Kaplan, *From Christianity to Judaism: The Story of Isaac Orobio de Castro*, trans. Raphael Loewe (Oxford: Oxford University Press, 1989), pp. 212-215, 328-343, 362-377. 乌列·达·科斯塔（Uriel da Costa）1640年的自传围绕着他皈依回祖先的宗教和他后来对拉比控制的犹太教的失望：*Exemplar humanae vitae* (first published in Philippus van Limborch, *De Veritate Religionis Christianae Arnica Collado cum Erudito Judaeo* [Gouda: Justus ab Hoeve, 1687], pp. 346-354; reprinted with translation in Uriel da Costa, *Três Escritos*, ed. A. Moreira de Sa [Lisbon: Instituto de Alta Cultura, 1963], pp. 36-69)。

61 J. Kracauer, "Rabbi Joselmann de Rosheim," *Revue des études juives*, 16 (1888): 84-105. 日记从1471年的事情开始，记录他从父母那里听说的或他读到的针对他的亲属或其他犹太人的可怕行径；1510年以后的事情，日记中记述的是他的所见所闻，包括入狱经历，以及他作为犹太人领袖为保护犹太人所做的许多努力。Yagel, *Valley of Vision*, pp. 1-2, 16-20.

62 Zinberg, *Jewish Literature*, vol. 6, pp. 50, 56. Davis, "Fame and Secrecy," pp. 58-60.

63 Leon Modena, *Autobiography*, pp. 122-124, 222-239.

64 Emden, *Mémoires*, p. 92; David Kaufmann, "Rabbi Zevi Ashkenazi and His Family in London," *Transactions of the Jewish Historical Society of England*, 3 (1896-98): 112 and n. 54. 1650年和1710年的法令禁止阅读《塔木德》：*Neue-Reglement der Judenschafft in Hamburg* (Hamburg: Conrad Neumann, 1710), p. 14, article 5; and Ziegra, *Sammlung*, pp. 63, 131。犹太人被要求只能阅读《旧约》。

65 David Hanau，"我们的老师、学者，我们的舵手"，他在格莉克尔年轻的时候曾是汉堡/阿尔托纳的阿什肯纳兹犹太社区的拉比，他娶了格莉克尔的姨妈Ulka (KM, pp. 31-32; PM, pp. 29-30; AL, p. 18)。但第一个来到阿尔托纳的欧洲著名拉比是泽维·希尔施·本·雅各布·阿什肯纳兹（Zevi Hirsch ben Jacob Ashkenazi）(1660-1718)。泽维·希尔施在匈牙利跟随父亲和外祖父学习后，被送到萨洛尼卡接受赛法迪学者的培训。1685年，君士坦丁堡的犹太人授予泽维·希尔施以"贤哲"（hakham，或译为"哈卡姆"）头衔，随后他用这个赛法迪犹太人的头衔代替拉比，同时在自己的名字后面加上"阿什肯纳兹"。在萨拉热窝的赛法迪犹太人社区担任了一段时间的"贤哲"后，他短暂地去了柏林，在那里，他娶了阿尔托纳、汉堡和附近的万斯贝克三个阿什肯纳兹犹太社区的拉比扎尔曼·米雷斯的女儿为第二任妻子。在这之后，"贤哲"泽维从1690年至1710年住在阿尔托纳，在犹太社团为他创建的"耶希瓦"（Yeshivah，犹太经学院）里教书，并给欧洲各地的会众写回信。Ashkenazi, *Sefer She'olot*, responsa 93, on the golem.（泽维·希尔施的祖上 Elijah of Chelm 曾经通过卡巴拉咒语造出过一个泥人，然后又杀死了它。如果它是人类，Elijah 就不会杀死它了；正因为它不是人类，也就不能算作"明耶"一员。）关于泽维·希尔施·阿什肯纳兹，见介绍性文章：Maurice-Ruben Hayoun in Emden, *Mémoires*, pp. 10-40；他的儿子 Jacob Emden 写的传记，ibid., pp. 65-146。也可参考：*Encylopaedia Judaica*, vol. 3, pp. 734-735; and Kaufmann, "Rabbi Zevi Ashkenazi."。

66 哈伊姆勤奋的兄弟亚伯拉罕就曾被送到波兰上学，后来成了波兹南的名师。哈伊姆去世后，格莉克尔将儿子约瑟夫送到波兰学习《塔木德》，但当她发现那里的老师原来是个骗子后，她就请了"一个诚实的老师"在汉堡教儿子。赞维尔厌学，但摩西"学得很好"，于是格莉克尔格就把摩西送到法兰克福，在那里的塔木德学校学习（KM, pp. 62, 231-234, 248-249; PM, pp. 55, 218-221, 234; AL, pp. 34, 126-128, 137）。格莉克尔没有具体提到她女儿的教育问题。在谈到丈夫最后重病时，她确实提到她在家里有"一位值得尊敬的老师"，哈伊姆临终前还见了他（KM, p. 199; PM, p. 189; AL, p. 108）。有可能这个老师在家里指导年幼的孩子，既包括男孩，也包括女孩。

67 KM, pp. 24, 26, line 3: "Heder"; KM, pp. 22, 23; AL, p. 13（"让他的女孩接受教育"，正确应为"让他的男孩女孩都接受教育"），p. 14。关于1685年阿什肯纳兹犹太社区的犹太儿童宗教学校的情况：Graupe, *Die Statuten*, no. 142, p. 148; no. 145, p. 149；谈到家庭中的私人教师，no. 189, p. 130。

68 KM, p. 13: "oym taytshen," p. 264: "taytsh."关于格莉克尔时代意第绪语的情况，以及它的历史概况，见经典研究：Max Weinreich, *History of the Yiddish Language*, trans. Shlomo Noble and Joshua A. Fishman (Chicago: University of Chicago Press, 1980), pp. 315-321，尤其是关于"中古意第绪语"（1500—1750）与德语的差异，以及意第绪语的名字。亦可参考：Leo Fuks, "On the Oldest Dated Work in Yiddish Literature," in Uriel Weinreich, ed., *The Field of Yiddish: Studies in Yiddish Language, Folklore, and Literature* (New York: Linguistic Circle of New York, 1954), p. 269;

and Jerold C. Frakes, *The Politics of Interpretation Alterity and Ideology in Old Yiddish Studies* (Albany: SUNY Press, 1989)。关于意第绪语的历史和语言观的一本重要图书：Benjamin Harshav, *The Meaning of Yiddish* (Berkeley: University of California Press, 1990)。Harshav 将格莉克尔及她同时代的汉堡人和梅斯人所说的语言称为"西意第绪语"，因为在这个时代后，它仍然相对自由地摆脱了中欧和东欧意第绪语的斯拉夫借词特征 (pp. 29-30)。

69　关于这类作品的概况，参见 M. Steinschneider, *Jewish Literature from the Eighth to the Eighteenth Century* (London: Longman, 1857; reprint New York: Hermon Press, 1970), pp. 224-225, 235-238, 243-250; Max Grünbaum, *Jüdischdeutsche Chrestomathie: Zugleich ein Beitrag zur Kunde der hebräischen Literatur* (Leipzig: F. A. Brockhaus, 1882); Zinberg, *Jewish Literature*, vol. 7: *Old Yiddish Literature from Its Origins to the Haskalah Period*; and Menahem Schmelzer, "Hebrew Printing and Publishing in Germany, 1650-1750: On Jewish Book Culture and the Emergence of Modern Jewry," *Leo Baeck Institute Year Book*, 3 (1988): 369-383。

70　格莉克尔关于《火镜明鉴》及《善心》：KM, p. 13; PM, p. 11; AL, p. 7. Grünbaum, *Chrestomathie*, pp. 230-238; Zinberg, *Jewish Literature*, vol. 7, pp. 157-164, 241-242。

71　关于《魅力女性之书》，参见 *Chrestomathie*, pp. 265-277; and Zinberg, *JewUh Literature*, vol. 7, pp. 142-144。《奉献》(Korbonets，标题含义是"奉献 (oblation)"，这个词专指给女人用的祈祷书)。《奉献》的一个版本由 Avigdor ben Moses（Rabbi Izmuns）撰写：Ulf Haxen, "Manuscripts and Printed Books from the Collection of The Royal Library, Copenhagen," in *Kings and Citizens: The History of the Jews in Denmark* (New York: Jewish Museum, 1983), vol. 2, pp. 27-28, no. 26。关于《圣经》的意第绪语翻译或改编，以及《女人圣经》，参见 Johann Christoph Wolf, *Bibliotheca Hebraea*, 4 vols. (Hamburg and Leipzig, 1715-1732), vol. 2 (Hamburg: Theodor. Christoph. Felginer, 1721), pp. 453-460; Grünbaum, *Chrestomathie*, pp. 192-223; Zinberg, *Jewish Literature*, vol. 7, chs. 4-5; *Tʒeenah U-Reenah: A Jewish Commentary on the Book of Exodus*, trans. Norman C. Gore (New York: Vantage Press, 1965), Introduction; and Dorothy Bilik, "*Tsene-rene*: A Yiddish Literary Success," *Jewish Book Annual*, 51 (1993-1994): 96-111。哥本哈根皇家图书馆有一本破旧的《女人圣经》(Jid-1422)，其中有关于圣经故事的木刻插图，包括曾经书主为巴别塔上色的插图，还有许多旁注。

72   Zinberg, *Jewish Literature*, vol. 7, pp. 229-241, 267-272, and ch. 7;
      Grunwald, *Hamburgs deutsche Juden*, p. 155, no. 54a; Grünbaum,
      Chrestomathie, pp. 385-458; Reinach, *Raphael Lévy*, pp. 139-194. *Ma'aseh
      Book: Book of Jewish Tales and Legends*, trans. and introd. Moses Gaster
      (Philadelphia: Jewish Publication Society, 1981). 已知的第一版《故事
      集》是 1602 年在巴塞尔印刷的，但很可能有更早的版本。早在 1611
      年，就有了德译本：Christian Hebraist Christoph Helwig (Helvicius):
      Jüdische Historien oder Thalmudische Rabbinische wunderbarliche Legenden
      (Giessen: Caspar Chemlein, 1611)。

73   Chava Weissler, "'For Women and for Men Who Are Like Women': The
      Construction of Gender in Yiddish Devotional Literature," *Journal of Fem-
      inist Studies in Religion*, 5 (Fall 1989): 8-13. Zinberg, *Jewish Literature*, vol.
      7, pp. 69, 87, 96, 124-126.

74   这种草书希伯来字母，被称作 Weiber-Taitsh 或 wayberish-Daytsh 或
      Vayber-Taytsh，用于教给女性，或者用于印刷意第绪语文本，参见
      Ma'aseh Book, pp. xxviii-xxix; Zinberg, *Jewish Literature*, vol. 7, p. 27, n.
      27, and p. 133; and Harshav, *Meaning of Yiddish*, p. 81.《魅力女性之书》
      [*Ayn Schoyn Fraun Buchlayn* (Basel, 1602; copy Bayerische Staatsbibliothek,
      Munich)] 就是用这种草书字体印刷的，段落标题和数字是半草书字
      体。在 1691 年布拉格犹太人的信件中，男人女人的字迹就可以区别开来
      (Landau and Wachstein, *Privatbriefe*, xx)。

75   Marc Saperstein, *Jewish Preaching, 1200-1800: An Anthology* (New Haven,
      Conn.: Yale University Press, 1989), pp. 39-44, and p. 40, n. 37. 常常会有
      "方言布道"，混合意第绪语（或其他方言）和希伯来语。

76   KM, p. 264; PM, p. 249; passage not translated in AL, p. 146, n. 1. 格莉克尔
      用希伯来语单词"seyfer"（书）来指称《遗产》（*Yesh Nochalin*），她也
      会用这个词来指代任何其他"圣语"写的宗教书；但她将单词"bukh"（书）
      留给意第绪语书或德语书（见 Harshav, *Yiddish*, 14）。关于哈伊姆和格莉
      克尔雇佣的"令人尊敬的老师"以及后来为约瑟夫雇佣的老师，见上文
      注释 66。

77   KM, p. 279; PM, p. 264; AL, p. 153. *Memorbuch*, p. 80, no. 851; p. 54, no.
      611; p. 61, no. 676; and A. Cahen, "Le rabbinat de Metz pendant la période
      française," *Revue des études juives*, 8 (1884): 259-260 (school founded by
      Jachet's husband, Abraham Schwabe, in their residence). Baron David
      Guenzburg Collection, Moscow, Russian State Library, ms. 765, 这部分

《塔木德》是亨德乐·施瓦贝抄写的，她是塞缪尔·莱维之妻，Colmar
[1705-1706]，Institute of Microfilmed Hebrew Manuscripts, National
University Library, Jerusalem. 据研究所馆长 Abraham David 的说法，
Guenzburg 754-755《塔木德》相关的几乎所有论著也都是亨德乐抄写的。

78　Chava Turniansky, "Literary Sources in the Memoirs of Glikl Hamel [in
Yiddish]，" in Israel Bartal, *Ezra Mendelsohn, and Chava Turniansky,
Studies in Honour of Chone Shmeruk* (Jerusalem: Zalman Shazar Center
for Jewish History, 1993), pp. 153-177. Alfred Landau 也表达过同样的疑
问："Die Sprache der Memoiren Glückeis von Hameln," *Mittelungen der
Gesellschaft für Jüdische Volkskunde*, 7 (1907): 20-68, especially 23-29。

79　Kaufmann 给《格莉克尔回忆录》作了通篇注解，这让我们对格莉克尔的
参考书目范围有了一定了解。Leon, *Life of Judah*, p. 79. Yizkor notice for
Glikl: JTS, ms. 3670, fol. 3A. 在已出版的《纪念册》（*Memorbuch*）中，
从 16 世纪末到 1724 年，有大约 425 份女人的去世启事。在最初的几年
里，有一些女人被称为 rabbine，但是，这其实是对拉比或犹太社团长老
的女儿或妻子的传统称呼。在 1657 年的一份去世启事中，拉比 Baruch
Coblenz（他也是犹太长老和代表犹太人利益的名人）的女儿 Golda
Naomi，就被描述为"聪颖的 [hakhamat lev]、杰出的、谦逊的和可敬
的女人"。[Schwarzfuchs 将 hakhamat lev 译为"聪颖的"（intelligent）
（Memorbuch, p. 17, no. 225），但这句话实际上是引用了《出埃及记》
35:25 和 35:35，最好译为"有智慧"（wise-hearted）]。这似乎是《回忆书》
中唯一使用"有智慧"这一敬辞来赞美女人的地方，而且它不一定带有
学识上的意思。Cherele bas Mechoulam Abraham（d. 1697），她据说曾
帮助过临产的妇女（她大概是一位助产士），她被描述为"早晚提前一小
时参加犹太会堂的礼拜，读诗篇全文和注释"（p. 48, no. 550）。Brainele
Rachel（d. 1710），是一位长老的女儿，她支持丈夫学习法律和教书，"致
力于学习、祈祷和慈善"（p. 61, no. 678）。1715 年，Abraham Halphen 的
女儿 Nentsche Asnat（她可能是格莉克尔的熟人），她被描述为经商支持
家庭，以便丈夫专注学习；她属于几个女性行会的成员，其中有个行会
为女人座位区提供蜡烛（女人座位区除其他用途，还可以让女人在礼拜
期间阅读）；她是每天最早抵达犹太教堂的人之一，并一直待到最后；她
"每天都完成诗篇的阅读"（p. 71, no. 777）。

80　Weinreich, *Yiddish Language*, pp. 316-318.

81　Helwig (Helvicius), *Jüdische Historien*, fol. Aivr. Johann Christoph
Wagenseil, *Belehrung der Juedisch-Teutschen Red-und Schreibart*

(Koenigsberg: Paul Friedrich Rhode, 1699), p. 4.

82 KM, 94; PM, 86-87; AL, 52.

83 A. Grabois, "Le souvenir et la légende de Charlemagne dans les textes hébraïques médiévaux," *Le Moyen Age*, 72 (1966): 5-41. Dan Ben-Amos, ed., *Mimekor Yisrael: Classical Jewish Folktales*, collected by Micha Joseph bin Gorion, trans. I. M. Lask, abridged and annotated by Dan Ben-Amos (Bloomington: Indiana University Press, 1990), p. 232.

84 关于格莉克尔的查理大帝向君士坦丁堡伊琳娜女皇求婚以及随后伊琳娜被推翻和放逐的描述,当时唯一的资料来源是塞奥发尼斯 (Theophanes (d. ca. 807)) 的希腊语著作《年代史》,参见 The Chronicle of Theophanes, trans. Harry Turtledove (Philadelphia: University of Pennsylvania Press, 1982), pp. 157-161, Annus mundi 6293-Annus mundi 6295 (1 September 800-1 August 803)。9 世纪下半叶, 教皇图书馆馆长阿纳斯塔修斯 (Anastasius) 提供了一个拉丁文翻译,并将其纳入自己的《历史》(History) 一书中;在 11 世纪, Georgius Cedrenus 在他用希腊语写的 *Compendium historiarum* 中大量借鉴了塞奥发尼斯。这些手稿版本在中世纪被有识之士所熟知,但并不是中世纪关于查理大帝的流行传说的来源(查理大帝向伊琳娜女皇求婚, 以及她的倒台, 都没有出现:Robert Folz, *Le Souvenir et la légende de Charlemagne dans l'Empire Germanique médiéval* [Paris: Les Belles Lettres, 1950; Geneva: Slatkine Reprints, 1973], pp. 41, 145, 261, n. 13, 144, 324, 476)。16 世纪, 随着印刷机的发明, 塞奥发尼斯的书用希腊文印刷出版 (Heidelberg, 1595), 也有 Cedrenus 和 Anastasius 的研读版本。最后, 作为 17 世纪巴黎在拜占庭历史和希腊教会方面的重要出版业的一部分, 道明会士戈尔 (Dominican I. Goar) 于 1648 年推出了塞奥发尼斯《年代史》的拉丁文译本, 耶稣会士西蒙于 1649 年推出了阿纳斯塔修斯的《历史》新版。这些文本被用作 17 世纪日耳曼地区非常流行的"世界史"的来源, 这些历史书总是非常关注查理大帝以及他希望将帝国从伊琳娜那里"转移"给自己的期盼。例如, Andreas Lazarus von Imhof (1656-1704), *Neu-eröffneter historischer Bilder-Saal, das ist: Kurtze, deutliche und unpassionirte Beschreibung der Historiae Universalis*, 8 vols. (Nuremberg: J. J. Felsecker, 1692-1715)。第一卷中书写了君士坦丁六世的统治与他的母亲伊琳娜女皇, 以及伊琳娜女皇的统治和她的倒台, Imhof 说, 他使用塞奥发尼斯作为资料来源 (*Neu-eröffneter Historien-Saal*, 10 vols. [Basel: Johann Brandmüller, 1736-1769], vol. 1, pp. 692-700, 891)。

85　Landau, "Sprache," p. 27. 比较 Turniansky 的观点，她认为格莉克尔不可能通过德语书面资料进行创作，并认为我们应该假定，像关于伊琳娜女皇的故事，应该有一个失传的意第绪语的记载（"文字资料"）。事实上确实可能有这样的记载，但 Turniansky 在她的文章中并没有考虑这里所报道的故事的来源证据。另见下文，关于格莉克尔有可能读过的让·莫凯特（Jean Mocquet）的旅记，该旅记于 1688 年在吕讷堡出版了德译本。

86　KM, p. 155; PM, p. 144; AL, p. 84. 格莉克尔时代的汉诺威公爵来自吕讷堡家族。作为公爵居住在汉诺威：Johann Friedrich，从 1665 年到 1679 年；Ernst August，从 1679 年到 1698 年。格莉克尔和她这种地位的犹太人的文化关联以及在汉堡和梅斯的活动，似乎不同于与同时期在波兰的 Chone Shmeruk 所描述的情况。在波兰，宗教差异让犹太人和基督徒中间竖起了一堵实实在在的墙，犹太人无法接触到波兰文化的书面文字。Chone Shmeruk, *The Esterke Story in Yiddish and Polish Literature: A Case Study in the Mutual Relations of Two Cultural Traditions* (Jerusalem: Zalman Shazar Center for the Furtherance of the Study of Jewish History, 1985), pp. 46-47.

87　*Relations-Courier* (SUBH, X/3239).《通讯报》由出版商 Thomas von Wiering (d. 1703) 和汉堡作家、百科全书专家和宣传家 Eberhard Werner Happel (d. 1690) 创办，每周二、五出版，约八页新闻。1676, no. 155, 28 September: 国王的政治和军事消息；1683, no. 18, 2 March, fol. 1r: 失踪船只的消息，事实上该船一直在好望角和加那利群岛；1683, no. 87, 30 October: 从伦敦传来的对商人和旅行者有利的科学消息，即发现了获知经度的一种新方法；1685, no. 59, 24 July: 英格兰蒙茅斯叛乱的消息；1685, no. 2, 6 January: 1684 年 12 月里斯本发生的烧死犹太人的新闻；1687, no. 88, 7 June: 开罗一个新的犹太先知的报道。关于汉堡的主要出版社和流行文化体裁，参见 Werner Kayser, ed., *Hamburger Bücher, 1491-1850* (Hamburg: Ernst Hauswedell, 1973)。汉堡是第一个在德语地区定期出版报纸的城市（pp. 15, 72-73）。

88　KM, p. 307; PM, p. 288; AL, p. 167. Pappenheim 将"皆因我们罪孽深重"译成 leider（我很抱歉地说）。Abrahams 就干脆没有翻译这个短语。

89　汉堡贵族中使用法语的例子，参见 letters from Vinzent Rumpf to Peter Lütkens, 1661-1662 (StAH, Archiv des Familie Lütkens, 622-1, BVId); letter of Hamburg merchant Nicolaus Vegesack to the syndics of Hamburg, 1683 (Schramm, *Neun Generationen*, p. 92). KM, pp. 34-35; PM, pp. 32-33; AL, pp. 19-20; KM, p. 28, line 20: 她的姐姐亨德乐的婚礼是"华丽的"

(magnifique); KM, p. 69, line 18: "分娩之痛"(travail); KM, p. 299; PM, p. 281; AL, p. 162。

90 Cornelia Niekus Moore, *The Maiden 's Mirror: Reading Material for German Girls in the Sixteenth and Seventeenth Centuries,* Wolfenbüttler Forschungen, 36 (Wiesbaden: Otto Harrassowitz, 1987). 摩尔强调宗教和伦理作品在年轻女性阅读中的重要性。Rita Bake et al., " 'Finsteres Mittelalter'?—— 'Gute alte Zeit' ? Zur Situation der Frauen bis zum 19. Jahrhundert," in *Hammonias Töchter: Frauen und Frauenbewegung in Hamburgs Geschichte,* special issue of Hamburg Porträt, 21 (1985); Jochmann and Loose, eds., *Hamburg,* vol. 1, pp. 335-340; Franklin Kopitzsch, *Grundczüge einer Sofalgeschichte der Aufklärung in Hamburg und Altona* (Hamburg: Verlag Verein für Hamburgische Geschichte, 1990), pp. 247-259。17 世纪汉堡贵族女人的精神世界可以从 Peter Lütkens 的姐姐 Anna Maria Lütkens 和继母 Anna Elisabeth Lütkens 写给他的信件中看出来；这些信件主要是在基督教的框架内提供家庭新闻，与他父亲和男性朋友给他的信形成对比 (StAH, Archiv des Familie Lütkens, BVIa, BVIc, BVId)。另一个类似我这里比较的例子，参见 Judith R. Baskin, "Some Parallels in the Education of Medieval Jewish and Christian Women " *Jewish History,* 5, no. 1 (Spring 1991): 41-51。

91 Jochmann and Loose, eds., *Hamburg,* vol. 1, pp. 340-342; Gisela Jaacks, *Musikleben in Hamburg zur Barockzeit,* special issue of Hamburg Porträt, 8 (1978). 1674 年 Johannes Voorhout 创作的一幅关于"音乐协会"的画作中有一位女乐手（现藏于汉堡历史博物馆）。KM, pp. 34, 145-147; PM, pp. 32, 136-137; AL, pp. 19, 78-79. Graupe, Statuten, no. 34, p. 86 (1685 and 1726).

92 KM, p. 69; PM, p. 62; AL, p. 38.

93 所有犹太女人都知道这三项义务，在《魅力女性之书》fol.2r 等书的开篇就有详细说明。关于汉堡/阿尔托纳的犹太妇女在产后沐浴净身的时间方面的做法，见下面注释 215。

94 KM, p. 302; PM, p. 284; AL, p. 164. 格莉克尔说，哈伊姆在开展长途出差之前，一直在学习《托拉》课程的日子里禁食，也就是星期一和星期四（KM, p. 69; PM, p. 62, AL, p. 38）。女性和男性都可能遵守这种或其他自愿的禁食时间表。*Memorbuch,* p. 9, no. 136; p. 48, no. 556; p. 60, no. 668; pp. 61-62, no. 680; p. 77, no. 829; p. 80, no. 851.

95 Barbara Kirshenblatt-Gimblett and Cissy Grossman, *Fabric of Jewish*

Life: Textiles from the Jewish Museum Collection (New York: Jewish Museum, 1977), pp. 18-19, 34, 36, 38, 46-48, 96-101; Rolf Hagen, David Davidovitch, and Ralf Busch, *Tora-Wimpel: Zeugnisse jüdischer Volkskunst aus dem Braunschweigischen Landesmuseum* (Braunschweig: Braunschweig Landesmuseum, 1984); *Vierhundert Jahre Juden in Hamburg*, pp. 122-125. *Memorbuch*, p. 15, no. 199; p. 34, no. 416; p. 36, no. 436.

96 关于女人意第绪语的祷告，见 Chava Weissler 非常出色的作品："The Traditional Piety of Ashkenazic Women," in Arthur Green, ed., *Jewish Spirituality from the Sixteenth-Century Revival to the Present* (New York: Crossroad, 1987), pp. 245-275; idem, "Traditional Yiddish Literature: A Source of the Study of Women's *Rel*igious Lives" (Cambridge, Mass.: Harvard University Library, 1987); idem, " 'For Women and for Men Who Are Like Women' " : "Prayers in Yiddish and the *Rel*igious World of Ashkenazic Women," in Baskin, ed., *Jewish Women*, pp. 159-181; idem, "Woman as High Priest: A Kabbalistic Prayer in Yiddish for Lighting Sabbath Candles," *Jewish History*, 5, no. 1 (Spring 1991): 9-26。一个最新的意第绪语和英语译文对照的女人意第绪语祈祷词集，基于 19 世纪的意第绪语版本，但祈祷词可以追溯到更早的时候：Tracy Guren Klirs, ed., *The Merit of Our Mothers: A Bilingual Anthology of Jewish Women's Prayers* (Cincinnati: Hebrew Union College, 1992)。

97 第二卷开篇就说："趁着我还健康，我将在上帝的帮助下，把一切留在这七卷小书里"。第一卷的开头，她说："在这个劳碌的世界上，有一个七十年的极限……许多人连这个年龄都达不到"，KM, pp. 23, 2; PM, pp. 21, 2; AL, pp. 13, 1。七十年的跨度在近代早期欧洲思想中很常见。Ephraim Kanarfogel 向我指出，中世纪时期有两本重要的道德书被作者分成七个部分，以适合每周每天的学习计划：the Iggeret ha-Teshuvah of R. Jonah of Gerona and the Sefer Mipvot Qatan of R. Isaac of *Cor*beil (letter of 15 March 1993)。Zinberg 没有提到这两本书是否有意第绪语译本 (*Jewish Literature*, vol. 7, pp. 142-148)，但如果格莉克尔曾听说道德著作有时被分为七卷，可能会据此强化她自己的书写计划。

98 第一卷开篇直至第五卷开头部分的伤感叙述，存在着一种情感和叙事上的连续性——这个连续性贯穿至哈伊姆的最后病重、格莉克尔的最初哀悼，以及之后的"真友谊"故事。随后，写作似乎出现了中断，格莉克尔继续叙述她守寡的十年，即 1689 至 1699 年，带有生动细节描绘，暗示其可能是早期和即时的草稿，但也有暗示时间距离的句子："当时，我在生意上仍然很有干劲";"虽然有很多人向我求婚……正如后面所说，我都拒绝了";"然而，整整一年过去了，才得以举行婚礼"。在她描述女儿埃丝特与梅斯的摩西·克鲁姆巴赫的婚姻时，她并没有预示自己要搬到那个城市去；这说明她的草稿写作时间早于 1699 年。然而，她在提到1701 年去世的儿子莱布和 1702 年去世的儿子赞维尔之后，又加上了纪念性的套话——"愿他安息"，"愿义人的纪念被称赞"（KM, pp. 215, 217, 229, 248; PM, pp. 203, 206, 216, 233-234; AL, pp. 115, 136）。

99 第六卷，格莉克尔从她嫁给希尔施·莱维遭受的磨难的角度来叙述，尽管她还没有详细展开（"我不得不……生活在耻辱之中，这违背了我曾经希望能自我保护的愿望"）。她在写作时还带着强烈的经济上的不安全感（"不知年老时我能否有容身之所，能否吃饱穿暖"），破产几年后，她的女儿埃丝特、女婿摩西和继子萨缪尔帮助她和希尔施生存下来，这种不安全感才得以缓和。此外，在整个第六卷中，她还谈到米利亚姆尚未结婚，她也没有在谈及希尔施·莱维时使用悼念套话（希尔施·莱维逝于 1712年），而这个套话她经常在第七卷中会对希尔施·莱维使用；在这一卷里，她在谈到亚伯拉罕·施瓦贝（Abraham Schwabe/Krumbach）的时候说他还活着（亚伯拉罕逝于 1704 年，*Memorbuch*, p. 54, no. 611）。在第七卷中，她多次表明她是在 1715 年写作的，但最后一段的日期是希伯来历 5479年（公历 1719 年）。KM, pp. 277-278, 296, 310, 325, 333; PM, pp. 263, 278, 291, 300, 306, 313; AL, pp. 152, 160, 169, 175, 178, 182.

100 KM, p. 198, line 7: "愿义人的纪念被称赞"在第五卷开篇就加在格莉克尔儿子莱布（卒于 1701 年）的名字上，当时她正在叙述哈伊姆最后的病（她最初开始书写自传是在他于 1689 年去世后的几个月后或一年后）。"愿她长寿"用于格莉克尔的母亲，KM, pp. 31, 33, 73, line 1. 格莉克尔的母亲贝拉·巴斯·纳森于 1704 年去世，享年约七十四岁（Simonsen, "Eine Confrontation," p. 99），远在格莉克尔写第七卷之前。因此，如果格莉克尔愿意的话，她可以回过头去翻看早期的书卷，把"愿她长寿"改成悼念母亲的套话，就像她在第五卷中提到她儿子莱布的一些内容一样。

101 KM, pp. 119, 120, 163, 179, 184; PM, pp. 110, 111, 152, 167, 173; AL, pp. 66, 67, 88, 96, 100. 格莉克尔说她的出生日期是 5407 年（公历 1646—1647 年）；但是，她却说她在 1699 年夏天，五十四岁的时候，收到了希尔施·莱维的求婚。她寡居十一年（1689—1700），然后她在第六卷开篇说："我要写下我的处境变化，一个我已经逃避了十四年的变化"。Günter Marwedel, "Problems of Chronology in Glikl Hamel's Memoirs,"

presented at the Fourth International Congress on Research in Yiddish, Jerusalem, 31 May-5 June 1992.

102 KM, p. 119; PM, p. 110; AL, p. 66.

103 男人写的自传往往围绕职业或事业的各个阶段来组织，婚姻和子女的事件分散在外围。在莱昂·莫代纳的自传中，他与妻儿的关系是重要的，但被解释为他的著作、罪恶和痛苦之间的更大的关联的一部分（Davis，"Fame and Secrecy"）。理发师兼外科医生约翰·迪茨（Johann Dietz，1665-1738）的自传从他早年在哈勒的生活和学徒生涯开始，贯穿着他的旅行和冒险（Master Johann Dietz）。

104 KM, pp. 194, 309; PM, pp. 183, 291; AL, pp. 105, 169.

105 KM, pp. 128, 309-310; PM, pp. 118, 291; AL, pp. 71, 169. 关于女儿亨德乐在柏林结婚后不久就去世的事："噢，上帝！ 这可真是沉重的打击！这样一个可爱优秀的年轻人，就像一棵杉树。她具备如此纯真的爱和虔诚，就像在我们的女族长身上可以找到的那样。柏林的每个人，尤其是她的婆婆，都如此爱她——他们的悲痛无法形容。但是，这对我那颗丧女之心又有什么帮助呢？"（KM, p. 228; PM, pp. 215-216; AL, p. 124）。关于莱布二十七岁去世，见下文。关于一个没有名字的孩子（大概是个女儿，因为没有提到割礼）出生两周后的死亡："这是个漂亮的孩子，但不幸的是，她和我一样发烧了。虽然我们请来了医生和大家帮忙，但无济于事。孩子活了十四天，然后上帝——愿他得到赞美——把孩子纳为他自己的一部分……留下我们人间的那份苦难，而我却没有了孩子，在分娩期伤心"（KM, p. 191; PM, p. 180; AL, p. 104）。格莉克尔对于她姐姐亨德乐在二十四岁就去世也表现出悲痛（KM, pp. 148-149; PM, p. 138; AL, p. 80）。从形式上来说，犹太律法规定对儿童的哀悼与对成人的哀悼的分量等同（Ephraim Kanarfogel, "Attitudes toward Childhood and Children in Medieval Jewish Society," in David R. Blumenthal, ed., *Approaches to Judaism in Medieval Times*, 2 vols. [Chico, Calif.: Scholars Press, 1985]，vol. 1, p. 27, n. 55）。

106 KM, pp. 73, 179, 181-182; PM, pp. 66, 168, 170; AL, pp. 40, 97, 98.

107 KM, pp. 84, 193-194, 200-202; PM, pp. 78, 182-183, 190-192; AL, pp. 47-48, 105, 109-110.

108 KM, pp. 28, 25, 144, 313; PM, pp. 25-26, 23, 134, 294; AL, pp. 16, 14, 77, 171. 格莉克尔在梅斯的孙子 Elias ben Moses 与曼海姆的 Kolen Lemlen 结婚，在婚约中，新娘的父母为她提供了两万塔勒的嫁妆和衣服；新郎的父母除了给了他一半的房子外，还承诺庇护这对年轻夫妇三年，并为

Elias 提供一名教师，将支付十年费用（ADM, 3E3709, no. 305）。

109 KM, pp. 145-146; PM, p. 136; AL, p. 78.

110 KM, pp. 136-137; PM, p. 126; AL, p. 76.

111 KM, p. 13; PM, p. 12; AL, p. 7.

112 KM, p. 32; PM, p. 30; AL, p. 18（将"粪便"译作"灰土"）。

113 KM, pp. 14, 25, 138; PM, pp. 12, 23, 128; AL, pp. 8, 14. 关于她父亲时代的
     人们安分知足的说法，另参见 KM, p. 58; PM, p. 52; AL, p. 32。

114 KM, pp. 170, 175, 125; PM, pp. 160, 164, 116; AL, pp. 92, 95, 69. 在希伯来
     圣经中可以找到几处地方 oysher 与 koved 成对出现，osher vekavod（如
     《箴言篇》3:16, 8:18, 22:4）。

115 KM, pp. 121, 77, 115, 274; PM, pp. 112, 72, 105, 259; AL, pp. 67, 43, 63,
     150. 关于 18 世纪巴黎商人名誉的重要性及破产的羞耻，参见 Thomas
     Manley Luckett, "Credit and Commercial Society in France, 1740-1789"
     (Diss., Princeton University, 1992), chs. 2-3。

116 KM, pp. 153, 170-171, 252-253; PM, pp. 142, 160, 237-238; AL, pp. 82, 93,
     139-140.

117 KM, pp. 321-322, 324, 38; PM, pp. 302, 304-305, 36; AL, pp. 176-177, 21.

118 William Shakespeare, *The Merchant of Venice*, Act 3, sc. 1, lines 55-59.
     Also Act 1, sc. 3, lines 107-130. 17 世纪基督徒对犹太人信仰和习俗的标
     准描述里头几乎没有提及犹太人的荣誉感。巴塞尔希伯来语学者 Johann
     Buxtorf 的 *Synagoga Judaica* 一书中，最常见的对犹太人的形容就是"盲
     目""固执""忘恩负义"，该书于 1603 年首次以德文出版，随后以德文、
     拉丁文、荷兰文和英文重印（*The Jewish Synagogue: Or an Historical
     Narration of the State of the Jews* [London: Thomas Young, 1657]，fol.
     A2a, p. 25）。在基督徒的文章中，如果犹太人被赞美，通常是由于他们
     对自己同胞的仁慈，或者是由于他们的清醒和节制（举例见 Lancelot
     Addison, *The Present State of the Jews* [London: William Crooke, 1675]，
     p. 13）。Claude Fleury 谈到了《圣经》中犹太人的礼貌和他们对名流
     的"尊敬"，但他称，犹太人的素质已经比古时候下降了（*Les Moeurs
     des Israélites* [Paris: Widow Gervais Clouzier, 1681]，pp. 169-170 and
     concluding chapters)。英国神学家 John Toland 是个例外，他进行了全
     面公正的和比较性的观察："在犹太人中，肯定有肮脏的卑鄙小人、骗子、
     敲诈者、各种程度的恶棍；而那个幸福的民族在哪里，那个宗教誓约在
     哪里？他们同样有刚正不阿的人、有勇有谋的人、具备自由和慷慨精
     神的人。" John Toland, *Reasons for Naturalising the Jews in Great Britain*

and Ireland, On the same foot with all other Nations (London: J. Roberts, 1714; facsimile reprint Jerusalem: Hebrew University, Department of the History of the Jewish People, 1964), p. 20. 关于早期现代欧洲人对犹太人态度的一个最近的研究，参见 Myriam Yardeni, *Anti-Jewish Mentalities in Early Modern Europe* (Lanham, Md.: University Press of America, 1990)。

119　大约有六十处地方，Abrahams 译为 "honor" 这个词，Pappenheim 译为 "Ehre" 这个词；只有六处地方，格莉克尔用了 "er" 而非 "koved"。使用 "er" 的几处地方：她在第一卷开篇就用 er 来指神的荣耀或尊荣（KM, p. 1）；在第六卷中，借用杰迪狄亚和阿巴顿来讲述大卫王和押沙龙的故事的时候，她使用了两次 er（KM, pp. 280, 288）；在第六卷中，她引用自己刚到梅斯时候对一位亲切接待她的女人说的话 "我不知道这份荣誉来自谁"（KM, p. 292），也用了 er。er 的另外两处用法是套话性质的，是 Zucht und Ehre（戒律与荣誉）这个表达的意第绪语翻译，用来形容她的女儿在梅斯的家里的善举（KM, p. 296）。在下述页码可以找到 "Koved"：KM, pp. 15, 36, 38, 67, 120, 125-126, 137, 145, 148, 153, 170-172, 175-176, 193-194, 212, 214, 224, 226, 247-248, 252-253, 264, 270-271, 274, 278, 291-293, 295, 312, 319-322, 324。关于意第绪语使用者选择希伯来语词源而不是德语词源的单词的一些标准，参见 Harshav, *Meaning of Yiddish*, pp. 39-40。Weinreich 将 ern-koved 作为后来意第绪语混合单词的几个例子之一，这种单词涉及不同语源的同义词，这些同义词并置是为了强调（*Yiddish Language*, p. 642）。但是在格莉克尔时代的中古意第绪语中，情况并非如此。

120　KM, pp. 160（"行割礼的和未行割礼的"）, 274, 277, 307.

121　KM, pp. 274, 30, 160; PM, pp. 259, 28, 149; AL, pp. 150, 17, 87.

122　KM, p. 314; PM, p. 296; AL, p. 172.

123　KM, pp. 146-148; PM, pp. 136-138; AL, pp. 78-80.

124　KM, p. 26; PM, p. 24; AL, p. 15.

125　KM, pp. 157, 27; PM, pp. 146, 25; AL, pp. 85, 15. 同样，如果一个犹太人在参加集市期间去世，需要埋葬，在莱比锡会遇到的特殊风险，KM, pp. 107, 177; PM, pp. 98, 165-166; AL, pp. 59, 95-96。

126　KM, pp. 75-78; PM, pp. 69-73; AL, pp. 42-44.

127　也许格莉克尔的细节取自哈伊姆的长兄摩西被杀的细节，后者在去参加婚礼的路上被盗贼袭击并受伤（KM, pp. 61-162; PM, pp. 54-55; AL, p. 34）。他和一个同伴挣扎几天后去世，弥留期间讲述了他们遇袭的经历，当时和他们在一起的仆人后来成了格莉克尔和哈伊姆的仆人。

128 KM, pp. 134-142; PM, pp. 122-132; AL, pp. 75-76[Abrahams 删掉了希勒尔长老（Hillel）及其他犹太贤哲的内容]。

129 KM, pp. 234-246; PM, pp. 221-231; AL, pp. 128-135.

130 这个故事见于 Solomon Ibn Verga 的《犹大权杖之书》(*Sefer Shebet Yehudah*,published in Hebrew in the early sixteenth century; Yiddish edition, Krakow, 1591，英语翻译及分析：Yosef Hayim Yerushalmi, *The Lisbon Massacre of 1506 and the Royal Image in the Shebet Yehudah* [Cincinnati: Hebrew Union College, 1976]，pp. 46-47)。格莉克尔的故事在《故事集》中也有一个版本，也就是那本流行的意第绪语故事书(*Ma'aseh Book*, no. 185, pp. 400-401)。在《犹大权杖之书》的版本中，国王是西班牙的统治者，在格莉克尔的讲述中也是如此。在《故事集》中，他是君士坦丁堡的苏丹，但格莉克尔可能也读过并使用了这个版本。格莉克尔还加上了自己的修改，她认定这具尸体是一具孩子的尸体，认定是睡不着觉的国王亲自看到尸体被扔进犹太人房子里的，而《犹大权杖》和《故事集》都只是说国王派仆人上街，仆人看到一具尸体，搞清发生何事。

131 KM, p. 246; PM, p. 231; AL, p. 135（删去了若干句子）。一份汉堡参议院发布的集市法令中，提到了与这个处决事件有关的针对犹太人的骚扰事件，并加以禁止 (StAH, Senat, Cl. VII, Lit. Hf., no. 5, vol. 1b, fasc. 1, printed act of 19 September 1687 inserted at end)。

132 Grunwald, *Hamburgs deutsche Juden*, p. 17. KM, p. 234; PM, p. 231; AL, p. 128. Marwedel 将这一安排作为格莉克尔"在有关事件的年表排列方面[显然]错误"的几个例子之一 (Marwedel, "Problems of Chronology," p. 6))。我在这里为这一安排提供了一个文学和心理学上的解释。

133 除了（上述提到的）哈伊姆和格莉克尔在从威特蒙德回汉堡的路上与外邦人的交流，格莉克尔还讲述了她的仆人雅各布和他的同伴彼得森先生从汉诺威到汉堡的旅途中的酒宴。KM, pp. 101-106; PM, pp. 92-97; AL, pp. 55-58.

134 KM, p. 312; PM, p. 293; AL, p. 170.

135 KM, p. 277; PM, pp. 262-263; AL, p. 152："我感谢赞美上帝，因为我离开汉堡时，不欠犹太人或外邦人一个塔勒"；"我担心，如果我继续单身下去，我可能会失去一切，而且会蒙羞，因此——上帝保佑——我千万别伤害其他人，无论是犹太人还是外邦人"。关于格莉克尔的"安息日女人"：KM, pp. 187-188; PM, pp. 176-177; AL, pp. 101-102。在一些城镇，地方官禁止犹太人在安息日雇用基督徒仆人做差事 (Buxtor, *Jewish*

Synagogue, p. 171)。汉堡似乎没有这样的禁令，尽管在 1698 年，几名路德教派神学学生向元老院抗议说，受雇于犹太人的基督教女仆与孩子们一起去犹太教堂 (StAH, Senat, Cl. VII, Lit. Hf., no. 5, vol. 1b, fasc. 2, fols. 37r-42r)。格莉克尔只提到过犹太人家仆。

136 KM, pp. 39-57; PM, pp. 37-50; AL, pp. 22-31. "The Man Who Would Not Take an Oath," A. Aarne and Stith Thompson, *The Types of the Folk-Tale: A Classification and Bibliography*, 2nd ed. (Helsinki: Suomalainen Tiedeakatemia, 1964), Tale type 938, *Placidas,* pp. 331-332. 这个故事的一个基督教版本是圣犹士坦（Saint Eustace）的故事，他在皈依基督教之前的名字是普拉西塔斯（Placidus），是图拉真时代的人（Jacques de Voragine, *The Golden Legend,* trans. Granger Ryan and Helmut Ripperger [New York: Arno Press, 1969]，pp. 555-561; Alain Boureau, "Placido tramite: La Légende d'Eus-tache, empreinte fossile d'un mythe carolingien?" *Annales: Economies, Sociétés, Civilisations,* 37 [1982] : 682-699)。犹太传说的版本：" The Reward of Virtue, or the Story of the Man Who Never Took an Oath," in *Ma'aseh Book,* no. 222, pp. 542-546; Angelo S. Rappoport, *The Folklore of the Jews* (London: Soncino Press, 1937), pp. 147-151; E. Yassif, "From Jewish Oicotype to Israeli Oicotype: The Tale of 'The Man Who Never Swore an Oath,'" *Fabula,* 27 (1986): 216-236。

137 KM, p. 49（"gar tsart ... gar far shtendig"）; PM, p. 44; AL, pp. 26-27, 与意第绪语版本有些出入。

138 野蛮人公主的情节、谜语测试和犹太公爵爵位均未出现在注释 136 所述的各个版本中。格莉克尔在谈到这个故事时说："我在布拉格一位重要的受人尊敬的人写的书中发现了这个故事"，但在意第绪原稿中却漏写下他的名字（KM，p. 57）。格莉克尔版本的独特性与她自己混合这些母题的说法是一致的——或者至少说明她选择了这样的版本，而不是《故事集》中的那个版本。关于犹太传统中使用谜语的文献目录，参见 Haim Schwarzbaum, *Studies in Jewish and World Folklore* (Berlin: Walter de Gruyter, 1967), pp. 423-424。

139 Jean Mocquet, *Voyages en Afrique, Asie, Indes Orientales et Occidentales: Faits par lean Mocquet, Garde du Cabinet des singularitéç du Roy, aux Tuilleries* (Rouen: Jacques Callové, 1645; first edition 1616), pp. 148-150. German translation: *Wunderbare jedoch gründlich-und warhajfte geschichte und reise begebnisse in Africa, Asia, Ost-und West-Indien,* trans. Johann Georg Schoch (Lüneburg: J. G. Lippers, 1688), pp. 82-86 (a picture of the

woman tearing her child in half is on p. 85).

  莫凯特的记载是 18 世纪广为流传的英柯 (Inkle) 与娅瑞蔻 (Jarico) 的故事的几个起源之一。英柯是一个遇到海难的英国人，当他被冲上海岸时，一个印第安少女娅瑞蔻救下了他；娅瑞蔻保护英柯不被她的同伴杀害，并爱护他。他们一起生活在山洞里。英柯说服娅瑞蔻如果能遇到船的话，就跟他一起回英国生活。他们终于离开了，但当他们到达巴巴多斯时，他把她卖给了一个奴隶。关于这个故事、其起源和变体的重要讨论，参见 Peter Hulme, *Colonial Encounters: Europe and Native Caribbean, 1492-1797* (London: Methuen, 1986)。关于虔诚的塔木德学者和野蛮人公主的那个情节，为这类讲述欧洲和加勒比地区间失败关系的常见故事增加了一个犹太版本。关于 18 世纪命运多舛的"跨种族爱情故事"，另参见 Mary Louise Pratt, *Imperial Eyes: Travel Writing and Transculturation* (London: Routledge, 1992), ch. 5。

140 埃尔达德 (Eldad the Danite)，他是 9 世纪的一位博学的流浪者，他向西班牙的犹太人讲述了他的故事：他在埃塞俄比亚附近遇上船难，和一个同伴"被扔在一个叫 Romranos 的人中间，他们是黑色的、高大的、裸体的食人族"。他的同伴又肥又健康，立即被杀死吃掉，但由于埃尔达德生病了，他就被戴上锁链，等着变胖变健康。不过，埃尔达德把食物藏了起来。他一直和他们在一起，直到一支拜火教的军队袭击了食人族，把他俘虏了。在与拜火教教徒相处四年后，他被一个来自波斯的犹太商人赎回。这个故事和埃尔达德的其他故事一起为人们熟知，大约在 1480 年在曼图亚有一个希伯来语的印刷版本，Elkan Nathan Adler, ed. *Jewish Travellers: A Treasury of Travelogues from Nine Centuries*, 2nd. ed. [New York, 1966] , pp. 4-7; D. H. Müller, "Die Recensionen und Versionen des Eldad Had-Dâni," *Denkschriften der Kaiserlichen Academie der Wissenschaften: Philosophisch-Historische Classe*, 41 [Vienna, 1892] : 70-73。Leopold Zunz 的犹太旅行文学书目可参见 Benjamin of Tudela, *The Itinerary*, trans. A. Asher, 2 vols. (New York: Hakesheth, n.d.), vol. 2, pp. 230-317；也许这些作品之一就是格莉克尔的一些母题的来源。更有可能的来源是地理故事书，如意第绪语的《阿姆斯特丹故事》，这是一位拉比 Levi 的冒险故事，他在 1678 年与其他九位犹太人一起从阿姆斯特丹乘船前往东印度，寻找"住有我们还不知道的犹太人"的岛屿 (Zinberg, *Jewish Literature*, vol. 7, p. 237)。小岛故事情节是格莉克尔的时代在汉堡出版的一本广为阅读的德语书的组织主题 (organizing theme)，作者是汉堡最著名的作家之一：Eberhard Werner Happel, *Der*

insulanische Mandorell (Hamburg and Frankfurt:Z. Hertel and the heirs of M. Weyrauch, 1682)。

141 遇到船难的男人及他的女魔妻子：“The Story of the Jerusalemite,” in Ben Gorion, *Mimekor Yisrael*, abridged ed., no. 200, pp. 373-384 (意第绪语版本 1711 年在汉堡出版)；另一个版本：“The Kiss,” ibid., no. 201, pp. 384-386. 在犹太传统中，也有"女魔"妻子的母题，她和美狄亚一样，当她被丈夫忽视或欺骗时，就会杀死她的孩子 (Juspa Shammash, *Mayse Nissim* [Amsterdam, 1696], no. 21: “The Queen of Sheba in the House ‘Zur Sonne,’ ” translated in Eidelberg, R. Juspa, pp. 87-88)；Sara Zfatman 的希伯来文研习中也有这个主题的变体：*The Marriage of a Mortal Man and a She-Demon* (Jerusalem: Akademon Press, 1987)。犹太传统中，"女魔"的原型是莉莉丝 (Lilith)，亚当的第一任妻子，她的一个化身会吞食新生的婴儿 (Raphael Patai, *The Hebrew Goddess*, 3rd enlarged ed. [Detroit: Wayne State University Press, 1990] , ch. 10)。格莉克尔在她的自传中没有提到莉莉丝，但她的外孙小摩西·马库斯在 1728 年出版的一本关于犹太人习俗的书中提到了莉莉丝："当一个男人有了新生儿，他的朋友们就会前来道喜，在摆放婴儿床的女人的房间，有些人会在四个角落贴上小纸条，纸条上写亚当和夏娃，但不能写莉莉丝，还要写上三个天使的名字，以保护妇女和儿童不被巫术掳走。"[Moses Marcus] , *The Ceremonies of the Present Jews* (London: J. Roberts, 1728), p. 14. 也许小摩西·马库斯曾经看过他的母亲弗洛伊德琛在家里这么做。关于这些纸做的护身符，参见 Joshua Trachtenberg, *Jewish Magic and Superstition: A Study in Folk Religion* (New York: Atheneum, 1977), pp. 139, 169。

142 Cecil Roth, *The House of Nasi: The Duke of Naxos* (Philadelphia: Jewish Publication Society of America, 1948), especially ch. 4 and, on his fame, pp. 182-186. 纳西在伊斯坦布尔有自己的住所，该岛由他的副手 Francisco Coronel or Coronello(a Catholic of conversos origin) 和基督徒官员管理。岛上容纳穆斯林和犹太人。Gedalia Yogev, *Diamonds and Coral: Anglo-Dutch Jews and Eighteenth-Century Trade* [Leicester: Leicester University Press and New York: Holmes and Meier, 1978] , pp. 156-158; Emden, *Mémoires*, p. 183.

143 关于 17 世纪末 18 世纪初苏里南的犹太社区和种植园的情况，见后文"蜕变"一章。

144 KM, pp. 71-72; PM, pp. 64-65; AL, pp. 39-40. Howard Eilberg-Schwartz, *The Savage in Judaism: An Anthropology of Israelite Religion and Ancient*

Judaism (Bloomington: Indiana University Press, 1990), pp. 31-41; Richard H. Popkin, "The Rise and Fall of the Jewish Indian Theory," in Yosef Kaplan, Henry Méchoulan, and Richard H. Popkin, eds., *Menasseh ben Israel and His World* (Leiden: E. J. Brill, 1989), pp. 63-82. 梅纳什·本·以色列的观点是根据一位葡萄牙马拉诺探险家的报告提出的，他称在安第斯山脉遇到了犹太人，他的观点是谨慎的。梅纳什认为，犹太人失落部落的一部分移居到了美洲，而其他美洲印第安人则来自亚洲（pp. 68-69）。17 世纪中期的意第绪语著作 *Mayse vest indie* 中也有类似提及土著犹太人的内容，参见 Weinreich, *Yiddish Language*, p. 315。

145 Johann Müller, *Judaismus oder Jüdenthumb: Das ist Ausführlicher Bericht von des Jüdischen Volckes Unglauben Blindheit und Verstockung* (Hamburg: Printed by Jacob Rebenlein for Zacharias Hertel, 1644). Whaley, *Religious Toleration*, pp. 86-88.

146 Johann Jacob Schudt, *Jüdische Merckwürdigkeiten*, 4 vols. (Frankfurt and Leipzig: Samuel Tobias Hocker, 1715-1718), vol. 4, pp. 135-137. 自 1707 年以来，伦敦这桩纠纷在欧洲犹太社区的希伯来语小册子中广为流传。它首先是被 Adam Andreas Cnollen 选来给德语读者阅读，deacon of Fürth, in his New Things and Old, published in German in 1714; 格莉克尔的儿子摩西·哈默尔恩是附近拜尔索多夫的拉比，他可能读过关于他姐姐在伦敦的不幸遭遇的基督徒的报道。关于伦敦这桩事件，另参见 Emden, *Mémoires*, pp. 183-184; and Kaufmann, "Rabbi Zevi Ashkenazi," pp. 102-125。

147 Schudt, *Jüdische Merckwürdigkeiten*, vol. 1, p. 296. 有关移入纹概况，见塔木德论文：Erubin, in Israel Epstein, ed., *The Babylonian Talmud, Seder Mo'ed*, part 2, vol. 3, trans. Israel Slotki (London: Soncino Press, 1938); *Encyclopaedia Judaica*, vol. 6, pp. 849-882；有关汉堡／阿尔托纳的移入纹，重要的研究：Peter Freimark, "Eruw/Judentore: Zur Geschichte einer rituellen Institution im Hamburger Raum (und anderswo)," in Freimark et al., *Judentore*, pp. 10-69。拉比泽维·希尔施·阿什肯纳兹描述了 17 世纪 90 年代当他看到汉堡／阿尔托纳的阿什肯纳兹犹太人错误地处理允许携带的移入纹的方式时，他的恼怒：他们在该地区的所有犹太教堂和祈祷室里放置面包，而他认为在一个犹太教堂里放置一个面包就可以为整个地区创造移入纹（*Sej'er She'elot*, responsa 112）。

148 KM, pp. 100, 107; PM, pp. 91, 97; AL, pp. 55, 59. 关于《塔木德》中为了方便犹太人在流散中的生活，"重新占据"空间和时间的拉比策略，参见 Arnold M. Eisen, *Galut: Modern Jewish Reflection on Homelessness and Homecoming* (Bloomington: Indiana University Press, 1986), pp. 35-42。

149　KM, pp. 32-33; PM, p. 30; AL, pp. 18-19.

150　KM, pp. 268-270; PM, pp. 251-253; AL, pp. 146-147. 有关塞穆埃尔·奥本海默，以及这桩事件，参见 Stern, *Court Jew*, pp. 19-28, 85-91。

151　KM, pp. 107-121; PM, pp. 98-112; AL, pp. 59-67. 哈伊姆安排了他哥哥塞缪尔的女儿和犹大·柏林的婚姻，所以这个冲突不仅是犹太人之间的，也是姻亲之间的。

152　这个"希律"指的是 Issachar Cohen，在哈伊姆与犹大·柏林的合作结束之后，由他的兄弟 Isaac of Frankfurt 推荐给哈伊姆（KM, p. 119; PM, p. no; AL, p. 66）；他担任哈伊姆和格莉克尔的商业代理和雇工十年之久。关于犹太传统中的"希律"，见 *Encyclopaedia Judaica*, vol. 8, p. 387. 犹太人中使用"希律"作为辱骂，并不是格莉克尔独创。1694 年的西赫托拉节，在希尔德斯海姆犹太教堂内发生的争吵，导致了几个人之间的相互辱骂，其中一个人娶了哈伊姆的侄女 / 外甥女。在这桩纠纷中，一个人对另一个人说："他将其视作希律和彼拉多"（he regarded him as Herod and Pilate [sic!]）(A. Lewinsky, "Die Kinder des Hildesheimer Rabbiners Samuel Hameln," *Monatsschrift für Geschichte und Wissenschaft des Judentums* 44 [1900]：378)。

153　KM, p. 161; PM, p. 150; AL, p. 87（指的是斯德丁的 Moses Helmstedt，他垄断了斯德丁的铸币厂，并希望哈伊姆向他提供银子）。格莉克尔还讲了一个家庭内部欺诈的故事：哈伊姆的父亲约瑟夫和一个名叫 Feibusch 的人之间的争吵，约瑟夫把自己的女儿 Yenta 嫁给了这个 Feibusch 的继子。这位女婿指责岳父窃取他的遗产，并偷走了一些商业财产。于是他们在法庭上大打出手，Feibusch 和约瑟夫都分别把对方送进了监狱 (KM, pp. 64-65; PM, pp. 57-58; AL, pp. 35-36)。

154　KM, p. 165; PM, p. 154; AL, p. 89.

155　KM, pp. 211-230, 308; PM, pp. 200-218, 288-289; AL, pp. 114-126, 167-168.

156　KM, p. 143; PM, p. 133; AL, p. 77. 格莉克尔还说，她的公公当时是个有钱人，孩子们都结婚了。这与她对小水罐的知足喜悦是否有些矛盾？

157　KM, pp. 17, 61; PM, pp. 14, 54; AL, pp. 9, 33-34. 另一个先人帮助后代的例子可以在苏尔卡的故事中找到，苏尔卡是哈伊姆的兄弟亚伯拉罕的妻子，结婚十七年都没有孩子。苏尔卡的母亲去世前对苏尔卡说："在上帝跟前，若我说得上话，上帝赐福，我将求你生儿育女。"苏尔卡在母亲过世后怀孕，生下一个女儿，她以母亲的名字给女儿取名（KM, 62-

63; PM, pp. 55-56; AL, p. 34）。关于犹太人向祖先祈求此世的帮助，以及为彼世的人祈祷，参见 Chava Weissler, "The Living and the Dead: Ashkenazic Family *Relations* in the Light of Hebrew and Yiddish Cemetery Prayers," in Weissler, *Voices of the Matriarchs*, forthcoming。我曾在下面文章中论述过天主教的生人死人互惠以及新教对这种互惠主义的批判："Ghost, Kin, and Progeny: Some Features of Family Life in Early Modern France", in Alice Rossi, Jerome Kagan, and Tamara Hareven, eds., *The Family* (New York: W. W. Norton, 1978), pp. 87-114。

158 KM, pp. 31-38; PM, pp. 28-36; AL, pp. 17-22. 格莉克尔还讲述了当哈伊姆在莱比锡集市上生病时，儿子莫迪凯如何照顾他。虽然这是莫迪凯的"义务"，但他当时还很小（KM, p. 192; PM, p. 181; AL, pp. 104-105）。

159 KM, pp. 180-181; PM, p. 169; AL, p. 97. 同样，在哈伊姆去世后，格莉克尔格请了一些学者，在家里祈祷和学习《塔木德》整整一年（KM, p. 201; PM, pp. 190-191; AL, p. 109）。关于犹太教里为亡者祈祷，参见 Weissler, "The Living and the Dead"; and Israel Lévi, "La commémoration des âmes dans le judaïsme," *Revue des études juives*, 29 (1894): 43-60。

160 KM, pp. 175-176; PM, p. 164; AL, p. 95.

161 KM, pp. 271-272; PM, pp. 257-259; AL, p. 149. 在格莉克尔的时代，阿尔托纳 / 汉堡的犹太社团会为圣地募捐，一些葡系犹太人和德系犹太人也确实会前往那里生活。StAH, Jüdische Gemeinde 31, vol. 1, no. 5 (1687, 1699); Emden, *Mémoires*, p. 85; Bernhard Bribing, "Die frühesten Beziehungen der Juden Hamburgs zu Palästina," *Jahrbuch der Jüdisch-Literarischen Gesellschaft*, 21 (1930): 19-38.

162 KM, pp. 124, 202-203; PM, pp. 114-115, 192-193; AL, pp. 69, 110-111.

163 KM, pp. 204-209; PM, pp. 194-198; AL, pp. 111-113, 这个版本里有一个翻译错误：国王给儿子的忠告译成了"与一千愚人一起"，而正确的是"在一千愚人之下"（Lowenthal 的译本将国王的忠告从"杀死一千愚人和那两名仆人"减弱为"鞭打"他们，这是不准确的；*Memoirs*, p. 157）。Aarne and Thompson, *Types*, Tale type 893: the Unreliable Friend (the Half-Friend); Stith Thompson, *Motif-Index of Folk Literature*, rev. ed., 6 vols. (Bloomington: Indiana University Press, 1989), H 1558.1. Test of Friendship, the Half-Friend, vol. 3, pp. 511-512. "半个朋友"，见 Moses Gaster, *The Exempta of the Rabbis* (London and Leipzig: Asia Publishing, 1924), no. 360, pp. 134, 249。Gaster 的版本来自 17 世纪的手稿，讲述的是一位父亲通过设计将死羊装在袋子里，来否定儿子拥有一百个朋友

的说法。最后以儿子认识到父亲警告的真实性而结束，但并没有提到报复那些拒绝帮助他的人。"Sincere Friendship"，in Angelo S. Rappoport, *Folklore of the Jews* (London: Soncino Press, 1937), pp. 159-163: 一个智者和他儿子的故事，并没有以两个仆人被处死或任何其他惩罚结束。Turniansky 给出了 16 世纪手稿当中的这个故事的若干个意第绪语版本，in Bodleian Library (Hebrew ms. 2213)，以及以撒·本·伊莱亚库姆（Isaac ben Eliakum）的《善心之书》（*Sefer Lev Tov*）中的故事（它首版于 1620 年）。但是必须指出，这里面没有哪一个版本跟格莉克尔的版本完全一样（"Literary Sources," p. 172 and nn. 44-45）。在《故事集》中，有一个天真的国王儿子的故事，他对世界一无所知，一直待在家里，"因此，他就像一头家养小牛，是个贪吃鬼和酒鬼"。国王打发他的儿子跟驯马大师去学习处世之道（*Ma'aseh Book*, no. 208, pp. 491-503）。虽然格莉克尔的故事和这个故事有一些相同母题，故事线却截然不同。

164　这个故事在民间文学研究中被称为"以弗所的妇人（Vidua）"，The Matron of Ephesus (Vidua), (Thompson, *Motif-Index*, K2213.1, vol. 4. p. 483)，在欧洲语言中有许多个版本。犹太版本包括以下几种。第一个版本，Berechiah ben Natronai ha-Nakdan 的希伯来语的 *Mishle Shualim*，或《狐狸寓言》，12 世纪末或 13 世纪初出版（意第绪语译本，Freiburg, 1583），在这个版本中，寡妇被一个骑士引诱，骑士从绞刑架上移走了其兄弟的尸体、害怕遭到惩罚。第二个版本是《故事集》里面的，其中引诱者是绞刑架守卫。第三个版本来自 Abraham ben Matityahu 的意第绪语书 *Ku-Bukh* (Verona, 1594)，其中寡妇在丈夫的坟墓附近安家，被绞刑架守卫引诱，成为他的情人。译文参见 Berechiah ha-Nakdan, *Fables of a Jewish Aesop*, trans. Moses Hadas (New York: Columbia University Press, 1967), no. 80, pp. 145-146; in *Book of Fables: The Yiddish Fable Collection of Reb Moshe Wallich, Frankfurt am Main, 1697*, ed. and trans. Eli Katz (Detroit: Wayne State University Press, 1994), no. 19, pp. 114-118; and in *Ma'aseh Book*, no. 107, pp. 193-195。一个全面的关于这则寓言及其起源的讨论，参见 Haim Schwarzbaum, *The Mishle Shu Alim (Fox Fables) of Rabbi Berechiah ha-Nakdan: A Study in Comparative Folklore and Fable Lore* (Kiron: Institute for Jewish and Arab Folklore Research, 1979), pp. 394-417。关于犹太寡妇的研究，参见 Cheryl Tallan, "The Medieval Jewish Widow: Powerful, Productive and Passionate" (Master's thesis, York University, 1989)。

165　KM, pp. 273-274; PM, pp. 259-260; AL, p. 150.

166　KM, pp. 275-277; PM, pp. 260-263; AL, pp. 150-153.

167　KM, pp. 310-311; PM, pp. 292-293; AL, pp. 163, 169-170.《出埃及记》19：4："我向埃及人所行的事，你们都看见了，且看见我如鹰将你们背在翅膀上，带来归我。"

168　KM, pp. 318-319; PM, pp. 299-300; AL, p. 174. 希尔施·莱维的房子最后传给了女儿亨德乐／安娜及她的丈夫 Isaye Lambert（别名 Willstadt）（见上面注释 nn. 45, 48, and 49）。

169　KM, pp. 312, 319; PM, pp. 294, 300; AL, pp. 171, 175. 1717年9月至10月，埃丝特和摩西·施瓦贝（别名克鲁姆巴赫）将他们的一半屋子及配套家具用具赠给他们的儿子埃里亚斯，作为他与 Kolen Lemlen 结婚的一部分贺礼。以斯帖和摩西在埃里亚斯那部分屋子里保留了一个楼上的房间，一直保留到他们去世（也许是作为一个住所，万一他们太老了，无法在他们自己的那部分屋子里起居，他们就可以住在那里，得到照顾）。这桩安排中没有提到格莉克尔，但她多半是住在她女儿和女婿保留的那一半屋子里（ADM, 3E3709, no. 305）。

170　KM, pp. 312, 318-320; PM, pp. 293-294, 299-301; AL, pp. 170-171, 174-175.

171　KM, p. 89; PM, p. 82; AL, p. 50. 关于《创世记》25：21（"以撒因他妻子不生育，就为她祈求耶和华"）这句话，米德拉什圣经注释认为希伯来短语"为他的妻子"也可以有"面对他的妻子"的含义，这样一来，以撒和利百加就是在房间里的不同位置祈祷（Midrash Rabbah, Genesis 63 [5]）。拉什关于这段内容的评论："他站在一个地方祈祷，而她站在另一个地方祈祷"（Chumash with Taragum Onkelos, Haphtaroth and Rashi's Commentary, trans. A. M. Silbermann and M. Rosenbaum [Jerusalem: Silbermann Family, 1985], p. 114, n. 21）。格莉克尔的另一次祈祷：KM, p. 22; PM, p. 19; AL, p. 12。

172　Joseph Dan, " 'No Evil Descends from Heaven' : Sixteenth-Century Jewish Concepts of Evil," in Bernard Dov Cooperman, ed., Jewish Thought in the Sixteenth Century (Cambridge, Mass.: Harvard University Press, 1983), pp. 89-105; idem, "Manasseh ben Israel' s Nishmat Hayyim and the Concept of Evil in Seventeenth-Century Jewish Thought," in Isidore Twersky and Bernard Septimus, eds., Jewish Thought in the Seventeenth Century (Cambridge, Mass.: Harvard University Press, 1987), pp. 63-75. 关于鲁利安体系的卡巴拉及其概念，参见 Gershom Scholem, Sabbatai Sevi: The Mystical Messiah (Princeton, N.J.: Princeton University Press, 1973), pp. 28-44, especially pp. 39-40 on the Anti-Adam。

173 关于犹太思想及宗教活动中的恶魔恶灵，包括《火镜明鉴》《故事集》
     《遗产》里面的恶魔恶灵，参见 Trachtenberg, *Jewish Magic*, chs. 3-4.
     Ma'aseh Book, no. 152, pp. 301-303. 格莉克尔引用的"灭民的天使"来
     自《遗产》，但这个短语在这本书里面的位置，并非属于充满了鲁利安
     体系卡巴拉思想的那部分（KM, p. 265; PM, p. 249; omitted from AL）。
     关于格莉克尔家里用来抵御莉莉丝的护身符，见上面注释 141。

174 KM, pp. 8, 14, 21, 192, 201-202, 209; PM, pp. 7, 12, 19, 180-181, 191, 198;
     AL, pp. 5, 7, 11, 104, no, 113. "就像通常说的，这义人被收去是免了将来
     的祸患。"——这句话引用自《以赛亚书》57：1。

175 关于《约伯记》，我从下述文章中收获良多：Moshe Greenberg, "Job",
     Robert Alter and Frank Kermode, eds., *The Literary Guide to the Bible*
     (Cambridge, Mass.: Harvard University Press, 1987), pp. 283-304;
     and liana Pardes, *Countertraditions in the Bible: A Feminist Approach*
     (Cambridge, Mass.: Harvard University Press, 1992), pp. 145-152.   格
     莉克尔曾两次引用《约伯记》来描述自己的不幸：第一次是关于希尔
     施·莱维的破产，"我所惧怕的临到我，我所惊恐的向我而来。"（Job
     3:25; KM, p. 277; PM, p. 263; AL, p. 152），以及，在谈论到儿子赞维
     尔去世的时候："谁敢问他：祢做什么？"（Job 9:12; KM, p. 310; PM, p.
     292; AL, p. 169）。她同样也曾引用《约伯记》中的措辞来进行道德说教：
     例如"我赤身出于母胎，也必赤身归回。"（Job 1:21; KM, p. 14; PM, p.
     12; AL, p. 8）。

176 KM, pp. 128, 132, 164, 192; PM, pp. 118, 121, 153-154, 180; AL, pp.
     71, 73, 89, 104. 有关舍金纳的丰富讨论：Raphael Patai, *The Hebrew
     Goddess*, 3rd enlarged ed. (Detroit: Wayne State University Press, 1990)
     and Gerson Scholem, *Sabbatai Sevi: The Mystical Messiah*, trans. R. J. Zwi
     Werblowsky (Princeton, N.J.: Princeton University Press, 1973)。

177 KM, p. 34; PM, p. 32; AL, 19.

178 KM, pp. 69-70; PM, pp. 62-63; AL, pp. 38-39.

179 KM, p. 198; PM, p. 188; AL, p. 108.

180 KM, p. 57; PM, p. 50; AL, p. 31. 有时，格莉克尔认为道德救赎只有在来
     世才会出现：KM, pp. 2-3; PM, pp. 2-3; AL, p. 2。

181 KM, pp. 1-2; PM, p. 2; AL, p. 1. 另一个例子：KM, p. 60; PM, pp. 149-
     150; AL, p. 87："如果上帝——颂赞他的名——赐予这对年轻人好运，
     他们就可能会像塞缪尔 [·奥本海默] 先生一样富有，地位一天比一天高。
     但是，伟大仁慈的上帝把天赋和宠爱分给了他的权柄所选择的人。我们

人类无法理解,无法谈论这些,我们必须感谢善良的造物主赐予的一切。"

182 关于通过拉比犹太教的辩论、"律法祈祷"、诗歌来同上帝争辩,参见 Anson Laytner, *Arguing with God: A Jewish Tradition* (Northvale, N.J.: Jason Aronson, 1990)。格莉克尔的回忆录中向 Laytner 考察的这种传统里添加了讲故事的成分。

183 《故事集》中包含虔诚的塔木德学者的故事(见注释 136)、失眠的西班牙国王的故事(见注释 130)。关于《火镜明鉴》,参见 KM, p. 13; PM, p. 11; AL, p. 7, and n. 70 above。关于格莉克尔的传说的意第绪语来源,见 Turniansky 的重要研究,"Literary Sources"。

184 关于犹太传统中描述的马其顿的亚历山大,参见 the introduction by 1. F. Kazis to Immanuel ben Jacob Bonfils, *The Book of the Gests of Alexander of Macedon: Sefer Toledot Alexandros ha-Makdoni* (Cambridge, Mass.: Mediaeval Academy of America, 1962), pp. 2-25; and the commentary of Dan Ben Amos, in Bin Gorion, *Mimekor Yisrael*, abridged and annotated ed., pp. 89-90。

185 梭伦和克洛伊索斯的故事的经典处理方法, starting with Herodotus, I: 29-33, 86-88, are given in Antonio Martina, ed., *Solone: Testi moniale sulla vita e Topera* (Rome: Edizioni dell' Ateneo, 1968), pp. 32-50. 希罗多德的《波斯战争史》在 16 世纪就已经翻译成德语出版了(Augsburg, 1535; Eisleben, 1555; Frankfurt, 1593),所以梭伦和克洛伊索斯的故事在德语或意第绪语文集中都很普及。虽然格莉克尔的寓意与希罗多德的寓意相似——一个人在生命结束之前,无法判断生命是否幸福,因为好运是可以被推翻的——但是她的叙述在几个方面与这位希腊历史学家有所不同。她没有给定克洛伊索斯的王国的地理位置,梭伦被她描述为是一位克洛伊索斯宫廷中的哲学家,而不是一个来访的哲学王;克洛伊索斯与波斯人坎比塞斯的致命战争被她描述为与一个无名国王之间的战争(KM, pp. 171-175; PM, pp. 161-164; AL, pp. 93-95)。要么是她的故事来自一个从原文中删除了许多精确细节的版本,要么是她自己删除了这些细节。

186 见注释 84。

187 Kayser, ed., *Hamburger Bücher*, pp. 50-51, 72, 76-77. Eberhard Werner Happel, *Groste Denkwürdigkeiten der Welt: Oder so genannte Relationes Curiosae*, 5 vols. (Hamburg: Thomas von Wiering, 1683-1690); *Der insulanische Mandorell*. 关于 17 世纪和 18 世纪初日耳曼地区的这个故事的版本及作者的概况,参见 Manfred Grätz, *Das Märchen in der*

deutschen Aufklärung: Vom Feenmärchen zum Volksmärchen (Stuttgart: Metzler, 1988), pp. 33, 88-89, 102, 108 and passim in the bibliography, pp. 331-397。

188 查尔斯·佩罗的故事的版次最早于1691年发行；包含八个故事的第一版：Histoires ou contes du temps passé; Avec des Moralité ((Paris: Claude Barbin, 1697)。多尔诺瓦伯爵夫人写的四卷本的 Les Contes des fées 第一次于巴黎面世是在1696—1698年。Grätz, Märchen, pp. 19-25, 337-338.

189 关于普拉西塔斯故事的犹太版本及其开场，参见 Yasif, "From Jewish Oicotype to Israeli Oicotype."《故事集》的版本，以一位富裕父亲的临终祝福开场（Ma'aseh Book, no. 222, p. 542）。

190 KM, pp. 39, 124, 202-203; PM, pp. 37, 114-115, 192-193; AL, pp. 22, 69, 110.

191 关于犹太人的民间故事和关于鸟的民间传说，参见 Gaster, Exempla of the Rabbis, p. 275; Marie Campbell, "The Three Teachings of the Bird," in Raphael Patai, Francis Lee Utley, and Dov Noy, eds., Studies in Biblical and Jewish Folklore (New York: Haskell House Publishers, 1973), pp. 97-107; and Moshe Carmilly, "The Magic Bird," in Victor D. Sanua, ed., Fields of Offerings: Studies in Honor of Raphael Patai (Rutherford, N.J.: Fairleigh Dickinson University Press, 1983), pp. 129-141。与格莉克尔的父亲鸟和雏鸟相关的故事及母题类型：Aa-Th Type 244C（"乌鸦淹死了他那只声称会照顾父亲的雏鸟，反倒是留下了那只说不会照顾父亲的雏鸟，因为雏鸟还有自己的后代需要照顾"）and Motif J 267.1。类型244号的资料来源为芬兰和立陶宛（Aarne and Thompson, Types, Tale type 244, p. 78）。一个19世纪的罗马尼亚版本，关于一只母鹧鸪和她的小鹧鸪：Moses Gaster, Rumanian Bird and Beast Stones (London: Sidgwick and Jackson, 1915), no. 95, pp. 294-295。Schwarzbaum 在犹太民俗文档中写到了20世纪的俄语版本的故事（Mishle Shualim, p. xxxix, n. 10）。格莉克尔的故事似乎是已知最早的记载。在道德问题方面，可以与鸟故事联系起来的其他故事类型有：Modest choice Motif L211, L210 (Modest choice best); Lio Victorious Youngest Son, with a Jewish source recorded by Dov Noy; M21 King Lear Judgment。

192 KM, p. 94; PM, p. 86; AL, p. 52.

193 KM, pp. 19-21; PM, pp. 17-18; AL, pp. 10-11. 亚历山大大帝访问南方*

---

* 指古印度。

长老的经历，在《塔木德》中有描写：Tractate *Tamid*, 32a (I. Epstein, ed., *The Babylonian Talmud*, part 1, vol. 6, *Tamid*, trans. Maurice Simon [London: Soncino Press, 1948] pp. 26-28)。中世纪 Immanuel ben Jacob Bonfils 的希伯来语版本中，亚历山大并没有去拜访婆罗门，只是给他们寄了一封信，让他们回信 (Bonfils, *Book of the Gests*, pp. 13-14, 133-143)。更多的传说版本：Micha Joseph bin Gorion, *Mimekor Yisrael: Classical Jewish Folktales*, ed. Emanuel bin Gorion, tr. I. M. Lask, 3 vols. (Bloomington: Indiana University Press, 1976), vol. 1, nos. 116-117, pp. 246-248: "The Wise Men of India."。经 Turniansky 鉴定 ("Literary Sources," pp. 170-171)，格莉克尔手中的应为 *Josippon* 的版本，10 世纪至 12 世纪在意大利用希伯来语写成，并翻译成意第绪语，在以下几个地方都有出版：Zurich (1546), Prague (1607), and Amsterdam (1661)。阿姆斯特丹那版的亚历山大的印度之行的故事有部分摘录在 Grünbaum, *Chrestomathie*, pp. 346-349。

194 KM, pp. 171-175, 303-305; PM, pp. 161-164, 285-287; AL, pp. 93-95, 165-166. 格莉克尔在讲述这个亚历山大大帝与人的眼目的故事之前，讲述了女儿埃丝特在其幼儿重病期间曾多次施舍，"以赎回他的灵魂"，但是女婿一直不舍得花钱。多年后，她搬进埃丝特家后，说女婿"获得了新的心灵"，为两边家人都做了很多事，对穷人也很慷慨 (KM, p. 312; PM, p. 294; AL, p. 171)。亚历山大大帝传说的希伯来语版本："Tribute from Eden," *Mimekor Yisrael*, abridged and annotated ed., no. 48, pp. 103-104; "Alexander at the Gate of the Garden of Eden," in Kazis, Introduction to Bonfils, *Book of the Gests*, pp. 16-17。

195 KM, pp. 94-98; PM, pp. 86-89; AL, pp. 52-53, 有一些删减。关于这段情节的一个基于史实的描述，参见 Warren Treadgold, *The Byzantine Revival, 780-842* (Stanford, Calif.: Stanford University Press, 1988), pp. 118-120, 130, 132。

196 Theophanes, *Chronicle*, pp. 157-161, Annus mundi 6293-Annus mundi 6295 (1 September 800-1 August 803).

197 "作为一个正直的妇人，我必须同意耐心的约伯：'赏赐的是耶和华，收回的也是耶和华。耶和华的名当受称颂！'"(KM, pp. 96-97; PM, p. 88; AL, p. 53)。为了创作"犹太人听得懂"的意第绪语版本，对基督教故事进行改编的例子，参见 Gabriele L. Strauch, "Text and Context in the Reading of Medieval Literature-A Case in Point: Dukus Horant," in Peter L. Allen and Jeff Rider, eds., *Reflections in the Frame: New Perspectives*

on the Study of Medieval Literature, special issue of Exemplaria, 3 (1991): 67-94; and Arnold Paucker, "Yiddish Versions of Early German Prose Novels," *Journal of Jewish Studies*, 10 (1959): 151-167。

198　KM, p. 93; PM, p. 86; AL, p. 52.

199　将《诗篇》31: 12"被人忘记，如同死人"这句话用于评论孩子的去世，是由11世纪的学者Solomon ben Isaac Rashi做出的，他这个不寻常的评论与雅各有关，雅各苦苦哀悼他的儿子约瑟夫，错以为他死去了（*Chumash with... Rashi's Commentary*, p. 185, n. 35）。塔木德文献当中，关于Johanan ben Nappaha对他的第十个儿子的哀悼，参见Berakoth 5b及Baba Bathra 116a (I. Epstein, ed., *The Babylonian Talmud, Seder Zera'im*, vol. 1, part 5: Berakoth, trans. Maurice Simon [London: Soncino Press, 1948], pp. 20-22; *Seder Nefkin*, vol. 4, part 4: Baba Bathra, trans. Israel W. Slotki [London: Soncino Press, 1953], pp. 477-478)。这两个参考文献都没有类似格莉克尔所述的故事。在Berakoth 5b当中，R. Johanan及其他学者讨论了在哪一种意义上以下情况是正确的："如果一个男人忙于研习《托拉》、乐善好施，[然而]他亲手葬送了他的孩子，那么他所有的罪都可被赦免"。在讨论的过程中，R.Johanan说："麻风病和[没有]孩子不是爱的责罚"。在讨论完麻风病之后，文中接着说："但是，[没有]孩子不就是爱的责罚吗？这该如何理解呢？难道要我说他曾有过孩子却死了吗？R.Johanan自己不就说：'这是我第十个儿子的骨头吗？'"Baba Bathra 116a中的参考文献也很简短。一本11世纪塔木德辞典Arukh，其编纂者是罗马拉比Nathan，在这本辞典中解释这块骨头"是[Johanan]最后一个儿子的牙齿，他把它保存下来……给遭受丧亲之痛的人看，以提醒他们顺应天命"(comment of Simon on Berakoth 5b, p. 20, n. 9)。Johanan ben Nappaha是3世纪巴勒斯坦的智者(180—279) (*Encyclopaedia Judaica*, 10: 144-147)。《故事集》中，还有关于他的若干故事，但是不包括这个失去第十个孩子的故事(*Ma'aseh Book*, no. 23, pp. 39-40; no. 66, pp. 111-114)。Lowenthal在翻译格莉克尔这部分自传的时候，认定这位丧子之父是Johanan ben Zakkai，一位公元1世纪的犹太圣人(Lowenthal, *Memoirs*, p. 88)。格莉克尔自己只说了"Reb Johanan"，有一次还加上了"一个伟大的坦纳(tana)"来称呼(KM, p. 130; PM, p. 120)。也许Lowenthal的误认来自tana这个词，因为技术上来讲，它应该是为1世纪的学者保留的，而Johanan ben Nappaha这样的人会被称为"阿摩拉"(amora)（另见Turniansky, "Literary Sources," p. 167 and n. 32）。关于Johanan ben Zakkai的故事中，都没有关于失去第十个儿子和保存骨头的故事，只有一个关于他如何因失去儿子而得到他人安慰的截然不同的故事（Jacob Neusner, *Development of a Legend: Studies on the Traditions Concerning Yohanan ben Zakkai* [Leiden: Brill, 1970]，pp. 124-125）。

200 KM, pp. 129-132; PM, pp. 119-121; AL, pp. 71-72. 在格莉克尔的描述中，这个小男孩被仆人安排坐在水壶附近的长椅上，仆人当时没有注意看管他。在仆人做家务时，他掉进沸水中死去，这在中世纪晚期的儿童事故中绝非罕见（Barbara Hanawalt, *The Ties That Bound: Peasant Families in Medieval England* [New York: Oxford University Press, 1986]，pp. 157, 180）。

201 KM, p. 279; PM, p. 264; AL, p. 153. 这也就是她提到她从"圣语"翻译成意第绪语的那个故事。

202 杰迪狄亚这个名字与大卫同源，也就是《撒母耳记下》12:24—25 中赐给所罗门的那个名字。*

203 KM, pp. 279-289; PM, pp. 264-272; AL, pp. 153-157.

204 KM, pp. 132-133, 308; PM, pp. 122-123, 288-289; AL, pp. 73, 167.

205 关于《撒母耳记下》这些章节的重要阐释，着重处理大卫的表现及王朝的继承，参见 Joel Rosenberg, "1 and 2 Samuel," in Alter and Kermode, eds., *Literary Guide*, especially pp. 130-143. 在格莉克尔的叙述中，重点在于罪、苦难和继承。

206 "无法解决的紧张"来自 Moshe Greenberg 对《约伯记》中人物的描述："Job," p. 301。

207 Gaster, *Exempla of the Rabbis*, pp. 23-29; Nissim Ben Jacob Ibn Shahin, *An Elegant Composition Concerning Relief after Adversity*, trans. William M. Brinner (New Haven: Yale University Press, 1977), Introduction, pp. xv-xx; Schwarzbaum, *Mishle Shu'alim*, pp. i-xviii, 关于"寓言"的使用；特别针对布道时候的：Saperstein, *Jewish Preaching*, pp. 89-103。

208 日耳曼地区的情况，见 Christoph Helwig 翻译的《故事集》前言中，对犹太人在会堂使用传说来布道的批判（*Jüdische Historien*, fols. Aiiiir-Aviir），以及 Johann Christopher Wolf 对犹太思想中传说故事(meshalim)的真实地位及其与耶稣寓言的关系的共情思考（*Bibliotheca Hebraea*,

---

* 大卫安慰他的妻拔示巴，与她同寝，她就生了儿子，给他起名叫所罗门。耶和华也喜爱他，就借先知拿单赐他一个名字，叫耶底底亚，因为耶和华爱他。

2: 973-981）。法国的情况，参见 Marc Fumaroli, *L 'Age de TEloquence: Rhétorique et 'res liter aria' de la Renaissance au seuil de l'époque classique* (Geneva: Droz, 1980), pp. 358-359, 388: 耶稣会士 Le Moyne 在 *Peintures Morales*（1643）中坚持，宣道中"戏剧性的说教"应该是由"历史中真实的例子"创造的，不该有虚构的戏剧或小说。

209 关于犹太教宣道时候混合使用不同语言，参考注释 75。KM, pp. 21, 279; PM, pp. 18, 264; AL, pp. 11, 153.

210 KM, p. 323; PM, p. 304, AL, p. 177. 跟第一卷里一样，在道德说教当中："我不打算写一本道德书（musar），因为我没有能力书写。我们的智者已经写了许多这样的书了，我们还有神圣的《托拉》。"（KM, p. 4; PM, p. 3; AL, p. 2.）但她接着说，必须坚持《托拉》，受《托拉》指示。

211 Zinberg, *Jewish Literature*, vol. 7, pp. 23-24. Chava Weissler, *Traditional Yiddish Literature*, pp. 16-17; and idem, "Women in Paradise," *Tikkun* 2, no. 2 (April-May 1987): 43-36, 117-120.

212 Zinberg, *Jewish Literature*, vol. 7, pp. 241-242, 285-286. 提克蒂纳的《利百加的乳母》于 1609 年在布拉格、1618 年在克拉科夫出版；基督徒希伯来语学者 Johann Christoph Wagenseil 认识她，他在 1674 年称提克蒂纳为"第一位意第绪语女作家"。作为一名领唱人，她还曾为西赫托拉节写了一首意第绪语的礼仪诗。

213 在亚伯拉罕·本·哈纳尼亚·亚盖勒的《异象谷》（*Gei Hizzayon*）中，这位学识渊博的意大利犹太人在他的一个生活片段——一段生意上的麻烦和监禁期——中间插入了一系列长长的故事，故事描述了他从监狱中探访未来世界，被他父亲的灵魂召唤到天堂的旅行。这是我所知道的唯一与格莉克尔叙述手法相似的文本。Dov Noy 在一篇题为 "The Jewish Theodicy Legend" 的文章，回顾了在以色列收集到的许多以苦难和上帝正义为主题的民间故事的结构，这些故事来自哀悼中的人们。无论故事过程中发生了什么人类的抗议，它们总是以肯定上帝正义、人类无法理解上帝的手法、忏悔和接受的重要性结束（Sanua, ed., *Fields of Offerings*, pp. 65-84）。虽然格莉克尔的故事并没有给出最终的结局，但这既是因为每个故事中都有干扰打断的元素，也是因为事件与评论是并置的。

214 关于马拉诺胡安／丹尼尔·德普拉多，以及他同妻子母亲在汉堡的暂住，参见 Kaplan, *From Christianity to Judaism*, pp. 125-142, 146-178.

215 KM, p. 199; PM, p. 189; AL, p. 108. 格莉克尔对《行经妇女》（Niddah）（犹太律法中关于女人经期行为的规定）有着矛盾心态，若要了解其更广泛的背景，在 Jacob Emden 关于其父泽维·希尔施·阿什肯纳兹（Zevi Hirsch Ashkenazi 是 1690 年至 1710 年汉堡/阿尔托纳的拉比领袖）的传记中，有一个有趣的说法："我父亲决定禁止［汉堡/阿尔托纳］妇女的一种习俗，她们把沐浴洁净仪式推迟到分娩后的几个月；这阻碍了她们的月经周期，造成了许多麻烦"。(*Mémoires*, p. 84)。源于《利未记》12；1—8 的犹太律法规定，新分娩的母亲在男婴出生后四十天内和女婴出生后八十天内是不洁的。几个世纪以来，这条律法在法国和日耳曼地区的规定略有不同，但都没有将洁净期推迟到"几个月"之久（*Encyclopaedia Judaica*, vol. 12, pp. 1146-1147）。汉堡的妇女显然是自行决定了洁净仪式和恢复性交的时间。

216 KM, pp. 23, 80-83; PM, pp. 20, 74-76; AL, pp. 12, 45-46. 其他为弥赛亚的到来和/或为以色列民的救赎的祈祷：KM, pp. 1, 58, 309; PM, pp. 1, 52, 289-290; AL, pp. 1, 32, 168. 关于汉堡城中对沙巴泰·泽维的反应，参见 Scholem, *Sabbatai Sevi*, pp. 566-591；关于 1667 年 10 月至 1668 年逾越节期间来到汉堡的沙巴泰信徒，以及给用祈祷方式给人治病的治疗师 Sabbatai Raphael，参见 pp. 787-790。

217 KM, pp. 82-83; PM, p. 76; AL, p. 46.

218 KM, pp. 325-333; PM, pp. 305-313; AL, pp. 178-182. 这六名年轻女人的死亡记录：Metz *Memorbuch*, p. 72, no. 685. 她们死在一个安息日，希伯来历 5475 年的五旬节的第二天，第二日便下葬，也就是 1715 年的 6 月 6 日。另一个关于这个事件的描述，参见 *Ma'ase be-Metz*, in SUBF, ms. hebr. oct. 144, fol. 69r-v。

219 KM, p. 333; PM, p. 313; AL, p. 182.

220 挑起事端的两名女子的姓名载于：*Sommaire pour Salomon Cahen, Juif, Banquier et Consorts Juifs et Juives, Habitans de la Ville de Metz, Demandeurs et Défendeurs: Contre Isaac Spire Levy, Olry Chem, et Consorts Juifs Habitans de la même Ville* ⋯ (1714; BN, N. acq. fr., 22705, pp. 3-4)：她们分别是 Isaye Lambert 的妻子和 Salomon Cahen 的妻子。据 Cahen 说，这两名女子当时正在女人座位区祈祷，Lambert 的妻子"以傲慢无礼的口吻说，［Cahen 的妻子］站立的姿势是不恰当的，应该以不同的方式站立"，于是麻烦就开始了。随后，男人们开始了争吵。Isaye Lambert 的妻子也就是亨德乐·莱维，希尔施·莱维的亲生女儿（见上文第 45 条注释）。拉比和犹太领袖裁定，Salomon Cahen 比 Lambert 的错误更大，被判处重罚和宗教驱逐，当 Cahen 将此案告上基督徒的法庭时，情况就更加严重了。Cahen 的抱怨之一是，法官

都是 Isaye Lambert 的亲朋好友，其中还包括摩西·施瓦贝的一个商业代理人 (p. 20)。关于这桩案件，另可参见 Malino, "Competition and Confrontation," pp. 327-330。

221　*Responses de Samuel Levy* (1717; see n. 43 above) and *Factum pour Mayeur Tresnel et Olry Abraham Cahen, Juifs de Metz... Contre... Ruben Schaube, Juif, cy-devant Banquier à Metz. Accusé* (1717); *Précis de la Cause de Samuel Levy, Juif détenu es Prisons de la Conciergerie du Palais, Appellant et Deffendeur... Contre, Les Sindics de ses Créanciers Chrétiens...* (N.p.: D. Gaydon, 1718; BN, N. acq. fr. 22705).

222　Moses Marcus, *The Principal Motives and Circumstances That induced Moses Marcus To leave the Jewish, and embrace the Christian Faith: With a short Account of his Sufferings thereupon; Written by Himself* (London: E. Bell, 1724). 小摩西·马库斯，生于 1701 年，他献给坎特伯雷大主教的献词和他的自传的序言，都谈到了他与父母的关系。"我的父母是日耳曼汉堡人，现居住在这个城市（伦敦），他们拥有可以想象得到的最多的私人财富。"小摩西最初对新教的兴趣是在与汉堡的"日耳曼新教神学家"的讨论中产生的。在他父亲去东印度群岛后的几年里，他的母亲曾送他去汉堡学习《塔木德》。1720 年，父亲自印度"带着巨额财富"回到伦敦，派人去找回小摩西。回到英格兰后，小摩西继续与基督教神学家交谈，并向父亲透露了他的观点。尽管他的父亲（莫迪凯·汉布尔格，又称老摩西·马库斯）和母亲（弗洛伊德琛，也就是格莉克尔倒数第二个孩子）激烈反对，并且，如果小摩西愿意保留信仰犹太教，回到汉堡结婚，他们愿意给一大笔钱。但是，小摩西还是在 1722—1723 年新年接受了基督教洗礼。他的自传以坎特伯雷大主教的牧师对他的学习和皈依的证明开篇，落款日期为 1723 年 8 月 10 日，这表明该书大致出版于 1724 年初。格莉克尔于 1724 年 9 月 19 日去世。1701 年至 1712 年，莫迪凯·汉布尔格一直在伦敦从事钻石生意，之后前往法国在本地治里的定居点（1712—1714 年）和英格兰在马德拉斯的定居点（1714—1720 年）。当他满载着宝石和一颗巨大的钻石回到伦敦时，伦敦所有的公报都刊登了这一消息（Yogev, *Diamonds*, pp. 130-131, 150-152, 156-158; Emden, *Mémoires*, p. 183）。因此，在小摩西·马库斯皈依之前，伦敦圈子里里头就已经有了关于这个家庭的公开讨论。关于犹太人改变信仰的情况，参见 Deborah Hertz, "Women at the Edge of Judaism: Female Converts in Germany, 1600-1750," in Menachem Mor, ed., *Jewish Assimilation, Acculturation and Accommodation: Past Traditions, Current*

Issues and Future Prospects, Studies in Jewish Civilization, 2 (Lanham, Md.: University Press of America, 1992), pp. 87-109; Todd Endelman, *The Jews of Georgian England, 1314-1830: Tradition and Change in a Liberal Society* (Philadelphia: Jewish Publication Society, 1979), ch. 2; and idem, *Radical Assimilation in English Jewish History, 1656-1945* (Bloomington: Indiana University Press, 1990), ch. 2。

223 KM, p. 333; PM, p. 313; AL, p. 182.

新世界

1 玛丽于 1654 年寄给儿子克洛德·马丁的这份灵修自述的原始手稿现已遗失，不过，17 世纪后 25 年制作的一份副本现藏于魁北克省三河市乌尔苏拉修道院的档案馆；我使用的是魁北克市乌尔苏拉修道院里的影印本。这份手稿曾由阿尔伯特·贾梅特神父 (Dom Albert Jamet) 出版，标题为 "1654 年自述"（La *Rel*ation de 1654），收在《灵修历史手稿》当中（作者玛丽，四卷）(*Ecrits spirituels et historiques*, 4 vols) (Paris: Desclée de Brouwer, 1929-1939; facsimile reprinting of vols. 1-2, Québec: Les Ursulines de Québec, 1985), vol. 2。关于这份手稿的来源和历史的讨论：Jamet, *Ecrits*, vol. 2, pp. 26-33; and by Soeur Sainte-Julie, "Marie de l' Incarnation: Sa *rel*ation spirituelle manuscrite de l' année 1654," mimeograph (Trois-Rivières, Québec: Archives des Ursulines, 1976)。这份 "1654 年自述"，还曾由玛丽的儿子克洛德·马丁略微修改后出版，这个版本中还有许多其他资料，标题《玛丽之生平》[*La Vie de la venerable Mere Marie de I'lncamation, Premiere superieure des Ursulines de la Nouvelle France: Tirée de ses Lettres et de ses Ecrits* (Paris: Louis Billaine, 1677; facsimile edition Solesmes: Abbaye de Saint-Pierre: Solesmes: Abbaye de Saint-Pierre, 1981)]。在引用这份 "1654 年自述" 时，我将在注释中分别给出贾梅特神父的手稿版和克洛德·马丁的印刷版的页码参考，但除非我另作说明，我的译文始终以手稿版为基础。Rel, pp. 159-161; *Vie*, pp. 168-170.

2 *Rel*, pp. 165-167; *Vie*, pp. 181-182.

3 Marie de l' Incarnation to Claude Martin, 9 August 1654, 27 September 1654, in *Vie*, fols. 04r-u2v. Also printed in Marie de l' Incarnation, *Correspondance*, ed. Dom Guy Oury (Solesmes: Abbaye Saint-Pierre, 1971), no. 155, p. 526; no. 162, p. 548. 提及 Cor 当中的 Marie de l' Incarnation 与

Claude Martin 时，缩写分别为 MI 与 CM。

4　Marie-Augustine de Sainte-Paule de Pommereu, *Les Chroniques de l'Ordre des Ursulines, recueillies pour l'usage des Religieuses du mesme ordre*, 2 vols. (Paris: Jean Henault, 1673), vol. 2, part 3, p. 439.“女强人”的形象也用于圣乌尔苏拉本人 , ibid., vol. 1, part 1, p. 4。关于这个形象的不同使用，参 见 Ian Maclean, *Woman Triumphant: Feminism in French Literature, 1610-1652* (Oxford: Clarendon Press, 1977), Ch. 3; and Linda Lierheimer, “Female Eloquence and Maternal Ministry: The Apostolate of Ursuline Nuns in Seventeenth-Century France” (Diss., Princeton University, 1994)。除 了儿子编辑和扩充的版本，玛丽的《生平》还有一个版本由耶稣会士 Pierre-François de Charlevoix 出版，他主要从马丁的那个版本中获取资料：*La Vie de la Mere Marie de l'Incarnation, Institutrice et première Supérieure des Ursulines de Ia Nouvelle France* (Paris: Louis-Antoine Thomelin, 1724)。当代公认优秀的玛丽·居雅的传记：Dom Guy-Marie Oury, *Marie de l'Incarnation (1599-1672)* (Québec: Presses de l'Université Laval, 1973; and Solesmes: Abbaye Saint-Pierre, 1973) ；最 新 出 的 传 记：Françoise Deroy-Pineau, *Marie de l'Incarnation: Marie Guyart, femme d'affaires, mystique, mère de Ia Nouvelle France, 1599-1672* (Paris: Editions Robert Laffont, 1989)。关注于她的灵修生活的研究：Henri Brémond, *Histoire littéraire du sentiment religieux en France depuis lafn des Guerres de Religion nos jours*, II vols. (Paris: Bloud et Gay, 1920-1933), vol. 6, La Conquête mystique, part r, and Maria-Paul del Rosario Adriazola, *La Connaissance spirituelle chq Marie de l'Incarnation* (Paris: Les Editions du Cerf, 1989)。有 帮 助 的 文 章：Germain Marc' hadour, “De Tours a Québec: Marie de I' Incarnation,” *Impacts*, n.s., 3 (1975): 3-25; Dominique Deslandres, “L' Education des Amérindiennes d' apres la *cor*respondance de Marie Guyart de l' Incarnation, ” *Studies in Religion / Sciences Religieuses* 16 (1987): 91-110; Chantal Théry, "Marie de l' Incarnation, intimée et intime, à travers sa *Correspondance* et ses *Ecrits spirituels*," in Manon Brunet and Serge Gagnon, eds., *Discours et pratiques de I'lntime* (Québec: IQRC, 1993), pp. 107-118; and Marie-Florine Bruneau, “Feminité sauvage; feminité civilisé: Marie de l'Incarnation entre la clôture et la forêt,” *Papers on French Seventeenth-Century Literature*, 19, no. 37 (1992): 347-354; Bruneau 也 即将有一个更丰富的研究版本。除此之外，还可参考：Claire Gourdeau, *Les délices de nos coeurs: Marie de I'Incamation et ses pensionnaires* *amérindiennes* (Sillery: Septentrion, 1994)。

5 Bernard Chevalier, ed., *Histoire de Tours* (Toulouse: Privat, 1985), chs. 5-6; Jean-Pierre Surrault, "La Touraine des temps modernes," in Claude Croubois, ed., *L 'Indre et Loire: La Touraine des origines à nos jours* (Saint-Jean-d' Angely: Editions Bordessoules, 1982), pp. 195-285.

6 *Rel*, pp. 46-47; *Vie*, pp. 2, 4, 9-10. E. Chambert, "La Famille de la vénérable Marie de l' Incarnation," *Bulletin de la société archéologique de Touraine*, 23 (1926-1927): 91-104; Oury, *Marie*, pp. 6-12. 玛丽·居雅的父亲 Florent 在 1621 年的一份司法文书中被描述为"面包商贩"(marchand boulanger) (ADIL, 3E2, notary François Nau, 25 September 1621)。玛丽·居雅的母亲 Jeanne Michelet 与 Babou 家族有远亲关系，16 世纪初该家族最杰出的成员是 Philibert Babou，他是图赖讷布尔迪舍尔领主（seigneur de la Bourdaisière in Touraine）及国库总司库（*controleur de l'argenterie du roi*）(*Inventaire sommaire des archives départementales antérieures à 1790. Indre-et-Loire*, ed. C. Loizeau de Grandmaison [Paris: Dupont, 1878-1891]，E34, E47, E57, ED)。关于图尔市的博蒙女修院，参见 Chronique de l 'abbaye de Beaumont-lez-Tours, ed. Charles de Grandmaison, in *Mémoires de la société archéologique de Touraine*, 26 (1877)。任该女修院院长的 Philibert 的后代包括：Magdelaine Babou，1573 年至 1577 年；她的妹妹 Anne Babou，1578 年至 1613 年去世前；她们的孙女辈 Anne Babou，1613 年至 1647 年 (ibid., pp. 39, 76, 81)。该修道院的《年鉴》中记录的修女均来自图赖讷和其他地区的贵族家庭、王室官员家庭，也许还有少数来自城市精英家庭。1627 年，瘟疫肆虐的时候，有一位非贵族出身的年轻女子也被该修道院接受：Marie Gatien，她是一位药剂师的女儿，她本人也担任修道院的药剂师 (ibid., p. 96)。

7 *Rel*, pp. 56-59; *Vie*, pp. 7-12, 14-18, 23-25, 638（"上帝允许某位妇女解开针对她和丈夫的束缚，采用她所能想到的一切手段和行动，而且她做得很好，她是上帝用来解除他们所有世俗所有物的工具"）。关于图赖讷地区寡妇对丈夫的遗产中的嫁妆的权利主张，参见 Hubert Gelly, "Soixante-quinze ans de *vie* tourangelle d' après les décisions du Parlement de Paris," *Bulletin de la Société Archéologique de Touraine*, 39 (1979): 166。

8 *Rel*, pp. 72-75, 88, 99; *Vie*, pp. 30-43, 52-55。保罗·比松在 1621 年他的侄女辈 Barbe Angere*l*le 的婚约中被描述为"马车运输商"(marchant roulyer) (ADIL, 3E2, Notaire François Nau, 25 September 1621)。Barbe 一直住在比松家，也许正是因为她和一个铁匠结婚后离开，才在房子里为玛丽·居

雅母子腾出了可搬进的空间。1642 年，也就是在保罗·比松去世后十年
起草的一份司法文书中，他被描述为"大炮运输队长"(AN, X2b, no. 174,
11 September 1642)，而克洛德·马丁描述他是"王国境内运输货物专员：
运输大炮的官员"(*Vie*, p. 54)。这些附加的头衔和王室职位表明了比松
的马车运输生意的成功。关于比松家经营的业务种类，参见 E.Levasseur,
Histoire du commerce de la France, 2 vols. (Paris: A. Rousseau, 1911), vol. 1,
pp. 244-250, 313-319。

9　*Rel*, pp. 48-49, 53, 67-71; *Vie*, pp. 3, 13-14, 26-30.

10　*Rel*, p. 78; *Vie*, p. 38. *Introduction A La Vie Devote Par François de Sales,
Evesque et Prelat de Geneve* was first published by Pierre Rigaud in Lyon
in 1609; a second and third edition, with revisions and *cor*rections, appeared
in 1610. 这本书是写给"菲罗底亚"(Philothea) 的。在 1620 年以前，就
已有四十个法语版次面世 (Henri-Jean Martin, *Livre, pouvoirs et société
Paris au XVIIe siècle (1598-1701)*, 2 vols. [Geneva: Librairie Droz, 1969]，
vol. 1, p. 146)。关于《成圣捷径》对平信徒女人的重要意义，参见
Elizabeth Rapley, *The Dévotes: Women and Church in Seventeenth-Century
France* (Montréal and Kingston: McGill-Queen's University Press, pp. 17-
18)。17 世纪 30 年代乌尔苏拉修道院的一名新修生 Marie de la Nativité，
也是由她的神师推荐读读这本书入门的 (*Vie*, p. 244)。关于图尔市公教改
革的早期阶段，参见 Robert Sauzet, "Le Milieu dévot tourangeau et les
débuts de la réforme catholique," *Revue d'histoire de l'Eglise de France*, 75
(1989): 159-166。

11　*Rel*, pp. 88-89, 97-98, 107; *Vie*, pp. 48-49, 64, 93, 490-491, 501-502.

12　*Rel*, p. 128; *Vie*, pp. 93, 115. 克洛德·居雅在她丈夫的那位侄女辈的婚
约底下签了一个清晰秀气的名字 (ADIL, 3E2, notary François Nau, 25
September 1621)。克洛德·居雅的遗物财产清单当中列举出了抹大拉
的玛利亚、默基瑟德、圣母和"罗马人的善举"的图画 (ADIL, E254, 7
March 1643)。姐妹 Jeanne Guyart 嫁给了学校教师 Sylvestre Normand，
将通过丈夫进入读写文化的世界；她也能够签名 (Chambert, "Famille,"
p. 93)。克洛德·马丁称，保罗·布松既不能读，也不能写，玛丽·居雅
不得不把他所有来信读给他听，并书写他的回答 (*Vie*, p. 636)；事实上，
他也没有在那位侄女辈的婚约上签字。很难相信布松在没有一点文化的
情况下就获得了运输军备的业务，但很可能他的大部分秘书工作都靠玛
丽来完成。

13　*Rel*, p. 147; *Vie*, pp. 51, 52, 128. 关于这些版次，参见 Martin, *Livre*, vol.

1, pp. 102-103, 134。中世纪神秘主义作品的一份文集被认为是 1 世纪的希腊基督徒圣亚略巴古的丢尼修（Dionysius the Areopagite）所著，他曾被混同于巴黎首任主教圣德尼（Saint Denis）。关于他的"神秘主义神学"对 17 世纪上半叶灵修实践的重要意义，参见 Michel de Certeau, *The Mystic Fable*,trans. Michael B. Smith (Chicago: University of Chicago Press, 1992), vol. 1; *The Sixteenth and 17teenth Centuries*, pp. 90, 102-103, 147-149。玛丽·居雅可能接触到的版本是：*Les Oeuvres de divin St Denys Aréopagite, traduites du grec en françois par fr. Jean de St François* [Jean Goulu] (Paris: Jean de Heuqueville, 1608), with a second edition in 1629。Goulu 是斐扬修会修士，跟玛丽的神师一样，他还是圣方济各·沙雷氏的的朋友和传记作者。关于主动的和被动的默祷方法，参见 *Rel* ,pp. 77-79; *Vie*, pp. 38-39。

14 *Rel*, pp. 116, 123, 140-141, 147; *Vie*, pp. 73, 84, 107, 128. 关于灵修实践中的属灵交流，参见 de Certeau, *Mystic Fable*, pp. 157-161。

15 *Rel*, pp. 93, 119-122; *Vie*, pp. 45, 77-79, 417.

16 *Rel*, p. 123; *Vie*, pp. 84, 417.

17 *Rel*, pp. 101-102, 113-115; *Vie*, pp. 53-54, 69-72.

18 *Vie*, pp. 51, 88, 115, 130-131, 142-143, 161.

19 *Rel*, pp. 97, 108-110, 114, 149-150; *Vie*, pp. 47-49, 62, 64-65, 70, 135. 卡洛琳·拜纳姆（Caroline Bynum）曾讨论过痛苦的禁欲在中世纪晚期女性灵修中的作用，强调她们的做法并非简单基于对女性低等肉体与精神的厌恶，而是基于用人的肉体和精神同时去模仿基督的愿望（*Holy Feast and Holy Fast: The Religious Significance of Food to Medieval Women* [Berkeley, Calif.: University of California Press, 1987] , especially pp. 208-218, 294-296）。玛丽·居雅就像拜纳姆研究的那些人一样，没有任何迹象表明她认为女性的肉体不如男性的，尽管她确实把她的英勇的禁欲主义描述为在神的帮助下，灵魂对身体的抵抗。对她来说，禁欲结果是模仿基督，尤其是与基督的结合。我也认可这个意见，在身体的禁欲与写作的狂喜之间存在一个联结，这两者都是与神的爱的结合的极点。

20 *Rel*, p. no; *Vie*, p. 66.

21 *Rel*, pp. in, 123; *Vie*, pp. 67-68, 84.

22 Ignatius Loyola, *The Spiritual Exercises, trans. Anthony Mottola* (Garden City, N.Y.: Doubleday Image, 1964), Fourth Week, *Three Methods of Prayer*, pp. 105-109. French translations of the *Spiritual Exercises* appeared in Lille in 1614 and in Paris in 1619. François de Sales, *Introduction to the*

Devout Life, trans. John K. Ryan (Garden City, N.Y.: Doubleday Image, 1955), Second Part, pp. 80-89：默祷方法，包含要义、预祷、通过想象来呈现、及其他技巧。

23　关于 16 世纪后半叶的虚伪、假装和对真实的追求，参见 Natalie Zemon Davis, *The Return of Martin Guerre* (Cambridge, Mass.: Harvard University Press, 1983); and Jean Starobinski, *Montaigne in Motion*, trans. Arthur Goldhammer (Chicago: University of Chicago Press, 1985)。

24　Teresa of Avila, *The Life of Teresa of Jesus: The Autobiography of St. Teresa of Avila*, trans. E. Allison Peers (Garden City, N.Y.: Doubleday Image, 1960), ch. 7, p. 96; ch. 26, pp. 242-243; ch. 29, pp. 267-275. 关于圣女大德兰对付魔鬼及"忧郁"的策略和言辞手段，参见 Alison Weber, *Teresa of Avila and the Rhetoric of Femininity* (Princeton, N.J.: Princeton University Press, 1990). *Rel*, p. 112; *Vie*, pp. 67-69, 93。

25　François de Sales, *Introduction*, pp. 223-224: "Instruction for Widows." *Rel*. pp. 78, 104-107; *Vie*, pp. 39, 42-43, 58-60.

26　*Vie*, p. 114.

27　*Rel*, pp. 97, 142-143; *Vie*, pp. 48, 112, 621, 628-629, 631. 关于 17 世纪上半叶图尔市的瘟疫年份，参见 Brigitte Maillard, "Les Hommes et la mort à Tours au XVIIIe siècle," in Monique Bourin, ed., *Villes, bonnes villes, cités et capitales: Etudes d'histoire urbaine (XIIe-XVIIIe siècle) offertes à Bernard Chevalier* (Caen: Paradigme, 1993), p. 79。

28　*Rel*, pp. 114, 142; *Vie*, pp. 70, 111-112, 618.

29　[Jean de Bernières, sieur de Louvigny]，*The Interiour Christian; or the Interior Conformity which Christians Ought to have with Jesus Christ* (Antwerp: n.p., 1684), fol. a3r.《内在基督徒》(*Le Chrétien intérieur*) 初版由贝尔尼埃的姐妹在他去世后的 1659 年出版。关于贝尔尼埃的虔诚，参见 Brémond, *Sentiment religieux*, vol. 6, pp. 229-266; 关于《内在基督徒》出版后获得的巨大成功，参见 Martin, *Livre*, vol. 2, p. 621。

30　*Rel*, pp. 156-158; *Vie*, pp. 123-124, 162-165.

31　*Rel*, pp. 158-161; *Vie*, pp. 168-176. 儿子两岁后，玛丽·居雅既不抱他，也不打他，这个情况在克洛德·马丁的传记中也有提到。克洛德·马丁的传记由他的同道、本笃会圣莫尔修士 Edmond Martene 撰写，该传记根据多年来对马丁的采访以及其他资料写成。[Edmond Martene]，*La Vie du venerable pere Dom Claude Martin, religieux benedictin de la Congregation de S. Maur; Decedé en odeur de sainteté au Monastere de Mairmontier, le 9 du mois d'Aoust 1696* (Tours: Philibert Masson, 1697), p. 4.

32　*Rel*, p. 159; pp. 169, 175, 374.

33　玛丽·居雅很可能从她的朋友吉利特·罗兰（Gillette Roland）那里听到了关于弗雷米创办圣母访亲会的事迹，雷蒙神父也曾作为神师向吉利特·罗兰讲道。吉利特·罗兰在萨伏伊就知道了圣方济各·沙雷氏，1633 年，她成为图尔市的圣母访亲会的创建人之一。参见 MI to Marie-Gillette Roland, *religious of the Visitation of Tours, Québec, 4 September 1640, Cor*, no. 46, pp. 108-110, and 30 August 1642 (the "precious death" of Jeanne de Chantal), no. 63, p. 154。玛丽的通信对象在注释中首次出现时，会注明其宗教名或神职。之后将仅以姓名称呼。

34　关于 17 世纪法国的圣母访亲会及其他活跃的女性修会的起源，参见 Rapley, *The Dévotes*。关于尚塔尔男爵的遗孀让娜—弗朗索瓦丝·弗雷米（今天通称为让娜·德·尚塔尔）的动身离家以及她与子女的关系，参见 Msgr. Bougaud, *Histoire de Sainte Chantal et des origines de la Visitation*, 2 vols. (Paris: Poussielgue, 1909), vol. 1, ch. 12; and Elisabeth Stopp, *Madame de Chantal: Portrait of a Saint* (Westminster, Md.: Newman Press, 1962), ch. 6. 1609 年，弗雷米将她十二岁的大女儿嫁给了圣方济各·沙雷氏的弟弟托伦斯男爵；由于这对年轻的夫妇住在萨伏伊，母亲便能与他们保持联系。她的二女儿 Françoise 在安纳西的圣母访亲会修道院长大，后与图隆贡伯爵结成了美好姻缘。最小的孩子 Charlotte，也就是弗雷米计划带着去修道院的那个孩子，在她离家前不久去世了。弗雷米的儿子赛尔斯—贝宁（Celse-Bénigne）在母亲离开的前一年就已经来到第戎，接受外祖父的照顾，并接受家庭教师的指导。Stopp 曾提出，赛尔斯—贝宁在门槛上的行为与普鲁塔克关于年少庞培的故事有关，庞培当时为了阻拦父亲的士兵转投秦纳麾下，躺在军营门口（p. 111）。赛尔斯—贝宁的老师很可能让他阅读了普鲁塔克的书，要么是拉丁语的，要么是 Jacques Amyot 的法文译本。Plutarch, *The Lives of the Noble Grecians and Romains Compared*, trans. Thomas Norton (London: George Miller, 1631), p. 633.

35　*Rel*, p. 161; *Vie*, pp. 170, 176-179.

36　关于乌尔苏拉修会的历史，参见 T. Ledochowska, *Angèle Mérici et la Compagnie de Sainte-Ursule à la lumière des documents*, 2 vols. (Rome and Milan: Ancora, 1968); Pommereu, *Chroniques*; Gabrielle Marie de Chantal de Gueudré, *Histoire de l'Ordre des Ursulines en France*, 3 vols. (Paris: Editions Saint-Paul, 1958-1963); Marie André Jégou, *Les Ursulines du faubourg St-Jacques à Paris, 1607-1662* (Paris: Presses Universitaires de

France, 1981); and Lierheimer, "Female Eloquence."

37 *Rel*, p. 159; *Vie*, pp. 169, 371. MI to the Ursulines of Tours, 1652, *Cor*, no.
140, p. 457. Oury, *Marie*, p. 293. 在 17 世纪 30 年代的图尔市，女人加入
修道院的嫁妆在 4,000 至 5,000 里弗尔之间。在玛丽在图尔修道院的年岁
里，那些宣认的女人中有一位是 Claire Grannon，她是图尔市的市民阶层
(bourgeois)、博雅德里领主 Cézare Grannon 的女儿，她的嫁妆为 5,500
里弗尔（ADIL, H852, acts of 31 March 1637, 10 January 1639（证人之一
即是"玛丽·居雅女士，助理"）。在玛丽后来教过的新生中，还有一位
被封为贵族的富人家庭的女儿，一位图赖讷古老贵族家庭的女儿，也有
一位粮食商的女儿（*Vie*, pp. 242, 285, 291）。关于巴黎乌尔苏拉修会修女
们的社会背景的多样性及嫁妆数目大小，参见 Jégou, *Ursulines*, pp. 103-
107。

38 Pommereu, *Chroniques*, vol. 1, part 2, p. 195; Jégou, *Ursulines*, ch. 9;
Gueudré, *Ursulines*, vol. 2, ch. 5; Roger Chartier, Dominique Julia, and
Marie-Madeleine Compère, *L' Education en France du XVIe au XVIIIe
siècle* (Paris: Société d' Edition d' Enseignement Supérieur, 1976), ch. 8.;
Rapley, *Dévotes*, pp. 58-do; Lierheimer, "Female Eloquence," chs. 4-5.

39 Pommereu, *Chroniques*, vol. 1, part 1, pp. 40-45（1609 年至 1611 年，普罗
旺斯—艾克斯乌尔苏拉修院的魔鬼附身事件）；part 2, pp. 244-247（1658
至 1660 年，奥克松乌尔苏拉修院的魔鬼附身事件）。Michel de Certeau,
La Possession de Loudon, 3rd ed. (Paris: Gallimard, 1990).

40 *Rel*, pp. 179-180; *Vie*, pp. 205-206.

41 *Rel*, pp. 165, 176-177; *Vie*, pp. 180-181, 199-200, 502-505. Brémond,
Sentiment religieux, vol. 3, pp. 43-74, 描述了法国公教改革运动的领导人，
红衣主教贝吕勒（Pierre de Bérulle, d. 1629）的神学和神秘主义感受力。
关于"圣言神学"(the theology of the Word) 的奥斯定起源，参见 A.
Vacant et al., *Dictionnaire de théologie catholique*, 15 vols. (Paris: Librairie
Letouzey et Ané, 1903-1950), vol. 15, pp. 2664-2666. 在圣女大德兰的《生
命之书》或她的祈祷指南《全德之路》中，道成肉身并不是她描述的
基督形象的核心，*The Way of Perfection*, trans. E. Allison Peers (Garden
City, N.Y.: Doubleday Image, 1964).

42 *Vie*, pp. 217-218. 玛丽后来才知道，儿子之所以叛逆捣乱，也是为了能参
加她的宣誓仪式，这是一个为了让自己回到图尔的"诡计"。他之前没有
被允许参加她的授衣仪式（investiture），所以不想错过第二次仪式（*Rel*,
p. 183）。克洛德·马丁在编辑出版这些文字时，删掉了关于他自己的

finement（诡计）一词（*Vie*, p. 216）。[Martene]，*Claude Martin*, p. 8.

43 *Rel*, pp. 178-179; *Vie*, pp. 204, 208-215, 224-225. 关于修道人士的忧郁哀愁，参见 Jean Delumeau, *Sin and Fear: The Emergence of a Western Guilt Culture, 13th-18th centuries*, trans. Eric Nicholson (New York: St. Martin's Press, 1990), ch. 10; and Weber, *Teresa*, pp. 139-146。

44 *Vie*, pp. 211-212, 218.

45 *Rel*, pp. 182-183; *Vie*, pp. 215-216.

46 虽然图尔当地为建一所耶稣会学院所做的努力可以追溯到 1583 年，但直到 1632 年春天，路易十三才最终授权耶稣会在该市镇长期驻留（Oury, *Marie*, pp. 210-212）。关于耶稣会士中的激进份子和声称获得特别启示的人，参见 Brémond, *Sentiment religieux*, vol. 3, pp. 258-279（"Jésuites Bérulliens"）and especially de Certeau, *Mystic Fable*, ch. 8。

47 玛丽进入乌尔苏拉修道院后不久，雷蒙神父就获召离开图尔，在 1631 至 1632 年这段忧郁岁月里，玛丽写给雷蒙神父的信件只有少数保留下来。与此相反，在那几年的前后，许多信件都有保留（*Rel*, pp. 181-182; *Vie*, p. 215; *Cor*, p. 1039）。她获得许可给乌尔苏拉修院的听告司铎写了一封信，但他只在三周后用了一句话回信（*Vie*, p. 212）。关于拉艾神父成为她的神师并敦促她写作，参见 *Rel*, pp. 181-185; *Vie*, pp. 215-217, 222-223。

48 *Rel*, pp. 174-175; *Vie*, pp. 198-199. Pommereu, *Chroniques*, vol. 1, part 1, p. 26，关于安琪拉的"祈祷使她学识渊博，使她无须通过别的方式来学习读写。她甚至能通过注入的知识理解拉丁文"。

49 *Rel*, pp. 189, 194-196; *Vie*, pp. 202-203, 228, 234-235. 玛丽在这里的措辞是：她读的书是"白敏主教的小教义"（le petit Catéchisme du Concil et dans celuy du Cardinal Bellarmin）。特利腾大公会议的教理是用拉丁文出版的，是为受过教育的司铎准备的，但到 1578 年至 1580 年就有了法文版。白敏主教拟了两份教理问答——一大一小——后者有许多法文版本（Jean-Claude Dhôtel, *Les Origines du catéchisme moderne d'après les premiers manuels imprimés en France* [Paris: Aubier-Montaigne, 1967]，pp. 440-441）。她也一直在阅读西班牙耶稣会士阿隆索·罗德里格斯（Alonso Rodriguez）的《完备美德和基督教德行践行》（*Exercicio de perfeccion y virtudes Cristianas*），这本书从 1621 年开始在法国重印了很多版次。但她没有发现它对默祷有帮助，拉艾神父告诉她把它放在一边，只读她的法文版新约。*Rel*, p. 189; *Vie*, p. 228; Martin, *Livre*, vol. 1, p. 140.

50 *Rel*, pp. 194-195; *Vie*, pp. 234-235, 240-242, 519-520. 她的耶稣会神师现在是雅克·迪内（Jacques Dinet），他曾是雷恩的耶稣会学院院长，玛丽

的儿子曾是该学院的学生。在鲁昂，迪内也曾跟路易·拉勒芒（Louis
Lallement）做过同学和老师同事，路易是"神操耶稣会士"中最重要
的一位（*Rel*, p. 195; *Vie*, pp. 217, 235; Oury, *Marie*, p. 243, no. 1; Certeau,
Mystic Fable, pp. 269-270）。玛丽离开法国前往加拿大时，将三份手稿交
给了图尔修道院的院长嬷嬷：一份教理问答、一份《雅歌》阐述、一套
两次避静期间的默想方法（MI to CM, 26 October 1653, *Cor*, no. 153, pp.
516-517）。玛丽去世后，这三份手稿由儿子删改补充后出版：*L'Ecole
sainte ou explication familière des mystères de la foy*（(Paris: Jean Baptiste
Coignard, 1684）和 *Retraites de la vénérable Mere Marie de l'Incarnation
religieuse Ursuline; Avec une exposition succincte du Cantique des Cantiques*
(Paris: Louis Billaine, 1682)。后者有一个现代版，增加了《生平》里面
的一些补充资料，参见 Ecrits spirituels et historiques, ed. *Jamet*, vol. 1,
pp. 395-525。

51　MI to Raymond de S. Bernard, 3 May 1635, *Cor*, no. 17, pp. 42-43; *Rel*, pp.
　　189-193; *Vie*, pp. 229-230, 232-234.

52　*Rel*, pp. 198-199, 201-205; *Vie*, pp. 300-301, 305, 309-310, 316; MI to
　　Raymond de S. Bernard, 1635, *Cor*, no. 12, p. 27. 耶稣会传教士在北美
　　的《耶稣会报告》始于 Pierre Biard 的《新法兰西报告》（*Relation de la
　　Nouvelle France*, Lyon: Louis Muguet, 1616），其中谈及大西洋沿岸的阿
　　布纳基人和米克马克人，该地区被法国人称为阿卡迪亚。然后在 1632 年
　　有了 Paul Le Jeune 来自魁北克的《新法兰西之旅简报》（*Brieve Relation
　　du Voyage de la Nouvelle France*），*Fait au mois d'Avril dernier par le P.
　　Paul le Ieune de la Compagnie de Iesus* (Paris: Sébastien Cramoisy, 1632)。
　　随后，Cramoisy 工作室每年都会推出一本《耶稣会报告》，直到 1672 年。《耶
　　稣会报告》有法文版，英译版由 Reuben Gold Thwaites 编辑出版，*The
　　Jesuit Relations and Allied Documents*, 73 vols. (Cleveland, Ohio: Burrows
　　Brothers, 1896-1901)。

53　*Vie*, p. 307. 1635 至 1638 年，当玛丽为她的加拿大冒险寻求支持时，"心"
　　的意象在她与基督的关系的描述中十分重要（*Rel*, p. 203; *Vie*, p. 306）。

54　*JR*, vol. 5, pp. 144-147; vol. 6, pp. 150-153; vol. 7, p. 256. MI to Raymond de
　　S. Bernard, April 1635, *Cor*, no. 12, p. 27. 她后来在自传中写到横渡大西洋
　　时，描述了"与我们的性别和状况相同的人"所遭受的痛苦（没有淡水，
　　无法入睡等），但她坚持认为，就算这样，她的精神和心灵也一直保持平
　　静（*Rel*, p. 246; *Vie*, p. 395）。

55　甚至在玛丽开始阅读《耶稣会报告》之前，她就在阅读 Etienne Binet 写

的方济各·沙勿略的生平 (1506—1552)：*L'Abbregé de la vie admirable de S. François Xavier de la Compagnie de Jesus, surnommé Vapostre des Indes* (Paris: S. Chappelet, 1622)。他的"为各族人民皈依的热情"可能是她的异象来源之一 (MI to the Ursulines of Tours, spring 1652, *Cor*, no. 140, p. 443)。

56 *Rel*, pp. 198-200; *Vie*, pp. 301-302. 玛丽念给圣父听的《圣经》经文可能是《启示录》1：5、11：15、17：14。在 1635 年 4 月的一封寄给雷蒙神父的信中，她引用了另一段《圣经》经义："我的脑海中强烈呈现出圣保禄关于'耶稣基督替众人死'的那段话，我极其悲哀地看到，并非每个人都活在[基督]里，有那么多灵魂陷入了死亡。我感到羞愧，我竟然敢于向往，甚至认为我可以为他们的生做出贡献"（*Cor*, no. 12, p. 27）。

57 Vincent Ferrer, "Traité contre les Juifs" (1414), in Père Fages, O.P., ed., *Oeuvres de Saint Vincent Ferrier* (Paris: A. Picard and A. Savaète, 1909), vol. 1. Jean Seguy, "Monsieur Vincent, la Congrégation de la Mission et les derniers temps," in *Vincent de Paul: Actes du Colloque International d'Etudes Vincentiennes, Paris, 25-26 septembre 1981* (Rome: Edizioni Vincenziane, 1983), pp. 217-238.

58 Guillaume Postel, *De la République des Turcs: et là ou Toccasion s'offrera, des meurs et loys de tous Muhamedistes, par Guillaume Postel Cosmopolite* (Poitiers: Enguilbert de Mamef, n.d. [1565?]), dedication to the Dauphin of France, son of Henri II. William Bouwsma, *Concordia Mundi: The Career and Thought of Guillaume Postel (1510-1581)* (Cambridge, Mass.: Harvard University Press, 1957), chs. 5, 7; Maurice de Gandillac, "Le Thème postelien de la concorde universelle," and Marion Kuntz, "Guillaume Postel and the Universal Monarchy: The State as a Work of Art," in *Guillaume Postel, 1581-1981: Actes du Colloque International d'Avranches, 5-9 septembre 1981* (Paris: Maisnie-Trédaniel, 1985), pp. 191-197, 233-256; Frances A. Yates, *Astrea: The Imperial Theme in the Sixteenth Century* (London: Routledge and Kegan Paul, 1975), esp. pp. 1-28, 121-126, 144-146.

59 《诗篇》113：3，"从太阳东升直到西倾，愿上主的圣名受赞颂！"（*Vie*, p. 320）《哥林多后书》5：15 （MI to Raymond de S. Bernard, April 1635, *Cor*, no. 12, p. 27）。

60 *Rel*, p. 198; *Vie*, p. 300.

61 *Rel*, pp. 211-221; *Vie*, pp. 316-349; MI to Raymond de S. Bernard, late 1638, *Cor*, no. 30, pp. 67-69 （玛丽告知雷蒙神父，她收到的加拿大的耶稣会士

的信件里的新闻，包括一封加尼耶神父用桦树皮写的信）; *JR*, vol. 7, pp. 256-259.

62　*Rel*, pp. 213-215, 219-221; *Vie*, pp. 322-339; MI to Raymond de S. Bernard, 19 April 1635, 26 October 1637, *Cor*, nos. 14, 28, pp. 33, 65.

63　人们曾希望 Noël Brûlart de Sillery 能在新法兰西捐建一所女修院，但无果（*Vie*, pp. 334, 339; MI to Raymond de S. Bernard, 29 July 1635, *Cor*, no. 20, pp. 48-50 and 49, n. 4）。关于伊萨克·德拉齐利（Isaac de Razilly），他是路易十三和新法兰西公司的代表，他在阿卡迪亚的任职是在 1632 年至 1635 年，参见 Sauzet, "Le Milieu dévot," pp. 160, 162; *Dictionary of Canadian Biography*, ed. George Brown, 12 vols. (Toronto: University of Toronto Press, 1966-1991), vol. 1, pp. 567-569; and Dom Guy Oury, "Les Tourangeaux en Nouvelle-France au temps de Marie de l' Incarnation," *Bulletin trimestriel de la Société archéologique de Touraine*, 37 (1972): 149-151。这两个女孩是一名米克马克族女人和查尔斯·圣艾蒂安·德拉图尔（Charles Saint-Etienne de la Tour）的女儿，查尔斯·圣艾蒂安·德拉图尔是毛皮商人，与德拉齐利共同管理阿卡迪亚。其中一个女孩在 1636 年受洗，名为 Antoinette de Saint Etienne，后进入图尔市博蒙本笃会修院，唱歌动听，她甚至还被带往王后面前表演，并在 1646 年成为修女，当时她约为十九或二十岁（*Chronique ... de Beaumont*, pp. 139-143, 252）。另一个女孩于 1634 年或 1635 年进入图尔市乌尔苏拉修道院，当时大约八岁，几年后去世。奇怪的是，玛丽在 17 世纪 30 年代末的信件或回忆中都没有提到这位混血女孩。

64　*Rel*, pp. 206-207; *Vie*, pp. 310-315, 733 : "她的生平和我们的嬷嬷非常相似"，Dom Guy-Marie Oury, *Madame de la Peltrie et ses fondations canadiennes* (Québec: Presses Université de Laval, 1974), pp. 9-40. MI to Joseph-Antoine Poncet, Québec, 25 October 1670, *Cor*, no. 259, pp. 904-905。

65　*Rel*, pp. 227-228; *Vie*, pp. 350-354, 356-357; Oury, *La Peltrie*, pp. 43-55; MI to Joseph-Antoine Poncet, 25 October 1670, *Cor*, no. 269, pp. 905-907. 玛丽曾担心虚伪是自己内心生活中最严重的罪，她在拉佩尔特里去世后评价贝尔尼埃与拉佩尔特里的假婚约 : 为了天主的事业，这个假婚约是"有趣的、能够转移注意力的"（ibid., p. 909）。关于女性利用计谋和假剧本来规避家庭束缚，参见 Sarah Hanley, "Engendering the State: Family Formation and State Building in Early Modern France," *French Historical Studies*, 16 (1989): 15-21。

66　*Rel*, pp. 229-232; *Vie*, pp. 357-359; MI to Joseph-Antoine Poncet, 25 October

1670, *Cor*, no. 269, p. 907; Oury, *La Peltrie*, pp. 57-65. 关于成立于 1627—1628 年间的新法兰西公司，参见 Charles W. Cole, *Colbert and a Century of French Mercantilism*, 2 vols. (New York: Columbia University Press, 1939; reprint Hamden, Conn.: Archon Books, 1964), vol. 1, pp. 173-185; and Marcel Trudel, *Histoire de la Nouvelle-France*, 3 vols. (Montréal: Fides, 1963-1983), vol. 3, part 1, *La Seigneurie des Cents-Associés, 1627-1663: Les Evénements*, pp. 1-25。该公司可以自行分配新法兰西的土地。

67 *Rel*, pp. 228-229, 231-235; pp. 357? 359-366, 368-374; MI to Madame de La Peltrie, Tours, November 1638, *Cor*, no. 31, p. 70; Oury, *La Peltrie*, pp. 65-70.

68 *Rel*, p. 235; *Vie*, pp. 366, 374-376; [Martene] , *Claude Martin*, pp. 10-12; Dom Guy-Marie Oury, *Claude Martin: Le Fils de Marie de l'Incarnation* (Solesmes: Abbaye Saint-Pierre, 1983), pp. 35-38.

69 *Rel*, p. 239; *Vie*, p. 378. 尤其是艾奎隆女公爵赞助了由圣路易斯·德马利勒（Louise de Marillac）和文森特·德保罗（Vincent de Paul）创立的仁爱修女会（Daughters of Charity），并捐资助建了魁北克主宫医院（Hôtel-Dieu de Québec）。Paul Ragueneau, *La Vie de la mere Catherine de Saint Augustin, religieuse hospi talière de la Miséricorde de Quebec en la Nouvelle France.* (Paris: Florentin Lambert, 1671), dedication to the Duchesse d'Aiguillon, fols, aiir-aiiir; Jeanne-Françoise Juchereau de St-Ignace and Marie Andrée Duplessis de Ste Hélène, *Les Annales de l'Hôtel-Dieu de Québec, 1636-1716*, ed. Albert Jamet (Québec: Hôtel-Dieu, 1939), pp. 8-10; Colin Jones, *The Charitable Imperative: Hospitals and Nursing in Ancien Regime and Revolutionary France* (London: Routledge, 1989), pp. 94, 98.

70 *Rel*, pp. 240-244; *Vie*, pp. 385-386. 这两位耶稣会士是巴泰勒米·维蒙（Barthélemy Vimont）和皮埃尔·乔莫诺（Pierre Chaumonot）。这三位医院骑士团修女是 Marie de Saint Ignace、Anne de Saint Bernard、Marie de Saint Bonaventure，她们都是二十多岁的年轻女性（Juchereau and Duplessis, *Hôtel-Dieu*, p. 11）。MI to Françoise de S. Bernard, Superior of the Ursulines of Tours, "De l'Amirale de S. Joseph sur mer," 20 May 1639, *Cor*, no. 39, pp. 86-87). 关于加拿大早期的女修会的概况，参见 Leslie Choquette, "'Ces Amazones du Grand Dieu': Women and Mission in Seventeenth-Century Canada," *French Historical Studies*, 17 (1992): 626-655。

71 Trudel, *Nouvelle-France*, vol. 3, part 1, pp. 102, 141, 247, 369；16 世纪 30

年代末，魁北克省定居点有 400 至 500 名法国人；1657 年，魁北克省约有 2,000 名法国人；16 世纪 60 年代，魁北克省约有 3,000 名法国人，另有 500 名法国人在阿卡迪亚和纽芬兰定居。按原籍地、地位和性别对移民的分析：Trudel, *Nouvelle-France*, vol. 3, part 2, *La Seigneurie des Cent-Associés, 1627-1663: La Société*, pp. n-55。在 *Trudel* 这套书的每一卷的开头，都列出了近代关于新法兰西历史的优秀书目。

72 MI to CM, Québec, 29 October 1665, in *Cor*, no. 220, p. 759. 关于女性移民及她们的婚姻情况，参见 C. H. Laverdière and H. R. Casgrain, eds. *Le Journal des Jésuites publié d'après le manuscrit original conservé aux archives du Séminaire de Québec*, 2nd ed. (Montréal: J. M. Valois, 1892), p. 335 (2 October 1665); Micheline d'Allaire, *Talon: Textes choisis* (Montréal: Fides, 1970), pp. 23-25; Trudel, *Nouvelle-France*, vol. 3, part 1, pp. 137-138, 154-158, 407-411; part 2, pp. 36-46; William Eccles, *The Canadian Fronder, 1534-1760*, rev. ed. (Albuquerque: University of New Mexico Press, 1984), p. 68。所有未婚的男性雇佣日工被责令在（这些载满女孩的）船只抵达 15 天内在其中找到对象结婚，否则将失去捕鱼、狩猎或向印第安人购买皮毛的权利。

73 Trudel, *Nouvelle-France*, vol. 3, part 2, pp. 344-356, 444-448. 从耶稣会士的日志中可以清楚地看到他们在指导魁北克的宗教生活以及早期的传教活动方面的作用。这些日志，1645 年至 1650 年由长上热罗姆·拉莱曼神父 (Jérôme Lalemant) 保存，1650 年至 1653 年由保禄·拉格诺神父 (Paul Ragueneau) 保存，随后由其他长上保存。(这个刊物有连续不分卷形式的，也有按年份分卷形式的；我更倾向于使用和引用前者，因为可以更方便地追溯不同长上的态度、政策和写作实践的变化。) 关于 1649 年魁北克祈祷日游行的路线（在法国，这个节日里要"蔽"或标记教区边界），参见 JJ, p. 125. MI to CM, 11 October 1646, *Cor*, no. 100, p. 295; 27 September 1648, no. 113, p. 344; 22 October 1649, no. 123, p. 378。

74 JJ, pp. 146 (8 December 1646), 185-186 (August 1653), 258 (June 1659), 262 (24 August 1659), 269 (November-December 1659); Trudel, *Nouvelle-France*, vol. 3, part 2, pp. 182, 444-453; Cornelius J. Jaenen, *The Role of the Church in New France* (Toronto: McGraw-Hill Ryerson, 1976), pp. 17-21.

75 MI to CM, 24 August 1658, *Cor*, no. 177, p. 597; September-October 1659, no. 183, p. 613. MI to Ursule de Ste. Catherine, Ursuline of Tours, 13 October 1660, *Cor*, no. 189, pp. 643-645; 13 September 1661, no. 193, pp. 652-654 (拉瓦尔主教未经她们同意就改变了乌尔苏拉修道院的章程；她

们拒绝接受，并赢得了权利。)

76 Trudel, *Nouvelle-France*, vol. 3, part 1, pp. 168-178, part 2, pp. 253-257;
    Eccles, *Canadian Frontier*, pp. 42-44.

77 Trudel, *Nouvelle-France*, vol. 3, part 1, pp. 363-386; Charles W. Cole,
    Colbert and a Century of French Mercantilism, 2 vols. (New York: Columbia
    University Press, 1939; reprinted Hamden, Conn.: Archon Books, 1964),
    vol. 2, pp. 1-6, 56-64. MI to CM, September-October 1663, *Cor*, no. 207, p.
    710. 1669 年，西印度公司对加拿大贸易的独家垄断被取消，但它仍然保
    留了对加拿大贸易的一些"权利"。1674 年，这些权利被移交给西部公司
    (Cole, *Colbert*, vol. 2, pp. 80-81)。

78 印第安人遭逢欧洲人的前沿研究：James Axtell, *The European and the
    Indian: Essays in the Ethnohistory of Colonial North America* (Oxford
    and New York: Oxford University Press, 1981); *The Invasion Within: The
    Contest of Cultures in Colonial North America* (New York and Oxford:
    Oxford University Press, 1988); *Beyond 1492: Encounters in Colonial North
    America* (New York and Oxford: Oxford University Press, 1992)。加拿大印
    第安人的历史及人种学概况：R. Bruce Morrison and C. Roderick Wilson,
    eds., *Native Peoples: The Canadian Experience* (Toronto: McClelland
    and Stewart, 1986)。一份考古学和历史学证据的绝佳描述：Bruce G.
    Trigger, *Natives and Newcomers: Canada's "Heroic Age" Reconsidered*
    (Kingston and Montreal: McGill-Queen's University Press, 1985)。关
    于易洛魁语系民族的重要研究作品：Elisabeth Tooker, *An Ethnography
    of the Huron Indians, 1616-1649* (Washington, D.C.: Smithsonian
    Institution for the Huronia Historical Development Council, 1964); Conrad
    Heidenreich, *Huronia: A History and Geography of the Huron Indians*
    (Toronto: McClelland and Stewart, 1971); Bruce G. Trigger, *The Children
    of Aataentsic: A History of the Huron People to 1660*, new ed. (Kingston
    and Montréal: McGill-Queen's University Press, 1987); Lucien Campeau,
    La Mission des Jésuites chez les Hurons, 1634-1650(Montréal: Editions
    Bellarmin, 1987), esp.pp. 1-113。关于原初休伦人；Francis Jennings, *The
    Ambiguous Iroquois Empire: The Covenant Chain Confederation of Indian
    Tribes with English Colonies from Its Beginnings to the Lancaster Treaty of
    1744* (New York: W. W. Norton, 1984); Francis Jennings, William Fenton,
    Mary Druke, and David R. Miller, eds., *The History and Culture of Iroquois
    Diplomacy: An Interdisciplinary Guide to the Treaties of the Six Nations*

and Their League (Syracuse: Syracuse University Press, 1985); Daniel K. Richter, *The Ordeal of the Longhouse: The Peoples of the Iroquois League in the Era of European Colonisation* (Chapel Hill: University of North Carolina Press, 1992); Matthew Dennis, *Cultivating a Landscape of Peace: Iroquois-European Encounters in Seventeenth-Century America* (Ithaca and London: Cornell University Press, 1993); and John Demos, *The Unredeemed Captive: A Family Story from Early America* (New York: Alfred A. Knopf, 1994)。关于阿尔冈昆语系民族的重要研究作品：Alfred Goldsworthy Bailey, *The Conflict of European and Eastern Algonkian Cultures, 1604-1700*, 2nd ed. (Toronto: University of Toronto Press, 1969); William S. Simmons, *Spirit of the New England Tribes: Indian History and Folklore* (Hanover, N.H.: University Press of New England, 1986); Colin G. Calloway, ed., *Dawnland Encounter: Indians and Europeans in Northern New England* (Hanover, N.H.: University Press of New England, 1991); Richard White, *The Middle Ground: Indians, Empires and Republics in the Great Lakes Region, 1650-1815* (Cambridge: Cambridge University Press, 1991)。一个主要研究印第安人的艺术和物质文化，有许多历史证据的资料：*The Spirit Sings-Artistic Traditions of Canada's First Peoples: A Catalogue of the Exhibition* (Toronto: McClelland and Stewart for the Glenbow-Alberta Institute, 1988)。关于易洛魁女性的研究有很长的历史，1884年至1989年的论文集：W. G. Spittal, ed., *Iroquois Women: An Anthology* (Ohsweken, Ont.: Iroqrafts, 1990)。马克思主义和女权主义方法开启了研究美洲东北部印第安女人的新篇章：the work of Judith K. Brown, "Economic Organization and the Position of Women among the Iroquois,' initially published in *Ethnohistory*, 17 (1970), and reprinted in *Iroquois Women*, pp. 182-198; and Eleanor Leacock, "Montagnais Women and the Jesuit Program for Colonization," in Mona Etienne and Eleanor Leacock, eds., *Women and Colonisation: Anthropological Perspectives* (New York: Praeger, 1980), pp. 25-42。*Karen Anderson's Chain Her by One Foot: The Subjugation of Women in Seventeenth-Century France* (London and New York: Routledge, 1991) 收集了许多资料，但没有将概念性的论点引申到 Leacock 的先锋性文章之外。Carol Devens 特别强调了印第安女人抵抗基督教的作用：*Countering Colonisation: Native American Women and Great Lakes Missions, 1630-1900* (Berkeley and Los Angeles: University of California Press, 1992)。我曾尝试比较16世纪和17世纪初的印第安女人和欧洲女人；"Iroquois

Women, European Women," in Margo Hendricks and Patricia Parker, eds., *Women, "Race," and Writing in the Early Modern Period* (London: Routledge, 1994), pp. 243-258, 350-362. 目前，Carol Karlsen 正在对易洛魁女人进行一项新的历史和人种学研究。作家 Paula Gunn Allen 出版了关于印第安女人的作品，这些作品借鉴了历史实例、传说以及她自己的拉科塔人（Lakota）家族的价值观和传说：*The Sacred Hoop: Recovering the Feminine in American Indian Traditions*, 2nd ed. (Boston: Beacon Press, 1992); *Grandmothers of the Light. A Medicine Woman's Sourcebook* (Boston: Beacon Press, 1991)。同时，Calvin Martin 发表了一篇对当前大多数"白人"和"欧美人"撰写的印第安人历史的批判，称这种写作没能理解印第安人的精神世界："The Metaphysics of Writing Indian-White History" in Calvin Martin, ed., *The American Indian and the Problem of History* (New York and Oxford: Oxford University Press, 1987), pp. 27-34: "印第安人—白人的历史是两个思想世界的进程，而这两个思想世界在当时多半是互不理解的。"(p. 33)。在试图为东部林地的美洲印第安人的"思想世界"寻找证据和理解的过程中，我既看到两个世界之间互不相通的例子（我也将举例），也看到了可理解性和交换性（Richard White 所说的"中间地带"）。

79   1648 年蒙特马尼离开后的很长一段时间里，印第安人对接任的每位总督都使用"Onontio"来称呼，这是在遵循他们自己的做法，即在一个人死后——特别是一个死去的酋长——通过把他的名字赋予继任者，从而"延续"或"复活"他 (JJ, pp. 214-215, 28 May 1657; *JR*, vol. 23, pp. 164-167; Jennings, *Iroquois Empire*, p. 96; Campeau, *Mission des Jésuites*, pp. 70, 313)。

80   Gabriel Sagard, *Le Grand Voyage du pays des Hurons (1632)*, ed. Réal Ouellet (Québec: Bibliothèque Québécoise, 1990), part 1, ch. 7, pp. 172-173; Ruth B. Phillips, "Like a Star I Shine: Northern Woodlands Artistic Traditions," in *The Spirit Sings*, pp. 84-85.

81   Jacques Cartier, "Deuxième voyage de Jacques Cartier (1535-1536)," in Charles A. Julien, René Herval, and Théodore Beauchesne, eds., *Les Français en Amérique pendant la première moitié du XVIe siècle* (Paris: Presses Universitaires de France, 1946), vol. 1, p. 159; *JR*, vol. 3, pp. 100-101; Sagard, *Grand Voyage*, part 1, ch. 7, p. 172.

82   MI to CM, 10 September 1646, *Cor*, no. 97, p. 286.

83   *Vie*, pp. 505-506, 612, 746. JJ, p. 42 (April 1646).

84　MI to CM, 17 October 1668, *Cor*, no. 244, pp. 828-829.

85　*Vie*, pp. 548-549. 关于 1631 年的瘟疫以及宗教人士为使瘟疫远离图尔本笃会修院所做的努力，参见 *Chronique ... de Beaumont*, pp. 108-113。许多知名人士死去，包括图尔市市长。Maillard, "Les Hommes et la mort à Tours," p. 79.

86　MI to a Lady of quality in France, 3 September 1640, *Cor*, no. 43, p. 98: "去年死了一大批［印第安］女孩，我们还能留住的每个［印第安］女孩，都是伟大天主的特别恩赐。她们染上的是天花，由于在野蛮人中传播，它也传到了我们的修院，几天后，修院就像一所医院了。所有的女孩都得过三次病，其中有四人死于此病。我们都以为自己会得病，因为这种病会传染，我们还日夜照顾她们。但吾主如此大能地帮助我们，使我们没有一个人受到折磨。那些不是基督徒的野蛮人都犯了一个错误，认为洗礼、指导和生活在法国人中间是这种死亡的原因。"见下文玛丽关于传染病及其对印第安人的影响的另一份描述。

87　关于传染病发生的时间和影响的回顾文献，参见 Trigger, *Natives and Newcomers*, pp. 226-251。

88　Sagard, *Grand Voyage*, part 1, ch. 4, pp. 131-132; Trigger, *Natives and Newcomers*, pp. 172-224; Arthur Ray and Donald B. Freeman, *'Give Us Good Measure': An Economic Analysis of Relations between the Indians and the Hudson 's Bay Company before 1763* (Toronto: University of Toronto Press, 1978), chs. 2-3; Heidenreich, *Huronia*, ch. 7; Jennings, *Iroquois Empire*, ch. 6; Trudel, *Nouvelle-France*, vol. 3, part 1, pp. 124-154.

89　MI to CM, 26 August 1644, *Cor*, no. 80, p. 221; 1 September 1652, no. 142, p. 479: 养殖业、渔业和鱼油的开采比毛皮贸易更能提高法国人的收益；24 September 1654, no. 161, p. 544; 10 August 1662, no. 201, p. 681; August-September 1662, no. 204, p. 691; 12 November 1666, no. 225, p. 775; 27 August 1668, no. 258, p. 873. 关于酒精对美洲印第安人的影响，参见 Peter C. Mancall, " 'The Bewitching Tyranny of Custom' : The Social Costs of Indian Drinking in Colonial America," *American Indian Culture and Research Journal*, 17, no. 2 (1993): 15-42。

90　MI to CM, 26 August 1644, *Cor*, no. 80, p. 224.

91　MI to CM, 14-27 September 1645, *Cor*, no. 92, pp. 252-261. Barthélemy Vimont sent his *Rel*ation from Québec to France on 1 October 1645 (*JR* vol. 27, pp. 246-273). 在《耶稣会报告》于法国出版之前，玛丽就阅读过了手稿，这并非特例。

92   MI to CM, in September 1652, *Cor*, no. 152, p. 478; 14-27 September 1645, *Cor*, no. 92, p. 256.

93   *JR*, vol. 35, pp. 182-205. 在休伦人的聚居区因干旱而发生饥荒的时候，易洛魁人也发动了攻击。拉格诺谈到，这是摧毁休伦人在"土地分开"的定居点的两次打击之一。

94   *JR*, vol. 38, p. 62.

95   *Rel*, pp. 330-332; *Vie*, pp. 588-589. 玛丽评论道，她向圣母祈祷的这么多年里，这是第一次与圣母进行神秘的内心结合与交流。

96   Trudel, *Nouvelle-France*, vol. 3, part 1, pp. 221-224.

97   MI to CM, 11 August 1654, *Cor*, no. 156, p. 531; 24 September 1654, no. 161, pp. 542-547. *JR*, vol. 40, ch. 5.

98   MI to CM, 25 June 1660, *Cor*, no. 184, p. 620; 17 September 1660, no. 185, p. 634; 2 November 1660, no. 192, p. 649.

99   MI to CM, 12 November 1666, *Cor*, no. 225, pp. 772-776; JJ, 5-14 November 1666, pp. 351-352; *JR*, vol. 50, pp. 140-147. *Dictionary of Canadian Biography*, vol. 1, p. 554.

100 MI to the Mother Superior of the Ursulines of Dijon, 9 August 1668, *Cor*, no. 236, p. 805.

101 关于耶稣会宣教工作背后的职责以及宣教环境，参见 J. H. Kennedy, *Jesuit and Savage in New France* (New Haven: Yale University Press, 1950), ch. 3; Jaenen, *Church in New France*, ch. 2; Olive Patricia Dickason, *The Myth of the Savage and the Beginnings of French Colonialism in the Americas* (Edmonton: University of Alberta Press, 1984), ch. 12。

102 MI to CM, 29 August-10 September 1646, *Cor*, no. 97, p. 278. Trudel, *Nouvelle-France*, vol. 3, part 2, pp. 380-384. 耶稣会努力安置游牧民族的另一个例子远在圣劳伦斯河湾东部的米斯库（Miscou），耶稣会士试图改变那里以捕鱼、狩猎和采集为生的米克马克人的信仰。当他们中的一些人成为基督徒，然后"在法国人建造的独立房屋中"定居下来，理查德神父对此非常高兴。*JR*, vol. 30, pp. 126-127.

103 *JR*, vol. 28, pp. 38-101; Campeau, *Mission des Jésuites*, chs. 12-15.

104 *JR*, vol. 43, pp. 156-185. 这次传教只持续了两年，耶稣会士在 1658 年就急匆匆走了，因为一个被收养到奥农达加的休伦人基督徒俘虏警告耶稣会士，那些年轻战士正在密谋杀害他们（*JR*, vol. 44, pp. 148-183）。玛丽对这次任务及其结局的精彩描述可在以下文章中找到：MI to CM, 14 August 1656, *Cor*, no. 172, pp. 582-585; 15 October 1657, no. 175, pp. 591-

592; 4 October 1658, no. 179, pp. 602-606。儿子在他编辑的母亲信件的那个版本的序言中提醒读者注意，母亲关于耶稣会士逃离奥农达加人的描述，与《耶稣会报告》中对该事件的描述不同（*Lettres de la venerable Mere Marie de l'Incarnation, premiere supérieure des Ursulines de la Nouvelle France* [Paris: Louis Billaine, 1681]，fol. eir.）。

105　*JR*, vol. 37, pp. 18-43, 96-98. MI to CM, 1 September 1652, *Cor*, no. 142, p. 478.

106　*JR*, vol. 50, pp. 248-295.

107　MI to CM, 26 August 1644, *Cor*, no. 80, pp. 219-220; *Rel*, p. 260; *Vie*, p. 408. Joseph Legare 根据修道院院长 Thomas Maguire 的档案研究绘制了一幅画（1840 年），展示了 1650 年的火灾前修道院的木栅栏、小木屋和大树（本书中复制了一幅近作，是在 1847 年左右乌尔苏拉修道院制作的）。关于这幅画及其历史的讨论，参见 John R. Porter, *The Works of Joseph Légaré, 1795-1855* (Ottawa: National Gallery of Canada, 1978), no. 41. Oury, *Marie*, pp. 377-381。

108　MI to CM, 3 September 1651, *Cor*, no. 133, p. 415, n. 12, p. 418; MI to Cécile de S. Joseph, superior of the Ursulines of Mons, 1 October 1669, *Cor*, no. 251, p. 853. 1669 年的 22 名修女都是法国人，或生于魁北克，或生于法国。举例：夏洛特·巴雷（Charlotte Barré）最初是拉佩尔特里夫人的仆人，之后她以 Charlotte de S. Ignace 的身份加入修院，嫁妆为 3,000 里弗尔，但由家具、衣服及 13 本虔诚书组成（AUQ, 1/1/1.3, 20 November 1648）；Philippe-Gertrude de Boulogne de Saint Domingue，魁北克总督夫人的姐妹，嫁妆 3,000 里弗尔（AUQ, 1/1/1.3, December 1651;JJ, p. 122 [March 1649]，p. 146 [8, December 1650]）；Anne de Bourdon de Ste. Agnes，魁北克居民社区一位重要成员的女儿，嫁妆为 3,000 里弗尔，其中 2,000 里弗尔为河狸毛皮，其余为银子和地租（AUQ, 1/1/ 1.3, 2 January 1658）。Anne Bourdon 的姐妹 Geneviève 在几年前就已经领受乌尔苏拉修会会衣（JJ, p. 177 [8 December 1652]）。

109　*Rel*, pp. 296-298; *Vie*, pp. 465-466, 469; MI to Ursule de Ste. Catherine, summer 1656, *Cor*, no. 171, pp. 574-581. AUQ, 1/1/1.4. Oury, Marie, ch. 8.

110　MI to CM, 3 September 1651, *Cor*, no. 133, p. 415; 25 June 1660, no. 184, p. 620. JJ, 21 January, p. 148 (21 January and 13 February 1651); p. 282 (19-26 May 1660).

111　MI to Marie-Gillette Roland, 24 August 1643, *Cor*, no. 67, p. 181; to the community of the Ursulines of Tours, spring 1652, no. 140, p. 451（"on

l'appelait la sainte fille"); MI to CM, 30 September 1643, no. 73, pp. 200-
201; 24 September 1654, no. 161, p. 544 ("nous qu' ils appellent les Filles
saintes"); 18 August 1664, no. 212, pp. 730-732; 18 October 1667, no. 230,
p. 786; 1 September 1668, no. 237, p. 809.

112   MI to one of her brothers, 4 September 1640, *Cor*, no. 47, p. 112; to CM,
      4 September 1641, no. 56, p. 132; 17 May 1650, no. 126, p. 390; 9 August
      1668, no. 235, p. 801; to the Ursulines of Tours, spring 1652, no. 140, p.
      451. *Rel*, pp. 319-320; *Vie*, p. 538.

113   MI to a Lady of quality, 3 September 1640, *Cor*, no. 43, p. 95; to CM,
      4 September 1641, no. 56, p. 132; 3 September 1651, no. 133, p. 414; 13
      September 1651, no. 135, p. 423; 9 August 1668, no. 235, p. 801; 27 August
      1670, no. 258, p. 873; to Ursule de Ste. Catherine, summer 1656, no. 171,
      p. 579; to Françoise de S. Bernard, 23 September 1660, no. 186, p. 637;
      to Cécile de S. Joseph, 1 October 1669, no. 252, p. 852; to Victor Le
      Bouthillier de Rancé, archbishop of Tours, 25 September 1670, no. 266, p.
      894; to Marguerite de Saint-François-Xavier, superior of the Ursulines of
      Dijon, 27 September 1670, no. 268, p. 903. 为印第安人寄宿者保存的最
      初的登记册在 1650 年的大火中烧毁了。Marcel Trudel 研究了 1641 年
      至 1662 年的法国人寄宿者登记册：二十二年中，共有 130 名寄宿者，
      平均每年 5 至 6 人。她们的社会出身参差不齐，有贵族、商人、工匠
      和农民的家庭。有些法国人女孩只为四旬斋而来，为复活节圣餐做准
      备。Marcel Trudel, "Les Elèves pensionnaires des Ursulines de Québec
      et les bourses d'étude, 1641-1662," in *Mélanges de civilisation cana-
      dienne-français offerts au professeur Paul Wyczynski, Cahiers du Centre de
      Recherche en Civilisation Canadienne-Française*, 10 (Ottawa: Editions de
      l'Université d'Ottawa, 1977), pp. 275-291.

114   MI to a Lady of quality, 3 September 1640, *Cor*, no. 43, p. 95.

115   MI to a Lady of quality, 3 September 1640, *Cor*, no. 43, pp. 95, 97; to CM,
      4 September 1641, no. 46, p. 132; to Cécile de S. Joseph, 1 October 1669,
      no. 251, p. 852.

116   MI to a Lady of quality, 3 September 1640, *Cor*, no. 43, p. 97. Similar
      comments in *Rel*, pp. 258-261; *Vie*, pp. 402, 408-409. 在后来的一封信件
      中，玛丽认可了油脂的保护功能："她们给自己涂上油脂，因为她们不
      穿麻布 [内衣]" (MI to Cécile de S. Joseph, 1 October 1669, *Cor*, no. 251, p.
      852)。

117 关于休伦人特蕾莎·恺昂（Thérèse Khionrea）学习读写的参考资料可
在下面找到：MI to Catherine-Agnès de S. Paul, Abbess of Port-Royal, 30
August 1642, *Cor*, no. 62, p. 152; to Ursule de Ste. Catherine, 29 September
1642, no. 65, p. 167。玛丽在给王港修道院院长的信中还说，一些野蛮女
孩正在阅读一本法语书，书中讲述了王港修道院一位年轻姊妹生命中受
到的恩宠。至少到了玛丽的生命末期，一些女孩被教会用她们的母语写
作。我在本书中复制了一封1676年的桦树皮信件，里面有休伦语和法语，
这封信是几个印第安民族修院学生（Ouendats、Oneidas、Onondagas、
"Ouogouens"（along the Hudson？）、Algonquins、Montagnais）写给
布尔日财政官 Sain 先生的（BN, N. acq. fr. 6561）。关于乌尔苏拉修会的
教育计划，参见 Deslandres, "Education des Amérindiennes"。

118 MI to CM, 4 September 1641, *Cor*, no. 56, p. 132; to Ursule de Ste.
Catherine, 29 September 1642, no. 65, pp. 165-166.

119 MI to CM, 24 September 1654, *Cor*, no. 161, p. 544.

120 玛丽去世后，魁北克的乌尔苏拉修道院院长在一封信中提到了年轻的印
第安女人与玛丽合作绘制祭坛画的情况（Marguerite de S. Athanase to
Paul Ragueneau, Québec, summer 1572, *Cor*, Appendix, no. 38, p. 1026;
also given in *Vie*, p. 746）。在这幅祭坛画中，是否有一些混合的母题和
风格，就像后来新墨西哥的"圣女画"（santero painting）（这种画现
在还保存着）？参见 Jane Dillenberger and Joshua C. Taylor, *The Hand
and the Spirit: Religious Art in America, 1700-1900)* (Berkeley, Calif.:
University Art Museum, 1972), pp. 123-134。

121 MI to a Lady of quality, 3 September 1640, *Cor*, no. 43, p. 98; to CM, 4
September 1641, no. 66, p. 132（"plus de sept cent visites de sauvages
et sauvagesses"）; 30 September 1643, no. 73, p. 200; to Ursule de Ste.
Catherine, 16 September 1641, no. 59, p. 144 ("plus de huit cens visites de
Sauvages"). *Vie*, p. 626.

122 MI to Marie-Gillette Roland, 4 September 1640, *Cor*, no. 46, p. 108.

123 MI to CM, 29 August-10 September, 1646, *Cor*, no. 97, p. 285.

124 MI to the Ursuline community of Tours, spring 1652, *Cor*, no. 140, p. 452.
125. JJ, pp. 34-35 (Lent 1646); p. 46 (23 May 1646); pp. 81 (Lent 1647); p.
98 (Christmas 1647); p. 115 (28 August 1648). 关于玛丽·圣约瑟的教子
若瑟·奥纳哈雷（Joseph Onaharé）的生平：MI to CM, 30 August 1650,
Cor, no. 128, p. 399; *JR*, vol. 35, pp. 222-233.

126 JJ, pp. 47 (Corpus Christi, 1646); p. 62 (Assumption of Our Lady, 1646);

p. 89 (Corpus Christi, 1647); p. 93 (Assumption of Our Lady, 1647); pp. 109-110 (Corpus Christi, 1648); p. 117 (25 October 1649, beginning of the Jubilee); p. 139 (Corpus Christi, 1650). MI to CM, 30 August 1650, *Cor*, no. 128, p. 39.

127　JJ, p. 58 (8 July 1646); MI to CM, 29 August-10 September 1646), *Cor*, no. 97, pp. 286-287.

128　MI to CM, 30 August 1644, *Cor*, no. 81, p. 229; also to Ursule de Ste. Catherine, 15 September 1641, no. 58, p. 140：“我感到所有关于新生教育的事情……都充满了吸引。如果说我在加拿大背负什么十字架，那也是被这种神圣的宗教实践点燃的。”

129　*Rel*, pp. 257-258; *Vie*, p. 401. 关于学习和掌握阿尔冈昆语的类似描述可在以下各处找到：MI to one of her brothers, 4 September 1640, *Cor*, no. 47, p. 112; to CM, 4 September 1641, no. 56, p. 132; to Ursule de Ste. Catherine, 15 September 1641, no. 58, p. 140。

130　MI to Marie-Gillette Roland, 30 August 1641, *Cor*, no. 53, p. 125.

131　《神操》(*Retraites*) 由《圣经》引文和抒情性默想组成。《神学院》(*L'Ecole sainte*) 的内容围绕着使徒的象征、十诫、主祷文和圣礼组织。信仰陈述来自罗马公教教理，并以圣经引文作为支持。这两本书的完整出处见注释 50。

132　MI to Marie-Gillette Roland, 30 August 1641, *Cor*, no. 53, p. 125.

133　她用美洲印第安语创作的作品清单可以在下面各处找到：MI to CM, 10 August 1662, *Cor*, no. 200, p. 678; 9 August 1668, no. 235, p. 801。关于早期耶稣会士用印第安语言写作、关于印第安语言的重要研究：Victor Egon Hanzeli, *Missionary Linguistics in New France: A Study of Seventeenth-and Eighteenth-Century Descriptions of American Indian Languages* (The Hague and Paris: Mouton, 1969)。没有哪本耶稣会士的著作类似于玛丽的《神圣历史》。关于男女不同说话方式的例子，参见 [Jean André Cuoq]，*Etudes philologiques sur quelques langues sauvages de VAmérique* (Montréal: Dawson Brothers, 1866; reprinted New York: Johnson Reprint, 1966), pp. 30-31。

134　玛丽经常被叫到会客室，“这个国度的许多人前来拜访和咨询”(*Vie*, p. 460)；“各方面的咨询”(p. 552)。她从来访者那里获知信息的例子：MI to CM, 14 August 1656, *Cor*, no. 172, p. 583 (Zacharie Dupuis, 陪同 Dablon 神父第一次到奥农达加传教的士兵的司令官)；1 September 1668, no. 237, p. 809; 1 September 1669, no. 248, pp. 840-841; 27 August

1670, no. 258, p. 874 （回顾多年前探险家 Médard Chouart, sieur des Groseillers 的频繁访问，他是图赖讷人）。

135 在《耶稣会报告》当中，由玛丽书写的或引用自玛丽的内容：*JR*, vol. 20, pp. 124-141; vol. 22, pp. 178-201; vol. 23, pp. 290-301; vol. 25, pp. 222-231, 238-243; vol. 38, pp. 68-165; vol. 40, pp. 222-231. MI to Marie-Alexis Boschet, superior of the Ursulines of Mons, 20 October 1663, *Cor*, no. 209, p. 719; to Renée de Saint-François, Ursuline of Tours, 15 September 1668, no. 240, p. 818: "正在撰书加拿大历史的杜克勒神父，每年都要我提供新闻给他写进去。" François Du Creux, *Historiae Canadensis, seu Novae-Franciae Libri Decern* (Paris, 1664), translated as *History of Canada or New France* by Percy J. Robinson, ed. J. B. Conacher, 2 vols. (Toronto: Champlain Society, 1951). Material in book 5, pp. 331-337, is drawn both from Marie and from the *JR*. 玛丽在加拿大国内也有与殖民地行政官员及当地耶稣会士进行通信。(AUQ, 1/1/1/.1; reprinted in *Cor*, no. 90, pp. 246-247; no. 119, pp. 359-360).

136 *Vie*, p. 241.

137 Oury, *Cor*, p. 680, n. 11; p. 804, n. 5. 1644 年，玛丽对儿子说，她认为自己已为秋船出发写了两百多封信（15 September 1644, *Cor*, no. 86, p. 240）。但我们能获知的当年的信件只有 14 封，说明这当中的损耗非常大。然而，Oury 出版了 278 封信，其中许多信件的主题都是重复的。这些信件连同她的自传和克洛德·马丁找到的其他文字，让我们对玛丽的观点和写作模式有了一定了解。

138 当玛丽描述重新回到一封信件的时候，指的并不是为了修改，而是为了增加新的材料。MI to CM, 30 August 1650, *Cor*, no. 128, p. 399.

139 MI to CM, 9 August 1654, printed in *Vie*, fol. o iir-v and *Cor*, no. 155, p. 526.

140 MI to CM, 26 October 1653, *Cor*, no. 153, pp. 515-521; *Vie*, Préface, fol. i iiv.

141 乌尔苏拉修会的修女去世后，修道院通常会记录下她们的生平、死亡方式和精神品质，并将这些记录以印刷品的形式分发给所有修道院。一个例子就是玛丽记录的 Anne Bataille de Saint Laurent，她于 1642 年从迪耶普修道院来到魁北克；这个记录写于 1669 年 9 月 1 日，在法国付印，上面有玛丽的名字（printed copy in AUQ, 1/1/1.3）。玛丽写信给她的儿子说，她很高兴勒纳神父在《耶稣会报告》上刊印了她给玛丽·德圣约瑟的生平和死亡的报告，但很不好意思他提到了自己的名字（26

October 1653, *Cor*, no. 153, p. 521;J R, vol. 38, pp. 68-69）。因此，当处在发声至更广的读者群的情况下，玛丽坚持宗教谦逊习惯。

142 MI to CM, 27 September 1654, *Cor*, no. 162, p. 548; 18 October 1654, no. 163, p. 549.

143 ADIL, H852, Act of 10 January 1639.

144 *Rel*, pp. 262 311; *Vie*, pp. 413-482.

145 Oury, *La Peltrie*, ch. 7; MI to Mademoiselle de Luynes, 29 September 1642, *Cor*, no. 66, pp. 173, 176; *Vie*, pp. 467-469.

146 *Rel*, pp. 308-311; *Vie*, pp. 480-481.

147 *Rel*, pp. 352-353; *Vie*, pp. 403-404, 661, 694-695, 742. 在 1670 年 9 月 17 日给庞塞神父（Father Poncet）的信件中，玛丽讲述了她在加拿大岁月中与天主的结合：完全是内在操练，没有异象，让灵魂得以自由地继续所有外部活动（*Cor*, no. 263, p. 888）。

148 *Vie*, p. 563; MI to CM, October-November 1651, *Cor*, no. 136, pp. 425-426.

149 MI to CM, 10 September 1640, *Cor*, no. 49, pp. 115-116. 1641 年 9 月 4 日的信件中也表达了她离弃儿子是正确的，no. 56, pp. 130-133; 9 August 1654, no. 155, p. 527; 16 August 1664, no. 211, p. 725; and in *Vie*, fol. o iiir。

150 MI to CM, 30 August 1650, *Cor*, no. 128, pp. 394（克洛德在上一封信中希望母亲殉道，但母亲认为自己不配），p. 399。她在 1645 年 10 月 3 日给儿子的信件中说："哦，亲爱的儿子，如果有人对我说，你为耶稣基督祭献了生命，我会多么欣慰。"(no. 94, p. 270)

151 1649 年，在八年的灵修与神学培训之后，克洛德·马丁被按立司铎。随后，他在鲁昂郊外的一间莫尔会修道院教授哲学和神学，又在旺多姆的一间莫尔会修院担任了一年的副院长。1652 年，他成为默朗的圣尼加雪修道院院长。从那时起直到 1668 年，他在几个不同的修道院担任长老；玛丽的信件一定难以跟上他的步伐。1668 年，他被选为这个修会的总长的两名助理之一（玛丽认为这再次证明救世主履行了对她的承诺，照看了她的儿子；MI to CM, 12 October 1668, *Cor*, no. 242, p. 823）。克洛德·马丁一直担任助理，直到 1675 年，他成为巴黎圣德尼修道院院长，这是莫尔会最重要的修道院之一。这也是他出版母亲的《生平》时所担任的职位。关于克洛德·马丁，可参见 Edmond Martene 写的引人入胜的传记，Edmond Martene 也是一位年轻的莫尔会修士，克洛德向他讲述了自己的人生：*La Vie du venerable pere Dom Claude Martin* (cited n. 31 above); and Guy-Marie Oury, *Dom Claude Martin, Le fils de Marie*

de V'Incarnation (So-lesmes: Abbaye Saint-Pierre, 1983)。克洛德・马丁在母亲去世前完成的作品：*Méditations chrétiennes pour tous les jours et principales fêtes de Vannée* (Paris, 1669); *Conduite pour la retraite du mois à Vusage des Religieux de la Congrégation de Saint-Maur* (Paris, 1670)。1669 年 10 月 21 日的一封信，玛丽说收到了前者，*Cor*, no. 255, p. 867。

152 MI to CM, 23 October 1649, *Cor*, no. 124, p. 384. 将克洛德・马丁对母亲的关心与他的传记作者 Edmond Martene 所整理的克洛德・马丁《精神箴言》(*Maximes spirituelles*) 进行比较，会发现很有趣。"我永远不会相信一个眷恋父母的教徒……会爱他的全备……一个人必须像没有父亲、没有母亲、没有亲戚、没有家族血缘的情况活着。"*Maximes spirituelles du venerable pere Dom Claude Martin*.(Rouen: François Vaultier, 1698), pp. 238-240.

153 我们只能从玛丽的评论中了解到克洛德的书信内容。即使克洛德保留了他的信件的副本，他也并没有把它们用于《生平》或他编辑的母亲的信件集。他曾要求母亲在读完后"封存"他的信，不要公开（[Martene]，Claude Martin, Avertissement），但即便玛丽保留了这些信件，它们显然也在 1650 年和 1686 年的乌尔苏拉修道院的大火中烧毁了。

154 [Martene]，*Claude Martin*, pp. 52-76. 第一个受到诱惑的情形是在克洛德于 1652 年被任命为默朗本笃会修道院院长之后不久；马丁的传记中特别提到，玛丽的来信在他经受可怕的诱惑和异象中帮助了他（p. 67）。MI to CM, 12 August 1654, *Cor*, no. 157, pp. 533-534; 18 October 1654, no. 163, pp. 549-550：玛丽认为儿子的性欲是魔鬼的诱惑，但同时也是天主派来的历练，并建议他祈祷、自笞。更早的时候，在克洛德・马丁的新生期，他曾有过两年的同性恋欲望——"他对一名年轻会士怀有一种特殊情谊，其中有人性元素"——但他没有说明他是否就此向母亲寻求建议。那个时候，他也用荨麻来自笞肉体。([Martene]，*Claude Martin*, pp. 36-37)。

155 *Vie*, fols, a 2v, e 3r-e 4v, o 5r-v.

156 *Rel*, pp. 50, 178, 372; *Vie*, pp. 8, 204, 208, 210.

157 *Vie*, p. 397. 克洛德怎么可能从一个魁北克的乌尔苏拉修女那里获知如此私密的信息？这样的材料会不会是以信件的形式寄给他的？

158 *Rel*, p. 317; *Vie*, pp. 515, 517.1669 年，当她的儿子给她寄来一卷本笃会女修院院长 Jacqueline de Blémur 所著的本笃会圣徒生平时，玛丽回信给他说，如果他没有告诉她这是一本女人写的书，她绝不会相信。她请儿子去拜访 Blémur，传达玛丽对她的敬意，"因为确实可以把她列入我们性别的杰出人物之列"。MI to CM, 21 October 1669, *Cor*, no. 255, p. 868.

159　Marie de l'Incarnation, *L'Ecole sainte*, Préface (with approbation from François Camus, doctor of theology and grand-vicar of Tours). 在 1676 年的一部著作中，克洛德·马丁列举了不逊于加拿大乌尔苏拉修女们的英勇努力的一些灵修成就：充满预言精神的女人，作为殉道者光荣受难的女人，以及"拥有知识和智慧的钥匙、人们可以把她们列入圣师行列"的女人（*Meditations pour la feste de S. Ursule et des compagnes Vierges et Martyres* [Paris: Louis Billaine, 1676]，pp. 81-82）。克洛德认为天主给了母亲"知识的钥匙"，但不清楚是否会让学识有限的母亲完全"达到可以列入圣师的行列"。

160　*Vie*, p. 304. 玛丽用了贬低女人能力的套话，这种套话出于礼貌需要。例如，她在 1642 年写给法国乌尔苏拉修会最高委员会的信中，请求为乌尔苏拉修会在加拿大的传教活动捐款："天意使然，我们的神圣教团在最近几年来到了加拿大这片乡野地区，"由于我们性别的微不足道的能力"，我们努力将耶稣基督的宝血用于那些灵魂，那些野蛮和无知似乎将其排除在救赎之外的灵魂"（*Cor*, no. 64, p. 156, emphasis added）。

161　圣女德格拉的记载只有 2 世纪的一部浪漫小说《圣保罗与德格拉之善举》。她本是小亚细亚伊科纽恩的一名年轻女子，在窗前听到使徒保罗的布道便皈依了基督教。她推掉了所有结婚的压力，包括痛苦的公开折磨，后来终于穿上了男人的衣服，在小亚细亚与保罗重逢。然后，保罗托她去传授圣言。随后，她住在塞琉西亚的一个山洞里，治病、行神迹。对她的膜拜直到 1969 年才被推翻。David Hugh Farmer, *The Oxford Dictionary of Saints* (Oxford: Clarendon Press, 1978), p. 369. 克洛德·马丁的《圣乌尔苏拉节冥想》（*Méditations pour la feste de S. Ursule*）是应母亲的要求写的（MI to CM, 21 October 1669, *Cor*, no. 155, p. 867），不过在她去世后才出版。在那篇史学性质的序言中（fols, iii-cviii），克洛德清除了许多这位圣女的"寓言"，以免他希望从她的生平和殉道中得出的"道德真理"基于"错误和谎言"。在马丁的叙述中，圣女乌尔苏拉和她的同伴们在科隆抵抗想强奸她们的"野蛮人"，但后来直接被杀害了（fol. xxxv）。与此相反，乌尔苏拉修会自身在 1673 年的一个描述中却谈到存在一个"战场"，描述了圣女乌尔苏拉如何乘着爱的翅膀"从一个队飞到另一个队"，以鼓励她的"圣洁的亚马逊女战士"同袭击队伍"作战"（*Chronique de Tordre des Ursulines*, vol. 1, pp. 3-5）。

162　*Vie*, p. 304. 在《圣乌尔苏拉节冥想》的末尾，马丁也针对加拿大的乌尔苏拉修道院的所有修女提出了类似的观点，参见 *Meditations pour la feste de S. Ursule*, pp. 82-83:"虽然不允许给她们使徒的称号，但至少她们履行了性别所允许的使命。"

163　*JR*, vol. 3, pp. 72-85; vol. 6, pp. 156-227; vol. 33, pp. 198-223; vol. 43, pp. 262-273.

164　*JR*, vol. 5, pp. 104-105; vol. 43, pp. 270-271（德恩评论1656年至1657年："他们不需要医院"，当时城市贫民已经困在医院里几十年了。就在同一年，巴黎总医院在巴黎建立，其目的就是要将贫民从"宗教无知中拯救出来"）。其他例子：vol. 3, p. 85（阿布纳基人从不着急，和我们完全不同，我们永远做不到无忧无虑）；vol. 38, pp. 266-267（休伦人"在他们的行为中具有某种外在的合乎礼节的表现，他们没有欧洲年轻人中很常见的千篇一律的轻浮，特别是当男女混在一起时，没有任何外在的约束"）。这样的专题章节也引发了耶稣会士对人类普遍共性的思考，以及对从嗅觉到姿势等一系列文化差异的思考（e.g.,*JR*, vol. 44, pp. 276-309）。

165　MI to one of her brothers, 4 September 1640, *Cor*, no. 47, p. 113; to CM, 30 September 1643, no. 73, p. 200; October 1669, no. 254, p. 865; September-November 1671, no. 277, pp. 942-943, drawing from *JR*, vol. 55, pp. 172-179.

166　MI to CM, 26 August 1644, *Cor*, no. 80, pp. 219-222; 1679, no. 270, 915-919.

167　MI to Paul Le Jeune, March 1640, *Cor*, no. 42, p. 93.

168　MI to one of her brothers, 4 September 1640, *Cor*, no. 44, p. 103; MI to Marguerite de Saint-François Xavier, 27 September 1670, no. 268, p. 903.

169　MI to Ursule de Ste. Catherine, 29 September 1632, *Cor*, no. 65, p. 160.

170　MI to CM, 26 August 1644, *Cor*, no. 80, p. 221; 29 August-10 September 1646, no. 97, p. 285: 赞美休伦人的良知和他们虔诚的忏悔。

171　MI to Ursule de Ste. Catherine, 15 September 1641, *Cor*, no. 58, p. 139.

172　MI to CM, 30 August 1650, *Cor*, no. 128, p. 398. 玛丽在一个别人看不见她的隐蔽处观看游行队伍。

173　MI to Jeanne-Françoise Le Vassor, superior of the Visitation of Tours, 4 September 1640, *Cor*, no. 45, p. 104; to Ursule de Ste. Catherine, 13 September 1640, no. 50, p. 119; to a woman among her friends, 9 September 1655, no. 164, p. 553: 休伦人"无与伦比的热忱"，甚至在被易洛魁人俘虏时，他们也坚守新皈依的宗教（基督教），这"让那些出生在基督教界中的人害臊"。

174　MI to Ursule de Ste. Catherine, 5 September 1641, *Cor*, no. 58, p. 139. 玛

丽笔下的皮古鲁在称呼天主的时候使用第二人称单数 tu，而 Jean de Brébeuf 的报告里，他们教休伦人祈祷，在呼求天主时候，既用第二人称单数（tu），也用第二人称复数（vous）（*JR*, vol. 10, pp. 68-73）。在玛丽自己的文章中，她几乎总是用第二人称复数（vous）呼求天主。唯一的例外是在对敬爱的道成福音的抒情性讲话中，谈到根植她心中的满满的爱："O Amour, tu Fes plu à me martyriser"（*Rel*, p. 148；儿子编辑的版本中把这句话里的 tu 改成了 vous）。关于皮古鲁，参见 *JR*, vol. 14, pp. 132-133; vol. 18, pp. 188-195; and *Dictionary of Canadian Biography*, vol. 1, pp. 548-549。

175 MI to CM, 26 August 1644, *Cor*, no. 80, pp. 222-223. 玛丽继续描述了与这名女子的对话，她用印第安语为战士祈祷的情景深深打动了玛丽。*JR*, vol. 25, pp. 238-243, based on a report from Marie.

176 MI to Ursule de Ste. Catherine, 16 September 1641, *Cor*, no. 59, p. 144; 29 September 1642, no. 65, pp. 165-169. MI to CM, 30 September 1643, no. 73, p. 201; 29 August-10 September 1646, no. 97, p. 281. Thérèse Khionrea to MI, Trois-Rivières, 30-31 July 1642, Appendix 11, p. 977. A Québec Ursuline [Marie de l'Incarnation?] to Paul Le Jeune, 1653, Appendix 18, p. 988. Campeau provides the name Khionrea (La Mission des Jésuites, p. 86).

177 MI to Marie-Gillette Roland, 24 August 1643, *Cor*, no. 67, p. 181.

178 MI to CM, 18 August 1664, *Cor*, no. 212, pp. 730-732. "她经常向我讲述她的历险。"*JR*, vol. 49, pp. 94-101: portrait of Geneviève, based on Marie's report.

179 MI to Ursule de Ste. Catherine, 13 September 1640, *Cor*, no. 50, pp. 117-118.

180 关于 1640 年 5 月 27 日休伦人宣道发生的这节插曲，热罗姆·拉莱曼神父（Jérôme Lalemant）曾记录下来发往巴黎，但里面没有提到那个女人如何长篇大论（*JR*, vol. 19, pp. 176-179）。玛丽依据的是 Pierre Pijart 神父的口述，Pierre Pijart 神父当时从休伦人聚居区来到魁北克，拜访了她（MI to Ursule de Ste. Catherine, 13 September 1640, *Cor*, no. 50, p. 118; on Pijart, see *JR*, vol. 19, pp. 178-181）。

181 MI to CM, 26 August 1644, *Cor*, no. 80, pp. 218-219; 30 August 1650, no. 128, p. 399.

182 MI to CM, 24 September 1654, *Cor*, no. 161, p. 546; 12 October 1655, no. 168, pp. 565-566; 8-21 October 1661, no. 191, p. 671. Du Creux, History of

Canada, vol. 2, pp. 698-700（奥恩多洪的部分，由玛丽所寄）。

183　MI to CM, 18 October 1667, *Cor*, no. 230, p. 786; to Father Poncet, 7 October 1669, no. 252, p. 857; to Marie de Ste. Catherine, superior of the Ursulines of Saint-Denis, 7 October 1669, no. 253, p. 860.

184　MI to CM, 24 September 1654, *Cor*, no. 161, p. 546; 18 October 1667, no. 230, p. 786; 1 September 1668, no. 237, p. 809; to the superior of the Ursulines of Saint-Denis, 21 September 1668, no. 241, p. 821. Du Creux, History of Canada, vol. 2, p. 699. Deslandres, "L' Education des Amérindiennes," pp. 91-96.

185　MI to the superior of the Ursulines of Saint-Denis, 21 September 1668, *Cor*, no. 241, p. 821; to CM, 17 October 1668, no. 244, p. 828.

186　MI to CM, 1 September 1668, *Cor*, no. 237, p. 809.

187　MI to CM, 17 October 1668, *Cor*, no. 244, p. 828.

188　举例，玛丽对阿尔冈昆人 Marie-Magdelaine Amiskvian 的评价："一个法国人向她求婚，但我们打算把她送回她的同胞那里，因为我们希望她能给那些野蛮人树立榜样。"（MI to a Lady of quality, 3 September 1640, *Cor*, no. 43, p. 95; see also *JR*, vol. 20, pp. 126-129）。另一个例子："在修院待了四年的野蛮人修生 Barbe"，1647 年 2 月，她在一个法国人的"强烈"追求下离开了修道院，但"事实证明，这个女孩……宁愿选择回到野蛮人当中，她也想遵从父母的意愿"（JJ, p. 77）。玛丽一定同意了 Barbe 的决定。

189　MI to Ursule de Ste. Catherine, 29 September 1642, *Cor*, no. 65, p. 162.

190　一个男性传道的例子是蒙塔格尼亚人 Charles Meiachkouat，他每次来魁北克传教或参加复活节时都会拜访玛丽，报告他的传道活动。玛丽详细描述和引用了他的话：MI to Jeanne-Françoise Le Vassor, 24 August 1641 *Cor*, no. 52, pp. 122-123; to Ursule de Ste. Catherine, 29 September 1642, no. 65, pp. 160-161; to Marie-Gillette Roland, 24 August 1643, no. 67, pp. 181-182.

191　MI to a Lady of quality, 3 September 1640, *Cor*, no. 43, p. 94.

192　MI to CM, 1670, *Cor*, no. 270, pp. 916-917.

193　MI to CM, 26 August 1644, *Cor*, no. 80, p. 220; summer 1647, no. 110, p. 332; to the community of Ursulines of Tours, spring 1652, no. 140, p. 459; to Cécile de S. Joseph, 1 October 1669, no. 251, p. 852.

194　玛丽在提到皮谷鲁的性冒险时，非常含蓄地说："他们中的一个人犯了大错，行为不规矩……"（MI to Marie-Gillette Roland, 12 August 1644,

Cor, no. 78, p. 214）。这个故事的大部分内容在 *JR*, vol. 25, pp. 248-281，当中还包含一个阿农查塔农酋长勾引一名基督徒女子，娶她为第三个妻子的故事。

195 MI to Jeanne-Françoise Le Vassor, 24 August 1641, *Cor*, no. 52, pp. 122-123.

196 *Vie*, pp. 728, 735.

197 MI to Marie-Alexis Boschet, 20 October 1663, *Cor*, no. 209, p. 718. 还有，"野蛮人的幽默就是那样炼成的：当他们受到约束时，就会变得忧郁，而忧郁使他们生病"（MI to CM, 1 September 1668, no. 237, p. 809）。1650 年 8 月 30 日，在易洛魁人压倒性战胜休伦人时，玛丽在给儿子的信件中罕见地悲观，她引用了耶稣会士 Adrien Daran 的话，谈到了印第安人宗教能力的局限。当时 Daran 正在回法国的路上，将同克洛德·马丁会面："他会告诉你……总是要依靠欧洲来提供福音工作者，美洲野蛮人的天性，即使是他们中最神圣和最灵性的人，也根本不适合传教职务，而只适合被教导、被温柔地引导。"（no. 128, p. 396）玛丽并没有用自己的声音来表达这个观点，她也没有在其他信件中重复这个观点。这涉及男人的能力而不是女人的能力，她对女人的能力有更多的了解；这与她对查尔斯·迈亚克楚等印第安基督徒的正面形象相冲突。总的来说，玛丽的乐观的普及化观点的局限性出自她本人对印第安女人与修道院天职之间的关系的观察，而不是来自耶稣会的观点。

198 凯瑟琳·特卡卫塔（Katharine Tekakwitha）是一个莫霍克族皈依者，她在二十二岁时拒绝结婚，并于 1679 年在苏尔特圣路易斯传教所的耶稣会听告司铎面前发誓永远贞洁——正如 Cholenec 神父在他的《一生》中所说，"这在她的族人中是闻所未闻的事情"。但是，特卡卫塔的生活中充满了热情祷告、自我公开忏悔、悔罪的纪律和基督教教义，这些都不是在围墙内进行的。相反，用 Cholenec 神父的话来说："上帝赐了她一个伙伴。"玛丽·特蕾莎·特加昆塔（Marie Thérèse Tegaiaguenta）在一次狩猎探险中曾极度挨饿，经历过食人惨案的创伤，发誓要永远守寡。这两个女人总是待在一起，既要执行她们的任务，又要讨论天主和她们的灵性冒险，还会用棍棒自笞肩背。1680 年，凯瑟琳去世之前，还有几个女人加入她们的虔诚团体，她们被称作"凯瑟琳姊妹"。(Pierre Cholenec, "The Life of Katharine Tegakouita, First Iroquois Virgin (1696)," in *Catholic Church, Sacred Congregation of Rites, The Positio ... on the Introduction of the Cause for Beatification and Canonisation and on the Virtues of the Servant of God Katharine Tekakwitha, the Lily of the*

Mohawks [New York: Fordham University Press, 1940]，pp. 239-335. 关于特卡卫塔，还可参考：Nancy Shoemaker, "Kateri Tekakwitha's Tortuous Path to Sainthood," in Shoemaker, ed., *Negotiators of Change: Historical Perspectives on Native American Women* [New York: Routledge, 1995]，pp. 49-71)。这些易洛魁女人发明了一种在没有围墙的情况下在林地中守贞的生活方式，就像一百五十年前的安吉拉·美里奇试图让欧洲城市中的乌尔苏拉修女尝试的那样。

199　*JR*, vol. 6, pp. 238-241.

200　*JR*, vol. 28, pp. 48-49.

201　MI to a woman among her friends, 9 September 1655, *Cor*, no. 164, p. 553.

202　*JR*, vol. 10, pp. 12-13, 72-73; vol. 17, pp. 202-203. 亦参见 Sagard, *Grand Voyage*, part 1, ch. 18, pp. 257-264.

203　*JR*, vol. 49, pp. 112-115.

204　*JR*, vol. 20, pp. 202-203.

205　*JR*, vol. 20, pp. 184-213.

206　*JR*, vol. 20, pp. 190-191.

207　*JR*, vol. 29, pp. 122-143.

208　关于"野蛮"和"未开化"本性的学术文献，参见 Dickason, *The Myth of the Savage*, part 1; Anthony Pagden, *The Fall of Natural Man: The American Indian and the Origins of Comparative Ethnology* (Cambridge: Cambridge University Press, 1982); and idem, *European Encounters with the New World* (New Haven and London: Yale University Press, 1993)。关于气候和地理对性格的影响的法国历史理论，参见 Jean Bodin, *Method for the Easy Comprehension of History, trans. Beatrice Reynolds* (New York: Columbia University Press, 1945; reprint New York: Octagon Books, 1966), especially ch. 5。乌尔苏拉修院在 1650 年被大火烧毁，1686 年又再次被严重烧毁，藏书室的大部分甚至全部藏书肯定都丢失了。1687 年开始的藏书重建工作，让我们了解到了其中的藏书。在乌尔苏拉修道院书架上 1672 年之前出版的 162 部作品的清单中，除了三本，都是虔诚著作、关于礼仪或经文的作品、圣人生平，特别是圣女生平、其他宗教文本。例外作品与旅行文学或非欧洲民族也无关。*Histoire de la Guerre sous le régné de Henri IV* (Paris: Jean Richer, 1608); Jean-Marie de Vernon, *Le Roy tres-chrestien, ou la vie de St Louis Roy de France* (Paris: Georges Iosse, 1662), which is partly a religious study; and a book of popular medicine by Philibert Guybert of the Paris Faculty of Medicine,

Toutes les oeuvres charitables (Paris: Pierre Le Mercier, 1670). 在玛丽去世后的二十年中，修道院收藏的印刷书中有两本比较流行的医学书，还有一本 17 世纪晚期 Jean Trenchant 的 16 世纪商业算术的重印本。我曾在乌尔苏拉修道院藏书室里查阅过若干书，发现当中有几本的签名日期是 1687 年。

209　*JR*, vol. 8, pp. 92-93; vol. 16, pp. 238-239; vol. 50, pp. 170-171; Tooker, *Ethnography of the Hurons*, pp. 44-45.

210　Kennedy, *Jesuit and Savage*, pp. 74-75, 83.

211　MI to Ursule de Ste. Catherine, 29 September 1642, *Cor*, no. 65, p. 61; to CM, 29 August-10 September 1646, no. 97, p. 286; to CM, 24 September 1654, no. 161, p. 544; to the community of the Ursulines of Tours, spring 1652, no. 140, p. 451. Madame de La Peltrie to Paul Le Jeune, summer 1640, Appendix 5, p. 965. [Cuoq] , *Etudes philologiques*, p. 137; *JR*, vol. 10, pp. 116-119.

212　MI to the community of the Ursulines of Tours, spring 1652, *Cor*, no. 140, pp. 436-467; to Father Poncet, 25 October 1670, no. 269, pp. 904-911. AUQ, 1/1/1.3: Marie de l'Incarnation, printed letter on the life and death of Sister Anne de Saint Laurens, 1669.

213　*JR*, vol. 22, pp. 170-171.

214　MI to Paul Le Jeune, summer 1640, *Cor*, Appendix 4, pp. 962-963; Madame de La Peltrie to Paul Le Jeune, summer 1640, Appendix 5, p. 965.

215　Juchereau and Duplessis, *Hôtel-Dieu*, pp. 85-86, 95-96, 129-132, 161-163.

216　Ragueneau, *La Vie de la mère Catherine de Saint Augustin* (cited n. 69 above), pp. 64-66, 249, 238, 255, 289-294 [这里所述的 "巫师"（sorcier）大概是法国人，因为描述中说，他的身体被检查出有魔鬼印记、他还举办 "安息日" 巫术聚会。如果是在印第安人中，这两者都不会被认作萨满活动或巫术的标志]。拉格诺说，"这个生活记录几乎完全由日记组成，取材于她的神师和听告司铎让她写下的某些文稿，书写她内心每天发生的事情"（p. 1）。拉格诺常常直接引用这本日记。卡特琳·圣奥古斯丁，出生于瑟堡的一个小领主和军官家庭，十二岁加入拜厄的医院骑士修会，十八岁来到魁北克，三十六岁死在那里。

217　Marie Morin, *Histoire simple et véritable, ed. Ghislaine Legendre* (Montréal: Presses de l'Université de Montréal, 1979), pp. 54, 63, 132, 137, 153, 183-184. 蒙特利尔医院的创始人之一 Jeanne Mance，被描述为照顾 "大约一百万野蛮人的得救"，这是在她第一次离开朗格雷斯，来到加拿大之

后(p. 41)，但莫兰并没有将这一点作为 Jeanne Mance 的生平的一个主题。关于莫兰，参见 Esther Lefebvre, *Marie Morin, premier historien canadien de Villemarie* (Montréal and Paris: Fides, 1959)。

218　Albert Jamet, *Introduction to Juchereau and Duplessis, Annales de l'Hôtel-Dieu*, p. xli, quoting a letter of Mother de Ste. Hélène, 25 October 1740.

219　Sagard, *Grand Voyage*, part 1, ch. 18, p. 253 .*JR*, vol. 6, pp. 156-157; vol. 10, pp. 132-133.

220　*JR*, vol. 8, pp. 119-120. 1612 至 1613 年，一些阿布纳基人向埃内芒·马斯神父（Ennemond Massé）提出了类似观点 (*JR*, vol. 3, pp. 123-124)，1633 年，一些蒙塔格尼人向勒热纳神父提出了类似观点（vol. 5, pp. 158-161）。勒热纳神父反对蒙塔格尼人如此看重他们的梦境。一个"野蛮人"来找他，说他的女婿梦见耶稣会士将要给他一块跟他的手掌一样长的烟草。"我拒绝了他，说我不为梦境付出任何东西，这只是愚蠢的行为，等我更了解他们的语言时，我会向他们解释梦是如何产生的。他回答说，每个民族都有自己的独到之处，就算我们的梦不是真的，他们的梦也是真的……这就好像，当我们跟他说些什么，或者展示给他看某幅图画时，他会相信我们，同样地，当他告诉我们他的民族有什么特别之处时，我们也应该相信他。"

221　*JR*, vol. 10, pp. 305-306.

222　Marie de Saint Joseph to Paul Le Jeune, summer 1640, *Cor*, no. 43, p. 962: "她们模仿我们的动作，除了低头的姿势模仿拉佩尔特里夫人。"Juchereau and Duplessis, *Hôtel-Dieu*, p. 131, drawing from *JR*, vol. 49, pp. 80-83.

223　*JR*, vol. 8, pp. 22-23; vol. 10, pp. 140-141, 168-173; vol. 17, pp. 152-155; vol. 33, pp. 188-191. Tooker, *Ethnography*, pp. 86-91. 关于梦境阐释，参见 Barbara Tedlock, "Zuni and Quiché Dream Sharing and Interpreting," in Barbara Tedlock, ed., *Dreaming: Anthropological and Psychological Interpretations* (Cambridge: Cambridge University Press, 1987), pp. 105-131.

224　MI to Cécile de S. Joseph, 1 October 1669, *Cor*, no. 251, p. 855; MI to CM, 1670, no. 270, pp. 916-917.

225　*JR*, vol. 17, pp. 164-187.

226　MI to CM, August-September 1663, *Cor*, no. 204, pp. 687-693; Juchereau and Duplessis, *Hôtel-Dieu*, pp. 122-124; Ragueneau, *Catherine de Saint Augustin*, pp. 238-240.

227　H. David Brumble III, *American Indian Autobiography* (Berkeley:

University of California Press, 1988), pp. 32-37. Carlo Ginzburg, *The Night Battles: Witchcraft and Agrarian Cults in the Sixteenth and Seventeenth Centuries, trans. John and Anne Tedeschi* (London: Routledge and Kegan Paul, 1983); *Ecstasies: Deciphering the Witches' Sabbath*, trans. Raymond Rosenthal (New York: Pantheon Books, 1991).

228   *JR*, vol. 24, pp. 30-33, 170-175 (based on reports from the Hospitalers). *JR*, vol. 8, pp. 120-121: 印第安人赠予死者礼物是"盲目迷信……我们希望通过大主恩典将其改变为真正的宗教"; vol. 10, pp. 300-301. "愚蠢无用的仪式"。另一个基督徒印第安人继续厚葬死者，还义正词严解释自己行为的例子，参见 *JR*, vol. 39, pp. 30-33。

229   关于玛雅人信仰与西班牙天主教逐渐混合或"融合"的讨论，参见 Yucatan in Nancy M. Farriss, *Maya Society under Colonial Rule: The Collective Enterprise of Survival* (Princeton, N.J.: Princeton University Press, 1984), ch. 10; and the analysis of different mixtures (especially in regard to ancestor worship) in Andean religion in Kenneth Mills, "The Limits of Religious Coercion in Mid-Colonial Peru," *Past and Present*, 145 (November 1994): 84-121。针对 17 世纪初的一个男人的思想和实践中安第斯元素和基督教元素的并置，Frank Salomon 曾做过一个描述，说明这些元素"不可分割"，但又"无可避免充满冲突"(*Nightmare Victory: The Meanings of Conversion among Peruvian Indians* [*Huaro-chiri', 1608?*] Working papers, no. 7 [College Park, Md.: University of Maryland Department of Spanish and Portuguese, 1992])。Compare Ramon A. Gutiérrez, *When Jesus Came, the Corn Mothers Went Away: Marriage, Sexuality, and Power in New Mexico, 1800-1846* (Stanford, Calif.: Stanford University Press, 1991), pp. 93-94：在解读普埃布洛人（Pueblo）皈依者的基督精神时，他所用的措辞，与其说是混合的或勉强的并置，不如说是对那些前基督信仰的表层掩饰："这些行为［如向十字架祭献羽毛和玉米粉］所具有的意义，植根在普埃布洛人的观念中"。他们的皈依，是"名义上的"和"表面的"，是出于恐惧或为了获得方济会修士的教义、食物和技术。总的来说，我发现在东部林地，包括在印第安人抵抗的情况下，"混合"——时而让人喜悦、时而让人苦恼——是比"表层掩饰"更有用的解释概念。

230   *JR*, vol. 5, pp. 204-205; vol. 27, pp. 262-263. Further evidence in Davis, "Iroquois Women," pp. 249-250, 252-254, and notes 36-39, 50-55.

231   Ibid, pp. 248-249 and notes 29-35. 许多耶稣会士的记录都提到了男萨满

（或男巫），但相反只有少数提到女萨满。 *JR*, vol. 8, pp. 182-183; vol. 9, pp. 112-115; vol. 14, pp. 182-183; vol. 2I, pp. 242-243. 关于月经分离和经期女人的眼神的魔力，参见 *JR*, vol. 9, pp. 122-123; vol. 29, pp. 108-109; and Raymond D. Fogelson, "On the 'Petticoat Government' of the Eighteenth-Century Cherokee," in David K. Jordan and Marc J. Swartz, eds., *Personality and the Cultural Construction of Society: Papers in Honor of Melford E. Spiro* (Tuscaloosa: University of Alabama Press, 1990), pp. 172-176。

232 *JR*, vol. 8, pp. 124-127; vol. 38, pp. 36-37: 阿布纳基的"蟒蛇女"可以看到不存在的事物并预言未来。女人通常是占卜者的角色，这也解释了，为什么人们会怀疑那个预言了 1663 年地震的休伦基督徒女人故态复萌、背离基督教。

233 *JR*, vol. 10, pp. 132-135; Tooker, *Ethnography*, pp. 143-148.

234 *Vie*, Préface, fol. e 3r; *Retraites*, Préface, fol. e 4r; *Lettres*, Avertissement, fol. a 4r-v. 根据法国法院和学院的标准，关于"坦诚"（*honnêteté*）在语言中的重要性，参见 Ferdinand Brunot, *Histoire de la langue française des origines à nos jours, ed. Gérald Antoine*, 2nd ed., 13 vols. (Paris: Albin Michel, 1966-1968), vol. 4, part 1, pp. 179-197。

235 Préface to the *Vie*, fol. i 3r.

236 *Ecole sainte*, fol. e 2r. 关于 17 世纪法国语言使用风格的制定者对旧的或过时的词汇的蔑视，参见 Brunot, *Langue française*, vol. 3, part 1, pp. 95-150; vol. 4, part 1, pp. 227-266。

237 Joan Dejean 曾对我说，在 17 世纪的最后四十年里，许多文学家都在以类似于克洛德·马丁的灵修精神去编辑文稿，包括他们自己青年期的作品，"以使它们达到文明的标准"（letter of 1 August 1993）。

238 魁北克省三河市乌尔苏拉修道院档案中的那份手稿并非出自玛丽之手，也不是出自她的外甥女玛丽·比松之手（我将笔迹与玛丽·比松在一项有关图尔乌尔苏拉修道院的法令上的签名做了比较，ADIL，H852，1681 年 10 月 20 日法令）。阿尔伯特·贾梅特神父提供的证据表明，该手稿为女性书写，是 17 世纪最后二十五年在法国抄写的。他还认为，1724 年夏勒沃瓦出版的《玛丽》（完整引用见上方注释 4）的底本是玛丽的"1654 年自述"手稿以及她的儿子克洛德·马丁的印刷版《玛丽之生平》。夏勒沃瓦版本的引文往往更接近三河市的那份手稿，而不是马丁的版本。Jamet, *Ecrits*, vol. 2, pp. 28-30, 32-33.

239 1641 至 1643 年，玛丽与王港修道院院长 Catherine-Agnès de S. Paul

保持通信，她是 Antoine Arnauld 的女儿。她们交换了有关年轻寄宿生的灵修成长和加拿大传教士的信息，王港修道院的修女们也向加拿大传教士送去了捐款（MI to Catherine-Agnès de S. Paul, 4 September 1641, *Cor*, no. 57, pp. 137-138; 30 August 1642, no. 62, pp. 151-153; 18 September 1643, no. 71, pp. 195-196）。1643 年，Antoine Arnauld 出版了一部詹森主义著作，反对频繁领圣体。在那之后就再也没有已知的玛丽给王港修道院方面的信件。玛丽本人在雷蒙德·德·圣伯纳德担任她的神师的时候，就曾获得特别允许，每天领圣体（*Rel*, p. 108; *Vie*, p. 62）。MI to CM, 1648, Car, no. 113, p. 344.

240 马丁在编辑《生平》时，正在监修《奥斯定》。1679 年，前两卷由 François Muguet 在巴黎出版。关于圣莫尔修士的这个版本以及他们在面对詹森主义倾向（极端僵化）的批评时候体现出的弱点，参见 Oury, *Claude Martin*, pp. 160-166。

241 *Rel*, p. 52, line 25; *Vie*, p. 13. *Rel*, p. 141, line 20; *Vie*, p. 111. *Rel*, p. 116, lines 12-13; *Vie*, p. 73. 当玛丽感激父母是基督徒时，克洛德添上"及天主教徒"（*Rel*, p. 57, line 2; *Vie*, p. 21）。另一些情况下，克洛德添加了更长的插入语。母亲在描述接踵而至的异象时，她只说"圣言通过其光辉，自我传递给革鲁宾（Cherubim，又译智天使）"。儿子补充:"这使我明白，它永恒地生成，它的内在是所有光明和真理所在，而在外部，当它与自己交流的时候，情况也是如此。"（*Rel*, p. 121, lines 16-17; *Vie*, p. 78）

242 Certeau, Mystic Fable, pp. 108-112. Martin, Préface to the *Retraites*, fols, a 3v-a 4r, a 8v. Oury, Introduction to the facsimile edition of *Vie*, pp. 14-18; Oury, *Claude Martin*, pp. 192-193. 虽然意见相左，但克洛德是皮埃尔·尼科尔的朋友。

243 For expérimenter: *Rel*, p. 74, line 6, *Vie*, p. 31（"je voyais clairement"）; *Rel*, p. 92, line 1（"Dieu fait expérimenter à Pâme"）; *Vie*, p. 44（"Dieu lui faisait entendre"）; *Rel*, p. 94, line 19（"elle voit et expérimente"）; *Vie*, p. 47（"elle voyoit clairement et par une expérience sensible"）; *Rel*, p. 316, line 21; *Vie*, p. 516. For tendre and tendance: *Rel*, p. 76, line 7, *Vie*, p. 37（"(avoit une inclination)"）; *Rel*, p. 106, lines 24, 26; *Vie*, p. 59; p. 341, lines 12-13（"mon âme avoit une tend ance"）, *Vie*, p. 606（"mon âme avoit une pente"）. 虽然克洛德·马丁从未抹去玛丽在"1654 年自述"中谈到的冥想和系统性默祷操练的困难（它们让她头疼），也没有隐瞒她的被动心祷方法的那部分内容，但有趣的是，他添加了让母亲的这些行为听起来更具方法性的措辞: *Rel*, p. 292, line 12（"Il y faut

de Pexamen, de Pétude, de la fidelité（Il y faut de Pexamen, de Pétude, de la fidelité）"）; *Vie*, p. 457（"il y faut de la méditation, des motifs, de Pexamen, de Pétude, des resolutions, de la fidelité"）。Oury 评论，马丁的所有这些注释为的是支持"有章法的默祷"（*Rel*, p. 292, note c）。

244 *Rel*, p. 95, lines 9-12, *Vie*, p. 47. 类似的修改：她体验到自己的心被"蹂躏"，并与另一颗心融为一体，而一个"内在的声音对［她］说：'这样才是心灵的结合。'"；克洛德补充，内在的声音"鲜明地"说（*Rel*, p. 114, lines 22-24, p. 115, lines 1-2; *Vie*, p. 70）。

245 *Rel*, p. 101, line 6; *Vie*, p. 53. 同样，玛丽说，她的灵魂和基督之间的结合，"n'étant plus moi, je demeurai lui"（"不再是我，我仍然是他"），克洛德改写为，"n'étant plus à moi, je demeurais toute à lui"（"不再属于自己，我完全属于他"）。*Rel'*, p. 138, lines 26-27; *Vie*, p. 106. 另外，当她对主说："O Amour, tu t'es plu à me martyriser" 时，他改为 "O Amour, vous vous êtes"。*Rel*, p. 148, lines 23-24; *Vie*, p. 134（见注释 174，关于称呼天主时候使用非正式的 tu 的形式）。

246 *Rel*, p. 343, lines 16-21; *Vie*, pp. 643-644.

247 *Rel*, p. 49, line 13; *Vie*, p. 7. *Rel*, p. 75, line 14; *Vie*, p. 37. *Rel*, p. 102, line 1; *Vie*, p. 54. Brunot, Langue française, vol. 4, part 1, pp. 254, 354. 有一处地方克洛德保留了玛丽的"烦心事"（les affaires du tracas）（*Rel*, p. 145, lines 31-32; *Vie*, p. 119）。另一个例子是：玛丽的苦衣上温馨的"线和刺的缝合"（brins et piqûres），在克洛德修改后变成"结和刺"（noeuds et épines）。*Rel*, p. 109, line 24; *Vie*, p. 62.

248 *Rel*, p. 345, line 21; *Vie*, p. 645. 玛丽在句子结尾处说，圣神将这个"下层"（Racaille）剥离开上层（line 23）；克洛德用 "puissances basses"（低级权力）替代了通俗的"下层"（Racaille）。

249 *Rel*, p. 97, lines 10-n; *Vie*, p. 48. *Rel*, p. 114, line 18; *Vie*, p. 70. *Rel*, p. 294, lines 1-7; *Vie*, p. 458. 在 1633 年她写给神师的叙述中，她描述了如何想亲吻她姐夫的一个仆人的伤口，但被她的神师禁止做超过闻伤口之外的更过分的事情——克洛德确实收入了这段描述（*Vie*, p. 629）。

250 *Rel*, p. 260, lines 11-15, 23-25; *Vie*, pp. 408-409.

251 魁北克的乌尔苏拉修道院藏书室所藏图书：Henry de Maupas du Tour, *La Vie de la venerable Mere Ieanne Françoise Fremiot, Fondatrice, Premiere Mere et Religieuse de VOrdre de la Visitation de Sainte Marie* (Paris. Simeon Piget, 1658)，这是 1702 年由圣母访亲会的修女们赠送给乌尔苏拉修女们的，此外还有 *Les Epistres spirituelles de la Mere Ieanne*

Françoise Fremiot (Lyon：Vincent de Coeur Sillys, 1644)。玛丽还在世的时候，这些书被送往乌尔苏拉修道院，但在 1686 年的火灾中被毁了，这些书比较可能是后来的替代品。

252　JJ, p. 164 (4 December 1651), p. 166 (16 April 1652). *JR*, vol. 36, p. 148; vol. 37, p. 94.

253　Martin, *L'Ecole sainte*, Préface, fol. e 3v. 有一些耶稣会士与玛丽一样欣赏印第安人的语言。热罗姆·拉莱曼神父在谈到蒙塔格尼人"值得称赞的"的复合词构词方法时说，"野蛮人语言的简约足以证明天主的存在"（*JR*, vol. 29, pp. 224-226)。

254　*Le Dictionnaire de l'Académie françoise*, 2 vols. (Paris: Widow of Jean-Baptiste Coignard, 1694), vol. 2, pp. 272, 445. [Joseph-Marie Chaumonot?]，French-Huron dictionary (ca. 1663), John Carter Brown Library, Providence, R.I., Codex Ind 12, fols. 19r（"*civil*"）; 76v（"*politesse*"）. 关于"*aiendaouasti*"，亦参见 *JR*, vol. 10, pp. 212-215; vol. 44, pp. 296-297。

255　"Vie de la Mère Iaquette Carpentier, dite de Saint Augustin, *Rel*igieuse Ursuline à Nevers," in Pommereu, *Chroniques*, vol. 1, part 3, p. 232.

256　Marie de l'Incarnation, Printed death notice for Soeur Anne de Saint Laurens, 1 September 1669, AUQ, 1/1/1/.3. MI to the community of Ursulines of Tours, spring 1652, *Cor*, no. 140, pp. 460-461: death notice for Marie de Saint Joseph.

257　MI to CM, 2 September 1651, *Cor*, no. 133, pp. 412-415.

258　MI to CM, summer 1647, *Cor*, no. no, pp. 327-330. 热罗姆·拉莱曼神父也讲述了这一事件（*JR*, vol. 30, pp. 254-267)，但玛丽特别对克洛德说，她是从那个逃跑女人那里亲耳听到的细节。Oury 将她这封信的日期定为 1647 年夏天；拉莱曼的报告定稿日期为 1647 年 10 月 20 日，他准备乘当年最后一艘船回法国。因此，他很可能是以玛丽的叙述为依据。关于在前文字时代，印第安人自述的风格，参见 Brumble, *American Indian Autobiography*, chs. 1-2。

259　*Vie*, pp. 483-488. 我在这里使用的是克洛德·马丁的版本，其中并没有给出这个绑架者的姓名、宗教信仰以及事件的确切日期。这个恶棍是弗朗索瓦·穆塞（François Musset），他是普莱领主（Sieur de Pray），是一个枪兵团队长。他的母亲与阿尔诺德家族有亲戚关系，但他本人是新教徒（Oury, *Marie de l'Incamation*, p. 397)。1642 年，保罗·比松的遗孀克洛德·居雅和她的第二任丈夫（即商人 Antoine Laguiolle）向巴黎议会提出了请求和上诉；控诉对象是弗朗索瓦·穆塞及其绑架合作者 Antoinette Péan 和中士 Michel Moulin（AN, X2a 271, 11 July, 2 August, 6 August, 11 September, 20 September 1642; X2b 468, 7 July, 11 July, 2 August, 7 August 1642; X2b 469, 11 September, 20 September 1642）。我很想知道穆塞那一方的说法，但我一直找不到他的减刑信。他后来跟一个地位比玛丽·布松高的女人结了婚。

260 Musset-Buisson 绑架案发生的同时，巴黎议会刑事法庭还受理了另一桩绑架案（AN, X2a 271, 7 October 1642）。Danielle Haase-Dubosc, "Ra*vie et enlevée au XVIIe siècle,*" in Danielle Haase-Dubosc and Elaine *Vie*nnot, eds., *Femmes et pouvoirs sous Fancien régime* (Paris: Editions Rivage, 1991), pp. 135-152: 审查 1648 年布西伯爵 Roger de Rabutin 对年轻寡妇 Madame de Miramion 的绑架事件。Christian Biet and Jean Bart, "Les Illustres françaises, roman moderne, exemple d'un romanesque juridique: 'L'Histoire de Monsieur de Terny et de Mademoiselle de Bernay'" (unpublished paper ENS Fontenay-Saint-Cloud, seminar on "Droit et littérature," 1992): 研究了 Robert Challe 的一个故事，在这个故事中，绑架是对抗不公正的父权的计谋。

261 Stith Thompson, *Tales of the North American Indians* (Cambridge, Mass.: Harvard University Press, 1929), no. 64, pp. 164-167 (The Bear-Woman), and p. 345, n. 244 (The Bear-Woman), n. 245 (Bear paramour); Stith Thompson, *The Folktale* (Berkeley: University of California Press, 1977), pp. 356-358. Claude Lévi-Strauss, *Histoire de lynx* (Paris: Plon, 1991), pp. 146-147: "在南北美洲流传最广的一个神话的女主人公会寻找种种借口离家、去找勾引她的动物。" 列维－斯特劳斯使用貘勾引者作为案例的神话分析，参见 *From Honey to Ashes, trans. John and Doreen Weightman* (London: Jonathan Cape, 1973), pp. 296-308. Jeremiah Curtin and J. N. B. Hewitt, *Seneca Fiction, Legends, and Myths, 32nd Annual Report of the Bureau of American Ethnology, 1910-1911* (Washington: Government Printing Office, 1918), pp, 102-104, no. 9: "A Woman and Her Bear Lover" (collected in the 1880s). Herbert T. Schwarz, *Tales from the Smokehouse* (Edmonton, Alberta: Hurtig Publishers, 1974), pp. 31-35: "The Bear Walker" (Mohawk, collected 1969)。还可参考相关提瓦族的传说，由 Elsie Clews Parsons 在 1940 年收集整理，这里的故事中，那个动物情人是头水牛；in Richard Erdoes and Alfonso Ortiz, eds., *American Indian Myths and Legends* (New York: Pantheon Books, 1984), pp. 291-294.

262　*JR*, vol. 6, pp. 216-219.

263　弗朗索瓦·德贝勒福雷在翻译和续写马代奥·班戴洛（Matteo Bandello）的《悲剧故事集》（*Histoires tragiques*）时讲了这个故事。这个故事并非出自班戴洛之手，而是贝尔弗雷自己添加的，作为题为 "Actes cruels et détestables de quelques ieunes citoyens, sur une Damoiselle" 的故事的一部分。它最早面世的版本：François de Belleforest, *Le cinquième livre des Histoires Tragiques* (Lyon: Benoît Rıgaud, 1576)。我使用的版本是：*Histoires tragiques: Recueillies des histoires tant anciennes que modernes, et mises en lumière*, vol. 6 (Rouen: Adrian de Launay, 1604)；瑞典熊故事出现在 p. 258，是 Histoire 109 的一部分。贝尔弗雷提供了他的资料来源：Saxo Grammaticus, *Histoire des Danois*, book 10，这是一部拉丁语作品（Saxo Grammaticus, *Danica Historia Libris XVI* [Frankfurt am Main: A. Wechel, 1576]，book 10, pp. 174-175; Princeton University 收藏的副本里头有关于熊和熊孩的旁注）。

264　关于熊让的故事及其以各种形式的传播，参见 Paul Delaure and M. L. Tenèze, *Le Conte populaire français*, 2 vols. (Paris: Editions Erasme and Editions G. P. Maisonneuve and Larose, 1957-1964), vol. 1, pp. 110-133; and Daniel Fabre and Jacques Lacroix, *La Tradition orale du conte occitan*, 2 vols. (Paris: Presses Universitaires de France, 1974), vol. 1, pp. 331-346。根据 Delaure 的说法，这种故事类型最早的书面记录是在 18 世纪初，但专家们认为，在口头形式上，它的历史要早得多。关于比利牛斯山地区的圣烛节日上熊的表演，参见 Violet Alford, *Pyrenean Festivals* (London: Chatto and Windus, 1937), pp. 16-25; Arnold Van Gennep, *Manuel de folklore français contemporain*, 4 vols. (Paris: A. and J. Picard, 1943-1947), vol. 1, pp. 908-918; N. Z. Davis, *Society and Culture in Early Modem France* (Stanford, Calif.: Stanford University Press, 1975), p. 137。

265　列维-斯特劳斯仔细考虑了熊让的故事对印第安人的影响，特别是熊让惊人的动物能量。17 世纪的印第安人从非法毛皮贩子那里听说了这个故事，这些毛皮贩子还将自己的一些冒险经历融合进故事中（*Histoire de lynx*, pp. 242-245）。

266　MI to Ursule de Ste. Catherine, 29 September 1642, *Cor*, no. 65, pp. 163-165. 玛丽从杜昆神父的报告和该女子本人处听到了这一说法。巴泰勒米·维蒙在《耶稣会报告》中也有一段描述；它以杜昆神父的报告为基础，细节和重点不同于玛丽的描述（*JR*, vol. 22, pp. 114-125）。

267　MI to CM, 18 October 1667, *Cor*, no. 230, pp. 786-787.

268　1642 年 8 月 28 日，玛丽写给一位兄嫂的信件中，并没有提到比松家的绑架案；1643 年 9 月 14 日，在她写给外甥女的信件中，间接提到；1644 年 8 月 2 日，她写给儿子的信件中，直接提到（*Cor*, no. 61, p. 149; no. 70, p. 192; no. 76, p. 206）。

269　MI to Ursule de Ste. Catherine, 29 September 1642, *Cor*, no. 65, p. 163. *Rel*, p. 166; *Vie*, p. 181.

蜕变

1　Joachim Sandrart, *L'Academia Todesca della Architectura, Scultura e Pittura: Oder Teutsche Academia der Edlen Bau-, Bild-und Mahleren-Künste*, 2 vols. (Nuremberg: Jacob von Sandrart, 1675-1679; and Frankfurt: Mathias Merian the Younger, 1675-1679), vol. 1, no. 283, p, 339.

2　Christoph Arnold, introductory poem to *Rau* 79, verso of title page.

3　Petrus Dittelbach, *Verval en Val der Labadisten, of Derselver Leydinge, en wyse van doen in haare Huys-houdinge, en Kerk-formering, als ook haren op-en nedergang, in hare Colonien of volk-plantingen, nader intdekt* (Amsterdam: Daniel van den Dalen, 1692), pp. 18-19. RSMer, p. 13. 议会的离婚判决书日期为 1692 年 8 月 12 日。

4　关于玛利亚·西比拉·梅里安作品的一部早期传记：Max Adolf Pfeiffer, *Die werke der Maria Sibylle [sic] Merian bibliographisch zusammengestellt* (Meissen: M. A. Pfeiffer, 1931)。玛利亚·西比拉·梅里安的传记有许多，可以引用一部依旧很有用的传记：J. Stuldreher-Nienhuis, *Verborgen Paradijszen: Het Leven en de Werken van Maria Sibylla Merian, 1647-1717* (Arnhem: Van Loghum Slater, 1945)。《玛利亚·西比拉·梅里安在苏里南》（RS*Mer*）这个资料里包含：吕克尔（Rücker）的传记研究，"The Life and Personality of Maria Sibylla Merian"，以及她关于梅里安的苏里南昆虫书的研究；斯特恩（Stearn）的研究，题为 "The Plants, the Insects and Other Animals of Merian's Metamorphosis Insectorum Surinamensium"；现存的梅里安的信件；一份关于她的出版物和作品的文献目录；以及其他很有用的资料信息。Helmut Deckert 有一篇梅里安鉴赏，作为 1705 年苏里南昆虫书的复刻版的导言：*Metamorphosis Insectorum Surinamensium (Amsterdam 1705)* (facsimile edition; Leipzig: Insel Verlag, 1975), pp. 5-35。可参考的重要论文：Irina Lebedeva, Wolf-Dietrich Beer, and Gerrit Friese in *Stud*。有用的关于梅里安的评论：Helga Ullmann, Wolf-Dietrich Beer, and Boris Vladimorivic Lukin, *Leningrader Aquarelle* (Leipzig: Editions Leipzig, 1974; Lucerne: C. J. Bucher, 1974)。T. A. Lukina 用俄语写了一部很有意思的传记：*Maria Sibylla Merian, 1643-1717* (Leningrad: Nauka, 1980)。其他 1980 年以后的研究：Charlotte Kerner, Seidenraupe, *Dschungelblüte: Die Lebensgeschichte der Maria Sibylla Merian* (Weinheim and Basel: Beltz and Gelberg, 1989); Uwe George, "Der Raupen wunderbare Verwandelung: Auf den Spuren der naturforschenden Malerin Maria Sibylla Merian im südamerikanischen Surinam," *Geo*, 7 (July 1990): 11-36; Wilhelm Treue, *Eine Frau, drei Männer und eine Kunstfigur: Barocke Lebensläufe* (Munich: C. H. Beck, 1992); and Sharon Valiant, "Maria Sibylla Merian: Recovering an Eighteenth-Century Legend," *Eighteenth-Century Studies*, 3 (Spring 1993): 467-479。隆达·谢宾格（Londa Schiebinger）在她的书里有几页重要的关于梅里安的内容：*The Mind Has No Sex? Women in the Origins of Modern Science* (Cambridge, Mass.: Harvard University Press, 1989), pp. 68-78; and idem, *Nature's Body: Gender in the Making of Modern Science* (Boston: Beacon Press, 1993), pp. 203-205。关于梅里安的科学性绘画，David Freedberg 给出很有价值的背景资料："Science, Commerce, and Art: Neglected Topics at the Junction of History and Art History", David Freedberg and Jan de Vries, eds., *Art in History, History in Art: Studies in Seventeenth-Century Dutch Culture* (Santa Monica, Calif.: Getty Center for the History of Art and the Humanities, 1991), pp. 377-386. 在一篇关于纽伦堡自然绘画的学位论文中，Heidrun Ludwig 详细讨论了玛利亚·西比拉·梅里安在纽伦堡时期的作品："Nürnberger naturgeschichtliche Malerei im 17. und 18. Jahrhundert" (Diss., Technische Universität Berlin, 1992)。另参见 Heidrun Ludwig, "Von der Betrachtung zur Beobachtung: Die künstlerische Entwicklung der Blumen-und Insektenmalerin Maria Sibylla Merian in Nürnberg (1670-1682)," in John Roger Paas, ed., *"Der Franken Rom": Nürnbergs Blütezeit in der lweiten Hälfte des 17. Jahrhunderts* (Wiesbaden: Harrassowitz, 1995)。

5　StAF, Bücher des Standesamts. Heiratsregister Evang. Kirche Frankfurt am Main, 1635-1657, fol. 228r, marriage of 27 January 1646. 老马蒂亚斯·梅里安的第一任妻子是 Maria Magdalena de Bry，他们于 1617 年结婚，当时他在奥彭海姆工作了几年。老马蒂亚斯·梅里安的内容丰富的传记，参 见 Ulrich Thieme and Felix Becker, *Allgemeines Lexikon der bildenden*

Künstler, 37 vols. (Leipzig: W. Engelmann, 1907-1950), vol. 24, p. 413; Walther Karl Zülch, *Frankfurter Künstler, 1223-1300* (Frankfurt am Main: Sauer und Auvermann, 1967), pp. 500-502; Lucas Heinrich Wüthrich, *Die Handreichungen von Matthaeus Merian d. Ae.* (Basel: Bärenreiter-Verlag, 1963), pp. 12-25; and idem, *Das Druckgraphische Werk von Matthaeus Merian d. Ae.*, 2 vols. (Basel: Bärenreiter-Verlag, 1966-1972)。老梅里安的出版物，常有他本人创作的铜版纸扉页和插图，他的出版内容非常广泛：医学、天文、植物学；圣经图画；徽章书等。

6 StAF, Bücher des Standeamts. Heiratsregister Evang. Kirche Frankfurt am Main, 1635-1657, fol. 325r, marriage of 5 August 1651. 关于雅各布·马雷尔，参见 Thieme and Becker, *Lexikon*, vol. 24, p. 137; Zulch, *Frankfurter Künstler*, pp. 537-540; Sam Segal, *Jan Davidsz de Heem en zijn Kring* (The Hague: Sdu Uitgeverij and Utrecht: Centraal Museum, 1991), pp. 20, 29-30, 44, and colorplate 45; and Kurt Wettengl, ed., *Georg Flegel, 1566-1638: Stilleben* (Frankfurt am Main: Historisches Museum and Schirn Kunsthalle, 1993; Stuttgart: Gerd Hatje, 1993), pp. 27, 254-261.

7 Thieme and Becker, *Lexikon*, vol. 24, pp. 412-413; Zülch, *Frankfurter Künstler*, pp. 548, 550. *Beschreibung und Abbildung Aller Königl und Churfürst: Ein züge wahlund Crönungs Acta, so geschehen zu Franckfurt am Mayn im Jahr 1658* (Frankfurt am Main: Caspar Merian, 1658). 小马蒂亚斯·梅里安的简传：Rudolf Wackernagel, ed., "Selbstbiographie des jüngem Matthaus Merian," *Basler Jahrbuch* (1895): 227-244。

8 关于 17 世纪的法兰克福，参见 Gerald L. Soliday, *A Community in Conflict: Frankfurt Society in the Seventeenth and Early Eighteenth Centuries* (Hanover, N.H.: University Press of New England, 1974); and Alexander Dietz, *Frankfurter Handelsgeschichte*, 4 vols. (Frankfurt am Main, 1925; reprint Glashütten im Taunus: Verlag Detier Auvermann, 1970), vols. 3, 4, part 1 (the Merian business is described in vol. 3, pp. 120-129)。

9 Soliday, *Frankfurt*, chs. 2, 7-8; RS*Mer*, p. 10; Zülch, *Frankfurter Künstler*, pp. 537-538; Segal, *De Heem*, pp. 29-30, 44. 关于艾萨克·戈尔德施密特 (Isaac Goldschmidt) (也被称作艾萨克·哈默尔恩，他是法兰克福的放贷者、珠宝商人) 及他的后代，参见 Alexander Dietz, *Stammbuch der Frankfurter Juden: Geschichtliche Mitteilungen über die Frankfurter jüdischen Familien von 1349-1849* (Frankfurt am Main: J. St. Goar, 1907), pp. 121-126。

10 关于近代早期女艺术家的两个概括性研究：Ann Sutherland Harris and

Linda Nochlin, *Women Artists: 1550-1950* (Los Angeles: Los Angeles County Museum of Art, 1976; New York: Alfred A. Knopf, 1976); and Rozsika Parker and Griselda Pollock, *Old Mistresses: Women, Art and Ideology* (New York: Pantheon Books, 1981)。在约阿希姆·桑德拉特的《德意志学院》中，除了玛利亚·西比拉·梅里安，他还列出了 Anna Maria Printin（no. 284）和奥格斯堡的花卉画家 Susanna Mayrin（no. 262, p. 328）。在下面书目中，仅纽伦堡就有好几位 17 世纪的女画家被列出：Johann Gabriel Doppelmayr, *Historische Nachricht von den Nürnbergischen Mathematicis und Kunstlern* (Nuremberg: Peter Conrad Monaths, 1730), pp. 223, 233, 253, 259-260, 266, 270。关于德国女画家，亦参见 Heide Wunder, *"'Er ist die Sonn,' sie ist der Mond": Frauen in der Frühen Neuheit* (Munich: C. H. Beck, 1992), pp. 145-146。关于天才和性别，经常重印和翻译的经典论述：圣胡安的胡安·瓦尔特（Juan Huarte de San Juan）的《如何检验科学才能》（*Examen de ingenios para las sciencias*）(Valencia: Pedro de Huete, 1580; 1st ed. 1575), ch. 15, 1622 年在莱比锡出版了拉丁文译本，*Scrutinium ingeniorum pro iis, qui excellere cupiunt*，17 世纪在日耳曼地区有了更多的拉丁文版本。

11　小马蒂亚斯·梅里安在其简要自传中曾说明这些游学岁月的重要性："Selbstbiographie," pp. 230-238.

12　Thieme and Becker, *Lexikon*, vol. 24, p. 548; Zülch, *Frankfurter Künstler*, p. 563; Segal, *De Heem*, pp. 30, 44.

13　关于雅各布·马雷尔 1681 年去世前的收藏，参见 Zülch, *Frankfurter Künstler*, p. 539。除了许多版画和书，他还拥有三百二十幅油画。

14　Jan Jonston, *Historia Naturalis de Insectis Libri III [sic for IV]: De Serpentibus et Draconibus Libri II cum aenis Figuris-Iohannes Ionstonus Med. Doctor Concinnavit* (Frankfurt am Main: Heirs of Mathias Merian, 1653). 扉页是蜻蜓和昆虫的雕版画，扉页底部为 "M. Merian Jun. Invinter [sic for inventor]"。琼斯顿绘制蝶、蛾和毛虫时，材料来源主要是托马斯·穆菲特（Thomas Mouffet）和乌利塞·阿尔德罗万迪（Ulisse Aldrovandi），他有时会直接引用他们的资料，图版上也常会注明："from Mouffet," "Papiliones Aldrovandi," "Raup. Mouf.," "Erucarum Aldrov.," "Bombyces Aldrov. Seidenwürm" (Book I, pp. 46-47, 56, and plates 5-8; Book II, pp. 142, 147, and plates 20, 22-23)。扬·琼斯顿 (1603—1675)，波兰出生，生活在英格兰、尼德兰、日耳曼地区，出版了许多自然哲学书。

15　马雷尔在花卉画中使用昆虫的一个例子是一幅环绕法兰克福景色的花环

图案，画于 1651 年，当时马雷尔与老马蒂亚斯·梅里安的遗孀结婚（法兰克福景色本身就取自老马蒂亚斯·梅里安的画作，马雷尔在其中加入了美因河的流动场景）。本书插图中再现了这幅画。在花朵旁边或上方，画有三只蝴蝶、一只蜻蜓和一只蜜蜂，其中还有毛虫及其他昆虫。(Frankfurt am Main, Historisches Museum).

16 Zülch, *Frankfurter Künstler*, p. 538. *Dietz, Handelsgeschichte*, vol. 4, part 1, pp. 76-77, 347-348; Soliday, *Community*, p. 146, n. 25.

17 *Stud*, p. 141: "1660 年开始，我就在研究这些，那时我在法兰克福……", Maria Sibylla Merian, *Metamorphosis Insectorum Surinamensium* (Amsterdam: Gerard Valck, 1705; facsimile edition with the original paintings from the collection in the Royal Library at Windsor Castle, London: Pion, 1980), "Ad lectorem."

18 G. A. Lindeboom, "A Short Biography of Jan Swammerdam (1637-1680)," in *The Letters of Jan Swammerdam to Melchisedec Thévenot* (Amsterdam: Swets and Zeitlinger, 1975), p. 3.

19 托马斯·穆菲特 (Thomas Mouffet) (also Moufet, Moffet, Muffet) 是一位医生，大约活跃在 1553 年至 1604 年，出版过一些关于健康的作品，还有一首关于蚕茧的诗，这首诗献给彭布罗克伯爵夫人（Countress of Pembroke）: *The Silkewormes, and Their Flies* (London: Nicholas Ling, 1599)。他的昆虫纲要在他去世后才首次出版，语言是拉丁文: edited by Theodore de Mayerne, *Insectorum sive Minimorum Animalium Theatrum* (London: Thomas Cotes, 1634) ；之后再出版了英译本，采用以下标题: *The Theater of Insects or Lesser Living Creatures: As Bees, Flies, Caterpillars, Spiders, Worms, etc.——a most Elaborate Work* (London: E. Cotes, 1658)。这首诗应该是关于穆菲特的女儿佩兴丝（Patience）的。这首诗最早的记录是在 1805 年 (Iona Opie and Peter Opie, eds., *The Oxford Dictionary of Nursery Rhymes* [Oxford: Clarendon Press, 1966] , pp. 323-324)，但 Opies 追溯到了 17 世纪也有类似的诗歌。

20 StAF, Bücher des Standesamts, series 1658-1677, fol. 104r: marriage of 16 May 1665. Jacob Marrel, designer, and Johann Andreas Graff, engraver, "Umzug der Frankfurter Schreiner vor dem Römer," 1659 (Germanisches Nationalmuseum Nürnberg, Kupferstich-Kabinett, HB1659/1302). "Daughter Sara of the painter Jacob Mar*rel*, Ao 1658," by J. Graff (Frankfurt am Main, Städl, Print room, Inventory Number 5744). 萨拉是雅各布·马雷尔同第一任妻子生的女儿。在格拉夫绘这幅画时，萨拉十六岁，玛利亚·西比拉

十一岁。

21 梅里安家族当时跟纽伦堡已经有了一些来往，因为 1652 年卡斯帕·梅
    里 安 娶 了 纽 伦 堡 的 Jacob Morian 的 女 儿 Rachel（StAF, Bücher des
    Standesamts, series 1653-1657, 2 November 1652）。关于 17 世纪纽伦堡
    概况及文化生活，参见 Gerhard Pfeiffer, ed., *Nürnberg: Geschichte einer
    europäischen Stadt* (Munich: C. H. Beck, 1971), pp. 303-357。

22 格拉夫画的纽伦堡街景可以在纽伦堡下面地方找到：Germanisches
    Nationalmuseum, Kupferstich-Kabinett, SP6590 (K7373); HB6584 (1065a);
    HB2320 (K1338). Sandrart, *Academia Todesca*, vol. 1, no. 283, p. 339;
    Doppelmayr, *Historische Nachricht*, pp. 255-256。

23 Sandrart, *Academia Todesca*, vol. 1, no. 283, p. 339. Doppelmayr,
    Historische Nachricht, pp. 268-270. Maria Sibylla Merian to Clara Regina
    Imhoff, 25 July 1682, 24 March 1683, 8 December 1684, 8 May 1685, in
    RS*Mer*, nos. 1-4, pp. 61-63. 后文提到这个信件集里面梅里安的信件的地
    方，都缩写为 MSM。

24 1679 年 4 月 3 日，玛利亚·西比拉·梅里安在克里斯托弗·阿诺德的
    儿子安德烈亚斯·阿诺德的“友人名册”（*album amicorum*）上绘了
    一幅玫瑰花束（RS*Mer*, p. 9）；同年，老阿诺德为梅里安关于欧洲毛
    虫的书献诗。克里斯托弗·阿诺德的作品包括：*Joh. Henrici Ursini De
    Zorastre Bactriam, Hermete Trismegisto ... Quibus Christophori Arnoldi
    spicilegium accessit* (Nuremberg: Michael Endter, 1661); *XXX Epistolae
    Philologicae et Historicae de Flavii Josephi Testimonio* (Nuremberg:
    Michael and Johann Frederic Endter, 1661); 在阿诺德的信件中，有一
    封 1651 年同梅纳什·本·以色列的通信，内容关于弗拉维奥·约瑟夫
    斯（Flavius Josephus）及《约西彭》（*Josippon*）*。*Inclutae Bibliothecae
    Norimbergensis Memorabilia ... Accedit Christophori Arnoldi, V.C. De
    Hydriotaphia* (Nuremberg: Wolfgang Mauritius Endter and heirs of Johann
    Andreas Endter, 1674)：墓碑石刻，提到了 Thomas Brown 及其他英国作
    家。*Mensia Fureriana* (Nuremberg: Christopher Gerhard, 1677)：一位纽
    伦堡名人的葬礼演讲；阿诺德在其中被描述为历史学家、演说家、诗人，
    精通希腊语和拉丁语 (fol. A2r)。跟梅纳什·本·以色列通信时，他也会

---

* 弗拉维奥·约瑟夫斯（Flavius Josephus）是公元 1 世纪犹太历史学家。《约西彭》
   是一部历史文集，作者佚名，有猜想是弗拉维奥所作。

引用希伯来语。

25 RS*Mer*, p. 9: 受洗日期 1678 年 2 月 2 日。

26 1675、1677、1680 年的书卷，都带有拉丁文标题或部分拉丁文标题 (reproduced in RS*Mer*, pp. 186-187). 1680 年，这三卷书还印成了合本，带有德语扉页和序言：*M. S. Gräffin, M. Merians des Aeltern seel, Tochter: Neues Blumen Buch allen Kunstverständigen Liebhabern su Lust, Nutz und Dienst, mit Fleiss verfertiget zu finden bey Joh. Andrea Graffen, Mahlern in Nürnberg, im Jahr 1680*。我使用的是哥本哈根植物学图书馆的合本（黑白印刷，每张图底部都有手写的德语植物名。）Helmut Deckert 出版了德累斯顿州图书馆 1680 年合本的复刻版（*Maria Sibylla Merians "Neues Blumenbuch"* [*Nürnberg 1680*] [Leipzig: Insel Verlag, 1966]）。参见 Ludwig, "Von der Betrachtung zur Beobachtung"。

27 Mathias Merian the Elder, *Florilegium Renovatum et Auctum: Das ist, Vernewertes und vermehrtes Blumenbuch* (Frankfurt am Main: Mathias Merian the Elder, 1641), described by Wüthrich, *Druckgraphische Werk*, vol. 2, p. 19, no. 18. Jacob Marrel, *Artliches und Kunstreichs Reissbüchlein für die ankommende Jugendt zu lehren, insonderheit für Mahler, Goldschmidt, und Bildhauer* (Frankfurt am Main: Jacob Marrel, 1661).

28 *Neues Blumen Buch*, Foreword. 她注明教皇买花的日期为 1679 年 11 月 12 日，当时的教皇是依诺增爵十一世（Innocent XI）（关于 17 世纪的郁金香热，参见 Antoine Schnapper, *Le Géant, la licorne, et la tulipe* [Paris: Flammarion, 1988], pp. 47-51。）梅里安在这篇序言里的参考文献体现出她在 1679 年的一些研究。关于尼德兰的郁金香买卖，她提到了 "Meteran, Bk. 55"，指的是 Emanuel van Meteren (d. 1612) 的历史书的续篇，如 *Historien der Nederlanderen* (Leyden, 1647)。关于一株来自亚洲的植物，她提到了 "Joh. Neuhoff in Beschreibung Sina, Cap. X6, Bl. 327.328"，指的是 Johan Nieuhof 关于 1655-1657 年荷兰东印度公司驻中国使馆的著作的德译本，这本书很畅销。谈到一株当归植物，比人还高，比人的胳膊还粗，她提到了 "P. Bohusl. Balbinus, lib. I Miscell Hist R. Bohem. cap. 6 paragr. 5"，这指的是刚出版的 Bohuslaus Aloysius Balbinus 的 *Miscellanea historica regni Bohemiae* 的第一卷 (Prague: G. Czernoch, 1679-1688)。这些学术书很可能是从克里斯托弗·阿诺德那里获得的，在阿诺德编辑的书当中，除其他外，还包括类似于 Johan Nieuhof 写的那种游记。见下面注释 128。

29 *Der Raupen wunderbare Verwandelung und sonderbare Blumen-nahrung*

worinnen durch eine gantz-neue Erfindung: Der Raupen, Würmer, Sommer-vögelein, Motten, Fliegen und anderer dergleichen Thierlein: Ursprung speisen und Veränderungen samt ihrer Zeit, Ort, und Eigenschaften: Den Naturkündigem, Kunstmahlem, und Gartenliebhabem zu Dienst fleissig untersucht kürtzliich beschrieben nach dem Leben abgemahlt ins Kupfer gestochen und selbst verlegt von Maria Sibylla Gräffin, Matthaei Merians des Eltern Seel. Tochter （"在纽伦堡，可从画家约翰·安德烈亚斯·格拉夫处购买此书；在法兰克福和莱比锡，可从 David Funk 处购买。由 Andreas Knortz 于 1679 年印刷。"）同样：*Der Raupen wunderbare Verwandlung und sonderbare Blumennahrung Anderer Theil...von Maria Sibylla Gräffin, Matthaei Merians des Eltern Seel. Tochter* （"此书在美因河畔法兰克福画家约翰·安德烈亚斯·格拉夫处可购买，在莱比锡和纽伦堡 David Funk 处可购买。由 Johann Michael Spörlin 于 1683 年印刷。"）

30　一个彩色版：SUBF, Frankfurt Abteilung W58；一个黑白版：SUBF, Senckenberg collection Q353.5535/1。

31　英国伟大的博物学家约翰·雷（John Ray，1627—1705）的昆虫学笔记有时会给一个物种起一个普通名（common name），但通常情况下，他只是描述了蝶或蛾的外观。例如，今天被称为荨麻蛱蝶的蝴蝶，玛利亚·西比拉·梅里安描述这种蝴蝶为：其毛虫以荨麻叶为食（她在文字中描述了荨麻植物上的毛虫、茧和蝴蝶，还有外观和颜色；*Rau*83, plate 41）。约翰·雷就仅仅形容为"荨麻上的蝴蝶（Butterfly of the nettle）"、"较小的龟壳蝶（Tortoise-shell Butterfly）"[Charles Raven, *John Ray, Naturalist: His Life and Works* (Cambridge: Cambridge University Press, 1950), p. 409，引用自雷身后出版的《昆虫史》（*Historia Insectorum*, 1710)]。

32　*Rau*79, pp. 47-48, plate 23.

33　*Rau*79, p. 15, plate 8: Taub-oder Todten-Nessel mit der weissen Blüe, *Galeopsis florens* (today White Dead-Nettle, *Lamium album*).

34　*Rau*79, p. 13, plate 6.

35　*Rau*79, p. 21, plate 10(她分得清雌性是因为产卵）。多年后,汉斯·斯隆说：在梅里安那本关于苏里南昆虫的书里面，她错误地将同一种蝴蝶的雌性和雄性描绘成了两种蝴蝶（*A Voyage ... to Jamaica* [for full title see n. 124 below], 2 vols. [London: Printed by B.M. for the Author, 1707-1725], vol. 2, p. 213)。约翰·雷在很大程度上经常注意到雄性和雌性蝴蝶的外观差别(虽然并不总是准确）(Raven, *Ray*, pp. 407-415）。关于 18 世纪分类学争论中性二态的重要性，参见 Schiebinger, *Nature's Body*。

36　*Rau*79, fol. 3r. 在 1679 年 的 那 卷 书 的 标 题 中 包 括 了 艺 术 画 家（Kunstmahlern），也就是她希望她的书能为其提供用处的读者群体之一。

37　Marjorie Lee Hendrix, "Joris Hoefnagel and the Four Elements: A Study in Sixteenth-Century Nature Painting" (Diss., Princeton University, 1984). Thomas DaCosta Kaufmann, *The Mastery of Nature: Aspects of Art, Science, and Humanism in the Renaissance* (Princeton, N.J.: Princeton University Press, 1993), esp. ch. 1, coauthored with Virginia Roehrig Kaufmann. 在霍夫纳格（Hoefnagel）的一张手稿中，在昆虫胸部图案旁，真实的昆虫翅膀粘在书页上（pp. 45-47 and fig. 27）。

38　Wettengl, ed., *Flegel*, Katalogteil II, "Georg Flegel, Stilleben"；Katalogteil III, "Aquarelle Georg Flegels und Zeitgenosse Naturstudien." 目录编号 67、99、100 是针对蚕的研究。

39　Hendrix, "Hoefnagel," pp. 75, 90. *Rau*79 , fol. 3r: "*lebendig*" .

40　在 Ambrosius Bosschaert(1573-1621) 的静物画中，一年中不同时期盛开的美丽花朵标本被放在同一个花瓶里（*Floral Still-Life*, The Hague, Mauritshuis, Inventory number 679; *Bouquet of Flowers in a Stone Niche*, Copenhagen, Statens Museum for Kunst）。格奥尔格·弗莱格尔（Georg Flegel）也会把一年中不同时间不同地点盛开的花放在同一个花瓶里（Hana Seifertova, "Stilleben Georg Flegels: Themen, Kompositionen, Bedeutungen," in Wettengl, ed. *Flegel*, p. 64）。

41　Segal, *De Heem*, p. 40; Hendrix, "Hoefnagel," pp. 71-74, 216, 266-278.《火》（*Ignis*）是约里斯·霍夫纳格（Joris Hoefnagel）创作的"四元素"系列的第一部，是这位艺术家于 16 世纪 70 年代在安特卫普完成的犊皮手稿。关于格奥尔格·弗莱格尔（Georg Flegel）静物画中的道德隐喻，参见 Kurt Wettengl, "Die 'Gedeckten Tische' des Georg Flegel," in Wettengl, ed., *Flegel*, pp. 84-90。

42　*Rau*83, fol. 3r. 多年后，在梅里安身后出版的荷兰语版《毛虫》第三卷中，在扉页上的装饰性花环上，梅里安用蚂蚁给出了一个简单的道德寓意，这幅图画是梅里安为这卷书预制的。她先是描述如何得到一个蚂蚁窝，然后发现它们的蜕变过程就像毛虫一样，之后她说："我把它们放在这里 [花环上]，是为了和智者一起研究它们的美德。"（*Der de en Laatste Deel der Rupsen Begin, Voedzel, en Wonderbaare Verandering* [Amsterdam: Dorothea Maria Hendriks, born Gräffin, 1717] , introductory matter）这个评述是书里唯一的一处。

43 Mouffet, *Insectorum ...Theatrum* (1634); *Theater of Insects* (1658). 第一卷关于有翅昆虫、甲虫、蜜蜂；第二卷关于无翅昆虫，即毛虫、蠕虫、蜘蛛等。关于穆菲特的作品，其观察的汇编：Edward Wotton, Conrad Gesner, Thomas Penny, and by Mouffet himself, see the assessment in Raven, *John Ray*, pp. 390-391; and Max Beier, "The Early Naturalists and Anatomists during the Renaissance and Seventeenth Century," in Ray F. Smith, Thomas E. Mittler, and Carroll N. Smith, eds., *History of Entomology* (Palo Alto, Calif.: Annual Reviews, 1973), p. 86. Günter Morge, "Entomology in the Western World in Antiquity and in Medieval Times," ibid., p. 41（亚里士多德首先根据昆虫有翅无翅分类，再根据口器分类）。Jonston, *De Insectis*, Book I, "De Insectis Terrestribus Pedatis et Alatis"；Book II, "De Insectis Terrestribus Pedatis et Non Alatis." 关于近代早期分类系统中的一般社会和道德问题，参见 Keith Thomas, *Man and the Natural World: A History of the Modern Sensibility* (New York: Pantheon Books, 1983), pp. 51-70。

44 Jan Swammerdam, *Historia Insectorum Generalis, ofte Algemeene Verhandeling van de Bloedeloose Dierkens* (Utrecht: Meinardus van Dreunen, 1669). 斯瓦默丹 1680 年去世，不久之后，这部作品就以拉丁文和法文印发：*Historia Insectorum Generalis* (Leyden: Jordanus Luchtmans, 1685); *Histoire generale des Insectes* (Utrecht: G. de Walcheren, 1682; Utrecht: Jean Ribbius, 1685)。关于斯瓦默丹对昆虫学的贡献，参见 Beier, "Naturalists and Anatomists," in Smith et al., eds., *Entomology*, p. 90; and S. L. Tuxen, "Entomology Systematizes and Describes," ibid., pp. 106-107; Raven, *John Ray*, p. 392; and S. Schierbeek, *Jan Swammerdam (12 February 1637-17 February 1680): His Life and Works* (Amsterdam: Swets and Zeitlinger, 1967), chs. 4, 9。

45 *Rau*79, verso of title page. 阿诺德在《毛虫》第二卷的导言诗中再次提到了斯瓦默丹的作品（*Rau*83, verso of title page）。

46 Swammerdam, *Algemeene Verhandeling*, fold-out illustrations at the end of the text. 在他的遗作《自然圣经》[*Bybel der Natur* (1737-1738)] 的第 44 号图版中，斯瓦默丹描绘了在柳树叶片上的毛虫，这些毛虫是从苍蝇卵中诞生出来的，但其余杰出的插图都是解剖学上的 (*Bibel der natur, Worinnen die Insekten in gewisse classen vertheilt*, ed. Herman Boerhaave, trans. from the Dutch [Leipzig: J. F. Gleditsch, 1752]）。

47 Raven, *John Ray*, p. 223; Schiebinger, *Nature's Body*, pp. 13-23; Alice

Stroup, *A Company of Scientists: Botany, Patronage, and Community at the Seventeenth-Century Parisian Royal Academy of Sciences* (Berkeley: University of California Press, 1990), pp. 145-154. 关于1678—1679年在巴黎皇家科学院用显微镜进行的花粉观察，参见ibid., p. 158。克里斯蒂安·惠更斯留意到番红花（crocus flower）的"花粉"很像蜜蜂脚上的粉尘，认为蜜蜂是用它来做蜜蜡的。

48 Carolyn Merchant, *The Death of Nature: Women, Ecology, and the Scientific Revolution* (San Francisco: Harper and Row, 1980), ch. 2, esp.pp. 59-60 有关于意大利庞廷地区沼泽地和英格兰沼泽地枯竭的应对措施；Thomas, *Natural World*, pp. 192-201。

49 John Ray, *The Wisdom of God Manifested in the Works of the Creation, in Two Parts*, 2nd ed. (London: Samuel Smith, 1692), vol. 1, pp. 37-41, 9off., 103-109, 116, 122; vol. 2, p. 76; Raven, *John Ray*, ch. 17; Donald Worster, *Nature's Economy: A History of Ecological Ideas* (Cambridge: Cambridge University Press, 1977), pp. 42-44. Merchant 讨论了自然、等级、平等的"生机"观点：*Death of Nature*, chs. 3-4；Worster 关于不同生态学传统的观点：*Nature's Economy*, chs. 1-2。最近对林奈的"自然的经济"（即"生态学"）的研究指出，这些问题需要重新考虑：Wolf Lepenies, *Autoren und Wissenschaftler im 18. Jahrhundert: Buffon, Linné, Winckelmann, Georg Forster, Erasmus Darwin* (Munich and Vienna: Carl Hanser Verlag, 1988), pp. 30-31; and Lisbet Koerner, "Nature and Nation in Linnaean Travel" (Diss., Harvard University, 1993), ch. 4), to be published as *Nature and Nation in Linnaeus's Travel* (Cambridge, Mass.: Harvard University Press, forthcoming)。

50 Caspar Bauhin (1560-1624), *Pinax Theatri Botanici* (Basel: L. Regis, 1623; Basel: Joannis Regis, 1671). 梅里安很可能使用了雅各布·西奥多鲁斯 (Jacob Theodorus) 首次整理的合本：*Neu Vollkommen Kräuter-Buch... erstächen durch Casparum Bauhinum... gehesset ...durch Hieronymum Bauhinum...vermehrt* (Basel: Jacob Werenfels, 1664), with appendixes with plant names in German, Latin, English, French, Italian, and Arabic, 关于17世纪鲍欣的研究的重要性，参见 John Lewis Heller, *Studies in Linnaean Method and Nomenclature* (Frankfurt am Main: Verlag Peter Lang, 1983), pp. 41, 49, 67-69; and Scott Atran, *Fondements de l'histoire naturelle: Pour une anthropologie de la science* (Brussells: Editions Complexe, 1986), pp. 67-71。

51　*Rau*79, verso of title page; *Rau*83, verso of title page. Francesco Redi, *Esperienze Intorno alla Generazione degli Insetti* (Florence: All'insegna della Stella, 1668). Marcello Malpighi, *Dissertatio Epistolica de Bombyce* (London: John Martin and James Allestry, 1669). 1683 年的诗句, 还提到了其他的博物学家, 其中包括马丁·利斯特 (Martin Lister) 关于蜘蛛的论述 (*Historiae Animalium Angliae Très Tractatus* [London: J. Martin, 1678] , Tract I)。

52　*Rau*79, plate47. 1691 年于纽伦堡出版的 Caspar von Stieler 的字典中, 没有给出 "Dattelkern" 的比喻意, 只给出了 "caryotae, ossa dactylorum" 的含义, 意思是"枣核"(*Der Teutschen Sprache* [Nuremberg: Johann Hofmann, 1691] , p. 121)。根据格林兄弟 (Grimm brothers) 的说法, 最早用 "Dattelkern" 来指代蛹是在 1721 年, 在 Barthold Heinrich Brockes 于汉堡出版的一首宗教诗中 (*Jacob and Wilhelm Grimm, Deutsches Wörterbuch* [Leipzig: S. Hirzel, 1860] , vol. 2, p. 827)。也许 Brockes 受到了梅里安的《毛虫》的影响。Johann Leonhard Frisch (1666-1743), 语言学家兼博物学家, 他用 Puppe 来表示休眠期的蛹 (*Beschreibung von allerley Insecten in Teutschland*, 13 vols. [Berlin: Christoph Gottlieb Nicolai, 1732] , vol. 3, pp. 18-19, 24-26; *Nouveau Dictionnaire des passagers François-Allemand et Allemand-François* [Leipzig: Johann Friedrich Gledischen, 1780] , p. 437)。

53　关于昆虫学中的图解说明, 参见 Claus Nissen, *Die Zoologische Buchillustration: Ihre Bibliographie und Geschichte*, 2 vols. (Stuttgart: Anton Hiersemann, 1969-1978), 尤其是 : Theodor A. Wohlfahrt, "Schmetterlinge in der Illustration," vol. 2, pp. 306-326。

54　Schiebinger, *The Mind Has No Sex?* pp. 66-67. 克里斯托弗·阿诺德在他的赞美诗中也将梅里安与戈达特相提并论:"泽兰的戈达特曾经写过的那些东西, 读者阅读时候当然满心欢喜; 不过值得称赞的是, 一个女人也渴望为你做这些事。"(*Rau*79 verso of title page)

55　Johannes Goedaert, *Metamorphosis Naturalis, ofte Historische Beschryvinge van den Oorspronk, aerd, eygenschappen ende vreemde veranderinghen der wormen, rupseny maeden, vliegen, witjem, byen, motten ende dierghelijche dierkens meer*, 3 vols. (Middelburg: Jacobus Fierens, n.d. [1662-1669]); *Metamorphosis et Historia Naturalis Insectorum Autore Joanne Goedartio, Cum Commentants D. Joannis de Mey*, 3 vols. (Middleburg: Jacobus Fierens, n.d. [1662-1669?]). 关于戈达特, 参见 Beier, "Renaissance Naturalists," p. 92; Schierbeck, *Swammerdam*, pp. 140-144, 166, 172。

56 Johannes Godartius, *Of Insects: Done into English, and Methodized, with the Addition of Notes; The Figures Etched upon Copper, by Mr Fr Pi* [*Francis Place*] (York: printed by John White for M.L. [Martin Lister], 1682), preface by Martin Lister. 三年后有了拉丁文版本：*De Insectis in methodum redactus* (London: S. Smith, 1685)。关于马丁·利斯特（Martin Lister），他是约翰·雷的合作者，参见 Raven, *John Ray*, pp. 137-142; and n. 51 above。

57 前林奈时代的植物分类和排序系统，参见 James L. Larson, *Reason and Experience: The Representation of Natural Order in the Work of Carl von Linné* (Berkeley: University of California Press, 1971), ch. 1; Atran, *Fondements*, ch. 2; Raven, *John Ray*, pp. 189-200; and Allen J. Grieco, "The Social Politics of Pre-Linnaean Botanical Classification," *I Tatti Studies: Essays in the Renaissance*, 4 (1991): 131-149。

58 *Rau*79, verso of title page.

59 *Rau*79, plate 41, pp. 83-84.

60 17 世纪中叶，玛格丽莎·德黑尔（Margaretha de Heer）曾经针对带有一两朵花的昆虫、蛾和蝶进行了精细的研究，但并没有表现出其变态过程或食物习惯或比较性解剖（*Roses and Butterflies*, 1651, Amsterdam, Amsterdams Historisch Museum; *Butterflies, Insects, and a Hyacinth*, Groningen, Groninger Museum; *Still Life with Insects, Shells, and a Beetle*, 1654, Hartford, Wadsworth Atheneum）。阿姆斯特丹的雷切尔·勒伊斯（Rachel Ruysch, 1664—1750) 在静物画中画了许多昆虫，她是一位艺术家兼博物学家，很值得研究。她是一位重要的阿姆斯特丹解剖学家兼植物学家的女儿，17 世纪 90 年代，她还是玛利亚·西比拉·梅里安的学生（见本章进一步介绍）。Sutherland and Nochlin, *Women Artists*, pp. 144, 158-160.

61 Raven, *John Ray*, pp. 394-395. 至少雷的妻子 Margaret Oakley Ray 曾有一次为他捕蛾，但更常规的采集者是他的女儿们。詹姆斯·彼得佛（James Petiver）曾收到 Elizabeth Glanville 寄去的几件标本，她是"一个极为好奇英国昆虫知识的人"(James Petiver, *Musei Petiveriani Centuria Prima, Rariora Naturae* [London: Samuel Smith and Christopher Bateman, 1703], Addendum no. 10: *Gazophylacii Naturae et Artis Decas Prima* [London: Christopher Bateman, 1702], p. 12)。但 Glanville 没有留下任何著作。Petiver 还收到了卡罗来纳的 Madame Williams 的蝴蝶标本。马丁·利斯特（Martin Lister）的妻子 Anna 及他的女儿 Susannah 为他的贝壳书

Historia Conchyliorum（1685）绘制了一千多幅图画，但是是他本人提供了文字和观察结果（Raven, *John Ray*, p. 139）。勒内-安托万·德列奥米尔（René-Antoine de Réaumur,1683—1757）雇用了一位女性为他的六卷本《昆虫记》(*Mémoires pour servir à l'histoire des insectes*,1734-1742) 作画，他说这位女人的"谦虚"使他无法公布她的名字（Tuxen, "Entomology", p. 98）。与性别观点相关的昆虫学写作领域里值得研究的一个人物是 Priscilla Bell Wakefield(1751—1832)。她是旅行文学作者和畅销植物学作者，出版了《昆虫的自然历史和分类介绍》(*An Introduction to the Natural History and Classification of Insects*, in a Series of Familiar Letters) (London: Darton, Harvey and Darton, 1816)。关于她的植物学和写作风格，参见 Ann B. Shteir, *Cultivating Women, Cultivating Science: Flora's Daughters and Botany in England, 1760-1860* (Baltimore: Johns Hopkins University Press, 1996)。

62　Raven, *John Ray*, pp. 396-397, 407-416. 后来，Antonio Vallisnieri(1661—1730) 曾试图为所有昆虫设计一个分类系统，按其通常的生境（栖息地）和食物来分类：以植物为食、生活在水中、陆地上，或以动物或肉为食（"Idea nuova d' una Divisione generale degli Insetti," *Opera Fisico-Mediche*, 3 vols. [Venice: Sebastian Coleti, 1733]，vol. 1, pp. 196-212）。亦参见 Beier, "Renaissance Naturalists," p. 91; and Tuxen, "Entomology," pp. 106-107。

63　关于这类作品的评论，参见 Londa Schiebinger, "The History and Philosophy of Women in Science: A Review Essay," *Signs* 12 (1987): 305-322; L. J. Jordanova, "Gender, Science and Creativity," in Maureen McNeil, ed., *Gender and Expertise* (London: Free Association Books, 1987), pp. 152-157; Paula Findlen, "Essay Review: Gender and the Scientific 'Civilizing Process," *Journal of the History of Biology*, 24 (1991): 331-338。除了谢宾格（Schiebinger）的作品（完整出处见注释4）及卡洛琳·默切特（Carolyn Merchant）的作品（完整出处见注释48），在下面作品中也讨论了现代早期，语境中的性别问题和科学：L. J. Jordanova, *Sexual Visions: Images of Gender in Science and Medicine between the Eighteenth and Twentieth Centuries* (New York: Harvester Wheatsheaf, 1990); David F. Noble, *A World without Women: The Christian Clerical Culture of Western Science* (New York: Alfred A. Knopf, 1992); Paula Findlen, "Science as a Career in Enlightenment Italy: The Strategies of Laura Bassi," *Isis* (1993): 441-469; and Lisbet Koerner, "Goethe's Botany: Lessons of a Feminine Science," ibid., pp. 470-495。虽然这些作者对女人在科学探究中的作用，或对性别、创造力和科学风格的看法并不总是一致，但他们确实同意所有这些问题都是历史进程和不断变化的文化分类的产物。即使是卡洛琳·默切特，她也称女性与生机自然之间存在着"古老的联系"，她认为这是一种"历史相互联结"（*Death of Nature*, pp. xv-xvii）。

64　*Rau*79, fols. 3r, N4r-v. 在 1683 年的那一卷中，梅里安的目的是"通过上帝的受造物，来增添对上帝的赞美"（fol. C3r）。这些昆虫常被人瞧不起，认为它们无足轻重，毫无用处，但它们"呈现在人类眼中的是上帝的荣耀和智慧"(fragment of a translation of the opening of the 1683 *Raupen* by James Petiver, British Library, Manuscripts, Sloane 2352, fol. 17v)。

65　Goedaert, *Metamorphosis naturalis*, "Aen den goedtwilligen Leser." 戈达特居住的米德堡是加尔文主义的一个重要传播中心，城中也有宗教改革的虔信派和秘密集会的圈子。亦参见 Raven, *John Ray*, p. 407。

66　Swammerdam, *Algemeene Verhandeling van de Bloedeloose Dierkens*, dedication. Schierbeek, *Swammerdam*, pp. 32-36 and plate 10.

67　Jean de Labadie, *Les Entretiens d'Esprit du Jour Chretien, ou les Reflexions Importantes du Fidele* (Amsterdam: Laurans Autein, 1671), p. 4.

68　Mathias Merian the Younger, "Selbstbiographie," p. 239. 亦 参 见 Dietz, *Frankfurter Handelsgeschichte*, vol. 3, pp. 128-129, 关于这些家庭纷争的更多证据。

69　玛利亚·西比拉·梅里安在纽伦堡的那段时间里，雅各布·马雷尔曾有些经济困难。尽管他有负债，但他的遗嘱和财产清单（在"二战"法兰克福轰炸中遗失，但在这之前已被研究过）显示，他有一笔可观的遗产可以传下去。Zulch, *Frankfurter Künstler*, pp. 538-539. 约翰娜·西比拉和玛丽亚·西比拉对萨拉·马雷尔的丈夫海因里希·鲁珀特的诉讼：StAF, Ratssupplication 144 (1685), fol. 148r-v. 同样这些年里，小马蒂亚斯·梅里安的妻子 Antonetta Margretha 就她已故父亲 Remy Barthels 的遗嘱提起诉讼：StAF, Schöffer-Gerichtsbücher 806, vol. 795 (1683)。

70　关于法兰克福岁月中玛利亚·西比拉·梅里安的昆虫观察：Frankfurt, June 1685 (*Stud*, no. 169, fol. 62); May 1683, 18 June 1684 (Frankfurt), 24 June 1684 (*Rup*17, nos. 12, 22, 23, 44). MSM to Clara Regina Imhoff, 25 July 1682; 8 December 1684; 3 June 1685 年 6 月 3 日："我丈夫想去纽伦堡，但我不知多久成行"(RS*Mer*, nos. 1, 3, 5, pp. 61-63. Graff's picture of the Egidienplatz in Nuremberg, dated 1682, Nuremberg, Germanisches Nationalmuseum, Kupferstich-Kabinett, SP6590, K7373. 到了 1686 年 4 月，

玛利亚·西比拉·梅里安就已在弗里斯兰开始记录昆虫观察（*Stud*, no.
203, fol. 76）。

71 Philipp Jakob Spener, *Pia desideria*, trans. Theodore G. Tappert
(Philadelphia: Fortress Press, 1964). Johannes Wallmann, *Philipp Jakoh
Spener und die Anfänge des Pietismus* (Tübingen: J. C. B. Mohr, 1986), part
3 on the Frankfurt years; idem, *Der Pietismus* (Göttingen: Vandenhoeck and
Ruprecht, 1990), especially chs. 3, 5. 拉巴迪派思想对斯伯纳的影响很大，
但斯伯纳始终主张留在教会内部，从内部构建宗教生活。K. Leder, "Die
religiöse und kirchliche Entwicklung im 18. Jahrhundert," in Pfeiffer, ed.,
Nürnberg-Geschichte, pp. 324-325.

72 Johanna Eleanore von Merlau Petersen (b. 1644), *Leben Frauen Joh.
Eleonora Petersen Gebohrner von und zu Merlau* (no place or publisher,
1718)，约翰娜·埃利奥诺尔·冯梅劳的自传跟他的丈夫约翰·威廉姆·彼
得森的自传装订在一起出版：*Das Leben Jo. Wilhelmi Petersen* (no place
or publisher, 1717), Herzog August Bibliothek, Wolfenbüttel。1719 年，这
两本自传一同再版（copy at Princeton Theological Seminary）。埃利奥诺
尔年轻时代大部分在法兰克福度过，彼得森在那里第一次见到她，在她
结婚前的几年里，她一直待在法兰克福以及附近的哈瑙。1680 年结婚后
的某个时候，她和约翰·威廉姆离开法兰克福，前往阿姆斯特丹和其他地方，
所以不确定她和玛利亚·西比拉是否能在 1681 至 1685 年交谈。

73 Jean de Labadie, *Entretiens d'Esprit*, pp. 38ff. 关于早期基督教会的信仰
(Dutch edition noted in T. J. Saxby, *The Quest for the New Jerusalem: Jean
de Labadie and the Labadists, 1610-1744* [Dordrecht: Martinus Nijhoff,
1987]，p. 442, no. 27). Jean de Labadie, *Les divins hérauts De la penitence
au Monde... pour servir à la grande oeuvre d'une Reformation universelle
et d'un general Renouvellement* (Amsterdam: Daniel Elzevier, 1667), pp.
41-49. Idem, *La Reformation de l'Eglise Par le Pastorat* (Middleburg,
Netherlands: Henry Smidt, 1667), p. 46. 关于女人缺乏稳重谦逊精神（安
娜·玛利亚·范舒尔曼曾经寄给法兰克福的斯伯纳一份副本；参见
Saxby, *New Jerusalem*, p. 234）。Idem, *Traité du Soi et Des diverses sortes
de Soi, ou Le Renoncement à Soi meme* (Herford, Germany: Laurans Autein,
1672); German translation by Hermann Strauch: *Tractelein von der Selbst-
Verläugnung* (Herford: Cornelis van der Meulen, 1672). Idem, *Le Triomphe
de L'Eucharistie* (Amsterdam: Abraham Wolfgang, 1667), fols. *2r-*8v: "A
Mademoiselle Anne Marie de Schurman, Humble et Fidelle Servante de

Dieu." 玛利亚·西比拉·梅里安在弗里斯兰的岁月里，将变得精通荷兰语和法语，但因家庭关系，她很可能在 17 世纪 80 年代就能读懂荷兰语和法语。

74　Anna Maria van Schurman, *Eukleria seu Melioris Partis Electio* (Altona: Cornelius van der Meulen, 1673); Eukleria, *seu Melioris Partis Electio: pars secunda* (Amsterdam: Jacques van de Velde, 1684, with a second edition in 1685). Saxby, *New Jerusalem*, pp. 117-118, 148, 176-177, 189-190, 224-235; Joyce Irwin, "Anna Maria van Schurman: From Feminism to Pietism," *Church History*, 46 (1977): 48-62; idem, "Anna Maria van Schurman and Antoinette Bourignon: Contrasting Examples of Seventeenth-Century Pietism," *Church History*, 60 (1991): 301-315; Mirjam de Baar et al., eds., *Anna Maria van Schurman (1607-1678): Een uitzonderlijk geleerde vrouw* (Zutphen: Walburg Pers, 1992). 范舒尔曼与其他女性灵修人士的通信，如异象体验者 Antoinette Bourignon (*Euklaria ...pars secunda*, p. 113)，以及受到她的自传影响的约翰娜·埃利奥诺尔·冯梅劳 (Saxby, *New Jerusalem*, pp. 225, 233)。

75　Erasmus, *Laus stultitiae* (Basel, 1676), listed in Zülch, *Frankfurter Künstler*, p. 550. Sebastian Brant, *Wol-geschliffener Narren-Spiegel* ("Freystadt," n.d. [Nuremberg, 1730?]), published with Caspar Merian's illustrations posthumously (copy SUBF, N. libr. Ff. 5520).

76　MSM to Clara Regina Imhoff, 3 June 1685, Frankfurt, in RS*Mer*, no. 5, p. 63.

77　Jean de Labadie, *Le Héraut du Grand Roy Jesus* (Amsterdam: Daniel Elzevir, 1667); idem, *Les divins hérauts De la penitence au Monde*. Pierre Yvon [and Pierre Dulignon], *L'Homme penitent en trois traitez: Mis au jour Par Pierre Yvon, Pasteur de l'Eglise Reformée retirée du monde, et recueüeillie maintenant à Wiwert en Frise* (Amsterdam: Jaques van de Velde, 1683). Pierre Yvon, *L'Hommepecheur proposé selon tous ses caractères et sur tout selon son amour propre criminel* (Amsterdam: Jacques van de Velde, 1683; Dutch edition, Amsterdam, 1684). 让·德拉巴迪 (1610—1674) 原先是法国的耶稣会士，后成为法国、日内瓦和尼德兰地区的新教牧师，最后是"退隐避世"的忏悔基督独立团体的创始人。关于他非凡的一生，参见 Saxby, *New Jerusalem*; and Michel de Certeau, *The Mystic Fable*, vol. 1: *The Sixteenth and Seventeenth Centuries*, trans. Michael B. Smith (Chicago: University of Chicago Press, 1992), ch. 9。皮埃尔·伊凡在少年时代就受

到拉巴迪对蒙托邦新教社区布道的影响，1662 年在日内瓦加入拉巴迪派学习，从那时起，他的所有宗教活动都与拉巴迪为伴。1674 年拉巴迪去世后，他接管了魏沃特社区的领导权。伊凡于 1707 年在弗里斯兰去世。皮埃尔·杜利农（Pierre Dulignon）也来自法国的一个新教家庭，在日内瓦求学期间就很信服拉巴迪派。Saxby, *New Jerusalem*.

78 Saxby, *New Jerusalem*, ch. 11.

79 Pierre Yvon, *Des Omemens mondains, ou le Luxe du siècle: Condamné par l'Ecriture Sainte at les Premiers Docteurs de l'Eglise* (Amsterdam: Jaques van de Velde, 1684), especially chs. 8-9; Dutch edition, *Van de Wereltsche vercierselen* (Amsterdam: Jaques van de Velde, 1685). Yvon [and Dulignon] , Homme penitent, especially Dulignon's "De la pauvreté de l'esprit, comme singulièrement propre du veritable Penitent," pp. 179-289. Saxby, *New Jerusalem*, pp. 244-247. StAF, Ratssupplication 149 (1690), fol. 78r-v.

80 *Rau*79, fol. 3V.

81 Dittelbach, *Verval en Val*, pp. 18-19. 女儿们也不愿意见父亲。格拉夫一度很生气。Pierre Yvon, *Le Manage chrétien: Sa sainteté et ses devoirs* (Amsterdam: Jaques van de Velde, 1685), chs. 28, 32-33, 36. 拉巴迪对婚内淫荡及罪行的观点，参见 *Divins hérauts*, pp. 41-43。1670 年，在拉巴迪教派团体于黑尔福德成立之初，拉巴迪就敦促所有单身成员独身禁欲，敦促已婚夫妇节制欲望。1671 年，当 Catherine Martini 被发现怀上了皮埃尔·伊凡的孩子时，就重新制订了这一政策，然后，拉巴迪、伊凡和其他单身男女就都有了伴侣 (Saxby, *New Jerusalem*, pp. 211-213)。The English vicar: ibid., pp. 257-258. Thomas Safley, *Let No Man Put Asunder: The Control of Marriage in the German Southwest-A Comparative Study, 1550-1600* (Kirksville, Mo.: Sixteenth Century Journal Publishers, 1984), pp. 33-37.

82 *Neue Zeitungen von Gelehrten Sachen auf des Jahr MDCCXVII*, 23 (20 March 1717): 178 (在《毛虫》第三卷出版后，引发的一篇文章：格拉夫有着"羞耻恶好"，逃离了制裁）；and ibid., 95 (November 1717): 767-768（来自纽伦堡的更正：梅里安离开格拉夫，加入了拉巴迪社团）。Doppelmayr, *Historische Nachricht*, p. 269.

83 Staatsarchiv Nürnberg, Ratsverlässe Nr. 2936, 12 August 1692; RS*Mer*, p. 13. StAF, Ratssupplication 149, 16 September 1690: 梅里安想放弃她在法兰克福的公民身份。据推测，在她母亲去世后，她被核算为拥有价值 1,000

荷兰盾的财产，需要为此缴纳 100 盾的税。她说，她在法兰克福的任何财产都属于格拉夫，她已与格拉夫分居。

84   Mirjam de Baar, " 'En onder 't hennerot het haantje zoekt te blijven' : De betrokkenheid van vrouwen bij het huisgezin van Jean de Labadie (1669-1732)," *Jaarboek voor Vrouwengeschiedenis*, 8 (1987): 11-43, 202. Dittelbach, *Verval en Val*, p. 34. Saxby, *New Jerusalem*, p. 253. 亦可参考 Jasper Danckaerts 在北美旅行一年后，回到魏沃特时的反应："大约十点钟抵达我们的家，那里所有人都张开双臂和心灵迎接我们，他们本着主的爱，殷切接待我们。" (Jasper Danckaerts, *Journal of a Voyage to New York in 1639-80, by Jasper Dankers and Peter Sluyter of Wiewerd in Friesland*, trans. Henry C. Murphy [Memoirs of the Long Island Historical Society, 1] [Brooklyn: Long Island Historical Society, 1867] , p. 428).

85   Labadie, *Traité du Soi*, pp. 1, 75-78, 90-91; Yvon [and Dulignon] , *Homme penitent*; Yvon, *L'Homme pecheur*; Saxby, *New Jerusalem*, pp. 246-249.

86   1677 年访问魏沃特时，贵格会的 William Penn 曾说："他们是严肃朴素的一群人，十分亲近，更似朋友；从聚会中的沉默、女人演讲、圣灵讲道、朴素的服装和他们房子里的家具中也能看到这点。" (William Penn, *An Account of IV. Penn's Travails in Holland and Germany, Anno MDCLXXVII : For the Service of the Gospel of Christ* [London: T. Sowie, 1694] , p. 175). Saxby, *New Jerusalem*, p. 251. Mirjam de Baar 表示，Penn 误将"女人翻译"认作"女人演讲" ("De betrokkenheid van vrouwen," p. 32)，但不清楚为什么他这样认为。关于女人像男人一样进行预言式演说的正当性，让·德拉巴迪曾经在下面的书中进行过鼓励性的阐述 : *Traité eclesiastique* [sic] *Propre de ce tams ... ...L'Exercise Profetique selon St. Pol ... sa Liberté, son Ordre, et sa Pratique* (Amsterdam: Pierre Boeteman, 1668)，这引起了很大争议，也影响了法兰克福路德虔信派会议的实验。

87   《善途》不仅是一部灵修自传，也是一部拉巴迪派运动史，包括赞美女性教派成员、为拉巴迪派纲领辩护 (e.g., *Pars Secunda*, ch. 5 and pp. 34-35, 38)。Mirjam de Baar, " 'Wat nu het kleine eergeruchtje van mijn naam betreff...' : De Eukleria als autobiografie," in de Baar et al., eds., *Van Schurman*, pp. 93-107.

88   Pierre Yvon, *Getrouw verhael van den Staet en de Laetste Woorden en Dispositien Sommiger personen die God tot sich genomen heeft* (Amsterdam: Jacob van de Velde, 1681 and 1683). Also in French; and in English: *A Faithful Relation of the State and the Last Words and Dispositions Of certain*

Persons whom God hath taken to himself (Amsterdam: Jacob van de Velde, 1685): 包括十名女子和三名男子的圣善去世过程。

89　Saxby, *New Jerusalem*, pp. 245-247.

90　Irwin, "Van Schurman," pp. 58-61; de Baar, "De Eukleria." Lindeboom, *Letters of Swammerdam*, pp. 16-17; Schierbeek, *Swammerdam*, pp. 32-37.

91　Jean de Labadie, *Abrégé Du verkable Christianisme et Teorique et Pratique ou Receuil de maximes Chrétiennes*, 2nd ed. (Amsterdam: Laurens Autcin, 1670), p. 143.

92　范舒尔曼作品的一份不全的清单, 大部分是肖像画: G. D. J. Schotel, *Anna Maria van Schurman* (s' Hertogenbosch: Muller, 1853), Appendix B; 若干自画像: de Baar et aL, eds., Van Schurman. Katlijne Van der Stighelen, " 'Et ses artistes mains ... De kunstzinningheid van Anna Maria van Schurman," ibid., pp. 61-74. Yvon, *Ornemens mondains*, pp. 97-98; idem, *Van de wereltsche vercierselen*, p. 91。

93　Saxby, *New Jerusalem*, p. 245.

94　Labadie, *Traité du Soi*, pp. 8-9. Idem, *Abrégé Du veritable Christianisme*, pp. 144-145: 人眼观看上帝的受造物, 便可以保持 "纯洁无邪"。除了适量的肖像画, 伊冯允许画家 "表现直接出自上帝之手的作品" (*Ornemens mondains*, pp. 97-98)。

95　*Rau*17, nos. 37 (1690), 38 (1690); *Stud*, no. 173, fol. 63 (August 1689); no. 181, fol. 66 (August 1690); no. 203, fol. 76.

96　我使用了这本研究手册的原版, 现藏于圣彼得堡科学院图书馆 (call number F n. 246)。

97　*Stud*, p. 141.

98　关于梅里安时代的那些生活记录和德语灵修自传, 参见 Georg Misch, *Geschichte der Autobiographie*, 4 vols. (Frankfurt am Main: G. Schuylte-Bulmke, 1949-1970), vol. 4, pp. 809-817; and Katherine M. Faull, "The American Lebenslauf: Women's Autobiography in Eighteenth-Century Moravian Bethlehem," *Yearbook of German-American Studies*, 27 (1992): 23-48。

99　这是 Irina Lebedeva 在 *Stud* 的引言中的猜测。

100　Yvon, *Manage chretien*, ch. 39, especially pp. 374-384, 400-402; Dittelbach, *Verval en Val*, pp. 19-22; Saxby, *New Jerusalem*, pp. 248-249. 在社区工作五年后, 迪特尔巴赫于 1688 年左右带着妻儿离开。(ibid., p. 313).

101　Saxby, *New Jerusalem*, p. 247.

102 Peter King, *The Life of John Locke, with Extracts from His Correspondence, Journals and Common-place Books* (London: Henry Colburn, 1829), pp. 162-163, journal entry of 21 August 1685.

103 Yvon, *Ornemens mondains* (1684); idem, *Van de Wereltsche vercierselen* (1685).

104 *Rup* 17, no. 14, 1683 年 6 月，当时她在法兰克福，就有标本从纽伦堡附近的施瓦巴赫寄给她。

105 Saxby, *New Jerusalem*, pp. 268-271, summing up family correspondence in Rijksarchief Utrecht 26.1137 from the years 1689-1692.

106 在这本研究手册中，梅里安最后一次于弗里斯兰的观察，是关于一只金黑条纹毛虫。她于 1690 年 8 月在魏沃特发现了这只毛虫，次年（1691年）6 月这只毛虫变成了蝴蝶。在后来的手稿中，她添加了描述："1691年 9 月 28 日，我在阿姆斯特丹发现了一只类似的毛虫。"后来的说法："这个变态过程列入了我的第三本毛虫书中。"（*Stud*, no. 181, fol. 66; see *Rup* 17, no. 18）

107 Saxby, *New Jerusalem*, pp. 245, 247, 314-316.

108 关于梅里安抵达的这个世界的概况，参见 Violet Barbour, *Capitalism in Amsterdam in the Seventeenth Century* (Ann Arbor: University of Michigan Press, 1960); J. L. Price, *Culture and Society in the Dutch Republic during the Seventeenth Century* (New York: Scribner, 1974); Svetlana Alpers, *The Art of Describing: Dutch Art in the Seventeenth Century* (Chicago: University of Chicago Press, 1983); Simon Schama, *The Embarrassment of Riches: An Interpretation of Dutch Culture in the Golden Age* (Berkeley: University of California Press, 1988); Dirk J. Struik, *The Land of Stevin and Huygens: A Sketch of Science and Technology in the Dutch Republic during the Golden Century* (Dordrecht: D. Reidel, 1981); Wim de Bell et al., *De "wereld" binnen handbereik: Nederlandse kunsten rariteitenverzamelingen, 1585-1735, Catalogue of an exhibit at the Amsterdam Historical Museum, 26 June 1992-11 October 1992* (Amsterdam: Amsterdams Historisch Museum, 1992)。关于中世纪晚期和近代早期尼德兰地区女性生活和工作的概况，以及自传，参见 Rudolf Dekker, "Vrouwen in middeleeuws en vroeg-modern Nederland," in Georges Duby and Michelle Perrot, eds., *Geschiedenis van de Vrouw*, vol. 3: *Van Renaissance tot de moderne tijd*, ed. Arlette Farge and Natalie Zemon Davis (Amsterdam: Agon, 1992), pp. 415-433。

109 Marriage contract of Joanna Helena Graffin with Jacob Hendrik Herolt, 28 June 1692 (Stuldreher-Nienhuis, *Merian*, p. 100, n. 1). Doppelmayr, *Historische Nachricht*, p. 270: 玛利亚·西比拉·梅里安的女儿嫁给了 "Johann [sic] Herold"，赫洛特"在苏里南的贸易中交了好运"。

110 玛利亚·西比拉·梅里安的学生之一是雷切尔·勒伊斯（Rachel Ruysch, 1664—1750），她是解剖学家和医生弗雷德里克·勒伊斯 (Frederick Ruysch) 的女儿；雷切尔·勒伊斯后来成了著名的静物画家。关于艾格尼丝·布洛克，参见 Cornelia Catharina van de Graft, *Agnes Block, Vondels nicht en vriendin* (Utrecht: A. W. Bruna, 1943), pp. 116, 118; and de Bell et al., eds., *De "wereld,"* pp. 134-136。Valerius Röver 的珍奇柜里就有几幅玛利亚·西比拉·梅里安的画作，其中包括一幅 1697 年完成的禽鸟画 (de Graft, *Block*, p. 150, no. 7)。1696 年，哥本哈根罗森堡王宫的财产清单（也就是丹麦王室的私人收藏）中记录了五十幅梅里安的花卉水彩画，那些类型的花卉收在她的《花谱集》(*Blumenbuch*) 中；这些画作很可能是在梅里安到达阿姆斯特丹后，丹麦王室从她那里购得的。Claus Nissen, *Die Botanische Buchillustration: Ihre Geschichte und Bibliographie* (Stuttgart: Anton Hiersemann, 1966), vol. 2, p. 38, no. 389.

111 MSM to Clara Regine Scheurling, born Imhoff, 29 August 1697, Amsterdam, in RS*Mer*, no. 6, p. 64: "自从我最后一次听到纽伦堡的那些挚友的消息以来，已经过去了很多年。" S. A. C. Dudok van Heel, "Honderdvijtig advertenties van Kunstverkopingen uit veertig jaargangen van de Amsterdamsche Courant, 1672-1711," *Amstelodamum*, 67 (1975): 160, no. 52. 与米歇尔·范马斯切尔的关系，他在 1699 年被委任为梅里安的遗嘱执行人：ibid., p. 166, no. 91; GAA, Notary Samuel Wijmer, 4830, no. 49, pp. 186-187, act of 23 April 1699; 4864, no. 23, pp. 112-114, act of 23 April 1699。关于米歇尔·范马斯切尔 (Michiel van Musscher, 1645—1705)，风俗画家、肖像画家及天文仪器画家，参见 Arnold Houbraken, *De Groote Schouburgh der Nederlantsche Konstschilders en Schilderessen* (The Hague, 1753; reprint Amsterdam: B. M. Israel, 1976), vol. 3, pp. 210-212; Walther Bernt, *Die Niederländischen Maler des 17 Jahrhunderts*, ed. Hans Sauermann, 4 vols. (Munich: Munich Verlag, 1948-1962), vol. 2, nos. 571-572; Peter Sutton, *Masters of Seventeenth-Century Dutch Genre Painting* (Philadelphia: Philadelphia Museum of Art, 1984), pp. 266-267 and plate 124; and de Bell et al., *De "wereld, "* pp. 182-183。

112 GAA, Notary S. Wijmer, 4830, no. 49, 23 April 1699; 4864, no. 23, pp. 112-

114, 23 April 1699. 格拉夫 1701 年去世。

113 收藏家、药剂师、英国皇家学会会员詹姆斯·彼得佛（James Petiver）在他的作品中列出了 1679 年和 1683 年的《毛虫》: *Musei Petiveriani Centuria Prima, Rariora Naturae Continens: Viz. Animalia, Fossilia, Plantas* (London: S. Smith and B. Walford, 1695), p. 16。约翰·雷在 1703 年就知悉梅里安的书，当时他正在编写他的《昆虫史》，但他决定不讨论梅里安的书或其他欧洲人的作品，因为他只限于讨论英国物种（Raven, *John Ray*, pp. 400-401）。米夏埃尔·伯恩哈德·瓦伦蒂尼（Michael Bernhard Valentini），一位吉森的医学教授，他曾到法兰克福拜访过玛利亚·西比拉·梅里安，他在 1704 年的《博物馆名录》(*Museum Museorum*) 中提到了《毛虫》，并说 Hennike 曾经翻译过，将手稿寄给他，但从未出版 (*Museum Museorum*, 2nd ed., 3 vols. [Frankfurt am Main: Heirs of Johann David Zunner and Johann Adam Jung, 1714], vol. 1, p. 512)。博物学家安东尼·范·列文虎克（Antonie Van Leeuwenhoek）在 1697 年就知道梅里安的研究，并在 1697 年沙皇访问代尔夫特时向彼得大帝提到了她 (Lukina, *Merian*, p. 146)。关于梅里安在 1691 年至 1699 年的昆虫研究 : *Met*D and *Met*L, "To the Reader" ; Rup17, Preface (observation of an ant nest, 25 July 1694), no. 4 (observation 8 September 1695, Amsterdam); no. 18 (observation 28 September 1691, Amsterdam)。

114 阿姆斯特丹的一个科学协会，成员中有斯瓦默丹，1672 年后停止了聚会 (Lindebloom, *Letters of Swammerdam*, p. 11)。男性科学交流的特点 : *Johannis Gaubii Epistola problematica, Prima, Ad Virum Clarissimum Fredericum Ruyschium M.D.* (Amsterdam: Johannis Wolters, 1696). Caspar Commelin, *Horti Medici Amstelaedamensis Rariorum tarn Africanarum, quam Utriusque Indiae, aliarumque Peregrinarum Plantarum ... Descriptio et leones* (Amsterdam: P. and I. Blaeu and the widow of Abraham van Someren, 1701), vol. 2, frontispiece. Jan Weenix, 艾格尼丝·布洛克和她的第二任丈夫的画像，她的丈夫是丝绸商人 Sybrand de Flines，还有她的菠萝和各种画作，以及博物学家感兴趣的物品，包括蝴蝶作品 (Amsterdam Historical Museum). J. J. Poelhekke, "Elf brieven van Agnes Block in de universiteitsbibliotheek te Bologna," *Mededlingen van het Nederlands Historisch Instituut te Rome*, 32 (1963): 3-24.

115 Monique M. C. Nederveen, "De Geschiedenis van de Amsterdamse Hortus," *Tuinjoumal* (July 1989): 3-49. 卡斯柏·科梅林 (Caspar Commelin, 1667—1731) 接替其伯父扬·科梅林 (Jan Commelin,

1629—1692）担任植物园园长，并接手他创建的图鉴植物名录项目。

116　*MetD* and *MetL*, "To the Reader." *Catalogus Musaei Ruyschiani...*
Preparatorum Anaiomicorum, variorum Animalium, Plantarum, aliarumque
Rerum Naturaiium … collegit …Fredericus Ruyschius (Amsterdam:
Janssonio-Waesbergios, 1731); 勒伊斯的珍奇柜里有一些非凡的人类
胚 胎。*Description abregée des Planches, qui représentent les cabinets et*
quelquesunes des Curiosités, Contenues dans le Theatre des Merveilles de la
Nature de Levin Vincent (Haarlem: Levinus Vincent, 1719): insect section
of the cabinet, p. 6 and plate 3; 到了 1719 年，就收入了梅里安的苏里南
标本和画作。

117　Gilbert Waterhouse, Introduction to G. C. de Wet, ed., *Simon van der SteVs*
Journey to Namaqualand in 1685, trans. R. H. Pheiffer (Capetown and
Pretoria: Human and Rousseau, 1979), pp. 18-20; Graft, *Block*, p. 104. 尼古
拉斯·维特森经常是图书题赠对象，例如扬·科梅林的那些植物学图书：
Catalogus Plantarum Horti Medici Amstelodamensis (Amsterdam: Arnold
Oosaen, 1689); and *Horti Medici Amstelodamensis Rariorum Plantarum*
Historia (Amsterdam: P. and J. Blaeu and Abraham van Someren, 1697)。
始终将他视作收藏家的角色：de Bell et al., *De "wereld, "*pp. 153-155 and
passim. Merian, *MetD* and *MetL*, "To the Reader"。 虽然在吕克尔和
斯特恩的《梅里安在苏里南》(*Merian*, pp. 84-137) 中，Sarah O'Brien
Twohig 和威廉·T·斯特恩 (William T. Stearn) 提供的《苏里南昆虫变态》
译文给了我很大帮助，但我也对照了初版的拉丁文和荷兰文，检查了我
所有的译文。

118　Dudok van Heel, "Advertenties," p. 160, no. 52. Stephen Blankaart,
Schouburg der Rupsen, Wormen, Maden, en Vliegende Dierkens
(Amsterdam: Jan ten Hoorn, 1688), p. 70 and plate 18. *MetD* and *MetL*, "To
the Reader."

119　Jean Gelman Taylor, *The Social World of Batavia: Europe and Eurasian*
in Dutch Asia (Madison: University of Wisconsin Press, 1983), pp. 12-
15; Rudolf M. Dekker and Lotte C. Van de Pol, *The Tradition of Female*
Transvestism in Early Modern Europe (London: Macmillan, 1989), pp. 33-
34, 引用了 1649 年的一封信件，由 Nicolaus de Graaff 寄给 J. K. J. de
Jonge。参考 1676 年至 1677 年，二十二岁的 Elizabeth van der Woude 所
遭遇的困境，当时她那鳏居的父亲死在一艘载着荷兰探险小队的船上，
他们试图在 Oiapoque 河边建立一个定居点，这个地方位于今天巴西和

圭亚那边境 (Lucy Hotz, "A Young Lady's Diary of Adventure in 1677: Journal of Elizabeth van der Woude," *The Blue Peter*, 9 [1929] : 611-618)。

120 Gonzalo Fernández de Oviedo (d. 1557), *De la natural historia de las Indias* (Toledo: Remon de Petras, 1526); idem, *La Historia General de las Indias, primera parte* (Seville: Juan Cromberger, 1535), commissioned by Emperor Charles V. 关于德奥维多及其作品，有许多版本和翻译，参见 Antonello Gerbi, *La natura delle Indie Nove: Da Cristoforo Colombo a Gonqalo Femandei de Oviedo* (Milan and Naples: Riccardo Ricciardi, 1975), 尤其关于自然史的部分 : pp. 385-425。

121 关于格奥尔格·艾伯赫·郎弗安斯 (Georgius Everhard Rumphius, 1627/28-1702)，参见 J. E. Heeres, "Rumphius' Levensloop" and other essays, in *Rumphius Gedenkboek*, 1702-1902 (Haarlem: Koloniaal Museum, 1902); H. C. D. de Wit, "Georgius Everhardus Rumphius" and other essays, in H. C. D. de Wit, ed., *Rumphius Memorial Volume* (Baarn: Uitgeverij en Drukkerij Hollandia, 1959); and Struik, *Land of Stevin*, pp. 128-130. 和梅里安一样，郎弗安斯也出生在德国，实际上，他出生在距离法兰克福不远的哈瑙，年轻时移居荷兰，1653 年成为为荷兰东印度公司服务的商人。

122 格奥尔格·马克格拉夫(Georg Marcgraf)于 1644 年在非洲去世。约翰·毛里茨亲王将马克格拉夫的手稿笔记以及绘画交给 Johan de Laet，编辑后跟皮索的小册子《巴西医药》(*De Medicina Brasiliensis*) 一起出版。参见 Georg Marcgraf and Willem Piso, *Historia Naturalis Brasiliae, Auspicio et Beneficio Illustriss, I: Mauritii Com. Nassau*, ed. Johan de Laet (Leyden: Franciscus Hackus, 1648; Amsterdam: Ludovicus Elsevier, 1648)。威廉·皮索在 1658 年出版了一个增订版，参见 Willem Piso and Georg Marcgraf, *De Indiae utriusque re naturali et medica libri quatuordecim* (Amsterdam: Ludovicus and Daniel Elzevier, 1658)。E. van den Boogaart, ed., *Johan Maurits van Nassau-Siegen, 1604-1699: A Humanist Prince in Europe and Brazil* (The Hague: Johan Maurits van Nassau Stichting, 1979), pp. 237-538; Dennis Channing Landis, ed., *The Literature of the Encounter: A Selection of Books from "European Americana"* (Providence, R.I.: John Carter Brown Library, 1991), no. 36.

123 Charles Plumier, *Description des Plantes de VAmérique avec leurs Figures: Par le R. P. Charles Plumier, Religieux Minime* (Paris: Imprimerie Royale, 1693), Preface. 关于普鲁米耶，以及 17 世纪末和 18 世纪初在法属

安的列斯群岛的其他传教士博物学家，参见 James E. McClellan III, *Colonialism and Science: Saint Domingue in the Old Regime* (Baltimore: Johns Hopkins University Press, 1992), pp. 112-116。

124　Hans Sloane, *Catalogue Plantarum quae in Insula Jamaica Sponte proveniunt, vel vulgo coluntur, cum earundem Synonymis et locis natalibus...* (London: D. Brown, 1696), Preface; idem, *A Voyage to the Islands of Madera, Barbados, Nieves, S. Christopher and Jamaica with the Natural History of the Herbs, Trees, Four-Footed Beasts, Fishes, Insects, Reptiles, etc.*, 2 vols. (London: printed by B.M. for the Author, 1707-1725), vol. 1, Preface. E. St. John Brooks, *Sir Hans Sloane: The Great Collector and His Circle* (London: Batchworth Press, 1954), pp. 53-55; G. R. de Beer, *Sir Hans Sloane and the British Museum* (London: Oxford University Press, 1953), pp. 30-31.

125　Zacharias Conrad von Uffenbach, *Merkwürdige Reisen durch Niedersachsen, Holland und Engelland*, 3 vols. (Ulm: Johann Friederich Gaum, 1753-1754), vol. 3, pp. 674-676; Graft, *Agnes Block*, p. 104. Cornelis de Bruyn, *Travels into Muscovy, Persia, a Part of the East Indies...*(London: A. Bettesworth et al., 1737), Author's Preface; 图版 142 中的石像应为阿姆斯特丹市长温特森先生所有。

126　*Met*D and *Met*L, "To the Reader"："一段漫长昂贵的旅程"。有人鼓励她出版自己的画作，"但起初做这样一本书的费用让我望而却步"。"我在进行这个考察时不曾追求任何利润，相反，我只满足于支付我的成本。为了完成它，我不惜一切代价。"

127　Dudok van Heel, "Advertenties," p. 160, no. 52. GAA, Notary Samuel Wijmer, 4864, no. 23, pp. 112-114; 4830, no. 49, pp. 186-187. MSM to Johann Georg Volkamer of Nuremberg, 8 October 1702, RS*Mer*, no. 7, p. 65. *Met*D and *Met*L, "To the Reader." 我们如何得知跟玛利亚·西比拉一起去苏里南的女儿是多萝西娅？从苏里南回程的乘客名单上只提到了玛利亚·西比拉·梅里安及"其女儿"（"haer dogter [sic]"）。SocSur, 228, fol. 395. 1699 年 4 月，梅里安将她的授权书交给女婿赫洛特，以便他能成为她在阿姆斯特丹的代理人。由此看来，约翰娜·海伦娜很可能会同她的丈夫赫洛特一起留在阿姆斯特丹，而不是陪母亲去苏里南旅行，而且这次旅行很可能会持续数年，未婚的女儿多萝西娅·玛利亚更有可能陪同母亲前往。事实上，Stuldreher-Nienhuis 认为，《毛虫》第三卷中描述的 1699 年 9 月 10 日开始的蜕变（当时梅里安早已前往苏里南），其实是由约翰娜·海伦娜观察到的（*Rup*17, no. 49; *Verborgen Paradijzen*, p. 90）。但多萝西娅·玛利亚那方面也有证据：1724 年，多萝西娅·玛利亚在圣彼得堡为沙皇工作时，曾对一名波兰宫廷来的代理商说，她"曾和母亲在苏里南"(Jean Le Fort to Duke Ernst Christoph von Manteuffel, 14 October 1724, Saint Petersburg, Sächsisches Hauptstaatsarchiv Dresden, Loc. 3315, vol. 3, fols. 278r-280V: "Il se trouve icy sa fille qui a été avec elle à Surinam, mariée avec un Suisse Peintre d'Histoire de Sa Majesté nommé Gsel" (fol. 278v)。

128　Christopher Arnold, ed., *Wahrhaftige Beschreibungen dreyer mächtiger Königreiche Japan, Siam und Corea* (Nuremberg: Michael and Johann Friedrich Endter, 1672); Arnold's poem, "Lobgedicht diese Ost-Indianische Reisebeschreibung," pp. 902-903. *Abraham Rogers Ofne thür zu dem verborgenen Heydenthum ...Christoph Arnolds Auserlesenen Zugaben von den Asiatischen, Africanischen und Americanischen Religions-sachen* (Nuremberg: Johann Andreas Endter, 1663), ch. 38: the religion of the peoples of New Spain; ch. 39: the religions of the Caribbean, Guyana, and Brazil. 阿诺德感兴趣于比较异国宗教，也许他在寻找某些共通原则。梅里安还可能读过出版商兼雕刻家 Paul Fürst 的遗孀和继承人于 1669 年在纽伦堡发表的两篇报道，他的女儿 Magdalena 是她的学生：Erasmus Francis, *Guineischer und Americanischer Blumen-Pusch*, 关于在西班牙和荷兰旅游文学中所能找到的秘鲁和巴西的动物和昆虫；以及 Michael Hemmersam, *Guineische und West-Indianische Reissbeschreibung de An. 1639 bis 1645*。

129　Saxby, *New Jerusalem*, chs. 12-13; L. Knappert, "De Labadisten in Suriname," *De West-Indische Gids*, 8 (1926): 193-218.

130　Yvon, *Faithful Narration*, p. 32. 1679 至 1680 年，拉巴迪派教徒 Jasper Danckaerts 和 Peter Sluyter 在北美洲的考察中，对美洲印第安人的皈依表现出一定的兴趣，并找到马萨诸塞罗克斯伯里的 John Eliot，他将《圣经》翻译成了一种印第安语言（Danckaerts and Sluyter, *Journal of a Voyage*, pp. 301-315, 379）。这一时期以后，拉巴迪派对于在美洲的宣教皈依的兴趣就衰退了。据迪特尔巴赫说，在那里的第一个拉巴迪派团体提到"与苏里南的异教徒接触"，但很快就被遗忘了，因为教内弟兄姊妹发现印第安人如此"野蛮残忍"（*Verval en Val*, p. 55）。

131　Yvon, *Omemens mondains*, p. 262:"如今烟草泛滥，多数人只为满足自己的感官需求"。Danckaerts 和 Sluyter 同情那些来自英格兰的契约工，"他们被迫在这里［马里兰］和弗吉尼亚及其他地方，穷尽一生种植那可恶的烟草，而这些烟草都会消失在烟雾中（*Journal of a Voyage*, p. 192）。尽管如此，烟草依旧是波希米亚庄园（Bohemia Manor）的作物之一，这是来来在马里兰被称为"拉巴迪庄园"那一个。1690 年建起了奴隶制。(Saxby, *New Jerusalem*, pp. 302-303)。

132 Dittelbach, *Verval en Val*, pp. 55-59. 最好的情况下，拉巴迪派称非洲人为"可怜人"，愿意温和对待他们。Jaspar Danckaerts 写了一本日记，里面满满都在抨击美洲那些"无宗教信仰"的人和行为，但是，在这本日记里，对沿途所见的奴隶制却并没有任何批判（*Journal of a Voyage*, p. 216）。

133 [David Nassy et al.]，*Essai historique sur la Colonie de Surinam... Avec l'Histoire de la Nation Juive Portugaise et Allemande y Etablie... Le tout rédigé sur des pieces authentiques... par les Régens et Représentans de ladite Nation Juive Portugaise*, 2 vols. (Paramaribo, 1788; facsimile edition, Amsterdam: S. Emmering, 1968), vol. 1, pp. 38-45. John Stedman, *Narrative of a Five Years Expedition against the Revolted Negroes of Surinam*, ed. from the 1790 manuscript by Richard Price and Sally Price (Baltimore: Johns Hopkins University Press, 1988), pp. 61-62.

134 Dittelbach, *Verval en Val*, pp. 55-60; J. D. Herlein, *Beschryvinge van de Volk-Plantinge Zuriname* (Leeuwarden: Meindert Injema, 1718), p. 89; Saxby, *New Jerusalem*, pp. 285-288. 露西亚·范索默尔斯代克（Lucia van Sommelsdijk），她是总督的姐妹，也是让·德拉巴迪的遗孀。1692 年、1693 年、1694 年及 1695 年 4 月，她的名字依旧列在苏里南出口糖的船只的清单上（SocSur, 221, fols. 139r, 173r; 222, fols. 144r, 418r; 223, fol. 380r）；在那之后，她的名字就消失了。不过，这些出口运输业务也可能是由她的代理人安排的，因为她在 1692—1693 年参与了荷兰国内的各种公证和请愿，与 1692 年荷兰的拉巴迪教派团体重组有关。1695 年 10 月，她与鳏夫皮埃尔·伊凡在魏沃特结婚 (Saxby, *New Jerusalem*, pp. 317-318)。

135 SocSur 227, 228, and 229 包含若干依据种植园划分的"白人与黑奴红奴"的清单，用于收税："Liste van de Huisden, de Blancken, Swarte, en Roodes Slaven." Entries for the "Collegie de Labadisten"：SocSur 227, no. 205 (1694), p. 10; no. 206 (1695), p. 9; 207 (1696-1697), p. 8。1696 至 1698 年，他们位列欠税者名单（227, fols. 202r-204r）；然后在 1698 至 1702 年，拉巴迪社团就彻底从户主列表中消失了（228, no. 133, no.

134, fols. 383r-391v; 229, fols. 167r-177r)。同样，"de Labadisten"出现在 1692 至 1697 年的船运清单中，向尼德兰出口数量相当少的糖——十六到三十二磅——然后接收了熏鱼（221, fol. 144r-v; 222, fols. 140r, 309r; 223, fol. 492r; 225, fol. 455r; 226, fol. 34or)。之后，他们就从这些清单上消失了。他们后来大概以董事或出租人的名义继续经营该种植园，1715 年，该种植园在各名册上的名称为："Plant. La Providence"（SocSur 243, fol. 6iv)。

136 *MetD* and *MetL*, "To the Reader"："我搬到了弗里斯兰省，然后再到荷兰省，这中间我都在继续研究昆虫。"关于作为漫游者的拉巴迪，见米歇尔·德·塞尔托在《神秘主义的寓言》中的精妙论文：*Mystic Fable*, ch. 9。

137 关于 17 世纪晚期及 18 世纪的苏里南，参见 R. A. J. van Lier, *Frontier Society: A Social Analysis of the History of Surinam* (The Hague: Martinus Nijhoff, 1971), 这部著作依旧是一个重要的资料来源，尽管其关于定居初期的社会经济图景必须通过 Price 和 Oostindie 的分析加以修正：I. C. Koeman, ed., *Links with the Past: The History of the Cartography of Suriname, 1500-1971* (Amsterdam: Theatrum Orbis Terrarum, 1973); Richard Price, *The Guiana Maroons: A Historical and Bibliographical Introduction* (Baltimore: Johns Hopkins University Press, 1976); Richard Price, *First Time: The Historical Vision of an Afro-American People* (Baltimore: Johns Hopkins University Press, 1983); G. W. van der Meiden, *Betwist Bestuur: Een eeuw strijd om de macht in Suriname, 1651-1753* (Amsterdam: De Bataafsche Leeuw, 1987); Neil L. Whitehead, *Lords of the Tiger Spirit: A History of the Caribs in Colonial Venezuela and Guyana,, 1498-1820* (Dordrecht and Providence, R.I.: Foris Publications, 1988); Gert Oostindie, *Roosenburg en Mon Bijou: Twee Surinaamse Plantages, 1498-1820* (Dordrecht and Providence: Foris Publications, 1989); Robert Cohen, ed., *The Jewish Nation in Surinam: Historical Essays* (Amsterdam: S. Emmering, 1982); Robert Cohen, *Jews in Another Environment: Surinam in the Second Half of the Eighteenth Century* (Leiden: E. J. Brill, 1991)。欧洲人和非洲人的人口范围可以从税收清单中大致估算出来。1701 年给出的"白人、红奴和黑奴"总数为：12 岁以上白人 618 人；12 岁以下白人 105 人（占白人总数的 15%）；12 岁以上红奴黑奴共 7,353 人；12 岁以下红奴黑奴共 1,193 人（占奴隶总数的 14%）。SocSur 228, fol. 391v。1699 年 10 月 4 日在帕拉马里博，法兰克福人 Benjamin Hemerick 与苏里南

人 Elisa beth Dranckiens 结婚。1701 年 5 月 11 日，Hemerick 成 为 鳏夫，与 Gerrit Postei 的遗孀 Gertruyt van Aytert 结婚（ARAH, Suriname Oudarchief Burgerlijke 9, fols. 72V, 74r）。也许梅里安还出现在了这些的婚礼上。

138 SocSur 228, fols. 289r-292r (September 1700); 281r (26 March 1701), J. T. de Smidt and T. van der Lee, eds., *Plakaten, Ordonnantiën en andere Wetten, uitgevaardigd in Suriname, 1667-1816* (Amsterdam: S. Emmering, 1973), vol. 1, pp. 219-221, no. 85 (8 May 1698); van Lier, *Frontier Society*, pp. 143-145; van der Meiden, *Betwist Bestuur*, ch. 3.

139 荷兰和法国的牧师在洗礼、婚礼和教会成员名单上签字：the Generael Kerckeboek van Suriname (1687-1730), ARAH, Suriname Oudarchief Burgerlijke 9. Van Lier, *Frontier Society*, 85-89; Cohen, *Jews*, pp. 147-153。

140 Merian, *MetL* and *MetD*, no. 36. Stedman, Narrative, p. 258; [Nassy et ah]，*Essai historique*, vol. 1, p. 69. 在 1720 年后的几十年里，棉花、咖啡和可可才引入种植园。Oostindie, *Roosenburg en Mon Bijou*.

141 SocSur 227, no. 207: 1696-1697，列出了 193 个种植园，不区分成年人和儿童。SocSur 228, fols. 383r-391v: 1701 年的清单区分了成人和儿童，调整了糖税。

142 SocSur 227, no. 207: 关于 1696 至 1697 年的 193 个种植园，红奴黑奴数量在 3 个至 183 个，SocSur 228, fol. 133r 里面关于九次逃亡的文档展现了 1698 至 1700 年的奴隶数量。1684 年 12 月 31 日，Van der Meiden (Betwist Bestuur, p. 54) 提供了种植园里成年人口的更细划分，当时 12 岁以上的奴隶总人口只有 3,332 人：

基督徒种植园	犹太人种植园
基督徒男人：362	犹太男人：105
基督徒女人：127	犹太女人：58
非洲男人：1,299	非洲男人：543
非洲女人：955	非洲女人：429
印第安男人：29	印第安男人：10
印第安女人：54	印第安女人：13

143 Herlein, *Beschryvinge*, pp. 121-123; Price, *Guiana Maroons*, pp. 20, 35-39.

"黑人英语（Neger-Engels）" 是当代苏里南民族语言 Sranam 的来源。以葡萄牙语为基础的克里奥尔语是 Saramaccan 语的来源，Saramaccan 语是现今生活在苏里南河上游的萨拉马卡人（Saramakas）（或称为丛林黑人）的语言，他们中的许多人都是从葡系犹太人种植园逃出来的奴隶的后代。

144 [Anon.]，*Beschrijvinge van Guiana: Des selfs Cituatie, Gesonthheyt, Vruchtbaerheyt ende ongemeene Profyten en Voondeelen boven andere Landen* (Hoorn: Stoffel Jansz. Kortingh, 1676), pp. 27-30. 这本小册子通过一个农民、一个乡绅、一个船长和一个信使之间的对话，论证了异教徒可以被奴役。另参见 Otto Keye, *Het Waere Onderscheyt tusschen Koude en Warme Landen*（The Hague：Printed for the author H.Hondius, 1659），该书比较了北美的新尼德兰与圭亚那的农作物利润率，奴隶制得到维护，因为奴隶不是基督徒。

145 Dittelbach, *Verval en Val*, p. 55. Herlein, *Beschryvinge*, p. 112. 赫莱恩在 Paul van der Veen 担任苏里南总督期间曾经待在苏里南，也就是从 1695 年到 1706 年 (ibid., fol. *2v)，他可能与 1704 年 7 月 27 日从帕拉马里博返回阿姆斯特丹的 Jan Herlin 是同一个人（SocSur 231, fol. 189r）。Van Lier, *Frontier Society*, p. 130. 威廉·布莱克（William Blake）所绘的苏里南奴隶遭受的酷刑惩罚，是为施泰德曼（Stedman）的《征伐苏里南黑人起义的五年叙事》(*Narrative of a Five Years Expedition against the Revolted Negroes of Surinam*) 创作的："一个女黑奴，她的脚踝上拴了重物"（p. 40），"一个黑人被活活穿过肋骨吊着"（p. 105），"一个桑博女奴隶被鞭笞"（p. 265；她被吊在树上，那个白人种植者正指挥两个非洲人打她）。

146 Price, *Guiana Maroons*, pp. 23-24; Price, *First Time*, pp. 51-52, 70-72. [Nassy et al.]，*Essai historique*, vol. 1, p. 76.

147 Herlein, *Beschryvinge*, ch. 7; Stedman, *Narrative*, pp. 302-318, 465-469. Peter Kloos, *The Maroni River Caribs of Surinam*, Studies of Developing Countries, 12 (Assen: Van Gorcum, 1971), pp. 1-6 and ch. 3; Whitehead, *Lords of the Tiger Spirit*, chs. 3, 7.

148 *Stud*, no. 232.

149 [Nassy et al.]，*Essai historique*, vol. 1, p. 42; van der Meiden, *Betwist Bestuur*, p. 54.

150 *Met*D, no. 36: "door mynen Indiaan," "myne Slaven"；*Met*L, no. 36: "ab Indo servo," "mancipia." 关于使用印第安人作为家奴的问题，参见

Whitehead, *Lords of the Tiger Spirit*, p. 184。

151 *Met*D and *Met*L, no. 36.

152 *Met*D and *Met*L, no. 4, 卡斯柏·科梅林的植物笔记。1700 年 12 月，塞缪尔·纳西当时正在阿姆斯特丹，他代表苏里南犹太社区的权益向苏里南公司的董事们汇报（[Nassy et al.]，*Essai historique*, vol. 1, pp. 54-55; vol. 2, pp. 126-128），因此在梅里安旅行的时候，塞缪尔·纳西很可能并没有待在他的种植园里头。Peter Kolben, *The Present State of the Cape of Good Hope ...Written Originally in High German...Done into English ...by Mr. Medley* (London: W. Innys, 1731), vol. 2, p. 216.

153 *Met*D and *Met*L, no. 4. [Nassy et al.]，*Essai historique*, vol. 2, pp. 103-104; van der Meiden, *Betwist Bestuur*, pp. 52, 58, 60, 71-72. 关于苏里南河岸边的范弗雷登堡种植园（非洲人称其为 Wâtambii），参见 Price, *First Time*, pp. 56-57。

154 *Met*D and *Met*L, No. 27 ("serva Nigrita"); no. 49 ("De Indianen," "Indi"); *Met*L, no. 59.

155 *Met*D and *Met*L, no. 54.

156 MSM to Johann Georg Volkamer, 8 October 1702, RS*Mer*, no. 7, pp. 64-65. *Met*D and *Met*L, "To the Reader"："写生草图"（在两个版本中的"致读者"都是拉丁文的）。玛利亚·西比拉可能针对画了昆虫的懒皮进行了特别保存。关于一些错误的标签，参见 William T. Steam, "The Plants, the Insects and Other Animals of Merian's Metamorphosis Insectorum Surinamensium," in RS*Mer*, p. 81。

157 MSM to Johann Georg Volkamer, 8 October 1702, RS*Mer*, no. 7, p. 65.

158 SocSur 228, fol. 395r, 18 June 1701. 劳伦西娅·玛利亚·维布姆的父亲在 1688 年的士兵叛乱中被杀害，当时她还非常年幼。这次去尼德兰的旅途上，她还是个十几岁的孩子。不久之后，她又返回苏里南，因为她于 1702 年 5 月 12 日再次乘船从苏里南前往尼德兰（SocSur 229, fol. 215r）。每年会有几个家庭带着印第安人和非洲人返回阿姆斯特丹，往往是有孩子的家庭。(e.g., SocSur 228, fol. 301r Moses Henriques, his wife, three children, and "Een neger, een neegerin, en een Indianin," 24 March 1701; 240, fol. 57r-v: Henrik Legerman, his wife, two children and "Een Indianin," 15 June 1713). 从 1729 年至 1749 年的 20 年间，Gert Oostindie 发现从苏里南前往尼德兰的共有 8 名印第安人、87 名黑人奴隶、7 名自由黑人。(Gert Oostindie and Emy Maduro, *In het Land van de Overheerser, II: Antillianen en Surinamers in Nederland, 1634/1667-1954*

[Dordrecht: Foris Publications, 1986]，p. 7).

159 GAA, Ondertrouwakte 533, p. 309: betrothal of 14 October 1701. Doppelmayr, Historische Nachricht, p. 256. 梅里安返回后，她提到住所时仍然称为 *Roose-tak*（玫瑰花束），她曾在 1699 年 2 月 2 日的广告中出售她的标本，当时也是这么称呼这所房子的；不过，在 1699 年，它被描述为位于教堂大街（Kerkstraat），而在她 1702 年至 1704 年的信件中，她给的地址则是"在镜街（Spiegelstraat）……位于教堂大街和王子运河（Prinsengracht）中间"。然后在她 1705 年至 1717 年的信件和标题页中，地址再次变为"教堂大街"的 Roose-tak。要么这是用不同地址描述的同一所房子，要么有两所房子，互相挨得很近。亦见 Stuldreher-Nienhuis 的调查：*Merian*, p. 130, n. 2。

160 MSM to Johann Georg Volkamer, 8 October 1702 and October 1702; to James Petiver, 4 June 1703, 20 June 1703, 5 October 1703, April 1704, RS*Mer*, nos. 7-12, pp. 64-70. 沃尔卡姆是纽伦堡的一名医生，也是一部植物学著作的作者：*Flora Noribergensis sive Catalogus Plantarum in Agro Noribergensi*（Nuremburg：Michaellianis, 1700），该书献给莱顿植物园园长彼得·霍顿和阿姆斯特丹植物园园长卡斯帕·科梅林。药剂师詹姆斯·彼得弗是热心的植物和昆虫标本收藏家，与英国及其他地方的其他博物学家和收藏家有频繁通信往来。他在这一时期的出版物是他的收藏目录。1711 年 6 月，在他仅有的一次离开英国的旅行中，他拜访了梅里安及尼德兰的其他博物学家。Raven, *John Ray*, pp. 233 and 417, no. 2; Raymond P. Stearns, "James Petiver: Promoter of Natural Science, c. 1663-1718," *Proceedings of the American Antiquarian Society*, 62 (1952): 243-365.

161 Georg Everard Rumpf [Rumphius]，*D'Amboinische Rariteitkamer* (Amsterdam: François Halma, 1705); L. B. Holthuis, "Notes on Pre-Linnaean Carcinology ... of the Malay Archipelago," in de Wit, ed., *Rumphius*, pp. 66-70. 梅里安的名字并没有出现在书上，但她在 1702 年 10 月 8 日写给约翰·格奥尔格·沃尔卡姆的信中提到了这本书；1711 年，扎卡利亚斯·康拉德·冯乌芬巴赫（Zacharias Conrad von Uffenbach）拜访她时，看到了她为该版次所绘画作（RS*Mer*, no. 7, p. 65; Uffenbach, *Reisen*, vol. 3, p. 553）。它们后来成为她的女儿多萝西娅·玛利亚为彼得大帝购买的收藏品的一部分（now in the archives of the Academy of Sciences in Saint Petersburg, PIX, on. 8）。西蒙·施恩沃特收集了许多贝壳，他在郎弗安斯这版书中借鉴了这些贝壳，他是 Halma 的编辑

(Uffenbach, *Reisen*, vol. 3, p. 670; W. C. Muller, "Eerste proeve van een Rumphius-Bibliographie," in *Rumphius Gedenkboeh*, pp. 6-7)。

162　关于格拉德·瓦尔克（Gerard Valck or Valk），参见 I. H. van Eeghen, *De Amsterdamse Boekhandel, 1680-1725*, 5 vols. (Amsterdam: Scheltema and Holkema, 1965-1978), vol. 4, pp. 278-279. 梅里安的雕版师是：Pieter Sluyter, Joseph Mulder, and Daniel Stoopendael，他们在各自雕刻的画版上都署了名。

163　*Met*D and *Met*L, "To the Reader."

164　格奥尔格·马克格拉夫用了几章篇幅来介绍巴西的昆虫，其中有几篇关于蜘蛛、甲虫和蝴蝶的精美研究。但都很简短，他几乎没有给出讨论，没有表现变态过程，也没有描绘与植物食物的联系 (*Historia Naturalis Brasiliae* [1648]，Book 7, pp. 245-259; *De Indiae utriusque* (1658), Book 5, chs. 10-12). Plumier, *Plantes de l'Amérique; McClellan, Colonialism and Science*, p. 113; Stroup, *Company of Scientists*, p. 71. 汉斯·斯隆关于牙买加的第一本出版物是《植物名录》(*Catalogus Plantarum*)，其中包含每一种植物和他在哪里看到的非常简要的条目，并参考了其他博物学家对同一种植物的观察。没有插图。斯隆的《牙买加之旅(1707—1725)》(插图对开本）是他的主要作品。斯隆于 1685 年 1 月当选为皇家学会会员 (de Beer, *Sloane*, p. 24)，这使他在向欧洲博物学家交流牙买加的发现时处于重要地位。关于传播新世界消息，参见 Henry Lowood, "The New World and Natural History," in Karen Ordahl Kupperman, ed., *America in European Consciousness, 1493-1750* (Chapel Hill: University of North Carolina Press, for the Institute of Early American History and Culture, 1995), pp. 295-323。

165　*Met*D and *Met*L. 关于"栖息地"：no. 46,"在这种茉莉花下，常常隐藏着许多蜥蜴、鬣蜥［马克格拉夫称它们为 iguanas；荷兰语为 leguaan］、蛇；为此，我在这株植物的根部添加上一条我发现的美丽罕见的蛇。" no. 56, 蛙和水天蝎的栖息地。no. 59, 蟾蜍和贝类的栖息地。关于"用来装饰这幅图"：no. 4, 蜥蜴；no. 5, 蛇及其卵；no. 23, 蜥蜴及其卵。 no. 48:一只蜜蜂及其幼虫在"美洲格尼帕"植物上的情景，"美洲格尼帕"是其食物，梅里安还添加了一只大飞甲虫"以填补图上的空白"，以及一只棕榈叶虫子和它蜕变的成虫。梅里安解释说，棕榈叶太大，她无法画在一张纸上，所以将棕榈叶虫子的变态过程画在这里。她接着描述了棕榈，它的生长过程，以及这些虫子在棕榈树干上的位置。

166　*Met*D and *Met*L, nos. 1, 60.

167 Mary Louise Pratt, *Imperial Eyes: Travel Writing and Transculturation* (London and New York: Routledge, 1992), pp. 29, 31, 33-34.

168 British Library, Manuscripts, Sloane 3339, fols. 153-160b: James Petiver, "An Account of Madam Maria Sybila Merians History of Surinam Insects Abbreviated and Methodized with Some Remarks," ch. 1, fol. 153r-v; ch. 2, fols.153V-157v; ch. 3, fols* 157v-160v.

169 MSM to James Petiver, 17 April 1705, RS*Mer*, no. 15, p. 72. 1708 年，她写信给詹姆斯·彼得佛，说想要在英国出售拉丁文版《苏里南昆虫变态》，并附上英文标题页和序言，但其他内容都一样（MSM, 14 March 1708, ibid., no. 16, p. 74）。

170 *Met*D and *Met*L, "To the Reader"; 反对列文虎克的观点是在第 19 号图版。在第 34 号图版中，她还拒绝了列文虎克另一个关于毛虫两侧有眼睛的说法。毛虫的头部两侧各有一排小小的单眼（ocelli）。第 1、2 号图版，也有提到其他博物学家。

171 *Met*D and *Met*L, "To the Reader." MSM to Johann Georg Volkamer, 8 October 1702, RS*Mer*, no. 7, p. 65. *Rup*13, fols. A2v-A3v.

172 关于这些事情的辩论，参见 Rosalie Colie, *Light and Enlightenment: A Study of the Cambridge Platonists and the Dutch Arminians* (Cambridge: Cambridge University Press, 1957)。类似梅里安的转变——从 17 世纪初的"属灵及千禧年主义宗教派别"到"理性宗教"，参见 Andrew Fix, *Prophecy and Reason: The Dutch Collegiants in the Early Enlightenment* (Princeton, N.J.: Princeton University Press, 1991)。社友会（Collegiants)* 最终得出了"一种世俗化的哲学理性主义"（p. 3），就我们猜测，这一立场比玛利亚·西比拉·梅里安的立场更为激进。

173 *Met*D and *Met*L, no. 57. 汉斯·斯隆制作的《梅里安水彩画集》中，有她在苏里南之行中创作的一幅画，画面里有两条蛇打架、蝎子吃青蛙等暴力场面（British Museum, Prints and Drawings, Case 198* b. 5, Bibl. Sloan 5275, vol. 1, nos. 56, 61, 71, 81）。

174 *Met*D and *Met*L, no. 18. 正如梅里安所说，多数蜘蛛有八只眼，但有些蜘蛛只有六只、四只或两只眼睛。

175 *Met*D and *Met*L, no. 18. 将梅里安对苏里南蚂蚁的处理与她在《毛虫》

---

* 荷兰新教派，阿明尼乌斯—明诺派的一个分支，成立于 1619 年。它是当时荷兰比较激进的一个新基督教派，其教义很接近于中世纪再洗礼派。

第三卷的序言中的欧洲蚂蚁的牧灵形象进行比较是很有意思的。在《毛虫》第三卷中，蚂蚁被画在扉页的叶子和花环中。这大概是取材于 1694 年左右的一幅画，因为梅里安说，当年她得到了一个蚂蚁窝，能够观察到蚂蚁就好像毛虫一样发生了蜕变。"在这幅画中，我把蚁后放在一片小绿叶上，东印度的人都叫她'蚁王'。"*Rup* 17, note following the preface by Dorothea Maria Hendriks.

176 *Met*D and *Met*L, no. 7: 如果这个国家多些勤劳的人、少些自私的人，这些樱桃就可以长得更好；no. 9: 石榴长势喜人，"但很少有当地人种植"；no. 13：李子是野生的，未做嫁接，"因为欧洲人在这里只种甘蔗"；no. 21：西番莲适合在花园里种植，但苏里南的荷兰人很少用到它；no. 25：关于香草，"很遗憾，这个国家没有人有兴趣种这种东西，在这片肥沃广阔土地上无疑可以找到其他种类"；no. 33：无花果，"如果人们种植，会收获很多"；no. 34：关于葡萄，可惜没人对种植葡萄感兴趣，因为这样就不必把酒带到苏里南，反而可以从苏里南出口；no. 52：毛虫，她把它产出的丝送回荷兰省，那里的人认为这些蚕丝质量很好。

177 Steven Shapin, "The Invisible Technician," *American Scientist*, 77 (November-December 1989): 554-563.

178 Plumier, *Plantes de V'Amérique*. 普卢米耶几乎没有给出当地人的名字 (p. 5: "Les Caraibes la nomment Hamamaligra"；pp. 61, 71)，在为数不多的几个植物用途的例子中，他更多引用皮索的作品，而非表示他使用了当地人提供的信息 (pp. 45-46, 56-59)。Jean Baptiste Labat, *Nouveau Voyage aux Isles de l'Amérique: Contenant l'Histoire naturelle de ces Pays, l'Origine, les Moeurs, la Religion et le Gouvernement des Habitans anciens et modernes*, 2 vols. (The Hague: P. Husson et al., 1724), part 4, ch. 1, vol. 2, p. 9. Sloane, *Voyage*, vol. 1, Preface, fol. A2r.

179 *Met*D and *Met*L, "To the Reader" and no. 27.

180 这份英语翻译使用的是 18 世纪的字体，写在 1719 年的一个手绘上色的拉丁文版本上面，这个版本藏于 John Carter Brown Library (J719 M561d, 3-size, copy 1): *Mariae Sibillae Merian Dissertatio de Generatione et Metamorpho-sibus Insectorum Surinamensium* (Amsterdam: Johannes Oosterwijk, 1719), translation of nos. 27 and 36. 由她的印第安奴隶挖出的植物 ("ab Indo servo", no. "mynen Indiaan" in *Met*D, no. 26)，改成了"使唤我的印第安仆人连根挖走其中一株"。在一些关于苏里南的条目中，有使用"奴隶"和"奴隶制"这两个词 (no. 59)，但在有关梅里安的所有条目中，都没有使用这两个词。这份翻译，不可能是詹姆斯·彼

得佛将梅里安的著作翻译成英文的又一次努力，因为他于 1718 年去世，而这一份翻译写在 1719 年出版的一部书中。

181 *Met*D and *Met*L, no. 45.

182 George Warren, *An Impartial Description of Surinam upon the Continent of Guiana in America* (London: William Godbid for Nathaniel Brooke, 1667), p. 20. Charles de Rochefort, *Histoire naturelle et morale des Iles Antilles de l'Amerique: Enrichie de plusieurs belles figures ...Avec un Vocabulaire Caraïbe* (Rotterdam: Arnould Leers, 1658), p. 332. Richard Ligon, *A True and Exact History of the Island of Barbadoes* (London: Peter Parker, 1673), pp. 44-46, 51. Sloane, *Voyage*, vol. 1, p. xlvii: "来自一些国家的黑人认为，他们在牙买加死后就可以回归故里，因此对死亡不屑一顾，认为他们将通过这种方式改变处境，从奴役恢复自由，因此经常自杀。"p. liii: "来自安哥拉的黑人……逃离主人，幻想通过死亡就能回家，这可不是明智的实验，因为他们粗暴地自杀了。"更多讨论和证据，参见 Barbara Bush, *Slave Women in Caribbean Society, 1650-1838* (Kingston, Jamaica: Heinemann Publishers, 1990; Bloomington: Indiana University Press, 1990), pp. 55-56。康奈尔大学的 Margaret Washington 教授曾经在信中告诉我："在我为上一本书做研究的过程中，我在南卡罗来纳州和佐治亚州发现了一个叫伊博登陆（Ibo Landing）的地方。在两个事例中，传说一整船的伊博非洲人在这里下船，在被拦住之前就直接进了大西洋自杀。很明显，他们希望自己死掉，然后回到自己的家园。伊博人在南卡罗来纳州的需求量并不高，因为他们有'忧郁'和'自杀'倾向。"(letter of 6 August 1990)

183 例如，Fray Pedro de Cordova 在 16 世纪 20 年代末或 16 世纪 30 年代写给查理五世的信中提到，"劳累过度"的女人要么无法怀孕，要么流产，要么亲手杀死婴孩，这样就不必忍受"如此残酷的奴役"（"Carta al Rey, del Padre Fray Pedro de Córdova," *Colección de documentos inéditos del Archivio de Indias, in Colección de documentos inéditos, relativos al descubrimiento, conquista y organización de las antiguas posesiones españolas de America y Oceania*, 42 vols. [Madrid, 1864-1884], vol. 11, p. 219）。

184 Sloane, *Voyage*, vol. 2, p. 50. 斯隆也在他的《植物名录》（*Catalogus Plantarum*）中描写了这种植物，但是他在这里没有给出其用途（p. 149）。斯隆对《牙买加之旅》的概况介绍中，有两处提到堕胎案例（pp. 143, 147），但这两处显然都是白人女人试图隐瞒堕胎。"如果女人知道堕胎是一件多么危险的事情，她们就不会尝试堕胎。"

185　关于奴隶生育率低的证据和争议（是由于性别比例不均？生活条件艰苦？非洲人的性习俗？哺乳期的长短？等等），见 Bush 全面公正的记载，Slave Women, pp. 132-150，以及针对产糖的罗森堡种植园奴隶生育率的调查记录。在 1766 年至 1788 年期间，每千人的生育率在 11.4 至 17.1 之间（Oostindie, *Roosenburg en Mon Bijou*, pp. 132-135）。从 1778 年到 1784 年，苏里南的赛法迪犹太人每千人的生育率为 31.2（Cohen, *Jews*, p. 65）。最近对散居在美洲的非洲人的概述指出，加勒比地区的奴隶的低出生率，与北美殖民地的出生率形成鲜明对比，并评论说："这是男女比例失调、身体虐待、过度疲劳、营养不良和疾病造成的。一些妇女可能实行了避孕和堕胎，但现有的证据只允许进行笼统概括。大多数非洲文化并不赞同堕胎，他们认为分娩是特殊的欢乐时刻，是加强亲属纽带的事件。" Michael L. Conniff and Thomas J. Davis, *Africans in the Americas: A History of the Black Diaspora* (New York: Saint Martin's Press, 1994), p. 80. 梅里安这些奴隶堕胎的证据即使夸大了，也是准确的。理想情况下，人们可以将种植园中的非洲人口的生育率与苏里南独立的逃亡黑奴村庄的生育率进行比较。

186　*Met*D and *Met*L, nos. 59, 48.

187　*Met*D and *Met*L, nos.7, 14-17, 19, 29, 33, 55; compare nos. 45, 48, 59.

188　Piso and Marcgraf, *De Indiae utriusque*, pp. 114-117. 关于这种描述的介绍，参见 Daniel J. Slive, *A Harvest Gathered: Food in the New World-An Exhibition at the John Carter Brown Library, November 13, 1989-April 29, 1990* (Providence, R.I.: John Carter Brown Library, 1989)。

189　*Met*D and *Met*L, no. 30. MSM to Johann Georg Volkamer, October 1702, RS*Mer*, no. 8, p. 66.

190　*Met*D and *Met*L, no. 7 on the American cherry. 如果这个国家多点勤劳的人、少点自私的人，水果就能丰产（"door een meer arbeitzaan en minder baatzoekend Volk"）。这是懒惰的加勒比男人的惯例形象吗？他们在打猎捕鱼后就退回吊床上休息（据说如此），干活也仅限于开荒种木薯（参见 Labat, *Voyage*, part 4, ch. 15, vol. 2, pp. 106, no. 11）。或者，这里指的是新到来的拓荒者的形象——懒惰的欧洲男性种植者？（参见 Stedman, *Narrative*, pp. 364-366; and Pratt, *Imperial Eyes*, p. 62。）

191　Herlein, *Beschryvinge*, ch. 6: "Aard, Natuur en Eigenschappen der Swarte Slaven." 赫莱恩和 18 世纪荷兰作家关于苏里南的观点在以下文献中有讨论：Gert Oostindie, "The Enlightenment, Christianity, and the Suriname

Slave," *Journal of Caribbean History*, 26 (1992): 147-170。

192 Labat, *Voyage*, part 4, ch. 7, vol. 2, pp. 49-50（尊老）。Part 2, ch. 3, vol. 1, p. 32; part 4, ch. 15, vol. 2, p. no：“这些野蛮女人”对丈夫“毫无怨言”地顺从，可以作为基督教家庭的典范，自从撒拉死后，对这些家庭进行传教是徒劳的，很可能会传到天荒地老。关于黑人的自由不羁、宗教和巫术，参见 part 4, ch. 7, vol. 2, pp. 43-56; part 1, ch. 21, vol. 1, pp. 163-167。关于加勒比人的宗教冷漠，参见 part 2, ch. 2, vol. 1, p. 9。

193 彼得·科尔布（Peter Kolben or Kolb）是一位年轻的日耳曼人，他担任普鲁士国王的私人顾问 Baron von Krosick 之秘书，在其资助下，经荷兰东印度公司授权，科尔布被派往好望角进行天文观测。他从阿姆斯特丹出发，于 1705 年 6 月抵达，在那里驻留了“许多年”，然后回到纽伦堡。1719 年，他首次用德语发表了他对好望角的描述。随后又出版了荷兰语、法语和英语版本。这里使用的版本是：*The Present State of the Cape of Good-Hope: OR, A Particular Account of the Several Nations Of the Hottentots: Their Religion, Government, Laws, Customs, Ceremonies, and Opinions; Their Art of War, Professions, Language, Genius, etc. Together with A Short Account of the Dutch Settlement At The Cape, trans. And ed. Guido Medley* (London: W. Innys, 1731)。第二卷 *Containing the Natural History of the Cape* 重点介绍了欧洲定居者的畜牧业，然后提供了关于好望角的自然概史。Kolben, *Present State*, vol. 1, pp. 37-38 and ch. 8。普拉特在 *Imperial Eyes* 中讨论了科尔布介绍科伊人时采用的“对话式”方法，pp. 41-49。虽然我同意普拉特的观点，即科尔布打破了关于“霍屯督人”的重要刻板印象，但我认为，我们不能高估，仅仅使用“宗教”和“治理”等描述性类别，就能达到抹去野蛮／文明边界的程度。许多欧洲人，如耶稣会士，他们跨越这一边界的时候并没有放弃“野蛮人”的概念——他们的风俗习惯、制度、幽默感虽然很有特色，但也往往是低等的。

194 例如，Herlein, *Beschryvinge*, ch. 6: "Aard, Natuur en Eigenschappen der Swarte Slaven"; Labat, *Voyage*, part 2, ch. 2; part 4, ch. 7.

195 Sloane, *Voyage*, vol. 1, p. lvi；“这些［奴隶受到的］惩罚，有时是黑人自作自受，他们是行为乖张的一代人”, p. lvii; vol. 1, pp. 21-24, 117, 146; vol. 2, p. 193。

196 Lukina 曾提到梅里安的一幅失传的“十二黑人”水彩画（Merian, p. 197）；但考察了原始资料后，恐怕这幅画不太可能存在。1724 年，Jean Le Fort 从圣彼得堡写信给 Ernst Christoph von Manteuffel 公爵，敦促其为波兰国王购买“著名的玛利亚·西比拉·梅里安（la fameuse Maria

Sibylla Merian)"的"另一件原著(un autre livre Original)",当时它由住在圣彼得堡的梅里安的女儿拥有。这封信附有一份德语清单,列有玛利亚·西比拉·梅里安的三十七幅犊皮水彩画,这些画描绘了花卉、昆虫、甲壳类、鳄鱼及其他热带动物。在花卉画清单中,有一项名为"zwölf Africanen"(Sächsisches Hauptstaatsarchiv Dresden, Loc.3315, vol. 3, fols. 278r-28ov)。我认为不能把这里的 Africanen 翻译成"黑人"(Negroes)。首先,"Africans"这个词在那个时代通常不是用来指来自非洲的人;相反,若要指称非洲人,措辞一般是"blacks""Negroes""Hottentots"及类似名词。其次,用来指代人的形式是"Africaner",因此,"Africans"这个词似乎不是指人,而是指非洲的花,比如 17 世纪从好望角带到阿姆斯特丹的非洲百合。在 1730 年的一份荷兰语目录中,梅里安的一幅水彩画就被描述为"Melianthus Africanus seu pimpinella fatida of Caapse honingbloem";1857 年的一份出售目录也将梅里安的一幅水彩画命名为"Bouquet d' Africanus"(Graft, *Agnes Block*, pp. 135-141; Stuldreher-Nienhuis, *Merian*, pp. 164-165)。

197 GAA, Notary Henrick Outgers, 3369, no. 133, pp. 1145-1149, contract of 24 and 27 February 1706. Chr. P. van Eeghen, "Dirk Valkenburg: Boekhouder, schrijver, kunstschilder voor Jonas Witsen," *Oud~Holland*, 61 (1946): 58-69; A. van Schendel, "Een stille plantage in Suriname door Dirk Valkenburg, 1707," *Bulletin van het Rijksmuseum*, 11 (1963): 80-86. 瓦尔肯伯格描绘的维特森种植园(及 Suromombo、Simimonbo、Palmeniribo 种植园)的画作大都没有人物,这些画现藏于阿姆斯特丹国家博物馆版画室,05:102-108。阿姆斯特丹国家博物馆还有两幅关于种植园的油画,其中一幅有一个印第安人的住宅(Inv. A 4075),另一幅的前景可见一个印第安家庭。瓦尔肯伯格还有两幅苏里南静物画收藏在布列塔坎佩尔艺术博物馆。他的这幅非洲人聚集在一起跳舞的画作收藏在哥本哈根城市艺术博物馆,Inv.376,本书插图中有复制。关于 1710 年左右从帕尔梅尼里博种植园逃出的奴隶,参见 Price, *First Time*, pp. 108-111。

198 弗兰斯·波斯特(Frans Post,1612—1680)是 1637—1644 年被约翰·莫里茨亲王带到巴西的艺术家之一,当时他在那里担任荷兰西印度群岛公司的管理者。在他一生中创作的许多幅关于巴西的画作中,至少有八幅是对非洲人劳作的制糖厂的出色描绘。*Reproductions in Joaquim de Sousa-Leao, Frans Post, 1612-1680* (Rio de Janeiro: Livraria Kosmos Editora, 1973), nos. 33, 34, 55, 60, 64, 69, 70, 71. 波斯特也创作了一些日常生活的场景,但在这些场景中漫步的非洲人通常都很小,他们提着篮子，说着话，有的还跳着舞，他们被光亮的巴西风景支配，或者被菠萝、蚂蚱、猴子和鸟儿排挤到中景区域。有一幅非洲男女手持乐器跳舞的版画，参见 Jan Nieuhof, *Gedenkwaerdige Zee en Lant-Reize door de voomaemste Landschappen van West en Oost Indien, ed. H. Nieuhof* (Amsterdam: Widow of Jacob van Meurs, 1682)。

199　在加勒比和苏里南的非洲人的舞蹈种类里头（soesa，男人之间的武术舞蹈；calenda 及其他男女之间的舞蹈；windi，附身的舞蹈），瓦尔肯伯格的画中所绘的似乎最接近温蒂舞（winti），尤其因为画中还有烟草、特殊饮品和葫芦（用于在温蒂舞中浇湿地面）。Labat, *Voyage*, part 4, ch. 7, vol. 2, pp. 52-54; Stedman, *Narrative*, pp. 526, 537-541, 663; Melville J. Herskovits and Frances S. Herskovits, *Suriname Folk-Lore, Columbia University Contributions to Anthropology*, 27 (New York:Columbia University Press, 1936), pp. 72-82, 86-99.

200　Labat, *Voyage*, part 4, ch. 7, vol. 2, p. 52; Stedman, *Narrative*, p. 526. 17世纪末苏里南协会拥有的奴隶的官方名单按照家庭单位放在一起：丈夫的名字，然后是妻子的名字（如有），然后是孩子数目。(e.g., SocSur 227, fols. 28r-29r: "Neeger Rol," 1699).

201　Sutton, *Dutch Genre Painting*, pp. xxviii, l, lvii; plates 2, 28 (David Vinckboons, Peasant Kermis), 33, 96; pp. 133, 237, 284-285, 351.

202　Aphra Behn, *Oroonoko, or, The Royal Slave*, with an introduction by Lore Metzger (London: William Canning, 1688; reprint New York: W. W. Norton, 1973). 帕勒姆山（Parham Hill）及圣约翰山（Saint John's Hill）是英国人统治苏里南期间属于 Sir Robert Harley 的三个种植园中的两个，J.Thornton 于 1675 年绘制的地图和 J.Ottens 于 1718 年绘制的地图，都可以在苏里南河两岸找到它们（reproduced in RS*Mer*, pp. 16, 24-25）。贝恩似乎为了她的叙述目的，把这两个种植园放在一起。拉巴迪派的上帝种植园位于苏里南河的东边，离圣约翰山下游仅有一段距离，与帕勒姆山隔河相望。关于贝恩的生平以及她前往苏里南的其他证据，参见 Maureen Duffy, *The Passionate Shepherdess:Aphra Behn, 1640-89* (London: Jon athan Cape, 1977); Angeline Goreau, *Reconstructing Aphra: A Social Biography of Aphra Behn* (New York: Dial Press, 1980); and Jane Jones, "New Light on the Background and Early Life of Aphra Behn," *Notes and Queries*, 37 (September 1990): 288-293。

203　在英国人统治期间，黑奴数次逃跑。Warren, *Impartial Description*, pp. 19-20；Price, *Guiana Maroons*, p. 23。奥鲁诺克说，他们将首先找到自

己的"新殖民地",然后希望找到一艘船,驶回非洲(Behn, *Oroonoko*, p. 62)。帕勒姆种植园的经营者认识到奥鲁诺克的伟大,给他的奴隶起名"凯撒"(p. 40)。我们在1699年的苏里南男性奴隶中发现了一个叫"王子"的名字(SocSur 227, fols.28v-29r);18世纪70年代,施泰德曼(Stedman)在那里的奴隶名单中也列出了"凯撒"(*Narrative*, p. 524)。

204 Laura Brown, "The Romance of Empire: Oroonoko and the Trade in Slaves," in Felicity Nussbaum and Laura Brown, eds., *The New Eighteenth Century* (New York: Methuen, 1987), pp. 41-61. Also see Margaret Ferguson, "Juggling the Categories of Race, Class, and Gender: Aphra Behn's Oroonoko," in Margo Hendricks and Patricia Parker, eds., *Women, "Racey" and Writing in the Early Modern Period* (London and New York: Routledge, 1994), pp. 209-224, 342-347).

205 Aphra Behn, *Lebens-und Liebes-Geschichte des könglichen Schlaven Oroonoko in West-Indien...Verteutscht durch M. V*** (Hamburg: Heirs of T. von Wiering, 1709).

206 加勒比人狩猎各种野猪、犰狳和貘为食。他们也饲养火鸡,据梅里安说,他们用麝香花(Muscos Bloem)的叶子喂养火鸡(*Met*D and *Met*L,no. 42)。但这顿饭比较有可能是由鱼类或其他海产品做成的。施泰德曼称印第安人的食物有海龟和陆龟、螃蟹和鬣蜥(leguana)或蜥蜴(wayamacca)(Stedman, Expedition, pp. 310-312)。到了20世纪,加勒比人的狩猎目标是鹿、啄木鸟、刺鼠(akuti)和猴子(Kloos, *Maroni River Caribs*, p. 59)。

207 *Oroonoko*, pp. 2, 59, 63:"到了中午,约有六百名男人……来协助我们追捕逃跑的奴隶";"这不是不可能,但在这次逃亡中,全国最好的一些奴隶也被他鼓动,他把我们所有这些好奴隶都给卷走了。"

208 Brown, "The Romance of Empire."

209 据Gerd Oostindie的说法,苏里南奴隶被带往尼德兰后的地位不明确。有些人称,任何踏上荷兰土地的人都是自由的,而另一些人则称,奴隶身份依旧保留(1992年7月4日与Oostindie的电话交谈)。在苏里南当地,直到1733年,私人奴隶解放都是通过公证进行的(Smidt and Lee eds., *Plakaten*, no. 350, p. 411; Rosemary Brana-Shute, "Approaching Freedom: The Manumission of Slaves in Suriname, 1760-1828," *Slave and Abolition*, 10, no. 3 [1989]:40-63)。我检阅了梅里安和她女儿使用的阿姆斯特丹公证人Samuel Wijmer的公证卷宗,但我没有发现梅里安或任何人在1705年之前的岁月里写过关于解放奴隶的信件。梅里安在1711

年的遗嘱中也没有提到奴隶（GAA, Notary Samuel Wijmer 4849, no. 42, pp. 193-198）。

210 Price, *First Time*, pp. 45-49.

211 在奥鲁诺克最后一次反对总督和他的士兵的时候，伊莫恩达始终陪在他的身边，她还打伤了几个人，包括总督本人（Behn, *Oroonoko*, pp. 64-65）。但所有的主动性都来自奥鲁诺克本人。Price, First Time, pp. 70-72。卡拉嫲嫲与她的兄弟 Pikapai 一起离开了上帝种植园，但这位兄弟又回来战斗，最后又变回奴隶。

212 SocSur 227, fols. 28v-29r (list of 17 April 1699). 其他的女人名字有：Sieclie, Herta, Rosetta, Trorjntje, Calbassie, Iaca, Madam, Cathrina, Trees, Wora, Grietje。

213 Behn, *Oroonoko*, p. 57; Merian, *Met*D and *Met*L, no. 18 关于佩伊的食物禁忌；Stedman, *Narrative*, pp. 304, 314. Sloane, *Voyage*, vol. 1, pp. 147-149（关于"祭司和印第安巫师"狂喜吸烟的问题）and p. 174; W. Ahlbrinck, *Encyclopaedie der Karaïben* (Amsterdam: Uitgave van de Koninklijke Akademie van Wetenschappen, 1931), pp. 399-408; Kloos, *Maroni River Caribs*, pp. 209-218; Whitehead, *Lords of the Tiger Spirit*, pp. 62-63.

214 Ahlbrinck, *Encyclopaedie*, pp. 298-303; Kloos, *Maroni River Caribs*, pp. 218-223; Henri J. M. Stephen, *Geneeskruiden van Suriname: Hun toepassing in de volsgeneeskunde en in de magaie* (Amsterdam: Uitgeverij de Driehoek, n.d.) pp. 87-93.《苏里南昆虫变态》中描绘和讨论的蟾蜍和爬行动物，在阿拉瓦克人中也有宗教用途。强大而危险的次等神（Lesser Spirit）的符号形象（zemis）被制作成蟾蜍、爬行动物和扭曲人脸的形式。它们保存在阿拉瓦克村落的特殊房屋和个人住宅中，人们也会随身携带以保护自己（Dale Bisnauth, *A History of Religions in the Caribbean* [Kingston, Jamaica: Kingston Publishers, 1989]，pp. 3-4）。

215 Ahlbrinck, *Encyclopaedie*, p. 323; W. Ahlbrinck, *Op Zoek naar de Indianen* (Amsterdam: n.p., 1956), pp. 26-35; Kloos, *Maroni River Caribs*, pp. 75-77; Philip Hanson Hiss, *Netherlands America: The Dutch Territories in the West* (New York: Duell, Sloan and Pearce, 1943), pp. 74-76; Jean Hurault, *Les Indiens Way ana de la Guyane française: Structure sociale et coutume familiale* (Paris: Oritom, 1968; reprint 1985), ch. 6, esp., pp. 93-95, 101-102, 105, 关于给男孩女孩的蚂蚁测试，以及专门给男孩的黄蜂测试的内容。苏里南的黄蜂垫子，可以在下面找到：the Rijksmuseum voor Volkenkunde, Leiden (2352-80 and 5379-41); the Stichting Surinaams

Museum, Paramaribo; and the University Museum of Archaeology and Anthropology, University of Pennsylvania (SA 773). 莱顿国家民族博物馆里也有三个蚂蚁垫子 (1817—86, 87, 88) 及两个蚂蚁腰带 (1817—89, 90)。这些博物馆里头的黄蜂垫子似乎都是 19 世纪以后的，但合理猜测这类成年礼仪式能以某种形式追溯到梅里安的时代或更早。

216 Warren, *Impartial Description*, p. 25; Herlein, *Beschryvinge*, p. 155.

217 Stedman, *Narrative*, pp. 520, 522-523, 660（报告禁忌食物："某一动物食物，可能是禽类、鱼类或四足动物"）。Herskovits and Herskovits, *Suriname Folk-Lore*, pp. 36-37。20 世纪 30 年代，trefu（不可食用）一词仍在使用，这个词来自希伯来语 trefe，可追溯到非洲奴隶与犹太种植园主的早期联系。逃亡奴隶使用的则是源于班图语(Bantu)的词，意思是"父亲禁忌"（Bisnauth, Religions, pp. 84-85, 96）。MetD and MetL, no. 59.

218 Labat, *Voyage*, part 4, ch. 7, vol. 2, p. 50.

219 Willem Bosman, *A New and Accurate Description of the Coast of Guinea, Divided into the Gold, the Slave, and the Ivory Coasts* (London: James Knapton, 1705), p. 322 and *Letter X*, p. 146. Bosman 在几内亚海岸担任了 14 年的商业代理人，然后于 1704 年在乌得勒支出版了他的书的荷兰语初版。在 Harold Scheub, *African Oral Narratives, Proverbs, Riddles, Poetry and Song* (Boston: G. K. Hall, 1977) 中，你可以读到阿南西故事在西非的重要性。关于在美洲听到的阿南西的故事，欧洲人最早已知的记录可追溯至 Matthew Gregory Lewis 在 1815—1816 年访问牙买加庄园期间所写日志：*Journal of a West India Proprietor* (London, 1834; reprinted New York: Negro Universities Press, 1969), "Nancy stories" on pp. 253-259, 291-296, 301-308. 但是，蜘蛛的冒险故事一定是最早从非洲人到来的时候就开始讲述的。Herskovits and Herskovits, *Suriname Folk-lore*, p. 138; Roger Abrahams, ed., *Afro-American Folktales: Stories from Black Traditions in the New World* (New York: Pantheon Books, 1985), p. 17; no. 59, pp. 182-183.

220 Labat, *Voyage*, part 4, ch. 7, vol. 2, p. 55; Stedman, *Narrative*, pp. 536-537, 663; Herskovits and Herskovits, *Suriname Folk-lore*, pp. 109-111, 138-146; Abrahams, *Afro-American Folktales*, Introduction and pp. 15-20; Richard Price and Sally Price, *Two Evenings in Saramaka* (Chicago: University of Chicago Press, 1991), pp. 1-37.

221 Herskovits and Herskovits, *Suriname Folk-lore*, pp. 198-201.

222 Herskovits and Herskovits, *Suriname Folk-lore*, no. 65, pp. 266-269.

223 *Met*D and *Met*L, no. 41.

224 早在 13 世纪的欧洲，就有了菲丽丝骑在亚里士多德背上的故事。亚里士多德训斥亚历山大过分关注印度的美丽臣民菲丽丝。为了报复，菲丽丝在亚历山大的跟前巧言令色地劝说这位老哲学家四肢着地，为他配上马鞍和马具，驮着自己穿过花园。(Natalie Zemon Davis, *Society and Culture in Early Modern France* [Stanford, Calif.: Stanford University Press, 1975] , pp. 135-136)。

225 这幅图在下述作品中有复制及讨论：Johann Christoph Volkamer, *Continuation der Nümbergischen Hesperidum* (Nuremberg: Johann Christoph Volkamer, 1713; Frankfurt and Leipzig: Heirs of Johann Andreas Enders, 1713), fols. 215v-216r, fig. 2。Volkamer 是约翰·格奥尔格·沃尔卡姆（Johann Georg Volkamer）的兄弟，也就是那位梅里安在纽伦堡的通信对象。斯隆也提到了梅里安的第 18 号图版，以及相应的文字(Voyage, vol. 2, p. 222)。Carl Linnaeus, *Systema Naturae per Régna Tria Naturae*, 10th ed. (Holm, Sweden: Laurentius Salvius, 1758-1759), vol. 1, p. 622, no. 26: "Aranea avicularia." 林奈引用的除了梅里安的参考，还有马克格拉夫（Marcgraf）对《论东西印度的自然史及医学十四书》（*De Indiae utriusque*）的贡献，p. 248（*sic* for 284）。马克格拉夫在这里作了简要描述，并提供了一个巴西大蜘蛛（或称为 Nhamdu-guaca）的插图，但没有提到它狩猎鸟类或其猎物（pp. 284-285）。

226 Stedman, *Narrative*, p. 314; Kloos, *Maroni River Caribs*, p. 212.

227 Alexander F. Skutch, *The Life of the Hummingbird* (New York: Crown Publishers, 1973), p. 74: "蜂鸟几乎无一例外地会产下两个小小的白色的蛋。"如果一个巢中有两个以上的蛋，那也是因为另一只雌鸟把蛋倾倒到了现有的巢中；这种情况最常发生在隐士蜂鸟身上，它们的巢是悬空的，而不是像梅里安图中那样在树枝上筑巢。梅里安显然没有考虑过这样的情况，因为她在图版 18 的文字中说："它们（蜂鸟）和其他所有鸟类一样，都会下四个蛋。"普林斯顿大学的 Carlos Martinez del Rio 是研究中美洲和南美洲雨林蜂鸟的专家，他曾向我指出，梅里安的"蜂鸟"的喙是不可能分叉的。另参见 John Gould and A. Rutgers, *Birds of South America* (London: Eyre Methuen, 1972), pp. 162-321 中的蜂鸟；最接近梅里安的"蜂鸟"的鸟类其实是白尾尖镰嘴蜂鸟（p. 186），它的喙是弯的，但没有分叉。

228 Henry Walter Bates, *The Naturalist on the River Amazon*, 2 vols. (London:

John Murray, 1863), vol. 1, pp. 160-161 with illustration. James Duncan
（"Memoir of Maria Sibilla Merian," in Duncan, *The Natural History of
British Moths, Sphinxes, etc.* (Edinburgh: W. H. Lizars, 1836), 曾说梅里
安的描述"完全不可能"(p. 42)，贝茨特别指出，他是第一个找到实例
的人。关于热带捕鸟蛛的习性，感谢生物学家 Leslie K. Johnson 给我的
指导。

229 Uffenbach, *Merkwürdige Reisen*, vol. 3, p. 552. Lukina, *Merian*, p. 146;
Stud, pp. 44-47; *Leningrader Aquarelle*, Introduction. 彼得大帝第二次去阿
姆斯特丹是在 1716 至 1717 年。据说，彼得大帝的医生罗伯特·厄斯金
在梅里安去世当天向她家订购了两百多幅画作，不过据推测，他在之前
的几个月曾去拜访过梅里安。

230 *Der Rupsen Begin, Voedzel, en Wonderbaare Verandering: Waar in
De Oorspronk, Spys en Gestoltverwisseling: Als ook de Tyd, Plaats en
Eigenschappen der Rupsen, Wormen, Kapellen, Uiltjes, Vliegen, en andere
diergelyke bloedelooze Beesjes vertoond word ... Door Maria Sibilla Merian*
(Amsterdam: Printed for the author, also available from Gerard Valck,
n.d. [1713?] . *Der Rupsen, Begin, Voediel en Wonderbaare Verandering...
Tweede Deel* (Amsterdam: Printed for the author, also available from
Gerard Valck, n.d. [1714?] . Pfeiffer, *Merian*, pp. 10, 23-24.

231 Uffenbach, *Merkwürdige Reisen*, vol. 3, p. 553. 在米夏埃尔·伯恩哈德·瓦
伦蒂尼（Michael Bernhard Valentini）的描述里，梅里安的生平也是不
准确的。在 1704 年和 1714 年版的《博物馆名录》(*Museum Museorum*)中，
瓦伦蒂尼都曾提到，17 世纪 80 年代初，他在法兰克福见到梅里安后不久，
梅里安"和她的家人"搬到了西印度（vol. 1, p. 512）；她在西印度进行
她的观察，"她必须跟随丈夫一起去那里"(vol. 2, p. 170)。

232 在 1717 年 9 月 28 日的一桩买卖交易中，她署名"Dorothea Maria
Merian, weduwe van Philip Hendrix" (GAA, Notary Pieter Schabaalje
6107)。在 1702 及 1705 年的文档中，她署名"Dorothea Maria Graafen"
(GAA, Ondertrouw 533, p. 304, 14 October 1701; Notary S. Wijmer 4837,
no. 31, 26 August 1705)。

233 MSM to Johann Georg Volkamer, 8 October 1702; to James Petiver, 20
June 1703 and 29 August 1712 (RS*Mer*, nos. 7, 10, 17, pp. 64-65, 68, 75).

234 *Deer de en Laatste Deel der Rupsen Begin, Voediel en wonderbaare
Verandering...Door Maria Sibilla Merian, Saalr: Als mede een Appendix
Behelsende eenige Surinaamsche Insecten, geobserveert door haar Dochter*

Johanna Helena Herolt, tegenwoordig noch tot Surinaame woonagtig: Alles in Print gebracht, en in't licht gegeven door haar Jongste Dochter Dorothea Maria Henricie t 'Amsterdam: Gedrukt voor de Uytgeefster Woont in de Kerkstraat tusschen de Leydsche en Spiegel straat in de Roozetak (Amsterdam, n.d. [between Merian's death on 13 January 1717 and 2 March 1717, when a notice of the book appeared in the Leipziger Gelehrte Zeitungen; see Pfeiffer, Merian, p. 12])。梅里安的观察包括：日期为 1683 至 1684 年间在日耳曼地区的观察（nos. 14, 21, 22）、在弗里斯兰的观察，还有晚至 1706 年在阿姆斯特丹的观察（no. 30）。

235　阿姆斯特丹的荷兰昆虫协会（Nederlandse Entomologisch Vereniging）收藏的《毛虫》三卷本的一个版本中，就装订有 Jacob Houbraken 创作的玛利亚·西比拉·梅里安肖像画。这幅画也单独流传，因为在巴塞尔的艺术博物馆版画室也有一个副本。这幅版画是根据瑞士艺术家格奥尔格·格塞尔的画作创作的，格塞尔曾与梅里安一家同住，后来成为多萝西娅·玛利亚的第二任丈夫（RS*Mer*, p. 60）。在某种意义上，这幅画代表了一个家庭立场。在艺术博物馆中，还有一幅未署名的年轻女子的油画肖像，曾一度被认为画的是玛利亚·西比拉·梅里安（reproduced ibid., p.ix），但前古典大师绘画馆馆长 Paul-Henri Boerlin 最近证明，所绘的女子并非梅里安。

236　到了 1712 年 8 月，大量标本从苏里南的约翰娜·海伦娜那里运来出售（MSM to James Petiver, 29 August 1712, RS*Mer*, no. 17, p. 75）。约翰娜·海伦娜·格拉夫和雅各布·亨德里克·赫洛特很可能是在 1711 年离开的，因为玛利亚·西比拉在当年 10 月重新立了遗嘱。两个女儿仍然是共同继承人，就像她 1699 年的遗嘱一样，但梅里安的所有衣服、布料、毛线和其他家当，现在都遗赠给了在她去世时和她一起住在房子里的那个女儿。多萝西娅·玛利亚·格拉夫当时跟她的第一任丈夫菲利普·亨德里克斯一起住在梅里安的房子里，她是梅里安的遗嘱执行人之一，但约翰娜·海伦娜不是。（GAA, Notary Samuel Wijmer 4849, 3 October 1711, no. 42, pp. 193-198）。提到雅各布·亨德里克·赫洛特的时候，他被称为苏里南的孤儿院和无人看管遗产的管理专员（*weesmeester en commissariss der onbeheerde boedels*）：SocSur 241, fols. 504t-505v, 451r, 457r; SocSur 23, fols 269V-27er。关于遗产管理（*weesmesteren*）涉及的誓约和责任，参见 Smidt and Lee, eds., *Plakaten*, vol. 1, pp. 147, 164-165。

237　在我所阅的《毛虫》最后一卷的任何一个版本中，都没有找到预告的那份约翰娜·海伦娜的附录（Senckenberg Collection, SUBF; Nederlandse

Entomologisch Vereniging Library, Havard University, two copies）。该书第二印次是在 1717 年晚些时候，标题页上删除了预告约翰娜·海伦娜的附录的那部分内容（Pfeiffer, *Merian*, p. 26; Houghton Library *Rup*17, *H32-47，预告了附录；*Rup*17, Typ 732.13.567, 没有预告附录）。可以想象，1719 年约翰内斯·奥斯特韦克版的《苏里南昆虫变态》中添加的 12 幅版画中的部分或全部都可能是约翰娜·海伦娜的作品。据说它们是用梅里安去世后在她的遗物中发现的水彩画制成的，但它们与玛利亚·西比拉·梅里安的其他绘画和雕版作品并不相似。Pfeiffer 认为，1730 年法国版和德国版的欧洲《毛虫》中添加的一些版画也可能是约翰娜·海伦娜所绘（*Merian*, pp. 14-15）。我翻阅了 SocSur 中所有现存的 1723 年以前从苏里南乘船返回荷兰的乘客名单，都没有找到约翰娜·海伦娜或雅各布·亨德里克·赫洛特的名字。

238　多萝西娅·玛利亚·梅里安，也就是菲利普·亨德里克斯的遗孀，卖掉了梅里安的昆虫和花卉作品，以及出版权，价格是 1,200 荷兰盾，卖给了约翰内斯·奥斯特威克（Johannes Oosterwijk）；她还卖掉了一本 Willem Goeree 的 *Jewish History*，以及 Cornelis de Bruyn 的四卷本 *Voyage to Moscow and Persia*（GAA, Notary Pieter Schabaalje 6107, 28 September 1717）。关于多萝西娅·玛利亚直到 1743 年去世前在俄罗斯的生活、教学和绘画，以及她在俄罗斯出生的三个孩子，参见 Lukina, *Merian*, pp. 147-150；以及 Ullman Et al., *Leningrader Aquarelle*, Introduction。格奥尔格·格塞尔于 1740 年去世。关于她和格塞尔教画的环境，参见 James Cracraft, *The Petrine Revolution in Russian Architecture* (Chicago: University of Chicago Press, 1988) pp. 244-245。

239　*Erucarum Ortus*, *Alimentum et Paradoxa Metamorphosis* (Amsterdam：Johannes Oosterwijk, n.d. [1718])。奥斯特威克献给 Theodore Huygens。这首拉丁文诗署名 "Salomon de Perez, Phil, et Med. Doctor fecit."（在 Hindl S. Hes 的 *Jewish Physicians in the Netherlands, 1600-1940* [Assen, 1980]，p. 200 可以找到佩雷斯的名字）。前面还有西蒙·施恩沃特（Simon Schynvoet）的签名："Schynvoet del. et fec. 1717"。拉丁文版《毛虫》（*Erucarum Ortus*）还包括 Jacob Houbraken 绘的梅里安肖像画。*Dissertatio de Generatione et Metamorphosibus Insectorum Surinamensium* (Amsterdam：Johannes Oosterwijk, 1719). 奥斯特威克献给 Balthazar Scott。诗歌由 Brouerius van Niedek 撰写。卷首插图由 Frederic Ottens 创作，署名："F. Ottens Inv. et fecit"。[Ottens 经常为阿姆斯特丹的书设计肖像，包括克里斯蒂安·惠更斯（Christian Huygens）

的 一 幅 肖 像 （Amsterdam, Rijksmuseum, Print Room, 26-466）。] 关于 Oosterwijk 的出版生涯，参见 van Eeghen, *Amsterdamse Boekhandel*, vol. 4, pp. 26-29。

240　*Horti Medici Amstelodamenis Rariorum tam Orientalis, quam Occidentalis Indiae, aliarumque Peregrinarum Plantarum ... Auctore Joanne Commelino... Opus Posthumum*（Amsterdam: P. and J.Blaeu and Abraham van Someren, 1697）. 这幅画的前身是 1658 年由 Arnout Leers 出版的查尔斯·德罗什福尔（Charles de Rochefort）的《安地列斯的自然和道德历史》（*Histoire naturelle et morale des Iles Antilles de l'Amerique*）的鹿特丹版本的封面。画面中有三个印第安人，其中一人跪着，向一位女王模样的人物展示自然生物。在给一位法国枢密院议员的献词中，罗什福尔模仿成是"可怜的印第安人"主动"谦卑地、顺从地"献上这本书（fols. a3v-a4v）。

241　《安汶岛奇珍异宝》（*D'Amboinische Rariteitkamer*）的卷首插图的签名是："Jan Goeree del. and Jacovus [*sic* Jacobus] Delater fecit"。在圣彼得堡科学院档案馆收藏的梅里安自己的画作和她为郎弗安斯所做的插图中，有一张彩色版本的画作，其中的跪者被绘成了棕色（PIX on. 8 wi）。

242　*Erucarum Ortus ... Metamorphosis*，Oosterwijk's "To the Reader."

结语

1　有关这些内容，我在一篇文章中给出过一些档案资料佐证："Women in the Crafts in Sixteenth-Century Lyon," *Feminist Studies*, 8 (1982): 47-80。

2　格莉克尔自传的第二卷的开篇处有一页遗失了，格莉克尔在这一部分准备开始书写她的父母。由于达维德·考夫曼在编辑意第绪语版本的时候曾见过两份副本，因此可推断这一页在这两份副本中都遗失了。那么，这是否意味着，这一页有格莉克尔的后代不希望人们读到的内容？

3　[François Poullain de La Barre]，*De l'égalité des deux sexes, discours physique et moral, où l'on voit l'importance de se defaire des préjuges* (Paris: Jean Du Puis, 1673). [Mary Astell]，*A Serious Proposal to the Ladies for the Advancement of their Ture and Greatest Interest: By a Lover of Her Sex* (London: R. Wilkin, 1694). 有关这个观点，参见 Ian Maclean, *Woman Triumphant: Feminism in French Literature, 1610-1652* (Oxford: Clarendon Press, 1977); Joan DeJean, *Tender Mercies: Women and the Origins of the*

Novel in France (New York: Columbia University Press, 1911); Erica Harth, *Cartesian Women: Versions and Subversions of Rational Discourse in the Old Regime* (Ithaca and London: Cornell University Press, 1992); Hilda Smith, *Reason's Disciples: Seventeenth-Century English Feminists* (Urbana: University of Illinois Press, 1982); Ruth Perry, *The Celebrated Mary Astell: An Early English Feminist* (Chicago: University of Chicago Press, 1986)。

4   Michel Foucault, *The History of Sexuality*, trans. Robert Hurley (New York: Vintage Books, 1980-1990), vol. 1, pp. 92-93.

5   [David Nassy et al.] , *Essai historique sur la colonie de Surinam*, 2 vols. (Paramaribo, 1788; facsimile reprint Amsterdam: S. Emmering, 1968), vol. 2, pp. 39, 60; Robert Cohen, *Jews in Another Environment: Surinam in the Second Half of the Eighteenth Century* (Leiden and New York: E. J. Brill, 1991), pp. 156-172. 1754年后，有色犹太人的地位被贬低至犹太教团体成员，而非完整公民，虽然二者之间允许通婚（p. 162, p. 305, no. 39）。

6   *Vie*, p. 737.

7   Copy of the *Vie* at the Thomas Fisher Rare Book Library, University of Toronto (D-10 2448): "Ce livre apartient aux R[o]sair[es] du tiers ordre... [Rosaires du tiers ordre crossed out] aux Carmelites de [word illegible] ." Copy of the *Vie* at the John Carter Brown Library, Providence, R.I. (E677 M379v): "Ce livre est de la Communaute de Ste Ursule de Vitré." A subsequent owner: "Ex Libris McCoy." *Retraites de la venerable Mere Marie de l'Incarnation religieuse Ursuline* (Paris: Louis Billaine, 1682)" "A l' usage de Sr Ste Elizabeth" (Houghton Library, Harvard University, *FC6.M3376.682r).

8   Soeur Sainte-Julie, O.S.U., "Marie de l' Incarnation: Sa *rela*tion spirituelle manuscrite de l'année 1654" (Ursuline house of Trois-Rivières, 1977).

9   Jeanne-Françoise Juchereau de St-Ignace and Marie Andre Duplessis de Ste Helene, *Les Annales de l'Hotel-Dieu de Quebec, 1636-1716*, ed. Albert Jamet (Quebec: Hotel-Dieu, 1939), pp. iii, xli. 阿尔伯特·贾梅特神父（Albert Jamet, 1883—1948），他是圣摩尔本笃会的修士，跟克洛德·马丁一样。关于贾梅特编辑的玛丽的"1654年灵修自述"的那个版本，见"新世界"一章注释1。

10 *Cor*, p. 804, n.5. 取走玛丽的手稿的传教士是无玷圣母献主会的修士。

11 [Pierre Chaumonot] , "Dictionnaire Huron," *Archives du Seminaire de Quebec* (University of Washington Microfilm A1705, no. 62). 另一本肖蒙神父的词典手抄本上也写有某印第安家族所有，拥有者是 Vincent

Sawatanin (John Carter Brown Library, Providence, R.I., Codex Ind 12)。

12　见"蜕变"一章的注释 237 和 239，约翰内斯·奥斯特韦克（Johannes Oosterwijk）于 1718 年和 1719 年出版的版本。《毛虫》的荷兰语和法语版于 1730 年出版（Amsterdam: Jean Frederic Bernard），1771 年还出版了拉丁语－法语双语版（Paris: L. C. Desnos）。1730 年出版了《苏里南昆虫变态》的荷兰语版本（Amsterdam: Jean Frederic Bernard），拉丁语－法语双语版本有 1726 年（The Hague: Pierre Gosse）及 1771 年（Paris: L. C. Desnos）的版本。

13　Carl Linnaeus, *Systema Naturae per Régna Tria Naturae*, 10th ed. (Holm, Sweden: Laurentius Salvius, 1758-1759), vol. 1, p. 541: Phalaena *Tinea* Merianella. 在几个以昆虫学家命名的蛾类中都有描述这个品种：Petiverella, Swammerdamella, Mouffetella, Goedartella, Leuenhoekella (pp. 540-541)。林奈的笔记，经常引用梅里安的那几卷欧洲毛虫的书和《苏里南昆虫变态》。John Lewis Heller, *Studies in Linnaean Method and Nomenclature* (Frankfurt am Main: Verlag Peter Lang, 1983), pp. 306, 315, 240-241 (translation of Linnaeus, "On Sumptuous Books"). Carl Linnaeus to Abraham Bäck, 25 September 1754; to Carl Alexander Clerck, 6 July 1759, Carl Linnaeus, *Bref och skrifvelser*, ed. T. M. Fries (Stockholm: Aktiebolaget Ljus, 1907-1912), vol. 1, part 4, p. 305; part 5, p. 292.

14　*Stud*, pp. 44-48.

15　Vladimir Nabokov, *Speak, Memory: An Autobiography Revisited* (New York: G. P. Putnam's Sons, 1966), pp. 121-122 and ch. 6; Brian Boyd, *Vladimir Nabokov: The Russian Years* (London: Chatto and Windus, 1990), ch. 4 and passim.

16　苏里南国家博物馆里的这两个版本是：1705 年荷兰语的《苏里南昆虫变态》(no. 1348)，1726 年的拉丁语－法语双语版 (no. 1347): *Dissertation sur la generation et les transformations des Insectes de Surinam* (The Hague: Pierre Gosse, 1726). Henna Malmberg-Guicherit, "Coup d' Etat, Revolution, and Museums in Suriname in the 1980s," Paper presented at the Colloquium on Museums and Collecting, Colonial and Post-Colonial, Shelby Cullom Davis Center for Historical Studies, Princeton University, 3-4 April 1992.

17　关于贝莎·帕朋罕，参见 Max Rosenbaum and Melvin Muroff, eds., *Anna O.: Fourteen Contemporary Reinterpretations* (New York: Free Press, 1984), especially the essays by Max Rosenbaum, "Anna O. (Bertha Pappenheim): Her History" (pp. 1-25), and Marion A. Kaplan, "Anna O. and Bertha

Pappenheim: An Historical Perspective" (pp. 101-117)。亦可参考 Daniel Boyarin, "Retelling the Story of O: or, Bertha Pappenheim, the Fulfillment of a Jewish Woman's Rebellion," to appear in Boyarin, *Judaism as a Gender* (Berkeley: University of California Press, forthcoming)。

18　Mary Wollstonecraft, *Eine Verteidigung der Rechte der Frau mit kritischen Bemerkungen über politische und moralische Gegenstände von Mary Wollstonecraft, London 1792, mit einem Bilde der Verfasserin*, trans. P. *Berthold* [Bertha Pappenheim] (Dresden and Leipzig: E. Pierson's Verlag, 1899). Rosenbaum 引用了 George Pollock 的一篇文章说，玛丽·沃斯通克拉夫特本人"知道格莉克尔"（"Anna O.," p. 15)。但 Pollock 的文章中并没有这样的说法，只是说帕朋罕翻译了这两个女人的作品 (George H. Pollock, "Glückel von Hameln: Bertha Pappenheim's Idealized Ancestor," *American Imago*, 28 [1971]: 216-227)。帕朋罕在她的译本中收录的沃斯通克拉夫特的简要传记中也没有提到这种联系 (pp. viii-xx)。人们总能想象，格莉克尔在伦敦的女儿弗洛伊德琛的某个后代可能与沃斯通克拉夫特见过面，但我检阅了沃斯通克拉夫特的作品《女权辩护》(*Vindication*) 或者《瑞典、挪威和丹麦短居书简》(*Letters Written during a Short Residence in Sweden, Norway, and Denmark*) 中有关汉堡的部分，都没有找到格莉克尔的身影。

19　二次文献里往往会重复这个说法，说贝莎·帕朋罕是格莉克尔的"后代"，格莉克尔是帕朋罕的"祖辈"。但是，在帕朋罕翻译出版的家谱中，她本人并没有这样说，也没有表现这一点；参见 PM, "Genealogische Bemerkungen," unpaginated frontmatter。帕朋罕的母亲芮察·戈尔德施密特 (Recha Goldschmidt) 是哈伊姆·本·约瑟夫的姐姐叶恩特 (Yenta bas Joseph Hamel) 的后代。芮察·戈尔德施密特通过她的奶奶 Bela Braunschweig 那一支往上算八代就是叶恩特。关于芮察·戈尔德施密特在法兰克福的家族，参见 Alexander Dietz, *Stammbuch der Frankfurter Juden: Geschichtliche Mitteilungen über die Frankfurter jüdischen Familien von 1349-1849* (Frankfurt am Main: J. St. Goar, 1907), pp. 115-121。这与 17 世纪初哈伊姆的兄弟艾萨克·哈默尔恩在法兰克福建立的戈尔德施密特家族并不是同一个，他们也叫戈尔德施密特 (pp. 121-126)。

20　Pollock, "Pappenheim's Idealized Ancestor," p. 220.

21　帕朋罕的译本由 Stefan Meyer 博士和 Wilhelm Pappenheim 博士于 1910 年出版，由 Buchdruckerei Helios 印刷。该书在前言中被描述为"私人印刷"，但还是印了相当多数量；与帕朋罕有关的戈尔德施密特亲属关系网本身就很庞大。纽约的 Leo Baeck 研究所有一份贝莎·帕朋罕送给 Henriette May 的介绍的副本。KM, p. 271; PM, p. 257。亦见"与上帝争辩"的注释 1。

22　Alfred Feilchenfeld, *Denkwürdigkeiten der Glückei von Hameln* (Berlin: Jüdischer Verlag, 1913), pp. 8-10。菲尔欣费德自称在完成了翻译之后才得知帕朋罕 1910 年的译本。但这很难让人信服，因为他与意第绪语版的编辑达维德·考夫曼保持着联系，而考夫曼曾授权帕朋罕翻译。菲尔欣费德的其他作品：*Napoleon und die Juden* (Vienna, 1899)，以及一本关于菲尔特地区犹太儿童学校的书（1912）。关于菲尔欣费德的翻译，亦参见 Dorothy Bilik, "The Memoirs of Glikl of Hameln: The Archeology of the Text," *Yiddish*, 8, no. 2 (1992): 5-22。

23　附录保留的两个故事是"鸟故事"和"真友谊"；菲尔欣费德的译本还有第三个附录，其中摘录了格莉克尔的道德评论。1915 年，年轻的精神分析学家西奥多·雷克在弗洛伊德的《国际精神分析杂志》上发表了一篇关于格莉克尔回忆录的短文章（*Internationale Zeitschrift für ärtzliche Psychoanalyse* (3 [1915]：235-239)）。他分析了"鸟故事"，在注释中提到了菲尔欣费德译本附录中的那个版本的故事，但他很可能知道帕朋罕的译本，该译本当时已在柏林的读者中流传。雷克认为鸟故事表达了通过出生过程（把鸟带过水面）回到母亲身边的愿望和对父亲的矛盾心理。他没有讨论母亲对孩子的可能的矛盾心理。也许弗洛伊德自己也知道这本书，甚至是通过帕朋罕的译本知道的，这个译本在维也纳印刷，在他位于维也纳的圈子里的家庭间广为流传。1913 年 6 月，弗洛伊德发表了一篇文章，题为"三个匣子"（The Three Caskets），他在文中针对的是《威尼斯商人》里求婚者在金、银、铅匣子中的选择；李尔王在三位女儿中的选择；以及就灰姑娘的故事提出了精神分析上的意义（"Das Motiv der Kästchenwahl," *Imago*, vol. 2, no. 3 [June 1913]：257-266; "The Theme of the Three Caskets," trans. C. J. M. Hubback, *Collected Papers*, ed. Joan Rivi*e*re [London: Leonard and Virginia Woolf and the Institute of Psychoanalysis, 1925]，vol. 4, pp. 244-256)。弗洛伊德说，莎士比亚作品里的那些场景让他开始了探索。但是，"鸟故事"具有同样的故事类型，也可能是一种灵感来源。Marjorie Garber 曾提出，在弗洛伊德的这篇文章中，他正是在选择他的第三个女儿，也就是安娜（*Shakespeare's Ghost Writers* [New York：Methuen, 1987], ch.4）。安娜·O 以及她的格莉克尔，会否也是这个选择的一部分？

24　关于犹太人同化及致力于"犹太教科学"（Wissenschaft des Judentums）

的学者，参见 Marion Kaplan, *The Making of the Jewish Middle Class: Women, Family, and Identity in Imperial Germany* (New York: Oxford University Press, 1991); and Dan Ben-Amos, "Jewish Studies and Jewish Folklore," *Proceedings of the Tenth World Congress of Jewish Studies* (Jerusalem: World Union of Jewish Studies, 1990), Division D, vol. 2, pp. 1-20。

25 非尔欣费德 1913 年的译本在 1914 年、1920 年和 1923 年重印，其中 1923 年的印次还带有插图。

致 谢

我最早开始了解本书中的三位女人是在 1971 年，那时我正在为我和吉尔·康威（Jill Conway）在多伦多大学开设的一门课程搜寻资料，这个课程名为"早期现代欧美社会与性别"。玛利亚·西比拉·梅里安当时刚巧成为新兴女艺术家史学术研究的一个课题。在加拿大关于魁北克状况、法裔加拿大人文化和美洲原住民的讨论中，玛丽尤为合适。至于格莉克尔·巴斯·犹大·莱布，我可能是从我的姑姑安娜·兰道那里听说的，她至今还在赞美格莉克尔的虔诚。但事实上，是罗莎莉·科利告诉我，她曾看到过一本德译版的格莉克尔回忆录，她想知道是否有英译版，可供那个课程的学生研读。

多年来，这三位女人生活在我的讲座中，也生活在与多伦多、伯克利和普林斯顿的学生的对谈中。20 世纪 80 年代末，我决定要更深入了解她们以及她们在早期现代史中的意义。1990年春天，我应邀前往康奈尔大学举办卡尔·贝克尔讲座，我的机会来了。我重新思考了传记比较研究的优势以及我能够赋予这些女性的生平和作品的框架，康奈尔大学听众的热烈反应对我的帮助很大。还有一个意外之喜：康奈尔大学昆虫学图书馆里藏有许多玛利亚·西比拉·梅里安时代的珍贵图书。

在过去五年里，我受助于许多档案馆、博物馆和珍本馆。在此，我要特别感谢以下人员的帮助：汉堡德国犹太历史研究所前馆长 Peter Freimark，同一研究所已故研究专家 Günter Marwedel；汉堡国家大学图书馆的 Elke Wawers；摩泽尔省档案馆前馆长 Gilbert Cahen；罗德岛普罗维登斯约翰·卡特·布朗图书馆的 Susan Danforth；纽约犹太神学院图书馆图片部门的 Sharon Liberman Mintz，沃尔芬比特尔奥斯特公爵图书馆的 Sabine Solf；巴塞尔瑞士犹太博物馆馆长 Katia Guth-Dreyfus；安德尔−卢瓦尔省档案馆的馆长 Françoise Durand-Evrard 及 Monique Fournier；魁北克乌尔苏拉修道院院长 Rita Coulombe；三河市乌尔苏拉修会档案馆的档案员 Germaine Blais 及助理档案员 Suzanne Dargis；加拿大国家美术馆的 Susan Campbell；哈佛大学霍顿图书馆的 Susan Halpert 和 Jennie Rathbun；法兰克城市档案馆的档案员 Bernhard Reichel；法兰克福历史博物馆的馆员 Kurt Wettengl；纽伦堡城市档案馆的档案员 Peter Fleischmann；纽伦堡日耳曼国家博物馆的 Ursula Mende；海牙国家档案馆的前档案员 G. W. van der Meiden；阿姆斯特丹市档案馆的档案员 S. A. C. Dudok van Heel；帕拉马里博苏里南博物馆的馆长 Jerry Egger；哥本哈根城市艺术博物馆的大师绘画和雕塑馆的馆员 Olaf Koester；哥本哈根罗森堡王宫博物馆的 Niels Jessen；哥本哈根国家博物馆人种学收藏室的 Inge Schjellerup 和 Barbara Ber-lowicz；圣彼得堡（1989 年秋天我访问之时还叫列宁格勒）科学院档案馆和图书馆的工作人员。

《边缘女人》不仅引领我前往新的研究地点，还将我带到了新的研究语言中。Sidney Gray 引导我阅读格莉克尔所用的 17 世纪西意第绪语，并给了我勇气自主掌握文本。Mark Cohen、Sidra Ezrahi 和 Chava Weissler 在我最后将格莉克尔翻译成英文时，提供了耐心的建议。Leonard Blusse 和我一起审阅了几页特别难的 17 世纪的荷兰文，以确保我理解准确。Mark Cohen 和 Moshe Sluhovsky 为我翻译了一些希伯来语文本；Anita Norich 为我提供了关于 20 世纪后期意第绪语的一篇重要文章的全面报告；钱德勒·戴维斯翻译了一些重要的俄语资料。

在我继续研究和写作的过程中，我将这本书的部分内容介绍给了北美和欧洲的听众。每一次都带来了问题和评论，这些问题和评论都是对我的研究工作的宝贵贡献。此外，我还与学者朋友们讨论了无数次，他们给了我关于资料来源、书目和我在研究中可能采用的方法的建议。我希望在整本书中使用故事和民间故事，Roger Abraham 是这些手法的很有帮助的参谋。在欧洲人类学学会上，我发表了玛丽和玛利亚·西比拉·梅里安的"新世界遭遇"的比较研究，Ellen

Badone 给我寄来了有意思的评论。

　　Marianne Constable 和 Lisa Jardine 为我提供了增强序言的好主意。在格莉克尔·巴斯·犹大·莱布这一章，关于我对格莉克尔故事来源的研究，Dan Ben-Amos 提供了他的学术上的反馈。我非常感激。另外，我还收到了以下人员对本章的建议：Ruth B. Bottigheimer, Daniel Boyarin, Mark Cohen, Elisheva Carlebach, Harvey Kaye, Gustav Henningsen, Judith Herrin, Peter Hulme, Yosef Kaplan, Dov-Ber Kerler, Franklin Kopitzsch, Dominick LaCapra, Jean Bernard Lang, Mary Lindemann, Frances Malino, Cyril Manco, David Ruderman, John Theibault, Chava Weissler, Yosef Yerushalmi, and Jack Zipes. 洛林家谱协会的 Jean Fleury 帮助我在摩泽尔档案馆找到了犹太人的婚约。Leslie Tuttle 在普林斯顿图书馆找到了一些非常有用的资料。

　　"玛丽"这一章，Joan Dejean 给了我很棒的建议，甚至从巴黎给我发来了反馈传真。以下人员也给予了有益建议：Further Brown、Raymond Fogelson、Jorgé Klor de Alva、Shepard Krech III、Toby Morantz、Réal Ouellet、Ruth Phillips、Daniel Scalberg、Chantal Théry、Bruce Trigger、Marina Warner。Cynthia Cupples 在国家图书馆为我找到了一封信；Alfred Soman 热心帮我在巴黎警察总署档案馆查到了一些资料。

　　关于第三章，Christinae Andersson 向我介绍了法兰克福那里的玛利亚·西比拉·梅里安的艺术研究，并在我的工作中不断给我寄书、提出建议。对于苏里南的研究，Sally 和 Richard Price 同样帮助了我。在这里，我衷心感谢他们三位。我还得到了以下人员的帮助：Svetlana Alpers, Wayne Bodle, Rosemary Brana-Shutte, Miriam de Baar, Rudolf Dekker, Steven Feierman, Andrew Fix, David Fletcher, Gerald Geison, Michael Heyd, Graham Hodges, Leslie K. Johnson, Thomas Kaufmann, Virginia Roehrig Kaufmann, Lisbet Koerner, Nicolas Kopossov, Gloria Leurs, Heidrun Ludwig, Murdo MacLeod, Carlos Martinez del Rio, Gert Oostindie, Katharine Park, Ruth Perry, Benjamin Schmidt, Carmel Schrire, Robert Shell, Dirk J. Struik, Lotte Van de Pol, Margaret Washington, and J. B. C. Wekker。Simone Davis 为我查阅了加州大学伯克利分校班克罗夫特图书馆的一些资料。

Patricia Hudson 和 Froma Zeitlin 的建议以及 Gisela Bock 提出的一个尖锐的问题，帮助我改进了概念。在整个过程中，Dabrowski 院长为我在普林斯顿和其他地方的图书馆找到了资料，并为我提供了重要的秘书服务，对此我非常感激。在哈佛大学出版社，Aida Donald 和 Elizabeth Suttell 从一开始就对这个项目给予了支持。与出版社的文字编辑 Maria Ascher 的合作非常愉快，她为本书的可读性提供了很多帮助。

《边缘女人》献给两位已故挚友，他们是知识创造力、冒险精神和道义承诺的楷模。罗莎莉·科利，她不仅将格莉克尔·巴斯·犹大·莱布介绍给我，而且对诞生了玛利亚·西比拉·梅里安的文化世界也有深厚了解。她对于边缘地区、修辞手法和母题也很熟悉。米歇尔·德·塞尔托，他革新了他所触及的众多领域，其中也包括 17 世纪的神秘主义探索。他既审慎又慷慨，即使总在四处奔波，他也忠于最高尚的价值观，以敏锐的洞察力和同情心与卜了关于南美洲原住民的故事。

　　钱德勒·戴维斯赢得了丈夫组别的"体育道德风尚奖"。他的俄语助我顺利前往莫斯科国家图书馆及圣彼得堡科学院；我们一起跋涉在魁北克的冰天雪地里；我们一起漫步于帕拉马里博的炎炎烈日与多姿多彩中。一如既往，他那谨慎认真的目光坚持要求我写作得清楚明白。我比格莉克尔更幸运的地方在于，我的写作并非出自孤独寂寞的忧思，而是来自相依相随的伉俪情深。

主　　编｜谭宇墨凡
责任编辑｜谭宇墨凡

营销总监｜张　延
营销编辑｜狄洋意　　闵　婕　　许芸茹

版权联络｜rights@chihpub.com.cn
品牌合作｜zy@chihpub.com.cn

出品方　至元文化（北京）
CHIH YUAN CULTURE

Room 216, 2nd Floor, Building 1, Yard 31,
Guangqu Road, Chaoyang, Beijing, China